国家社会科学基金重大项目
"创新驱动发展战略下知识产权公共领域问题研究"
（17ZDA139）系列阶段性成果

知识产权制度中的公共领域问题研究

ZHISHICHANQUAN ZHIDUZHONGDE GONGGONG LINGYU WENTI YANJIU

（第1卷）

冯晓青◎主编

中国政法大学出版社

2022·北京

图书在版编目（CIP）数据

知识产权制度中的公共领域问题研究. 第1卷/冯晓青主编. —北京：中国政法大学出版社，2022.8

ISBN 978-7-5764-0624-5

Ⅰ.①知… Ⅱ.①冯… Ⅲ.①知识产权制度－研究－中国 Ⅳ.①D923.04

中国版本图书馆CIP数据核字(2022)第145557号

出 版 者	中国政法大学出版社
地　　址	北京市海淀区西土城路 25 号
邮寄地址	北京 100088 信箱 8034 分箱　邮编 100088
网　　址	http://www.cuplpress.com (网络实名：中国政法大学出版社)
电　　话	010-58908441(第四编辑室)　58908334(邮购部)
承　　印	固安华明印业有限公司
开　　本	720mm×960mm　1/16
印　　张	26.5
字　　数	450 千字
版　　次	2022 年 8 月第 1 版
印　　次	2022 年 8 月第 1 次印刷
定　　价	108.00 元

主编简介

冯晓青，男，湖南长沙人。中国政法大学教授（二级）、知识产权法研究所所长、博士生导师，知识产权法国家重点学科负责人及学术带头人，中国政法大学无形资产管理研究中心主任、中国政法大学国际知识产权研究中心执行主任，北京大学法学博士、中国人民大学法学博士后。兼任中国法学会理事、中国知识产权法学研究会副会长，中国知识产权研究会学术顾问委员会委员兼常务理事、高校知识产权专业委员会副主任委员，中国科技法学会常务理事、最高人民法院案例指导工作专家委员会委员、最高人民法院知识产权司法保护研究中心研究员、最高人民法院知识产权案例指导研究（北京）基地专家咨询委员会委员、上海知识产权法院特邀咨询专家、中国审判研究会知识产权审判理论专业委员会委员、中国律协知识产权专业委员会委员、北京恒都律师事务所高级法律顾问及兼职律师、北京盈科律师事务所专家顾问，南京、长沙、淄博仲裁委员会仲裁员，以及北京环世知识产权诉讼研究院院长等。

著有《知识产权法利益平衡理论》、《知识产权法哲学》、《知识产权法律制度反思与完善》、《知识产权法学》、《企业知识产权战略》（"十一五"和"十二五"国家级规划教材）、《企业知识产权管理》、《技术创新与企业知识产权战略》等个人专著18部，主编30余部，在《法学研究》、《中国法学》等CSSCI刊物发表论文百余篇。科研成果获得省部级学术奖二等奖3项、省部级科技进步二等奖1项，教学成果获得省部级二等奖1项。主持国家社科基金重大项目2个、一般项目1个，主持教育部项目2个，参加国家社科基金重大项目、重点项目和一般项目，国家自科基金重点项目、一般项目，国家重点研发计划重点专项，以及教育部重大课题攻关项目等国家级重要项目十余个。先后获得第二届全国十大杰出中青年法学家提名奖（1999）、教育部新世纪优秀人才支持计划（2010）、首批国家知识产权专家库专家（2012）、首批全国知识产权领军人才（2012）、国家百千万人才工程有突出贡献中青年专家（2014）、享受国务院政府特殊津贴专家（2016）、北京市优秀教师（2017）、文化名家暨四个一批人才（2017）、国家高层次人才特殊支持计划哲学社会科学领军人才（2018）等荣誉。举办新浪微博（冯晓青知识产权）和微信公众号（冯晓青知识产权）。

前　言

　　当前，我国正在深入实施国家知识产权战略，全面推进知识产权强国建设。自 2008 年 6 月 5 日国务院发布《国家知识产权战略纲要》以来，国家知识产权战略的实施取得了显著成效。国家知识产权战略的制定与有效运行，是以知识产权制度的构建与完善作为基础和保障的。随着我国经济社会的发展，知识产权制度在我国经济社会发展中的地位和作用越来越重要，实现由知识产权大国向知识产权强国的转变，是我国知识产权事业发展的必然要求。因此，在新形势下我国启动了知识产权强国战略工程。2021 年 9 月，中共中央、国务院发布了《知识产权强国建设纲要（2021—2035 年）》，在立足新发展阶段、贯彻新发展理念、构建新发展格局的新形势下，该纲要为我国知识产权事业发展和知识产权战略深入实施进行了新的战略部署。可以预料，知识产权制度在我国未来经济社会发展中必将发挥更加重要的作用。

　　知识产权制度以知识产权立法及其完善为基础，以充分、有效的知识产权保护为基本运作形式和保障。当前，我国知识产权保护政策构架是"严保护、大保护、快保护和同保护"。为了加强对知识产权的保护，中共中央办公厅和国务院办公厅联合发布了《关于强化知识产权保护的意见》。知识产权是知识产权人享有的一种独占性的权利，在法律性质上属于私权。对此，我国《民法典》中也有明确规定。知识产权的私权属性要求必须充分、有效地维护知识产权人享有的这种专有性的权利。也只有充分、有效地保护知识产权，才能更好地激励知识创造及对知识创造的投资，以此促进我国经济社会发展与创新能力的提升。在知识产权保护日益重要的新时代，无论怎么强调知识产权保护的重要性都不过分。

　　然而，需要进一步看到的是，知识产权制度是一种协调和平衡知识产权人利益与公共利益的法律制度、平衡机制[1]和激励机制，[2]这一制度在充分、有效保护知识产权人利益的同时，也需要维护和实现其所追求的公共利益目标。换言之，知识产权制度对知识产权人享有的专有权利的保护并不是绝对的和唯一的，而是要兼顾公共利益，最终在充分、有效保护知识产权的基础之上实现其所追求的经济社会发展目标。知识产权制度中的公共利益目标的实现，则离不开充分地维护和保留公共领域。知识产权制度中的公共领域，通常被理解为知识财产中可以被公众自由利用的部分。公共领域既是知识创造的前提、基础和获得专用权的知识产权的最终归宿，也是知识产权制度所追求和实现的提高创新能力目标的必要保障。在知识产权制度构建与运行中，知识产权人享有的专有权利与社会公众自由利用公共领域是对立统一的关系，如何构建和实现两者的有效平衡，也是我国知识产权制度研究的重要课题。

当前我国正深入推进知识产权强国建设，既需要通过确保知识产权的专有性激励知识创造，也需要留存和保留公共领域，为知识创造和创新提供养料与保障，保护公共利益，从而最终实现知识产权制度的目标。全国哲学社会科学规划办公室在 2017 年度对国家社会科学基金重大项目"创新驱动发展战略下知识产权公共领域问题研究"予以立项。本书主编以及西南政法大学黄汇教授有幸分别独立中标。本套丛书就是本书主编组织完成的相关阶段性成果之一。

为便于读者了解本套丛书相关内容，兹就先行出版的两卷的主题和内容作出简要介绍。第 1、2 卷的主题包括"创新驱动发展战略下知识产权公共领域问题""著作权法与公共领域问题""专利法与公共领域问题""商标法与公共领域问题""公共领域视野下知识产权滥用、垄断及其法律规制"以及"其他"六部分。

在"创新驱动发展战略下知识产权公共领域问题"部分，"创新驱动发展战略下知识产权公共领域研究"揭示了公共领域与我国创新驱动发展战略之内在的辩证关系，并就公共领域的作用和具体实现机制加以研究；"公共领域视野下知识产权制度之公共利益研究"探讨了知识产权制度之公共利益价值目标的合理性、正当性及其与公共领域的关系，指出保留公共领域是实现知识产权法中

---

[1]　参见冯晓青：《知识产权法利益平衡理论》，中国政法大学出版社 2006 年版。

[2]　参见罗娇：《创新激励论——对专利法激励理论的一种认知模式》，中国政法大学出版社 2017 年版；周贺微：《著作权法激励理论研究》，中国政法大学出版社 2017 年版；熊琦：《著作权激励机制的法律构造》，中国人民大学出版社 2011 年版。

公共利益的最佳方式；"知识产权法中的公共领域问题研究"则对知识产权法中留存公共领域的形式进行了剖析，并从如何保留公共领域的角度分析了公共领域对于实现知识产权法立法目标的重要性。

在"著作权法与公共领域问题"部分，"公共领域视野下著作权法中独创性认定研究"从公共领域视角剖析和研究著作权法中的作品独创性问题，为人们认识和研究独创性这一重要问题提供了重要的研究思路；"维护公共领域视野下新媒体平台著作权保护问题研究"基于当前我国信息网络发展日新月异导致新媒体平台出现了诸多新型问题的现状，探讨了这一全新背景下著作权保护中如何实现著作权保护与公共领域平衡的问题；"网络环境下著作权法中的公共领域问题研究"和"保留公共领域视野下网络著作权保护问题研究"两篇论文侧重于网络环境下著作权保护中如何贯彻保留公共领域原则，探讨了网络环境下著作权公共领域的新特点和发展变化趋势；"版权立法宗旨下的我国版权司法政策"则从我国版权司法政策的角度入手研究著作权立法宗旨等相关问题，其中包括对专有权利与公共领域平衡的研究。

在"专利法与公共领域问题"部分，"专利法上公共领域问题研究"揭示了专利法中存在的公共领域，并对专利法如何实现和保障公共领域提出了建议；"公共领域视野下专利边界研究"立足于专利权的专有性和专利保护范围的法定性，从理论层面为专利权的权利边界的确定提供了思路，并从实践角度提出了划界的措施；"公共领域视野下我国发明专利的创造性界定研究"从维护和保留公共领域的角度探讨了我国专利法中发明专利创造性如何认定；"公共领域视野下现有技术抗辩制度研究"和"公共领域视域下现有技术抗辩制度探析"，两篇文章均另辟蹊径地探讨了我国专利法中的现有技术抗辩制度，为人们研究专利法中的现有技术抗辩制度提供了一种崭新的思路和方法，对现有技术、现有技术抗辩与公共领域的关系进行了清晰的解读，并从维护公共领域的角度提出了完善我国现有技术抗辩制度的建议；"公共领域视域下现有设计抗辩制度研究"和上述文章一样，为人们研究专利法中的现有设计抗辩制度提供了一种崭新的思路和方法，同时对现有设计、现有设计抗辩与公共领域的关系进行了细致的考察和研究，并从维护公共领域的角度提出了完善我国现有设计抗辩制度的观点；"公共领域保留视野下我国专利权司法保护及其完善研究"则从保留公共领域的视角探讨如何通过司法途径充分、有效地保护专利权，从而推进我国专利保护制度的完善。

在"商标法与公共领域问题"部分，"商标法上公共领域问题研究"立足于商标专用权的法律属性与商标制度的立法目标,剖析了我国对商标专用权的保护中如何有效地保留公共领域,以实现自由竞争和公共利益,最终实现商标法立法宗旨;"我国商标法上公共领域问题研究"则在分析商标专用权、禁止权和公共领域的基础上,阐明了商标法上公共领域的表征和价值,为专门研究和理解商标法的价值构造提供了一种新的进路。

在"公共领域视野下知识产权滥用、垄断及其法律规制"部分,"公共领域视野下知识产权许可的反垄断规制研究"通过对知识的属性的挖掘以及对知识产权制度的目标的考察,从维护和保留公共领域的角度研究了知识产权许可中的反垄断问题;"公共领域视野下知识产权垄断及其法律规制研究"通过对公共领域理论的探讨,赋予其在规制知识产权垄断行为当中的意义,并结合比较法经验及我国国情,对知识产权垄断的规制提出合理化建议;"著作权滥用及其法律规制研究——基于公共领域保留视角"就著作权滥用这一著作权人行使权利过程中涉及的反垄断问题,从保留公共领域的角度进行了深度解剖;"保留公有领域视角下专利权滥用的规制研究"与上一篇论文研究思路相似,针对实践中存在的专利权滥用现象,从有效维护公共领域的角度提出了规制对策。

在"其他"部分,"公共领域视阈下集成电路布图设计权保护研究"结合关于集成电路布图设计权保护的立法和实践,从公共领域保留的角度探析了如何构建和有效实施我国集成电路布图设计专有权制度,在相关研究领域也具有视角新颖、研究方法独特的特点。

总的来说,以上成果对我国知识产权制度的研究,立足于维护和保留公共领域的视角,这一研究视角和研究方法在国内具有开创性,有助于推动我国知识产权制度研究的创新和发展,提高我国知识产权理论与实践研究水平。

当然,必须指出,与发达国家相比,我国整体上对知识产权制度公共领域的研究相对较晚,目前还有很多方面处于空白状态,亟待深入探讨,如以大数据、云计算、人工智能等为代表的高科技发展导致的很多问题,从公共领域角度进行研究也特别重要。此外,由于作者研究水平有限,加之出版时间较为紧迫,本书难免出现各种错漏,敬请读者批评指正。

本书主编

2022 年 6 月 28 日

目　录

前　言 ·· 1

创新驱动发展战略下知识产权公共领域问题

创新驱动发展战略下知识产权公共领域研究／周鹏博 ·············· 3

公共领域视野下知识产权制度之公共利益研究／冯晓青　李　薇 ········ 48

知识产权法中的公共领域问题研究／李佳伟 ···················· 65

著作权法与公共领域问题

公共领域视野下著作权法中独创性认定研究／梁　浩 ·············· 99

维护公共领域视野下新媒体平台

著作权保护问题研究／杨　扬 ······························ 128

网络环境下著作权法中的公共领域问题研究／赵石诚 ·············· 185

保留公共领域视野下网络著作权保护问题研究／黄丹青 ············ 221

版权立法宗旨下的我国版权司法政策／王莹娴 ·················· 250

专利法与公共领域问题

专利法上公共领域问题研究／刘蒋西子 ······················ 321

公共领域视野下专利权边界研究／王　玥 ···················· 369

创新驱动发展战略下
知识产权公共领域问题

创新驱动发展战略下知识产权公共领域研究

周鹏博

知识产权制度作为创新驱动发展战略重要的法律保障机制和促进创新的激励机制，对推动我国创新型国家建设具有极其重要的作用。知识产权制度的核心和立足点是知识产权这一专有权的有效保障，因此加强知识产权的保护成为必然选择。知识产权的客体以及财产权能呈现整体扩张趋势，但是这种扩张是否有利于知识产权的良性发展，其制度又是否因加强对权利人的保护而推动创新？反思知识产权扩张趋势对创新基础资源的过度垄断以及对再创新的抑制，公共领域在知识产权制度中的角色不得不被重视。公共领域保留在促进创新方面既是其发展的基础，又是实现社会整体科技创新、文化繁荣的目标所在。本文在创新驱动发展战略下立足于公共领域的价值功能以及具体的知识产权立法和司法实践，对知识产权公共领域保留提出相应的完善建议。

一、知识产权公共领域之基础理论

在知识产权制度中，维护和充实公共领域已经成为重要目标。[1]公共领域是平衡知识产权私权扩张的工具，同时又决定着知识产权制度促进整个社会文化、科学、市场经济繁荣发展目标的实现。[2]知识产权制度以鼓励创新和推动科学技术进步为目标，充分保护创造者的权利自然成为知识产权理论的基础。

〔1〕 See Robert P. Merges, *Justifying Intellectual Property*, Harvard University Press, 2011, p. 32.

〔2〕 根据《中华人民共和国著作权法》（以下简称《著作权法》）第 1 条，其立法目标在于"保护文学、艺术和科学作品作者的著作权，以及与著作权有关的权益，鼓励有益于社会主义精神文明、物质文明建设的作品的创作和传播，促进社会主义文化和科学事业的发展与繁荣"。根据《中华人民共和国专利法》（以下简称《专利法》）第 1 条，其立法目标在于"保护专利权人的合法权益，鼓励发明创造，推动发明创造的应用，提高创新能力，促进科学技术进步和经济社会发展"。根据《中华人民共和国商标法》（以下简称《商标法》）第 1 条，其立法目标在于"加强商标管理，保护商标专用权，促使生产、经营者保证商品和服务质量，维护商标信誉，以保障消费者和生产、经营者的利益，促进社会主义市场经济的发展"。

面对知识产权的扩张局面，公共领域犹如横亘在洪流之间的一座堤坝，可有效防止权利扩张泛滥导致的灾难。[1]另外，公共领域有平衡专有权的功能，它涉及的还包括社会公众参与文化生活和分享科技进步的权利，是人类精神生活满足程度的一个表征。[2]公共领域的理论研究为知识产权制度的发展提供正当性证成。本文拟从公共领域的政治来源入手分析其理论基础。

（一）公共领域的概念考据

公共领域随知识产权的扩张而逐渐成为被学者探讨与重视的一块领域，当下对其概念也众说纷纭，很容易在运用的过程中出现偏差。因此有必要追本溯源，了解公共领域概念的内涵与实质，明确其在西方政治社会思想中的意义。公共领域的概念来自18世纪的英国政治哲学领域，哈贝马斯在其著作《公共领域的结构转型》中第一次定义了公共领域："介于市民社会中日常生活的私人利益与国家权力领域之间的机构空间和时间，其中个体公民聚集在一起，共同讨论他们所关注的公共事务，形成某种接近于公众舆论的一致意见，并组织对抗武断的、压迫性的国家与公共权力形式，从而维护总体利益和公共福祉。"[3]

哈贝马斯论及的公共领域涵盖三个要素：公众、公众舆论、公众媒介与公众场所。哈贝马斯对公共领域的三个要素的提炼主要表现为文学艺术领域，公共领域概念表现的内容主要是文化的交流以及公众的自由使用。在知识产权制度产生之前，一切关于文化的交流都是自由的，对场所的限制是可以通过个人努力跨越的，并没有从国家行政层面予以干涉。公共领域是介于国家与社会之间的一个领域，其具体的功能是对公权力进行监督、约束与控制，而公共权力、个人权利垄断的合法性也恰恰来源于此。公共领域的范围取决于国家与社会的边界。三者的关系犹如天平，处在两端的是国家与社会，而公共领域作为"砝码"调整二者之间的平衡，其若仅侧重于一边，必然导致对另一边的侵蚀。

哈贝马斯探讨的公共领域是开放性、融合性的，对参与的公众资格没有加以限定，其边界也是模糊动态的，更多地强调公众参与性。另外，公共领域是多元的，在政治、科技、经济、文化中均存在公共领域。公共领域承担了市民

---

[1] 参见黄汇："版权法上的公共领域研究"，载《现代法学》2008年第3期。

[2] 参见李雨峰、陈聪："专利捐献原则的重构——从当然捐献到推定捐献"，载《电子知识产权》2018年第7期。

[3] 参见王庆超、宋明爽："阿伦特与哈贝马斯的'公共领域'理论之比较"，载《山东农业大学学报（社会科学版）》2012年第3期。

社会获得政治解放的语境中的一切政治功能，它用公共性原则反对现有权威。[1]公共利益反映在私人利益中的一般的、相对稳定的、不断重复的东西，公共领域的形成是国家利益与个人利益之间冲突的表现。[2]

公共领域具备自己的理论支撑，是对抗私权发展的正当性依据。为进一步理解公共领域的内涵，下文对其特征予以研究。

（二）公共领域的特征

在政治哲学视域中，公共领域既是一个观念性存在，也是一个现实性存在，是一种特殊的社会空间或者生活方式。[3]在本文中，笔者研习哈贝马斯主张的公共领域后，认为公共领域的特征可以概括如下。

1. 公共领域具有历史正当性

首先，公共领域具有历史正当性，不被任何人占有、剥夺。公共领域从产生之初，便在政治权力之外，作为公民自由表达、沟通意见并达成共识的社会生活领域。可以说，公共领域是实现信息交流、实现个人基本权利的前提。公共领域实现于和市场经济完全不同的领域，不能以经济发展来限制公共领域的空间。阿伦特也曾明确指出，公共领域是一个排除了任何仅维持生命或者服务于谋生目的的领域，人民从劳役和工作中解脱出来，不再受肉体封闭性的约束，能够互相看见或者听见，他人的在场保证了这个世界和人民自己的现实性，使得一个人最大限度地表现了自己的个性和实现自己的最高本质。[4]公共领域是具有复杂外在构成的、产生公共性的社会公共空间。正如哈贝马斯论及的，公共领域的特征较难概括，它更多的是一种社会状态的存在，既为独立的个人提供了自我实现的活动场所，也是社会主体参与社会活动的一种状态；同时，它又为公共利益和公共政策的实现提供了现实舞台，是民众的声音得以表达的空间，更是实现法治和人权等目标的社会保障。[5]处于公共领域中的知识、思想

---

〔1〕 参见［德］哈贝马斯：《公共领域的结构转型》，曹卫东等译，学林出版社 1999 年版，第 2 页。

〔2〕 参见张艳梅："论知识产权法的公共领域：利益冲突之镜像"，载《社会科学战线》2013 年第 8 期。

〔3〕 参见杨仁忠："论公共领域的结构性特征及其政治哲学意义"，载《理论探讨》2007 年第 2 期。

〔4〕 参见徐亮："劳动、实践与共同体——从马克思到阿伦特的解放政治学思考"，载《南京大学学报（哲学·人文科学·社会科学）》2018 年第 5 期。

〔5〕 参见［德］哈贝马斯：《公共领域的结构转型》，曹卫东等译，学林出版社 1999 年版，第 60 页。

和事实等乃上帝赋予万物生灵的礼物，任何人不可剥夺，人人都有权分享。[1]
公共领域的不可剥夺性反映其属于公共所有，社会公众可以自由且不受限制地
获取和利用公共领域内部的各项资源和产品。

　　公共领域以保护公众的利益为内容，必须保障公众能够合理、自由地接触、
获得知识，以实现社会发展为目标。公共领域维护的利益其实也是从正面对公
共领域的含义进行界定。从公共领域的历史发展来看，其至少包含公共教育、
言论自由、文化自由、人权发展等利益。公共领域的价值可以上升至宪法赋予
公民的权利。[2]从个体层面看，公共领域关乎一个人的成长；从国家层面看，
公共领域是整体知识水平、价值观念、社会秩序等的体现。

　　2. 公共领域具有法律上的权利义务要素

　　公共领域来源于政治学，在其领域中要求能够实现公众对公共资源的自由
获取与利用，且任何人不可剥夺该种自由。从表面来看，公共领域属于自然领
域，法律是无法涉足的，正如有学者所指出的，"从直觉上看，公共领域似乎是
与公共政策或者法律原则相联系"。[3]然而事实并非如此简单。公共领域也是
充满法律上权利义务要素的。[4]哈贝马斯提及的公共领域概念要求公众能在公
共媒介或者场所充分交流与使用资源，这便是赋予公众对公共领域资源的接触
权和使用权；同时又以任何人不得干涉这一自由来保障公众权益，意在对权利
人设定义务，要求权利人不得阻碍公众对公共领域资源的合法接触和利用。这
就如同知识产权制度中的法定许可或者合理使用。在满足一定条件的情况下，
即使权利人对技术发明或者文学创作享有垄断权，也要接受其他社会成员通过
公共领域分享或者使用发明、作品的需求。进言之，在一个知识产权客体上可
同时存在创作者和公众的权利义务，这也是公共领域附载法律上的权利义务
要素。

　　无疑，公共领域的上述特征有助于理解后续的知识产权制度发展中所要坚
持的标准。公共领域为知识产权制度的发展提供正当性基础以及理论支撑。

　　（三）知识产权制度中公共领域的正当性分析

　　在了解公共领域起源以及特征后，接下来要解决的是公共领域之于知识产

---

　　[1]　参见黄汇："版权法上的公共领域研究"，载《现代法学》2008 年第 3 期。

　　[2]　参见李雨峰："版权法上公共领域的概念"，载《知识产权》2007 年第 5 期。

　　[3]　参见冯晓青："知识产权法的公共领域理论"，载《知识产权》2007 年第 3 期。

　　[4]　参见冯心明、丘云卿："现代著作权法公共领域的危机和出路"，载《华南师范大学学报（社
会科学版）》2011 年第 4 期。

权制度是否可有可无，为何要在知识产权制度中引入公共领域的概念，公共领域在知识产权制度中的功能和价值表现以及存在形态又是怎样的。

知识产权制度中公共领域的概念发源于美国。1896 年，美国法院第一次使用公共领域这一概念——美国联邦最高法院在歌手制造公司诉六月制造公司案（Singer Manufacturing Co. v. June Manufacturing Co. 案）[1]中认为专利保护期限届满后即进入公共领域，专利权人不得禁止他人生产并销售相似尺寸、外观及性能的产品。随后，1909 年，美国第二部版权法第一次将公共领域概念写入制定法，规定"在公共领域的任何作品……不享有版权"。[2]但是，其未将公共领域具体化。1976 年，美国第三部版权法细化了公共领域的相关规则，"明确将事实、思想、程序、方法、操作、政府作品等归入公共领域的范畴"。[3]至此，公共领域在知识产权制度中开始被广泛研究和使用。

国内外众多学者对公共领域的概念做出解释，但没有明确的定论。比较有代表性的如詹姆斯·博伊尔教授认为："知识产权"带有较为清晰的垄断权性质，而"公共领域"则作为其概念的对立，属于定义模糊的"自由"领域。[4]约查·本克勒教授在其他学者解释的基础上归纳出公共领域的定义，即将公共领域描述为"包含不受版权法保护要素的作品的共享资源"。[5]对公共领域有更深入的认识的是 L. R. 帕特森和斯坦利·W. 林伯格，其认为在前面学者研究的概念中存在对公共领域的狭隘解释，若仅站在权利的对立面解释，容易忽略公共领域的功能和价值；其最终认为，公共领域不是一个领地，而是一个概念，公共领域如同为人的生命所必需的阳光、空气和水等属于对每个人都是自由的东西。[6]，杰西卡·利特曼教授也赞同 L. R. 帕特森的观点，认为"仅将公共领域描述为版权的交换条件或微不足道的领域，忽略了它促进版权企业发展的

---

[1]　See Singer Manufacturing Co. v. June Manufacturing Co. 163 U. S. 169, 16 S. Ct. 1002（1896）.

[2]　See Copyright Act of 1909, Section 7, 1909-3-4.

[3]　See Robert A. Gorman, "An overview of the copyright act of 1976", 126 *University of Pennsylvania Law Review* 881（1978）.

[4]　See James Boyle, "FOREWORD：The Opposite of Property？", 66 *Law and Contemporary Problems* 8（2003）.

[5]　See Yochai Benkler, "Free as the Air to Common Use：First Amendment Constraints on Enclosure of the Public Domain", 74 *New York University Law Review* 361-362（1999）.

[6]　参见黄汇："版权法上的公共领域研究"，西南政法大学 2009 年博士学位论文。

重要作用"。[1]公共领域不应被理解为涵盖不受保护的材料的领域，而应被理解为通过保障潜在作者能够利用充足的"原材料"进行创作，维系知识系统的其余部分正常运转的"设备"。

我国的公共领域研究基本继承了国外的主流观点。黄汇教授认为："公共领域，它不仅仅是一套制度；同时，它更是一种理论倾向和思维方法。公共领域以保证作者的创作可能为前提，但却最终以自身的不断扩大和人类社会的文化繁衍为依归。"[2]李雨峰教授在此基础上进一步深入拓展知识产权制度中公共领域的价值："公共领域不仅是一个消极的不予保护的领域，它涉及的还包括社会公众参与文化生活和分享科学进步的权利，是人类精神生活满足程度的一个表征。"[3]从以上观点可以看出，公共领域并不是知识产权制度的对立面，并非简单的不受知识产权保护的部分，而是与知识产权制度相辅相成。公共领域具有价值引导性，在知识市场中过于强调知识产权的支配权和竞争优势时，可以为公众的合法权益寻找正当性基础。为唤起对公共领域理论的重视，探讨公共领域的正当性具有必要性。为进一步加深对公共领域的概念认识，笔者试图从如下理论视角进行探析。

1. 洛克的劳动财产权理论视角

私有财产从公共领域中基于正当的理由而被剥离出来，对此贡献最大的莫过于洛克的劳动财产权理论。洛克的劳动财产权理论一直作为知识产权的正当性依据，其恰当地处理了私有财产与公共领域之间的关系，但是人们常常因为其涵盖因素较多，基于某种目的而对其做出狭隘解释。例如，取其字面含义"通过劳动"便可以获得"财产"的正当性依据。殊不知，这只是在满足一部分条件下的推论。洛克的劳动财产权理论的正当性在于其论证过程，通过追溯其论证正当性而解释其对当下财产权的发展。面对知识产权扩张的现状，为了消除其带来的危害，有必要认真审视知识产权财产权建立的基础，重新审视洛克的劳动财产权理论。

笔者以为，一套理论的着眼点必然不是理论本身。提出一套理论的目的，是解决当时存在的社会问题。因此，理解洛克的劳动财产权理论内容前，可以

---

[1]　See Jessica Litman, "the Public Domain", 39 *Emory Law Journal* 968（1990）.

[2]　参见黄汇："版权法上的公共领域研究"，西南政法大学 2009 年博士学位论文。

[3]　参见李雨峰、陈聪："专利捐献原则的重构——从当然捐献到推定捐献"，载《电子知识产权》2018 年第 7 期。

先理解其当时提出的背景以及要解决的问题。劳动财产权理论的提出是为了破除束缚私有财产的政治枷锁，是为了缓解贫富分化给既定的秩序带来的潜在冲击。[1] 洛克劳动财产权理论始于自然状态，以自己的理性发现上帝留给人类的规律：人生来自由与平等，每个人是独立的个体，而不是生来被奴役的，政治权力也从来不是绝对的，解放自我的前提是劳动，人因为劳动而获得自由。任何向公有物掺进劳动的行为都足以使那一部分脱离共有状态而构成个人私有财产，因而排除了其他人的共同权利。劳动财产权理论包含着洛克对人的创造性的肯定，也正是对这种创造性的高度认可，使洛克认为自然物与掺入人类劳动的制造物相比，其原有的价值微不足道，所以创造者可以享受自己的劳动成果，并排他性地占有。然而，通过劳动所能获得的财产也不是无边界的，此时洛克提出其对获得财产权的限制，这是获得财产权的前提。

获得财产权的前提是符合财产权限制的条件，这也是财产权可被个人占有的正当性基础。限制包括两大先决条件：首先是社会个体倘若能够完全地垄断公共资源，其在满足自身需要的基础上还必须为社会上的其他个体留下足够且同样优质的公共资源，这也是其在文章中所称的充足性条件（sufficiency proviso）。关于该条件，哲学家罗伯特·诺齐克也进行了解释，其将该条件延伸为无害原则（no harm no foul），即社会个体并不是可以无条件地将自己的劳动价值转变为私有的劳动财产，只有不给他人造成损失，才有正当性可言。其次是严格禁止浪费（no waste proviso）。洛克强调"浪费限制"的原因在于，劳动者对劳动对象的浪费将会不正当地减少财产的公共积累。

充足性条件和"浪费限制"表明对私人创造物的产权界定不能以减损公共领域为代价，否则，私人获得的财产权将会缺乏合理性。从权利限制的角度来观察洛克的劳动财产权理论会发现，它最终证明的不是私有财产权的正当性，而是公共领域的正当性。这通过保障丰富的公共领域而为知识产权制度提供了正当性依据。[2]

2. 法经济学视角

知识产权的经济学分析可以围绕两个概念和一个目标展开，两个概念即"成本"与"收益"，一个目标即降低知识产品创造、产生与利用的成本并提高

---

[1]　参见林立成："私有财产的束缚与解放——洛克劳动财产理论研究"，载《研究生法学》2016 年第 4 期。其中"贫富分化"是指收入差距严重。

[2]　参见冯晓青：《知识产权法哲学》，中国人民公安大学出版社 2003 年版，第 22 页。

因知识产品创造、产生与利用而带来的整体社会福利。与知识产权的非经济学分析所关注的公正与秩序观不同，知识产权的经济学分析特别关注的是效益问题，强调通过对知识财产赋予产权而对知识财产进行优化配置，促进社会总财富的增加。例如，兰德斯和波斯纳在《知识产权法的经济结构》中对相关案件、法律规定进行考察的立场是：它们在经济上是否有效率；如果不是，如何改变它们，以使之有效率。[1]

　　公共领域的存在有利于知识产权资源配置的优化。财产观念经历了从自然的事实占有状态到产权归属的法律状态的演变。赋予产权并不导致财产总值的增加，因为社会财富的增长是以财产的运转和资源的优化配置为条件的。[2]知识产权制度同样如此，为了寻求社会财富的最大化，不应将其重心放在权利归属层面，而应实现资源的优化配置，促进财产的充分利用，该利用包括个人利用和他人使用。他人使用是对个人财产权的限制，也是基于公共领域存在的合理性。对知识产权的权利内容及其行使做出合理的限制，能够促进整个社会的进步。法经济学分析一般从知识产权的外部经济或者说科斯定理角度进行理解。外部经济是指经济活动对他人的影响。美国经济学家保罗·萨缪尔森将外部经济效应界定为"一个经济机构对他人福利施加的一种未在市场交易中反映出来的影响"。[3]从行为的结果来看，外部经济效应包括正面和负面两大类。知识产权领域出现外部不经济的情况一般是指"在知识产权垄断者获得各种积极性租金（即垄断利润）时，他们将私人利益最大化，忽视了行为所带来的不良社会后果，减少了社会对知识资源的分享"。[4]观察知识产权"生产—传播—使用"的法律链条可知，只有维护好生产者的利益，才能促进后续的行为，但同时也要看到最终的目标是实现广泛的使用。如果让生产者占有全部的权利资源，控制信息的传播与使用，一方面不利于其他主体继续对基础资源的使用，另一方面会造成过高的交换代价：使得使用者无法取得授权，抑或难以负担为实现

---

〔1〕　参见［美］威廉·M. 兰德斯、理查德·A. 波斯纳：《知识产权法的经济结构》，金海军译，北京大学出版社 2005 年版，第 4 页。

〔2〕　参见宁立志："知识产权权利限制的法经济学分析"，载《法学杂志》2011 年第 12 期。

〔3〕　参见［美］保罗·萨缪尔森、威廉·诺德豪斯：《经济学》（第十六版），萧琛等译，华夏出版社 1999 年版，第 267 页。

〔4〕　参见［美］保罗·萨缪尔森、威廉·诺德豪斯：《经济学》（第十六版），萧琛等译，华夏出版社 1999 年版，第 37 页。

交换、获得市场信息而产生的讨价还价、诉诸法律等各种成本。[1]这显然是一种无效率或者效率极为低下的选择。强化知识产权的专有权保护难以避免上述结果，因此有必要建立相应的平衡机制，利用公共领域提供的公众合理使用空间实现资源分配的利益最大化。

在微观经济学中对效益的判断标准主要是帕累托标准。帕累托标准通常可描述为这样一种情况："如果没有方法可以使一些人境况变好，[2]而又不会使一些人境况变差，那么这种经济状况就是有效的。"按照这样的标准审视知识产权制度的发展，可以发现只有最大化地满足创新者、使用者等各方利益需求，才能实现利益最大化。具体来说，知识产权制度既需要给生产者提供保障和激励，刺激创新生产，也需要给广大社会公众提供自由选择、接触使用知识产品的机会，使各方的利益得到保障。这样才能使得利益最大化。保罗·萨缪尔森的说法相当具有代表性："没有合法的垄断就不会有足够的信息被生产出来，但是有了合法的垄断，又不会有太多的信息被使用。"[3]

法经济学的视角为公共领域的存在基础提供了正当性的论证。资源并不是垄断在权利人手中才会促进利益最大化，而是需要结合特定的经济发展水平、社会背景等情形，为专有领域与公共领域划定合理的界限。不同的权利资源配置方式产生的社会效果不同，在设计知识产权私权保护和公共领域时，应当权衡得失，以求得利益最大化。

（四）小结

追溯公共领域的政治学根源，可以发现公共领域不仅是区别于私有领域"对立面"的狭义公共领域，还是一种更为广泛而普遍的公众使用与自由接触的领域，以促进信息交流、实现个人权利为要旨，为私权的发展提供正当性基础。根据洛克劳动财产权理论的解释，只有保障公共领域的丰富肥沃，才能维护创新的源头，促进创新资源的产生，防止将创新的基础资源纳入私人领域，在逻辑顺序上也是先有公共领域，才有知识产权。另外，结合法经济学的分析，保护公共领域有助于实现资源的合理分配，实现权利人和公众利益的平衡以及社

---

〔1〕 参见［美］R. H. 科斯："社会成本问题"，载［美］R. 科斯、A. 阿尔钦、D. 诺斯等：《财产权利与制度变迁——产权学派与新制度学派译文集》，上海三联书店、上海人民出版社 1994 年版，第 4 页。

〔2〕 参见［美］H. 范里安《微观经济学：现代观点》，上海三联书店 1994 年版，第 23—25 页。

〔3〕 参见［美］保罗·萨缪尔森、威廉·诺德豪斯：《经济学》（第十六版），萧琛等译，华夏出版社 1999 年版，第 185 页。

会整体繁荣目标。

二、知识产权公共领域与创新驱动发展战略的关系

深入实施创新驱动发展战略是当前的时代主题，加强知识产权保护与落实创新驱动发展战略要求相辅相成：一方面，创新驱动发展战略是知识产权制度发展的指引；另一方面，知识产权制度为创新驱动发展提供激励机制和法律保障。创新驱动发展战略为知识产权的发展提供更高的指标，在创新活动中实现效率提升、协同创新等，要求最终广大社会公众能接触、使用创新成果，而这正是公共领域的功能和价值所在。在创新驱动发展战略下研究知识产权公共领域，对于引导知识产权制度良性发展具有重要意义。

（一）创新驱动发展战略要义

创新驱动发展战略是为契合第六次科技革命〔1〕提出的科学决策，其本质是依靠自主创新，充分发挥科技对经济社会发展的支撑和引领作用。〔2〕目前世界正处于第六次科技革命的"拂晓"，前五次科技革命的历史经验已经表明，战略机遇稍纵即逝，为防止与科技革命再次失之交臂，必须以其为背景，把握发展趋势。我国必须建设成为创新型国家，从容应对国际社会的变化和挑战。

中共十八大正式将创新驱动发展战略上升为国家发展战略。〔3〕中共十九大中布局创新驱动发展战略的具体实施措施。科技创新不应仅是实验室里的研究，而必须将科技创新成果转化为推动经济社会发展的现实动力，最终服务于经济社会发展以及广大人民群众的利益。一般认为，创新驱动发展的有效模式，或者说能够成为创新驱动要素的形式主要有：知识产权驱动、金融创新驱动、管理创新驱动、人才创新驱动、商业模式创新驱动。〔4〕上述驱动要素从相互关系

---

〔1〕 科技革命是对科学技术进行的全面、根本性变革。前三次是我们熟知的蒸汽技术革命，电力技术革命，以原子能、电子计算机的发明和应用为标志的信息控制技术革命；第四次是以美国为主导的生物新能源革命；第五次是以 IT 技术和信息通信为开端的信息革命。白春礼院士表示中国错失了前四次科技革命的机遇；第五次科技革命，中国也只是一个跟随者；在第六次科技革命涉及的科学技术的深刻变革中，中国应当紧紧抓住机遇。

〔2〕 参见胡锦涛同志在中国科学院第十六次院士大会上的讲话："实施创新驱动战略，最根本的是要依靠科技的力量，最关键的是要大幅提高自主创新能力。只有具备强大科技自主创新能力，才能在全球日益激烈的竞争中牢牢把握发展主动权，才能真正建设创新型国家，进而向世界科技强国进军。"

〔3〕 参见马一德："创新驱动发展与知识产权战略实施"，载《中国法学》2013 年第 4 期。

〔4〕 参见季节："知识产权是创新驱动的核心支柱"，载《南方日报》2016 年 3 月 1 日第 3 版。

来看是有交叉与融合的，知识产权驱动必然也需要管理、人才、商业等要素的配合，但是每个要素又有其独特的价值，在探讨其和创新驱动发展战略之间的关系时应有所侧重。与其他模式相比，知识产权驱动模式具有见效周期短、创新空间大、效果明显、效果可持续等特点。[1]吴汉东教授指出，"新的世纪是知识经济的时代，也是知识产权的时代"。[2]本文在创新驱动发展战略视角下对知识产权相关制度的研究，能以战略背景为知识产权制度的推进和完善提供指引。

创新驱动发展战略的目的不再只是获取成果本身，而是通过转化利用，使其产生经济效益，促进经济社会发展。[3]但是目前体制上仍旧存在一些亟待解决的深层次的问题。尽管以知识产权加强对专有权利人的保护促进了部分领域的源头创新，但是在创新效率、创新质量以及社会大众的协同创新方面仍有不足。科技创新要破除孤岛现象，防止主体或者要素处于游离状态，导致创新效率低下以及创新过程不顺畅的情况。[4]创新遇到的问题从产生来看，包括如何原始创新（从有到无）、集成创新、改进创新等；从创新的流程来看，包括促进产生、流通传播、应用保护等。梳理创新驱动与知识产权的关系，需要力图从知识产权制度上实现对创新驱动发展战略的支撑。

（二）创新驱动发展战略与知识产权制度之关系

1. 知识产权制度与创新驱动发展战略的关系

（1）以知识产权垄断机制刺激创新

知识产权制度以赋予创新主体垄断地位作为"生产—传播—使用"创新链条运行的基础。《著作权法》第 1 条首要"保护文学、艺术和科学作品作者的著作权"，《专利法》第 1 条强调保护"专利权人的合法权益"，商标法以"保护商标专用权"为前提条件。随着技术的发展，知识产权客体种类增加，财产权能扩充。创新主体以"劳动自然权利学说"为权利正当性基础，主张对自己的创造性劳动成果获得相应的回报。知识产权客体由于其非排他性和非竞争性，容易被他人搭便车而使得创新成果被他人窃取，从而丧失竞争优势。创新本身具有高风险性和不确定性，特别是在当代企业竞争中，产业的创新风险相比之

---

[1] 参见吴汉东："知识产权法的制度创新本质与知识创新目标"，载《法学研究》2014 年第 3 期。

[2] 参见吴汉东："科技、经济、法律协调机制中的知识产权法"，载《法学研究》2001 年第 6 期。

[3] 参见胡翠平："以知识产权保护来促进创新驱动发展战略实施对策的研究"，载《河南科技》2017 年第 24 期。

[4] 科技创新"孤岛现象"，是指科技创新未形成整体环境，创新要素未得到充分整合。

前更大。[1] 在创新成果易被他人模仿、创新生产具有较高成本的背景下，如果创新者不能对创新成果取得垄断权，面对传播不受控制的局面，创新者不能获得应有的商业回报，则其创新动力无法得到激发，难以促进商业主体参与创新活动。为了解决这种市场失灵的问题，鼓励企业大胆创新，需要赋予创新者市场垄断地位，使其能够收回创造成本，同时赢得额外的利润，进而鼓励人才、资本等要素更多地投入到创新当中，促进创新的良性循环。也正是因此，知识产权制度以保护创新者的权利作为首要目标，进而激发创新动力，维系创新的源头。

（2）以知识产权交易机制增加创新价值

专利法以推动发明创造的应用，提高创新能力为其宗旨，著作权法以鼓励作品的创作和传播，促进文化和科学事业的发展与繁荣为其宗旨，其逻辑是通过促进创新在交易过程中的传播，加快创新的应用，提升创新活动在整个社会中的价值。

创新的价值增值在创新的商业化过程中实现，知识产权的运用推动创新的商业化。[2] 从财产权经济学理论来看，设立相应的知识产权是权利初始分配的完成，接下来是知识产品在市场中的流转。根据科斯定理，国家界定权利内容进行初次分配并不是最重要的，因为通过私人谈判，财产能够被转让至具有较高价值的使用人手中，经济的总产出并没有受到影响[3]，所以一种财产权制度并不必然比另外一种财产权制度更有效率。但是后续的交易行为，或者说财产权的再分配，影响最终的经济总量，决定创新的总价值是否有所提高。

知识产权的实际价值需要通过立足市场的需求来实现。知识产权交易制度为此提供了有效的手段。知识产权制度通过转让、交易、许可等一系列规则设计，一方面保护创新者，提供其运营创新成果的方式，增加创新成果的价值。另一方面也保障其他主体的使用，使知识产权在交易中实现资源的重新配置。知识产权制度通过各种手段实现产权的市场价值和经济价值，提高企业经济效益和竞争力。创新的目的不仅是激励创新者、获取创新成果，更是转化利用创

---

〔1〕 参见王黎萤、王宏伟、包海波：《知识产权制度与区域产业创新驱动：以促进长三角制造业提升为视角》，经济科学出版社 2014 年版，第 26 页。

〔2〕 参见吴汉东："创新发展与知识产权保护"，载《公民与法（综合版）》2017 年第 8 期。

〔3〕 参见 ［美］威廉·M. 兰德斯、理查德·A. 波斯纳：《知识产权法的经济结构》，金海军译，北京大学出版社 2005 年版，第 15 页。

新成果让公众享受，促进社会整体的科技进步与文化繁荣。

（3）以知识产权救济机制保护创新成果

知识产权制度通过赋予权利人垄断权在权利人专有领域和公众自由使用的公共领域之间划定界限，同时在权利人和其他竞争者之间建立特定法律关系，保护创新成果。知识产权侵权认定区别于传统的"主观故意、客观行为、损害结果、因果关系"四要素认定，而是以知识产权客体即创新成果为出发点。其中，著作权法以"接触+实质性相似"模式判定是否构成著作权侵权，如果在后作品在满足在先接触可能性的情况下，又构成与在先作品实质性相似，则在排除合理怀疑的前提下落入创作者对作品的控制权范围内。创作者能够控制他人对作品进行复制、发行、演绎等行为，进而获得作品的收益，保护创作成果。专利法将被控侵权物与专利权人权利要求书中的技术特征进行对比，并利用等同侵权原则对权利人进行充分保护，控制他人对创新成果的制造、使用、销售等行为。商标法中以商标近似、容易造成消费者混淆来判定商标侵权。可见，在知识产权侵权的救济机制中，是围绕创新成果对权利人的利益进行充分保护，保证权利人对创新成果的有效控制，防止他人不当模仿、混淆市场，影响创新成果的应用。

保护创新成果也是保护整个技术创新过程的重要一环。技术创新包括研发、生产、产品化、市场化等阶段。[1]在产品化和市场化阶段，需要以知识产权成果免受他人侵犯为保障。技术成果的非竞争性和非排他性特征使其容易受到竞争者搭便车行为的干扰，创新成功后如果没有法律的强制保护，创新者就难以控制他人的行为，跟随者可以实现低成本的抄袭和模仿，而创新者既丧失了竞争优势，也无法从创新活动中获得应得的垄断收益，从而会打击创新热情，影响创新链条的循环。知识产权救济制度通过赋予创新者排他权来保护创新成果，为技术创新活动提供坚实的法律保障。

与此同时，创新与知识产权制度之间又存在着一定冲突，或者说知识产权制度在促进创新方面具有局限性。创新的关键在于长效激励机制的构建，但加强权利的保护对创新具有一定的负面效应，特别是知识经济下创新进程因知识产权的重要性的凸显而产生了新的变化曲线。[2]这导致有学者认为："只有在技

---

〔1〕 参见冯晓青："知识产权制度与技术创新之内在联系研究——以两者内在协同机制、模仿和知识产权保护强度为考察视角"，载《时代法学》2013年第2期。

〔2〕 See OECD：Patent and Innovation：Trends and Policy Challenges，www.oecd.org/sti/ipr，最后访问时间：2022年6月30日。

术发展非常缓慢时才需要给予适当的刺激。然而，科学技术的发展迅猛异常，其进一步的发展就不需要采用这种严格的限制性措施来激励。恰恰相反，现在知识产权制度对科学技术的进步与发展产生消极负面效应，减缓了知识产权创新与科技进步的速度。"[1]公共领域的拾起，为解决上述问题提供了新的视角。

2. 知识产权公共领域在创新驱动发展战略中的作用

现代社会的进步最终通过知识的广泛传播与公众使用来实现。[2]赋予创造者垄断权可以激励知识生产的积极性，但是与此同时也可能会抑制知识的传播，妨碍知识的利用。正如约瑟夫·斯蒂格利茨指出的，"所有的知识的生产都是建立在他人工作的基础上，是从知识的公共领域里得到启发和支持，因此，过分强调知识产权的专有性必然会增加利用知识开展进一步研究的成本，从而一直在减缓创新步伐"。[3]

公共领域是一国法律授予相关主体专有权时为社会保留的一份净土，是文化科技发展的素材和动力，反映一国发展的公共政策目标的实现程度，并影响其发展潜力。当法律制度的着眼点主要在于权利主体是否保护充分时，便会常常忽略留给公众的公共领域是否足以支撑社会的发展。知识产权公共领域是由多种因素综合形成的，应当使公共领域回归到生态循环中去，使得知识产权权利机制真正做到与公共领域之间的生态和谐，并以知识循环方式来引领和推动人类文化的持续发展。

公共领域对于创新的作用表现在多个方面，具体分析如下：

（1）对抗知识产权扩张，维护创新的源泉

创新活动是对在先成果的吸收和再转化，而这一系统的有效运转依赖于在先的智力成果的获取。[4]知识产权制度通过加强对权利人的保护来鼓励其投入到创新活动中，同时也通过将一部分客体排除在外以及限制权利的内容来保证创新的持续性。任何创造都建立在前人成果的基础上，而公共领域是创造的土壤。公共领域是涉及公众自由使用的领域，知识产权法从公共领域拿走一部分

----

〔1〕　参见梅术文："实施知识产权战略的正当性之维"，载《法制与社会发展》2008 年第 4 期。

〔2〕　参见卿志琼："知识产权、创新与知识公共领域的重建"，载《西安建筑科技大学学报（社会科学版）》2017 年第 3 期。

〔3〕　参见［美］约瑟夫·斯蒂格利茨："知识经济的公共政策"，载《经济社会体制比较》1999 年第 5 期。

〔4〕　参见孙阳："论公共领域的功能实现"，载《知识产权》2017 年第 12 期。

内容，为刺激创新而赋予个人垄断权。例如，著作权法赋予作者有限的财产权来控制其由思想和表达组成的作品。那些构成了文化继承物的物质不能因为最终创作而成为私人垄断利益，其必须留给我们自由地使用，这并不亚于维持生命所需要的物质的重要性。[1] 著作权以对行为的控制作为其财产化权益。随着创作形式以及传播技术的多样化，作品的相关主体将鹰爪肆意伸向属于公众言论自由、文化多样性表达等合理使用的领域，如主张对转化性使用形成的戏谑作品的控制、对非法定类型著作财产权益的控制，使得公众的再创作空间受到重创。公共领域制度可以站在公众合理使用的角度为限制私有权扩张提供正当性基础，使公共领域的素材得以保存与丰富，公众能够广泛自由获取公共领域素材进行创作，实现创新资源的迸发。从知识生产过程直接进入公共领域的"知识"，大多属于科学发现、规则方法等基础性创新，其为知识再生产提供原创性、源头性的知识供给，进一步提升知识创新的基础能力。[2] 由于基础性创新通常不易转化为具有实用价值和实施效益的知识产权，需要在知识产权制度设计中兼顾对基础研究者的保护，激励公共领域中基础性创新的知识再生产以及创新成果转化。而且，科学技术的进步是一个积累的过程，是与技术变革与经济发展的良性循环息息相关的。垄断权在保证创新者收回其支付的合理成本后，应当最大程度实现其他公众的接触与使用，保证其他再创新者享有创新的基础。

对抗知识产权扩张的典型实证是知识产权的有限垄断，被私人垄断的财产权内容在权利人实现一定效益后必然要重新回归公共领域。这表明专有权只是对知识产品进入公共领域之前的短暂限制[3]，知识产品进入公共领域被公众共享才是常态。赋予创造者有限的专有权是为了激励其产生新的知识产品。由于知识产权的无形性和非排他性，只有法律赋予强制的垄断权才能保证知识产权人在市场上的优势，回收其为创造付出的成本并获取相应的利润，从而有动力继续从事创造活动。但与此同时，垄断权有可能阻碍对知识公共物的获取与创造，阻碍公众自由接近和获取知识。以著作财产权为例，一部作品最初是以存在相当的知识公共物为基础而创作的，如果允许在先的创作者对其作品享有永久性权利，作品的复制权、传播权全部由作者控制，社会公众接触作品的机会

---

〔1〕 参见刘辉："作品独创性程度'三分法'理论评析"，载《知识产权》2011 年第 4 期。

〔2〕 "强化原始创新，增强源头供给"是《国家创新驱动发展战略纲要》中的重要战略任务。

〔3〕 参见冯晓青："知识产权有效期限制的理论思考"，载《兰州学刊》2007 年第 6 期。

将会大大减少，同时再创新者基于该作品的再演绎也要经过作者的许可，其交易成本将是巨大的，会影响后续的再创新。知识产权制度以有期限的保护对抗权利人的垄断权，保证社会公众获得公共知识财富、创新自由的权利。

（2）弥补知识产权市场失灵，实现创新突破

知识产权市场失灵表现为交易不能和交易不足两种情形。[1]知识产权制度可能因为缺乏合法垄断而导致对创新者保护力度不够的供给不足，也可能因为赋予合法垄断而导致交易不足。市场失灵是因为垄断导致交易无法正常进行。这在专利法和著作权法方面均有表现。与著作权法相关的市场失灵体现在权利人不愿交易，例如带有批评性的评论、滑稽模仿等使用形式，著作权人自己不会选择此种表达，也不会许可他人这样使用，从而会减少公众或者再创作者对作品的接触机会，抑制再创新。著作权法则通过合理使用将其归入公共领域，任何人可以免费使用，以此弥补上述机制的失灵。

专利法方面的市场失灵更为明显。现代工业技术的密集化程度提高[2]，而在专利授权标准相对较低的情况下，大量专利堆积会形成"专利丛林"，严重阻碍技术创新和应用推广。市场主体利用相关技术需要经过繁杂的授权程序或者频繁的专利诉讼，这直接导致了后续的创新成本增加。专利授权形式或者说专利交易形式的完善对于降低创新成本、促进创新效率，在关键领域实现突破性创新具有重要意义。

从财产权经济学角度看，知识产权保护的利益超过其保护的社会成本才是知识产权保护的正当性所在。但是在保护过度的情况下，这一成本将超过知识产权保护带来的社会效益。知识产权制度赋予权利人垄断性权利，必然增加社会公众获取原有智力成果的成本，最终影响系统的有效运转。在整个社会层面，知识产权主体的数量增多，获取智力成果的成本会更高。财产权的成本是多重的，具体表现为交易成本、寻租成本和保护成本。[3]有学者将其具体量化为：$Vp+Dsl>CS+DS2$。其中，Vp 为智力成果的商业价值，Dsl 为社会收益，CS 为产

〔1〕 参见刘廷华、周拥军："市场失灵视域下著作权合理使用的成本考量"，载《边缘法学论坛》2017 年第 2 期。

〔2〕 参见江喜林、董亮、易艳春："独立许可、专利池与一体化：累积创新中的厂商行为"，载《中国科技论坛》2016 年第 2 期。

〔3〕 参见［美］威廉·M. 兰德斯、理查德·A. 波斯纳：《知识产权法的经济结构》，金海军译，北京大学出版社 2005 年版，第 26 页。

权受到保护的社会成本，DS2 是社会因赋予权利人独占权所导致的损失。[1]在该公式中，DS2 是社会因个人垄断而遭受的损失，这恰恰是回归洛克劳动财产权理论对赋予财产权的前提条件限制，防止其对公共领域的减损增大。公共领域处于自由使用的状态，通过限制私权的扩张，为创新活动提供原料，节省创新成本，最终保障社会收益大于创造成本，维护创新的持续性。

以基因技术为例，其目前可以获得法律保护。专利制度以"公开换垄断"为原则，许多基础基因技术被申请专利，基因技术领域形成"专利丛林"，后续研发者面临着重重申请获得授权的压力，每个上游专利都允许其所有者在产品开发的道路上设立一个收费站，这在客观上增加了成本并减缓了下游生物医学创新的步伐。这一困境让基因技术的发展严重受阻。为了解决基因技术领域创新面临的困境，可借鉴计算机"开源软件"经验，划定基因技术的公共领域，禁止其中的基因技术被任何人专有化。美国麻省理工学院已经在基因技术方面开展这种开源活动，将基因信息进行开放，保证研究者可以自由获取。[2]开展基因技术开源运动，是以自由的公共领域弥补知识产权市场失灵，并未违背知识产权制度设置目的。这样做既可以通过协议将特定的使用行为划入公共领域，又可以采取知识产权模式，为基因技术领域的发展提供动力。

在特定的领域引入开源技术有利于实现创新并能够获得突破。技术的发展离不开基础数据的使用和继续研究，而开源技术能够为下游研究人员提供充分的接触机会。公共领域通过降低社会智力创造成本来保障更多潜在权利人以最便捷、高效且成本最低的方式接触到具有价值的现存智力成果并加以利用，促进新一轮的具有创造性的智力成果的产生。

（3）遵循创新规律，实现社会整体创新

通过营造激励创新、共享创新的环境，创新的最终目的是实现社会的整体进步。在数字时代，理应承担激励创新责任的知识产权制度被权利人鼓吹强保护即可激励创新，违背了创新扩散的基本规律。[3]为促进创新，应当遵循创新扩散规律，这样才能达到事半功倍的效果。知识产权制度的目标是通过激励创新，实现社会整体创新，也就是这里所说的创新扩散最大化。考察历史可知，

---

[1] 参见李建伟、单向前："知识产权保护制度的经济学分析"，载《金融理论与实践》2007 年第 5 期。

[2] 参见唐赛男："基因技术的知识产权开源模式研究"，湖南大学 2016 年硕士学位论文。

[3] DEG, Richard T., *Intellectual property rights*, Oxford：Oxford University，2008，p.431.

有效应对技术变革的知识产权制度通常都会遵循创新扩散规律。[1]创新扩散理论发展已较为成熟，其最早可追溯至 20 世纪初期，学者们围绕创新扩散现象展开理论与实证研究，并逐渐探索出创新扩散规律。[2]综合考察创新扩散理论，可知帮助实现知识产权制度目的的创新扩散规律为：新产业的产生源于企业将创新引入市场，需要通过激活市场，为创新提供自由交流的空间和互补性的服务。[3]学者卢森、洛伦兹和科隆认为：创新是社会主体之间分享和交换知识的一种活动。一个创新系统或者组织要成功进行创新，最为核心的是一个知识共享系统或者组织。[4]尤其在当下的信息社会中，公共信息空间是现代信息化的表征，而公共领域正是公共信息空间的理论孕育母体，也是实践的母体，是存在时刻发生着的公共信息生产、传播、利用等信息行为的空间。在公共领域产生之前，人类的信息沟通手段非常有限，基本上要通过公众聚集进行面对面的沟通才能够实现。[5]发展到当前信息社会，可以通过数字技术、因特网技术等进行更广范围的信息传播和交换。如果对信息的交流获取施行强保护，一方面会使控制保护成本增加，另一方面也不符合网络技术背景下产生的创新技术形态，而保证信息在网络社会公共领域的活力有助于实现创新在更大范围内的扩散。

根据知识产权溢出效应，知识产权保护与创新并不是线性关系。根据数据模型[6]，严格的知识产权保护对于知识增加具有积极作用，进而促进创新。但是，加强知识产权保护对于知识溢出具有负面效应，不利于创新的扩散。一定程度的知识产权公共领域保留有助于知识溢出。这种创新优势具体表现为：一方面，控制知识产权保护水平，加强技术创新的外溢，允许一定程度的模仿加

---

〔1〕 参见唐伶俐："创新扩散视角下知识产权制度完善策略研究"，载《科技进步与对策》2016 年第 8 期。

〔2〕 参见唐伶俐："创新扩散视角下知识产权制度完善策略研究"，载《科技进步与对策》2016 年第 8 期。

〔3〕 参见唐伶俐："创新扩散视角下知识产权制度完善策略研究"，载《科技进步与对策》2016 年第 8 期。

〔4〕 参见任志安："合作型自主创新：创新优势与知识产权共享冲突"，载《学术月刊》2007 年第 6 期。

〔5〕 参见陆阳："信息社会学的一个新视阈：公共领域与公共信息空间"，载《情报资料工作》2013 年第 5 期。

〔6〕 参见陈丽娴："知识溢出、创新与区域经济增长——基于知识产权保护视角的门槛回归分析"，载《当代经济管理》2017 年第 8 期。

速创新。[1]另一方面，通过关系渠道，用较低的成本实现知识的整合。掌握技术的不同主体，比如大学、科研机构、企业等，在基础理论、产业知识、市场知识等方面存在优势与差异，通过知识溢出，可以在一定领域形成关系产权机制，缩小知识盲区差距。[2]在基因技术领域，非产权激励虽然降低了知识的保护程度，但提高了知识分享和创造的水平，[3]有利于增加知识融合的广度与深度，提升创新能力。

（三）小结

为了促进社会整体科技创新与文化繁荣，知识产权制度存在两条并行的路径：一条是知识私有领域的专有保护，通过产权激励促进创新；另一条是通过对知识公共领域的保护，保障社会公众对知识的充分接近和使用，从而使创新和再创新可以获得充足的养分，促进知识的广泛传播利用，保障创新和再创新的可持续性。公共领域是与知识产权专有权并肩的知识产权制度支撑体系。知识产权专有权促进创新通过激励机制实现，而公共领域提供创新的土壤、提高创新的效率，遵循创新的发展规律，同专有权共同推动知识产权制度的发展，实现知识产权制度的目标。知识产权公共领域与创新驱动发展战略之间的关系探讨为具体的立法制度以及司法实证中的分析奠定理论基础并提供指引。

三、创新驱动发展战略下知识产权公共领域的立法分析

知识产权公共领域的价值发挥依托于知识产权立法：一方面表现为公共领域的制度形态，即立法保留特定的公共领域作为创新的基础，制约知识产权以私权保护为首的不合理扩张；另一方面，回归公共领域最初的价值理念，以其

---

〔1〕 参见冯晓青："知识产权制度与技术创新之内在联系研究——以两者内在协同机制、模仿和知识产权保护强度为考察视角"，载《时代法学》2013 年第 2 期。该文将模仿与创新的关系描述为："在现行比较严密的知识产权制度环境中，技术、文化等领域的模仿仍具有普遍性。知识产权制度对模仿的禁止也与其保护力度有关，知识产权的弱保护自然会为模仿形成比较宽松的环境，反之亦然。""与创新者竞争相比，模仿者也有其竞争优势，如不用承担高额的开发费用和承担开发失败的风险，创新的不确定性较小，而创新者则面临较高的创新成本、创新的不确定和高风险性等问题。与模仿者相比，在不考虑知识产权保护的情况下，其从事创新的动力之一是抢占技术和市场先机，获得超额市场利润。"

〔2〕 See S. J. Herstad, T. Sandven, B. Ebersberger, "Recruitment Knowledge Integration and Modes of Innovation", 44（1）*Research Policy* 138-153（2015）.

〔3〕 参见余维新、熊文明、魏奇锋、王彬彬："关系产权、知识溢出与产学研协同创新的稳定性研究"，载《软科学》2018 年第 12 期。

推崇的保障公众参与文化生活和分享科技进步的原则指引知识产权制度的发展，促进科技创新与文化繁荣。当前，公共领域的制度状态以及价值理念仍要回归知识产权制度本身来考察。下文站在创新驱动发展的角度，拟从专利权、著作权与商标权方面对公共领域的外延进行类型化梳理，以期明晰知识产权公共领域的轮廓。

（一）专利法上的公共领域

专利法首先通过保障发明者的合法权益，赋予其阻止其他竞争者搭便车行为的权利，激励其从事相关创造活动。专利法确立的垄断权实质是对进入障碍的垄断：面对第一个市场进入者制造的市场障碍，他人不能通过搭便车进入相关市场，从而倒逼竞争者进行创新活动。专利法创造这种排除搭便车行为的机制，保护、鼓励了发明创造，但因为先进入而直接赋予垄断权，对后续的创新造成重重障碍。专利法的最终目的并不是保护权利人，而是促进社会的整体创新，正如在专利法立法宗旨中所描述的，是为了"提高创新能力"。因此，若仅仅强调保护专有权人，则容易走向专利滥用，而且这种单向思维也忽视了创新的路径。一味地加强专有权保护，易放大创新者的贡献，而真正的创新往往是建立在大量公共领域资源基础上的。专利制度的设计也考虑了扩大垄断权可能造成的对再创新的影响，公共领域的重要性在专利制度中逐渐显现：将特定的客体排除在专利权保护范围之外，保证作为创新基础的公共资源处于公共领域中，同时也对一定的使用方式予以限制，确保公众可以不经权利人许可而接触并使用专利技术，为竞争者的后续发明以及社会公众获取知识和信息提供保障。专利法中的公共领域范畴具体如下。

1. 作为技术创新基础的公共领域

专利法从客体层面将特定的领域排除出专有权垄断范围，比如科学发现、智力活动的规则和方法等。[1]科学发现、智力活动的规则和方法虽然需要投入一定的劳动，其劳动需要得到相应的鼓励，但是不能排斥他人的使用。专利权实质要件也是必须达到可专利性的程度，具备新颖性、创造性、实用性，任何人无权将不满足"三性"的方法、产品等纳入专有领域。具体来说，仅依据上述简单要求无法解决权利人与公共领域之间的冲突，专利制度需要通过具体的

---

〔1〕 例如我国《专利法》第 25 条明确列举了不授予专利权的客体范围，即对科学发现，智力活动的规则和方法，疾病的诊断和治疗方法，动物和植物品种，原子核变换方法以及用原子核变换方法获得的物质，对平面印刷品的图案、色彩或者二者的结合作出的主要起标识作用的设计，不授予专利权。

规则设计来维持稳定的公共领域，促进公众对处于事实状态的公共领域的接触与使用。

《专利法》第 64 条第 1 款所称的"发明或者实用新型专利权的保护范围以其权利要求的内容为准，说明书及附图可以用于解释权利要求的内容"，是指专利权的保护范围应当以权利要求记载的全部技术特征所确定的范围为准，以权利要求的内容进行界定，权利要求是基础。但受文字内容的限制，权利要求必然无法与复杂的技术完全吻合，为了准确限定权利要求的范围，防止因专利权的扩张而使权利要求限定的保护范围与涉案专利的技术贡献和说明书充分公开的范围不适应，应同时规定，不允许非官方公开文件方面的内容扩大权利要求的范围。比如未记载在说明书中的技术贡献不能作为要求获得专利权保护的基础，专利权保护范围的认定应当以记载在权利要求中的技术特征为标准，通过完备权利要求的规定限制专有权的范围，进而保证公共领域的稳定状态。

此外，专利法还利用禁止反悔原则与捐献原则维护已经进入公共领域的内容。如上所述，只有记录在权利要求中的技术方案才能进入专利权保护范围，而不能以说明书或者附图为依据来确定专利权保护范围。最高人民法院《关于审理侵犯专利权纠纷案件应用法律若干问题的解释》第 5 条规定："对于仅在说明书或者附图中描述而在权利要求中未记载的技术方案，权利人在侵犯专利权纠纷案件中将其纳入专利权保护范围的，人民法院不予支持。"该条将捐献原则纳入我国专利侵权认定依据中。这针对的情形是，发明人为在申请时更容易获得授权，在权利要求中采用下位概念，但是在说明书及附图中又进行扩张解释，最终获得授权。根据捐献原则，对于那些没有记载在权利要求中但在说明书中披露的技术方案不予保护。未在权利要求中明示的，视为权利人自动放弃并捐献到公共领域，这是在制度上对公共领域正当性的证成。除此之外，专利法在程序上也有一定的设计，以保障重新进入公共领域的发明创造被公众获悉以及接触使用。以专利权无效宣告[1]为例，国务院专利行政部门对符合无效条件的专利权作出决定并进行登记和公告。一旦宣告无效，该专利权自始即不存在，专利技术方案进入公共领域且具有不可逆性，这都是通过专利法明确给予公众的创新资源。

---

[1] 我国《专利法》第 45 条规定："自国务院专利行政部门授予专利权之日起，任何单位或者个人认为该专利权的授予不符合本法有关规定的，可以请求国务院专利行政部门宣告该专利权无效。"

2. 技术创新自由使用〔1〕的公共领域

专利权的授予并非专利法的最终目标。以专利制度保护发明人静态权利的制度体系忽视了专利权运营的动态收益。在市场经济环境下，专利权的授予仅仅是一种中介，其最终的价值取向是促进专利产品的市场运营，实现专利产品的社会价值。因此，对专利的垄断应以促进市场化运营为目的，对排他性的垄断权行使加以必要限制。加快创新产品的流转对于提高创新的效率也具有重要作用。专利制度的时间限制、强制许可以及许可等可以降低交易成本，加速创新的交易与流转。其实，专利垄断的成本对于创新来说较为沉重，研发者常常是"带着镣铐"向前——这又被称作"创新之殇"。专利权的限制消减了创新受到的阻碍。在专利法上，公共领域表现为对专利权客体以及权利人行使权利的限制。这些限制一般包括三大类：

第一是时间限制。为了平衡垄断对公共利益的侵蚀，专利制度通过设定专利权的有效期限来保障公共利益。重新进入公共领域的客体为人们所自由共享，不具有可撤回性，这可以加快创新产品重新回归公共领域，提高社会整体创新水平。

第二是不视为侵权的行为：用于调整专利权人与专利产品使用人之间的关系，包括专利权穷竭后的使用或者销售〔2〕、先用权人在原有范围内的使用行为〔3〕、运输工具临时过境的使用行为、专为科学研究的非营利性使用行为〔4〕等。规定专利权行使的限制有利于贯彻专利法的公平效率原则。上述不视为侵权的行为并不会侵犯权利人的利益，反而是保护了公众的正当使用行为。以专利权穷竭为例，在专利产品首次被投入市场后，专利权人已经获得了必要的收益；从效率原则来看，该产品的进一步使用和销售应当自由进行，不应被权利

---

〔1〕　这里的"自由使用"是指不经权利人许可，免费或者通过付费即可使用的方式，包括自由使用、合理使用、强制许可等。

〔2〕　我国《专利法》第 75 条第 1 项确立了使用权和销售权方面的权利穷竭：专利产品或者依照专利方法直接获得的产品，由专利权人或者经其许可的单位、个人售出后，使用、许诺销售、销售、进口该产品的。

〔3〕　我国《专利法》第 75 条第 2 项确立了先使用权人的使用，规定：在专利申请日前已经制造相同产品、使用相同方法或者已经作好制造、使用的必要准备，并且仅在原有范围内继续制造、使用的。

〔4〕　我国《专利法》第 75 条第 3 项、第 4 项确立了临时过境和非营利目的使用的专利权限制："临时通过中国领陆、领水、领空的外国运输工具，依照其所属国同中国签订的协议或者共同参加的国际条约，或者依照互惠原则，为运输工具自身需要而在其装置和设备中使用有关专利的"；"专为科学研究和实验而使用有关专利的"。

人控制，否则会使交易成本增加，不利于促进商品的自由流通和社会经济的发展。先用权制度具有同样的考量，其旨在保护在先发明人就发明创造已经进行的投资，使其不致因为之后他人就同样的发明创造获得专利权而受到影响，保障先用权人可以在原有范围内继续制造专利产品或者使用专利方法。先用权制度的确立保障了让公众享有创造自由的空间，防止因为不可控的他人在后申请而使得在先利益受到破坏，严重影响作为技术创新和推广主体的在先发明人的创新动力和推广动力。

第三是为促进专利的实施而限制专利权。基于资源最大利用的角度，由行政机关决定是否允许将特定的专利授权他人使用。这种强制许可一般表现为：专利权人自专利被授权之日起满三年，无正当理由未充分实施其专利的，以及专利权人行使专利权被依法认定为垄断行为的，行政机关通过强制许可消除或者减少该行为对竞争产生的不利影响。第一种情形其实已经构成专利权的滥用，对公众使用专利产品造成了阻碍，不利于专利的利用。至于第二种情形，专利权人行使专利权依法被认定为垄断行为而颁发的强制许可，是考虑到尽管专利权是一种合法的垄断权，但是如果行使权利时超越了权利的正当界限，就会构成对权利的滥用甚至垄断。强制许可是为了鼓励发明创造的使用与传播，促进创新的实施与应用。强制许可在一定程度上违背了当事人的意愿，但因为增加专利可能带来的社会收益而使得边际社会成本降低。可以说，强制许可平衡了专利权人与促进发明商业化和更大范围技术革新的公共领域的利益。

此外，《专利法》第四次修改中重点改进的"开放许可"制度，在保障权利人合法权益的同时，使公众不需要经过权利人许可即可自由使用专利，有利于促进公众对创新产品的应用。这一制度的目的是促进专利的运用，其优点在于给专利贴上对外公示开放使用的标签，有力地促进了专利技术供需双方的对接。需求方以便捷的许可方式以及公平、合理、无歧视的许可费，大幅降低许可谈判难度，将技术的转移交由市场调节，解决当前"技术创新活动中技术研发与市场需求之间的困境"。[1]保障公众对技术创新的充分接触和使用自由，使得权利人的财产权益得到有效保障，同时也促进了技术创新的传播与使用。

（二）著作权法上的公共领域

著作权法的制度构造为以维护作者对作品拥有的专有权利为基础，鼓励作

---

〔1〕　参见刘恒、张炳生："论我国构建专利当然许可制度的必要性——基于我国专利制度运行现状分析"，载《科技与法律》2019 年第 1 期。

者积极从事创作，促进文学艺术领域的创新。著作权法的最终目标是增进知识和学习，促进文学、艺术、科学领域作品的传播与利用，这要求保障公众对作品的接近自由，丰富公共领域的内容。

公共领域的产生早于著作权，那些构成文化继承物的物质必须留给我们自由地使用，这并不亚于维持生命所需要的物质的重要性。[1]从表面看，著作权似乎是对公共领域的"侵蚀"。然而，这种"侵蚀"是被允许的，因为著作权法已经在思想层面留存了必要的公共领域，也保障了行使著作权不会构成对公共领域的侵害。同时，著作权法对已经纳入著作权保护范围的客体也进行了一定的限制，从而保障公众的合理接触，让公共领域的制度价值充分发挥。著作权法上的公共领域具体表现如下。

1. 文学艺术创作资源的公共领域

著作权将思想和表达进行二分，对思想部分不予保护，鼓励他人自由使用由作品产生的思想和信息。思想是创作的素材，一部成功的作品聚合了无数人的思想才能够最终呈现并被公众接受。思想本身就出自文化的发展积淀，不能因为在特定作品中出现而将其归为特定人所有。如果允许将思想从这种公有素材中抽回，将会使整个社会的对话机制受到影响，正如上文所提及的，在公共领域产生之初，社会的对话机制属于公共领域的重要组成部分，也是个人发展的前提。如果这种对话机制受到影响，个人的思想自由和言论自由的实现将无从谈起。所以，将思想排除在著作权客体之外，是对公共领域和公众利用公共领域中的思想进行再创作的权利的保障。

我国《著作权法》将部分客体排除在外，将其纳入公共领域的范畴。《著作权法》在总则中明确规定，本法不适用于法律、法规，国家机关的决议、决定、命令和其他具有立法、行政、司法性质的文件，及其官方正式译文。类似规定在《保护文学和艺术作品伯尔尼公约》以及其他国家法律中也常见。上述法律、法规文件其实也体现了独创性，是一种智力成果，但由于该类文件是国家和政府意志的整体体现，在人民群众之间的传播应当是自由的。著作权法对单纯事实消息也不予保护，是因为单纯事实消息强调实时性，从其创作本身来看具有纪实性，要求客观真实，往往达不到独创性的最低标准。同时，单纯事实消息是公众了解社会信息的重要途径，如果授予专有权，将会使信息流通受到阻碍，直接影响公众知情权的实现。单纯事实消息的报道应属于公共领域，不受著作

---

〔1〕　参见冯晓青：《知识产权法哲学》，中国人民公安大学出版社 2003 年版，第 53 页。

权的限制。

历法、通用数表和公式也必须纳入公共领域，使社会公众得以自由使用。从其功能来看，与上述单纯事实消息具备增进公共利益的功能而不能被纳入私权范畴一样，这些通用数表、公式往往具有科学研究基本工具的功能。故此，我们也可以看出，著作权法为公众参与社会文化生活、促进科学技术进步留下了空间，而这些空间正是前文所述的公共领域实现个人学习权利、知识获得权利的体现。

2. 文学艺术转化性使用的公共领域

以往在探讨公共领域的范畴时，仅限于部分客体。公共领域其实也表现为一些使用状态，这也是公众接触使用资源而进行再创新的基础。如果直接拒绝公众对进入著作权保护范围的作品的所有使用行为，就会严重阻碍公众的正常交流以及再创新。因此，著作权法除了从客体范畴方面限制，还通过对著作权本身的限制进一步为公众自由使用创造空间。

著作权法中允许并鼓励符合条件的对作品的转化性使用，丰富交流表达形式，鼓励创新性作品的繁荣。"转化性"最早是皮埃尔·N. 勒瓦尔法官在《论合理使用》中提出的概念，其指如果使用者是以崭新的不同于原作者的意图使用作品，并且添加了新的价值与美感，则可以认定为转化性使用。[1]这一概念被用来解释美国版权制度的合理使用"四要素"中的第一个，即"使用目的与性质"。鼓励作品的转化性使用是为了鼓励多样性表达，在保护公众的言论自由的同时促进文学艺术的繁荣与创新性表达。我国不像美国直接以四要素的开放式立法判断是否构成合理使用，而是以列举方式对合理使用情形予以规定，引入"三步检验法"做进一步的判定。这也是因列举方式难以涵盖所有合理使用情形而做的相应变动。著作权制度也基于公共利益考量对其私权进行限制，确立动态的公共领域范畴。合理使用在我国被用来解决私权和公共利益之间的潜在冲突，其原则可总结为：尽可能地广泛传播信息、促进公众的使用，最大限度地促进社会和文化的繁荣。值得注意的是，当下技术措施的加强，为公众接触作品施加了严格的限制，合理使用所构建的公共领域正被侵蚀，如何保障公共领域地位不被随意动摇成为重中之重。

著作权合理使用作为一种限制作者权利的制度，对信息自由流动的促进，在各国已经得到普遍认可。合理使用制度背后是公众的表达权、言论自由等。

---

〔1〕　Pierre N. Leval，"Toward a Fair Use Standard"，103 *Harv. L. Rev.* 1105（1990）.

目前关于合理使用的性质众说纷纭，如有学者主张侵权阻却说，即公众的合理使用虽然从原有的侵权行为理论方面构成著作权侵权，但是法律规定权利人不得主张该权益；另有学者认为这属于公众使用权，该学说又分为个人权利学说和集体权利学说。[1]但无论上述哪种学说，都是为了保障公众的使用权。关于合理使用的范围，不同国家做法不同，以我国为例，是在立法上以具体的类型限制其范围，限于《著作权法》第 24 条第 1 款规定的作品使用方式。该做法可以明确保护公众的政治参与权以及个人发展权益，但是列举的形式难免无法适应技术的发展，而导致私权主体利用法律的漏洞扩大自身权益。基于此，2020年第三次修正的现行《著作权法》第 24 条新增了兜底性质的规定"法律、行政法规规定的其他情形"。这一修改有利于完善我国著作权合理使用制度。

还值得指出的是，最高人民法院于 2011 年发布的《关于充分发挥知识产权审判职能作用推动社会主义文化大发展大繁荣和促进经济自主协调发展若干问题的意见》第 8 条提出，法院在"妥当运用著作权的限制和例外规定，正确判定被诉侵权行为的合法性"时，可以"考虑作品使用行为的性质和目的、被使用作品的性质、被使用部分的数量和质量、使用对作品潜在市场或价值的影响等因素"进行综合性判定，即在司法实践中确立了合理使用"四要素法"。通过"四要素法"来判断是否构成合理使用，在个案中进行。关于使用行为的性质和目的不应局限在概念方面，而是回归具体行为，看其是否在不损害著作权人利益的同时，能够促进多样性表达，促进公众的使用。[2]

（三）商标法上的公共领域

企业的发展不仅需要专利技术和文化产品的推动，品牌战略的发展也为企业的创新发展提供了新的发展空间。技术创新从整个流程来看，不仅是发明创造的生产，还包括流通、交易、最终被消费者使用等环节。商标权益正是在终端环节实现的。商标品牌战略对于推动创新、帮助实现从产品创新到品牌创新、产业创新的跨越具有重要意义。

随着商品交易的繁荣，商标这一符号背后蕴含着巨大的宝藏。具有战略眼光的市场主体往往十分重视商标对企业发展的重要作用。例如，可口可乐有

---

〔1〕　阳东辉、张晓："合理使用的性质重解和制度完善"，载《知识产权》2015 年第 5 期。

〔2〕　See Yochai Benkler，"Free as the Air to Common Use：First Amendment Constrains on Enclosure of the Public Domain"，74 *New York University Law Review* 361（1999）.

70%的利润来自于商标品牌价值。[1]而近年来，出现了中华老字号如"王致和""狗不理""六必居"等被抢注[2]的问题。商标被其他企业恶意抢注等阻碍着企业的商标品牌创新发展。在商标权保护方面，需要有效处理好商标权的界限，在保障公众正当使用的公共领域基础上，推动企业的创新发展，营造公平自由的市场环境。

1. 平衡公众正当使用的公共领域

商标权的客体"符号、文字、图形"等最初处于公共领域，后被合法地占为私人的专有权利。这种正当性来源于消费者区分商品或服务来源的需求以及维护正当的市场秩序。因此，其控制权应当限定在注册使用的类别范围内，商品或服务类别的范围不宜随意扩大，否则将影响他人正当使用，造成对公共领域的侵占。上述逻辑在商标具有识别功能的前提下是成立的。但与此同时，我们应当看到商标权在社会经济发展过程中还衍生出了质量保障功能、品牌彰显功能和广告功能等。当商标的功能更多时，其保护程度应当随之而变化。[3]商标的功能决定着商标在经济生活中具体作用的发挥。正如有学者所言："商标的权利边界由其功能决定，授予专用权的目的是确保商标能够实现其功能。"[4]对普通商标来说，获得保护的基础是避免混淆；而对驰名商标而言，获得保护的依据还包括了品牌彰显功能、广告功能等。商标背后凝聚着企业的竞争优势，是企业的战略性资产。因此，为了促进自主品牌的培育，有必要弹性界定权利的范围，在一定范围内扩大保护类别，使得自主品牌的创立和发展具有足够的法律空间。同时，需要激励市场竞争的优胜者，通过对驰名商标扩大保护范围、增加保护强度来遏制搭便车的模仿行为。

对于确实符合法律要求的驰名商标，要依法予以保护，采用区别于普通商标的认定标准，坚决制止淡化或者贬损驰名商标的侵权行为，培育并维护驰名商标的品牌价值。但与此同时，也需要严格把握驰名商标的认定条件，防止因为降低认定标准而使得对市场的其他竞争者的商标正当使用产生限制，遏制其创新发展空间。

---

[1] 孙永飞："商标的品牌观念与商标法的构造"，湘潭大学2013年硕士学位论文。

[2] 温海星："实施商标品牌战略 助力老字号创新发展"，载《中国工商报》2017年第5期。

[3] 王太平："知识产权的基本理念与反不正当竞争扩展保护之限度——兼评'金庸诉江南'案"，载《知识产权》2018年第10期。

[4] 孔祥俊：《商标与不正当竞争法：原理和判例》，法律出版社2009年版，第45页。

2. 促进市场自由竞争的公共领域

我国商标专用权的取得遵循注册原则和先申请原则，权利人以"先占"来获得对客体的专有保护。为防止因先占造成对公共领域的侵蚀，在保护商标专用权时，还应当有效保护公众或者其他竞争者的合理使用。商标客体内容中包含着丰富的知识产品，这是自由表达的基础，亦是创造的源泉。在我国现行《商标法》中，通过适当限制描述性标识或者说明性标识来捍卫公共领域，可以实现商标专用权保护与公共利益的平衡。这既不利于消费者利用商标识别商品，也会造成利用公共领域的价值而赋予某一市场主体额外的竞争优势，进而不利于形成良好的市场竞争环境。商标制度的目的与著作权和专利权不同，商标制度并不是为了促进产生更多的商标，其根本目的是以一标一主体，区分商品或服务来源，防止消费者混淆，保护消费者的利益以及维护正当的市场秩序。为了规制公共领域的符号，对具有特殊意义的公共资源实行一定的限制，禁止其作为商标使用，防止一个市场主体因为先占而获得额外的收益，造成对其他市场主体的不公平竞争。

此外，将功能性标志完全排除在商标法的保护之外，不仅划清了商标保护和专利保护的界限，还可以维护公共领域，促进自由竞争。这样也可以避免专利法中的外观设计和实用新型借助商标的外壳获得不正当的永久保护。具有实用功能和美学价值的形状可以获得有期限的专利保护，但保护期限届满后必须进入公共领域而为公众自由使用，若允许将其注册为商标获得无期限的保护，将严重阻碍设计和技术的更新和进步。何况，很多形状本身就是商品本身功能所需，是任何商业主体都可以使用的公共资源，比如剃须刀的三头构造、梳子锯齿、水壶的形状等均只具有功能性，若对此类公共资源授予商标权，被特定主体独占和垄断，将严重影响公众和其他生产经营者对这些公共领域资源的自由使用和商品的生产经营，妨碍正当的市场竞争，对社会公共利益造成损害。[1]我国在引入立体商标注册保护时，同时也引入了功能性的限制，参照欧盟商标法，绝对排除了仅由商品性质产生的、为获得某种技术效果所必需的、为商品赋予实质性价值的形状的注册。功能性限制条款维护着商标法的公共领域，禁止将能够促进技术进步的形状通过注册商标形式获得永久的垄断权，阻碍技术的发展和公众对技术的利用。

---

〔1〕　参见田龙："警惕对商标法公有领域的侵入"，载《中华商标》2016 年第 8 期。

（四）小结

知识产权制度以促进创新为核心，而保护创新者的利益直接决定着创新的产生。权利人也将"促进创新"作为其权利扩张的基础。以公共领域视角对知识产权制度的审视，为其他使用者或者社会公众的正当使用或者其他创新行为提供了正当性基础。如果说保护创新者有利于刺激创新，保护其他使用者或者再创新者则有利于促进创新的传播，提高创新的效率。公共领域作为制度工具或者价值理念，引导着知识产权制度的发展。[1]专利制度的设计考虑了扩大垄断权可能对后续创新造成的影响，其将特定的客体排除在专利法保护范围之外，并利用立法制度限制已经进入公共领域的资源，保证创新可利用的公共领域的稳定性与充足性，同时也对一定的使用方式予以限制，确保公众对专利技术的接触与使用，为竞争者以及其他社会公众的再创新、获取知识和信息的途径提供保障。著作权法为公众参与政治文化生活、促进科学文化事业发展与繁荣留下了空间，通过将思想、规则、通用数表等排除在外，以独创性为标准的规则设计按创作空间大小判定公共领域范围，同时以合理使用制度对权利人进行一定的限制，鼓励转化性使用而促进多样性的表达，维持动态的公共领域的范畴。在商标权保护方面，有效处理好商标权的专有领域与公共领域的界限，保护市场主体品牌创新的空间，以商标制度推动企业的创新发展，同时也要维护其他市场竞争者的公平竞争权。

四、创新驱动发展战略下知识产权公共领域的司法实证分析

知识产权保护是激励创新的基本手段，是创新原动力的基本保障。党的十九大报告明确提出"创新是引领发展的第一动力，是建设现代化经济体系的战略支撑"，要"强化知识产权创造、保护、应用"，而司法是保护知识产权最有效、最根本、最权威的手段。[2]知识产权审判工作为创新型国家提供司法保障，中共中央办公厅、国务院办公厅颁布的《关于加强知识产权审判领域改革创新若干问题的意见》中也明确提出了发挥知识产权审判激励和保护创新的功能，强调以创新的方式激励创新、以创新的方式保护创新，充分认识知识产权审判

---

〔1〕 李雨峰、陈聪："专利捐献原则的重构——从当然捐献到推定捐献"，载《电子知识产权》2018 年第 7 期。

〔2〕 "2017 年广州知识产权法院知识产权司法保护现状白皮书"，载 http://www.iprchn.com/ Index_ NewsContent. aspx？ NewsId＝107784，最后访问时间：2022 年 6 月 20 日。

对于保障创新驱动发展战略实施的重要作用。[1]2018 年北京市高级人民法院颁布《关于加强知识产权审判促进创新发展的若干意见》，为保障创新提供了较为细致的审判规则。

随着创新问题不断出现，知识产权所涉及的内容愈加复杂化。[2]但高度创新性标志着创新关系的活跃，也意味着权利因创新而可能发生不适当扩张，压缩后续的创新空间或者公共空间。而司法可以弥补立法的不足，在当事人纠纷中合理划定知识产权的边界，避免不当压缩社会公众自由利用公有技术的空间，保护创新的基础资源。笔者在知产宝数据库中以"公共领域"为关键词进行搜索，发现自 2004 年至 2018 年，在知识产权纠纷案件中对"公共领域"的引用大幅增长。尤其在 2012 年我国提出创新驱动发展战略之后，公共领域成为出现在司法判决中的重要概念。公共领域常被用作不侵权的抗辩或者公众自由使用的权益，以平衡私权利的过度扩张。在司法判决中，公共领域的范围也越辩越明，成为防止知识产权不正当扩张的重要手段。为平衡知识产权专有领域、公共领域以及创新之间的关系，笔者通过对个案的分析认为需要遵循以下规则。

（一）严防专有权利的滥用与扩张

知识产权法同其他财产法一样坚持"权利法定"原则，但知识产权法相比其他传统法的最大特点是需要直面科学技术、文学艺术和商业贸易发展带来的源源不断的新问题。[3]知识产权法所需要的法律弹性常常和权利法定产生一定冲突。受洛克劳动财产权理论的影响，司法实践中常常忽略知识产权保护促进社会整体福祉提升的宗旨，而过多地偏向权利人一方，压缩公共领域的范畴，威胁公共领域的行动自由。因此，法院对个人创造成果保护范围的认定，对社会成本和福利有着重要的影响[4]。从这个层面看，法院合理限定知识产权专有领域的范围对于维护专有权人合法权利，保障公众正当接触和使用的公共领域，具有重要作用。

---

[1]　具体内容参考中共中央办公厅、国务院办公厅《关于加强知识产权审判领域改革创新若干问题的意见》。

[2]　参见王闯："知识产权的权利边界与裁判方法"，载《人民司法（应用）》2016 年第 22 期。

[3]　崔国斌："知识产权法官造法批判"，载《中国法学》2006 年第 1 期。

[4]　崔国斌："知识产权法官造法批判"，载《中国法学》2006 年第 1 期。

1. 严格遵循权利法定主义

（1）明晰专有领域的权利范围

知识产权与其他民事权利一样，遵守权利法定的原则，为专有领域和公共领域划定清晰的界限。信息社会高速发展，知识产权作为保护智力成果的制度安排，需要直面科学技术和文学艺术所带来的新问题，其立法注定无法跟随其步伐[1]，权利的界限需要通过司法个案的推进逐渐明晰。

以专利法为例，其坚持"以公开换取垄断"的原则，要求专利申请在符合"三性"实质条件的同时实现充分公开，才能获取垄断权。在司法实践中，这常表现为如何确保实现了"权利要求的充分公开"。对此，法院也不断做出尝试。以再审案件某制药公司与被申请人某公司发明专利权无效行政纠纷案[2]为例，权利人针对在后创新主体获得的在先创新人所无法直接获得的技术效果是否属于专利权人控制的领域进行抗辩。专利权的保护要求从技术方案到技术效果的充分公开与明确。如果属于无法从权利要求中推定或者直接获得启示的，则不应当作为专利权控制的领域。在该案中，法院从专利权的应然范围以及权利要求的解释，为公众可以自由创造的公共领域范围以及个人垄断的范围划定清晰的界限，指出："认定权利要求与最接近现有技术之间的区别技术特征，应当以权利要求记载的技术特征为准，未记载在权利要求中的技术特征不能作为对比的基础，当然也不能构成区别技术特征。"另外，指出权利人无法预料到的结果即使是按照原有技术特征实施而获得，也不能纳入权利人的垄断范围，而需要通过对权利要求的规范解释，在保障权利人合法权益时，也给予公共领域的正当使用以稳定的预期。在江苏某公司侵害发明专利权一案[3]中，法院也严格解释了权利要求的内容，未在权利要求中明确的不能纳入权利人控制的范围。法院认为，仅在说明书中以技术手段或方案说明，但是权利要求中未做说明的，不应纳入保护范围，否则将不适当地扩大专利的保护范围，对社会公众不公，也不符合促进创新之专利法立法宗旨。

（2）防止无关创新要素纳入专有权范围

严守私权建立在有创造性的基础上，和权利认定无关的要素不能纳入专有

---

〔1〕　Bruce P. Keller, "Condemned to Repeat the Past: The Reemergence of Misappropriation and Other Common Law Theories of Protection for Intellectual Property", 11 *Harv. J. Law & Tec* 401, 427（1998）.

〔2〕　参见最高人民法院（2013）知行字第77号。

〔3〕　参见江苏省高级人民法院（2018）苏民终第945号。

权范围，是专利法的要求。专利权的实质要件是满足新颖性、创造性和实用性，无关因素不能纳入保护范围。对于其他非"三性"相关因素，严格限制申请主体的更多的是商业行为，保障了法无授权的领域处于公众自由使用的稳定状态。例如，在"女性计划生育手术 B 型超声监测仪"实用新型专利权无效行政纠纷案[1]中，被告主张专利技术获得商业成功，提供整个检测仪产品的销售采购合同，并未与未有该技术时的产品销售合同进行对比，无法区分是否和采用专利权的"经阴道超声介入性计划生育手术"技术相关而产生商业效果，最高人民法院因此认为："商业上的成功作为创造性判断仅是辅助因素，商业上的成功应当重点考虑和发明技术方案相关的因素，不能将商业广告宣传等因素纳入专利创造性的判断。"[2]在某光学公司专利申请复审案[3]中，被告某光学公司以"产品在行业获得认可"为由请求认定专利申请的创造性。法院认为行业的广泛认可在一定程度上证成发明创造的商业性，但是必须证明该产品获得的认可直接来源于该技术方案。关于其他非"三性"要素的举证责任，在王某与专利复审委员会发明专利纠纷案[4]中，法院做了较为细致的概括——"主张以商业成功认定具备创造性时，必须对商业成功的原因进行详细分析，排除由技术特征之外的其他原因导致"。可见，纳入专利权垄断的客体应当是与技术创新直接相关的技术特征导致的，即使是间接的市场上的商业成功也应当证明由该技术直接导致，同时要求权利人承担较重的举证责任。笔者以"商业成功"为关键词进行案例检索，发现在共计 40 例[5]与专利相关案件中仅有个别案例被法院支持。法院对技术方案创造性的认定，仍旧坚持从对现有技术做出贡献的角度出发，采取相对客观的"新颖性、实用性、创造性"三步判断法，判断要求保护的技术方案是否对现有技术构成了实质上的"贡献"，而不能将与技术创新无关的要素从公共领域中纳入私权范围，以严格坚守权利授予法定主义，促进真正的技术创新。

---

〔1〕　参见最高人民法院（2012）行提字第 8 号。

〔2〕　参见"最高人民法院知识产权案件年度报告（2012）"，载《人民法院报》2013 年 4 月 25 日第 3 版。

〔3〕　参见北京市高级人民法院（2014）高行终字第 91 号。

〔4〕　参见北京市知识产权法院（2016）京 73 行初 4452 号。

〔5〕　笔者在无讼数据库专利案例板块，以"商业成功"为关键词搜索，检索到共计 40 例相关案例，其中仅有 3 例，法院在认定创造性时参考了"商业成功"这一要素。

2. 防止"兜底规定"扩张与变身

知识产权制度与创新紧密相连，面对新技术带来的法律关系，知识产权法以兜底性条款来弥补法律的漏洞或者滞后性。权利人也时常以兜底性条款作为自己获得保护的基础或者通过反不正当竞争法寻求保护。法院一旦忽略公共领域的功能发挥，将处于公共领域的权益视为可以被私人控制的权益，就将严重破坏公共领域的价值。

（1）谨防知识产权法兜底条款的不适当适用

知识产权司法实践中，需要慎重对待兜底条款的适用，以防扩大知识产权项下未类型化的权利，损害公众对法律的合理预期利益，侵犯公众合理使用的公共领域范围。从下面探讨的商品化权益在司法案件中从 1.0 到 2.0 时代的转变，也可看出法院对公共领域的日益重视。商品化权最早进入司法审判人员的视野并引起学界探讨是在有关"功夫熊猫"的案件中。在"功夫熊猫"商标争议纠纷案[1]中，北京市高级人民法院认为北京某公司享有对"功夫熊猫"影片名称的商品化权，他人对"功夫熊猫"的注册行为损害了《商标法》第31条的"在先权利[2]"；而且，法院进一步阐释本案中的商品化权是指知名作品中的某一名称因作品具有一定知名度，而使消费者将对作品的感受转移至某一形象。根据物权的添附理论或者知识产权依据的洛克劳动财产权理论，无论这种情感具体是由创作者主动添加到特定的商品上还是公众在消费特定作品时自发形成的，都不能直接推导出该权益应当由谁享有。但是法院倾向于直接从该形象依附的作品的角度，认定由作品的创作者享有权益。[3]所以，也有较多学者认为商品化权益可直接纳入著作权其他财产权类型，这也是法院在该案中认为作品的主体享有在先权利，可以阻止他人注册该商标的基础。2017 年最高人民法院公布的《关于审理商标授权确权行政案件若干问题的规定》也首次认可将商

---

〔1〕 参见北京市高级人民法院（2015）高行（知）终字第 1969 号。

〔2〕 2001 年《商标法》第 31 条、2013 年《商标法》第 32 条规定，申请商标注册不得损害他人现有的在先权利，也不得以不正当手段抢先注册他人已经使用并有一定影响的商标。

〔3〕 在该案判决中，法院直接认定："就本案所涉知名电影名称及角色名称而言，当电影名称及角色名称具有一定知名度并使用于特定商品或服务上时，因其具有显著的识别力，其附随的号召力能够吸引潜在商业消费群体，使得消费者基于电影及角色的亲和力提高购买欲望，增加交易机会。知名电影名称及角色名称的注意力价值转嫁到其使用的商品和服务上，产生了较高的商业价值。但这些商业机会和价值并非凭空产生的，而是来源于影片创作者的智慧投入以及制作者的财产投入。"

品化权益作为阻止其他人抢先注册该商标的在先权益〔1〕，在一定程度上保护了作品创作者的权益，防止他人在商标注册领域的搭便车行为。但是，这并未肯定在"功夫熊猫"商标争议纠纷案中北京市高级人民法院直接将其作为一项私有权利赋予作品所有者的做法。在法律没有明确规定类型化权益，而且无法证明该权益是由作品作者主动创造或者有控制的传播形成时，将其从公共领域划入私人领域显然是危险的。随着笑傲江湖之第 10572048 号"葵花宝典"商标无效宣告复审行政纠纷案〔2〕判决书的落地，北京市高级人民法院认为从作品中抽离出的名称并不能直接作为商标的在先权利。任何作品的权利只有通过立法的方式作出赋权性规定才能适用，而不能在具体个案中创设著作权法没有规定的新的排他性权利或权益。进言之，在法律没有明确规定时，法院不能擅自将某种权益从公共领域划分给个人。著作权法已经明确规定了著作权及邻接权人享有的各项民事权利，其调整的不仅是作品的创作者之间的关系，更多的是与传播者和使用者之间的法律关系。如果在著作权法之外，再对其他未类型化的权益或者部分抽离出来的名称予以保护，无异于在已经赋予社会公众行为自由的领域中又创设了新的民事权益，最终导致公共领域的范围被限缩，打破权利人、竞争者和公众之间的利益平衡，压缩再创新的空间。

（2）防止反不正当竞争法的过度保护

反不正当竞争法与知识产权法关系密切，法官常常在知识产权案件中适用不正当竞争条款，禁止竞争者未经许可的使用他人知识产权的行为。这从形式上看未扩大知识产权客体范围或者权利权能，但是法院对于构成不正当竞争的宽泛解释使得相关权利人或者行为人获得了过度的保护，实则将知识产权的保护范围向外扩展〔3〕，甚至对已经处于公共领域的内容继续转换模式进行保护，破坏了私有权与公共领域的平衡。

反不正当竞争法以制止不正当竞争行为、维护消费者权益、促进有效的市场竞争为宗旨，而不是以保护权利人为核心。知识产权法在权利人和公众之间

---

〔1〕 该规定第 22 条第 2 款："对于著作权保护期限内的作品，如果作品名称、作品中的角色名称等具有较高知名度，将其作为商标使用在相关商品上容易导致相关公众误认为其经过权利人的许可或者与权利人存在特定联系，当事人以此主张构成在先权益的，人民法院予以支持。"

〔2〕 参见北京市高级人民法院（2018）京行终第 6240 号。该案后被最高人民法院提审，再审案号为（2021）最高法行再 254 号。

〔3〕 W. R. Cornish, *Intellectual Property*: *Patents*, *Copyright*, *Trade Marks and Allied Rights*, Sweet & Maxwell, 1999, p. 14. 转引自崔国斌："知识产权法官造法批判"，载《中国法学》2006 年第 1 期。

已经建立起平衡机制，应当防止在反不正当竞争法中将本属于公共领域或者重新进入公共领域的客体再纳入专有权利的保护范围。

在"晨光笔特有装潢"不正当竞争纠纷案[1]中，权利人关于晨光笔的外观设计专利权已经超过保护期限，按照专利法的规定不再享有专利权，进入公共领域。但是，相关不正当竞争纠纷案则将外观设计变身为"包装装潢"[2]，在"具备一定影响"的条件下可以控制他人的使用行为。一个客体固然可能同时受多部法律保护，但是不能因为法律冲突而打破原有的利益平衡。最高人民法院认为，外观设计专利权终止后，该设计并不当然进入公有领域，在"具备一定影响"的条件下，还可以依据反不正当竞争法关于特有包装、装潢的规定得到保护。但是，在该案中法院未对知名性或者一定影响进行论证，使得权利人的控制范围被不正当地扩大，最终造成对公众自由使用的公共领域的侵蚀。在某公司诉浙江某机械公司不正当竞争纠纷案[3]中，原告某公司在未对机箱产品申请外观设计专利的情况下，基于浙江某机械公司使用相类似的设计，认为其构成对装潢设计的仿冒，主张以不正当竞争法予以保护。在本案中，法院对外观设计与装潢设计的保护予以释明，认为原告产品设计完成后，虽然具有通过申请实用新型或外观设计专利获得专有权的可能性，但原告未进行申请，从而使得其技术方案或设计进入公共领域，应承担相应的后果。若要适用反不正当竞争法中对装潢的保护规定，应当以对商品来源产生混淆或者误认为前提，当证据不足以证明装潢本身具有识别商品来源的显著性时，即使具有相同或者类似的外观设计，也无法通过反不正当竞争法寻求保护，否则会使得社会上公开的设计等公共领域处于不稳定的状态，其他经营者无从划清行为界限，以致阻碍技术的进步。

3. 保护公众的正当使用权益

公共领域的功能不仅表现为被动对抗专有权利的扩张，其在司法判决中还能够发挥主动性，维护公众正当使用的合法权益。美国的公共领域保留政策也是

---

[1] 参见最高人民法院（2010）民提字第16号。

[2] 参见《反不正当竞争》第6条："经营者不得实施下列混淆行为，引人误认为是他人商品或者与他人存在特定的联系：（一）擅自使用与他人有一定影响的商品名称、包装、装潢等相同或者近似的标识……"

[3] 参见上海市浦东新区人民法院（2013）浦民三（知）初字第746号。

发源于司法实践。[1]公众的正当使用权益需要具有稳定性以及可预期性。以著作权保护为例，法院应当恰当使用合理使用制度，主动保护公共领域。创新往往建立在他人原有作品的基础上，在司法审判中利用合理使用制度保留公众的正当使用范围，保障公众的多样性使用，可以防止在司法审判中因限缩合理使用的范围而抑制再创新。

以某美影厂诉某兄弟公司著作权侵权纠纷案[2]为例，原告某美影厂享有角色形象美术作品"葫芦娃""黑猫警长"等的著作权。被告制作的电影宣传海报中使用了原告上述两个美术作品。涉案的"葫芦娃""黑猫警长"美术形象与宣传中的其他形象图案大小基本相同。原告起诉称被告未经其许可，使用其享有著作权的"葫芦娃""黑猫警长"角色形象美术作品，侵害了其著作权。本案的问题在于被告对原告作品的使用是否构成为介绍、评论某一作品而使用相关作品，进而构成我国著作权法中的合理使用。本案的电影海报中引用的"葫芦娃"与"黑猫警长"在艺术美感和功能方面都发生了转换，"葫芦娃""黑猫警长"美术作品被使用在电影海报中具有了新的价值、意义和功能，并且转换性程度较高，法院最终认为属于我国著作权法规定的为了说明某一问题的情形，构成合理使用，并没有侵犯权利人的合法权益以及相关市场，相反还能促进作品的多样性使用，丰富文化多样性表达。合理使用给予公众的创造性表达空间，在司法裁判中符合条件时应当予以保留。

（二）司法裁判中坚持利益平衡原则

知识产权制度被认为是典型的利益平衡机制。[3]在知识产权制度中，存在多方利益平衡的问题，利益冲突也是纠纷的直接来源。司法的重要功能也包括进行利益的选择与平衡。首先，知识产权法对权利人的保护不是越多越好，而应当与本国的经济、科技、文化发展水平相适应。其次，也要考虑公共利益。在个案中需要平衡权利人的利益和公共利益，维护良好的市场秩序，在创新驱动发展战略的背景下促进社会文学艺术繁荣、科技进步才是司法的最终目标。

1. 保护权利人的合法权益

公共领域被用来限制垄断权的扩张，法院应站在社会公共利益或者第三人

---

〔1〕 参见冯晓青、韩萍："私权保护中的知识产权公共领域问题研究——基于实证案例的考察"，载《邵阳学院学报》2018 年第 4 期。

〔2〕 参见上海知识产权法院（2015）沪知民终字第 730 号。

〔3〕 参见冯晓青：《知识产权法利益平衡理论》，中国政法大学出版社 2006 年版，第 35 页。

的角度保护公共领域，在公共领域与专有权之间寻求平衡。但司法实践中出现了过多只考虑公共利益而忽视对权利人利益的保障的情况。在北京某公司侵犯专利权纠纷案[1]中，因为被告已经持续使用，若停止会产生一定的损害，而北京市高级人民法院也是过多地将重点放在权利人利益衡量以及停止侵权对于侵权人产生过多的经济损害等方面，从而认定该案具有适用"侵权但不停止使用"的必要。虽然乍看符合经济与公平的原则，但是对于侵权人来说降低了侵权成本，为权利人制止侵权形成障碍。最后进入再审阶段，最高人民法院的判决[2]较为严谨，坚持以保护好权利人的利益为首要考量因素，针对行为人恶意侵权方面，认为要采取严格的标准，在没有充分事实和法律依据的情况下不予支持。严防将个人利益转化为公共领域，可以限制对公共领域解释的扩大化和任意化，防止使专利权陷入随时被公共领域侵袭的危险境地。与之类似的还有某环保科技侵害发明专利纠纷案[3]，由于被控侵权产品的使用是一个持续性的行为，法院就此认为停止使用将付出较大的社会成本，站在利益平衡的角度，认为可以通过支付合理使用费而不判决停止使用。上述两个案件都忽略了对权利人利益的保障，仅要求侵权人承担支付许可费的责任，无法起到遏制侵权、刺激创新的目的。在北京某公司侵害发明专利纠纷案[4]中，法院考虑到激励创新、保护权利人的利益，认为"鉴于侵权产品已经实际安装使用，如果判决其停止使用，将会对所处建筑物的防火安全带来不利影响，同时亦不利于维护已经形成的社会经济秩序"，从提高判赔额方面对权利人进行救济，实现了在承认社会经济秩序公共利益的同时，保护权利人利益的目的。

2. 平衡公共领域与创新空间

保留公共领域，并不意味着其范围可以任意扩大，否则也会抑制创新的发展——公共领域的范围受制于一定的创新空间。创新空间是创新者在特定行业里以现有知识，在符合行业要求情况下实现新的创作或者发明创造的空间。以著作权法领域对历史题材进行创作的评书《千古功臣张学良》著作权纠纷案为例，法院在侵权判定中过滤思想、公知常识等公共领域内容进行实质性相似比对。法院认为作者受限于基本史实，对题材的选择空间相对有限，在此情况下

---

〔1〕　参见北京市高级人民法院（2011）高民终字第 869 号、最高人民法院（2014）民提字第 91 号。

〔2〕　参见最高人民法院（2014）民提字第 91 号。

〔3〕　参见广东省高级人民法院（2013）粤高法民三终字第 489 号。

〔4〕　参见北京市高级人民法院（2015）高民（知）终字第 1040 号。

雷同往往在所难免。在进行实质性相似比对时，法院认为该作品的创新空间较小，但有较高的独创性。表面上这鼓励了公众充分利用历史素材进行创作，促进多样性表达，但是对模仿的限制越低，创作的质量就越低，最终会导致千篇一律，缺乏高品质创新。

在案件审判中，法院逐渐细化创新空间，在公共领域与私有垄断范围之间寻求平衡。在广州某网络诉成都某公司游戏著作权侵权及不正当竞争纠纷案[1]中，法院以创新空间的大小来判断公共领域的适用范畴。在判断利用公共领域的元素进行创作的作品是否构成著作权侵权时，考虑其公共属性，以及作者的创作空间大小。当表达对象和表达目的限制了创作空间时，应当根据创作空间的狭窄程度适用相对严格的标准，即该公共领域的范畴相对较大，属于相对标准化的公共领域素材。由此可以判断当创新空间较小时，则宽松适用公共领域，当事人主张相似的部分属于公共领域范畴时应当严格对待。反之，当创新空间较大时则严格适用公共领域，鼓励表达形式的多样性，若仍构成实质性相似，即使当事人主张相似的部分属于公共领域范畴，也不应当轻易认定。否则，公共领域的滥用会导致对权利人的保护不足，抑制创新的发展。

3. 营造公平自由的市场环境

司法实践中确立了法院应当坚持"非公益必要不干扰"原则。在新型市场环境下，法院无法完全掌握创新机制，而应当将更多的自由交给市场。在某公司和百度公司关于过滤广告的不正当竞争纠纷案[2]中，法院逐渐明晰公平自由的市场竞争标准。百度搜索引擎有自己的搜索框排序设置，某公司在自身网站使用百度搜索引擎时改变下拉词汇的链接来源，使之导向某公司网站。北京市高级人民法院就此认为，某公司的行为干扰百度搜索服务的正常运行，阻止用户正常使用百度搜索服务。这种干扰破坏了百度公司的利益，使其丧失用户访问量，破坏市场竞争秩序，构成不正当竞争。

该案是否把握了公平自由的市场竞争标准，值得探讨。"有竞争一定有损害"，不是所有的损害都值得司法救济。不当的救济不利于有效的竞争与创新，最终会使消费者的多样选择权受到侵犯，使公共领域的空间受到限制。互联网环境下的竞争问题层出不穷，随后在爱奇艺公司和搜狗公司不正当竞争纠纷案[3]

---

[1]　参见广州知识产权法院（2017）粤 73 民终 2047 号。

[2]　参见北京市高级人民法院（2013）高民终字第 2352 号。

[3]　参见北京市第一中级人民法院（2014）一中民终字第 3283 号。

中，因为对竞争市场的标准认定不一致，法院作出了相反的裁判。在该案中，被控行为是搜狗公司在爱奇艺公司的平台上作为搜索引擎，主动提供自己的候选设置，在候选选项中提供的链接导向自身的网站。爱奇艺公司认为搜狗公司分走视频流量，构成不正当竞争。法院在该案中首先承认了上述行为对于爱奇艺公司确实存在一定的损害，但是不能就此认定为是不正当竞争。法院认为："不正当竞争行为存在与否，应从足以损害其他经营者竞争利益、消费者权益，行为实施者是否具有获取不当利益的意图等方面综合认定。"法院考虑搜狗输入法的"搜索候选"功能是搜索公司将其搜索引擎和输入法技术优势相结合的一种，其目的在于为用户提供更多服务来提升用户的体验。这一点值得认可，而且在认定是否构成不正当竞争时重点考虑其是否有利于技术创新。最后考量是否损害其他竞争者权益。涉案的"搜索候选"功能并没有妨碍爱奇艺网站的正常功能，也未减损爱奇艺公司的利益。最终法院认为，被控行为并未过度妨碍爱奇艺网站的正常运营，也未破坏正常的市场选择功能，尚未达到扰乱市场竞争秩序的程度。依据比例原则，被控竞争行为总体上仍然是一种有效的竞争。

由此可以判断：法院认定不正当竞争的利益衡量标准是对竞争者造成实质侵害，并通过制止不正当竞争行为保障市场充分的发展空间。保护市场秩序和公共的利益是一个稳健而有活力的市场的应有之义。保护公共利益具有正当性，但是公共利益也会被侵权人作为抗辩理由而破坏市场秩序。因此，应妥当处理权利人和公共利益之间的关系，防止以公共利益作为侵权人的挡箭牌而破坏市场秩序。创新需要经营者技术或商业模式之间激烈的碰撞，如果仅仅因为某种技术或商业模式介入竞争对手的经营而否定其正当性，将会极大挫伤创新积极性。

（三）小结

随着北京市高级人民法院《关于加强知识产权审判促进创新发展的若干意见》出台，法院在司法审判中愈发重视发挥其驱动创新发展的职能价值。笔者在促进创新驱动发展的背景下以保留公共领域为视角对司法实证进行分析，使得创新驱动发展战略与知识产权公共领域理论探讨更具有实践性。明晰公共领域在司法实践中的功能发挥机制，在司法实践中保留公共领域，需要警惕私有权利的扩张干涉公共领域创新激励功能的发挥；另外也要严防将个人利益转化为公共领域，限制对公共领域解释的扩大化和任意化，防止专利权陷入随时被公共领域侵袭的危险境地。无论是防止权利滥用还是坚持利益平衡原则，笔者均在保留公共领域这一视域内予以分析，最终为法院在平衡专有领域以及公共领域时提供理论指导，尤其在权利人主张对权利的扩张时可以提供有效的理论工具。

五、创新驱动发展战略下知识产权公共领域保留完善

上文探讨公共领域的功能和价值，以及通过立法制度以及司法实证分析后，发现公共领域在推动知识产权制度功能发挥以及驱动创新发展方面具有重要意义。为更好发挥其价值，需要在制度方面予以完善和配合。自 20 世纪 80 年代以来，尽管许多英美国家的学者都从公共领域理论出发来制止知识产权扩张，但是在界定具体的范围时，将其定性为"权利过了保护期限的状态"，抑或是"不受版权保护的材料的集合状态"[1]，这种界定是对公共领域事实层面的陈述，而无法回归公共领域最初的要旨。实际上，公共领域更多的是市民基于公共价值而使用资源的状态，更偏向于价值层面的判断。黄汇教授就此认为："20世纪晚近以来，我们发现了公共领域概念，但是未充分实现利用公共领域概念的工具，来达到有效遏制版权扩张的愿望，根本问题在于我们只是在一个事实层面而非价值层面描述了它，从而使得我们在偏离甚至违反该理论的精神内核的前提下，无力使用该理论去检视版权扩张的步伐。"[2]在知识产权制度完善中应关注公共领域制度的构建，处理促进创新发展与保护公共领域之间的关系。保护权利人是知识产权立法的基调，是引领创新的前提和基础，是实现创新驱动发展战略的催化剂。但在保护权利人利益时，应当关注公共领域以及价值指引。具体建议如下：

（一）将公共领域概念明确纳入立法

首先，重视公共领域在立法领域的宣示性作用，建议根据著作权权利扩张的情形，引入公共领域概念，以构建促进创新和公共领域的和谐互动关系为价值导向，协调保护著作权人利益和公众接触和使用自由的关系。申言之，既要保护专有权，又要创造一个丰富的公共领域，不断促进创新。将公共领域写入著作权法，具体为可在《著作权法》"权利的保护期"部分增设一条："著作权保护期届满，作品进入公共领域，任何人可以自由使用。"《专利法》中同样如此，在第五章"专利权的期限、终止和无效"第 42 条增设一款："专利权保护期届满，即进入公共领域，任何人可以自由使用。"

从法律的规范功能方面来看，这与原有的过了保护期限不予保护没有差别，并没有增加任何价值。但是，考虑到法律除具有规范功能，还具有教育功能，

---

〔1〕　Jane Boyle, "The Opposite Of Property?", 66 *Law & Contempt*, *Prob.* 5（2003）.

〔2〕　参见黄汇："版权法上公共领域的衰落与兴起"，载《现代法学》2010 年第 4 期。

可以帮助公众认识公共领域的意义，唤醒公众重视公共领域的意识，并以此作为自己权利的基础，增强话语力量。其实在《专利法》修改中已可窥见其动向。现行《专利法》第20条第1款规定："申请专利和行使专利权应当遵循诚实信用原则。不得滥用专利权损害公共利益或者他人合法权益。"该条为限制专利权扩张的宣示性条款，对于保护公共领域，赋予公众正当使用公共领域的自由，同样具有指引性价值。

（二）引入合理使用"判断要件"，完善权利限制条款

笔者建议，应当利用知识产权的限制，抑制知识产权肆意扩张，处理权利独占与公众使用之间的关系。合理使用制度是知识产权私权与公共领域之间的动态平衡器，有利于合理平衡权利人保护与促进传播、保证公众使用等法律价值之间的关系。

关于著作权法上的合理使用，我国在2020年修法前一直采用列举式规定。随着《著作权法实施条例》确立三步检验法，司法实践中也采用三步检验法[1]或者四要素法[2]等来认定是否构成合理使用。考虑到合理使用在平衡权利人和公共利益方面的重要价值，有必要将合理使用的判断要件提升到著作权法中，规定合理使用的一般条款。这样既可以提供开放式的框架，在具体个案中进行利益衡量，又可以防止具体条款的过宽规定对权利保护的阻碍。[3]

著作权法合理使用制度的正当性来自法哲学和法经济学的支撑。一方面，著作权法具有促进公众学习、研究使用以及再创作的价值功能；另一方面，基于交易失灵的考虑，若财产权被权利人控制，使用者也无法获得授权，无法实现作品的流通与传播。因此，只有使合理使用处于公共领域才能实现社会利益最大化。这在上文公共领域的正当性部分以及著作权制度方面已做分析，在此不赘述。下面主要从司法技术方面分析：合理使用概括主义的立法模式改变了权利限制的封闭状态，与权利保护的开放性相协调，实现了保护私有权利和促进公众利益保护的平衡目标。另外，通过概括式规定明确考量标准，有利于解决司法实践中的认识分歧。而且，在《著作权法实施条例》中已经有相关规定

---

〔1〕 三步检验法是指：①合理使用只能是在某些特殊情况下使用；②合理使用不得与作品的正常使用相冲突；③不得损害著作权人的合法利益。

〔2〕 "四要素法"是《美国版权法》第107条提出的概念，指在认定合理使用时考虑使用目的和性质、享有版权作品的特性、使用的数量和质量、对版权作品潜在市场的影响。

〔3〕 参见吴汉东：《著作权合理使用制度研究》（第三版），中国人民大学出版社2013年版，第291页。

时，将其引入《著作权法》中有一定适用基础。这就不难理解为什么 2020 年修改的现行《著作权法》第 24 条第 1 款增加了"不得影响该作品的正常使用，也不得不合理地损害著作权人的合法权益"这一概括性规定。

专利法方面没有合理使用的概念，仅将一部分使用行为规定为侵权的例外，比如专利法中的科学研究目的的使用行为，这对促进创新具有重要意义。但现行《专利法》第 75 条第 4 项仅笼统规定"专为科学研究和实验而使用有关专利的"，不视为侵犯专利权，在应用中导致了较多司法困惑，法院应用标准不统一，使得专利权与公共领域之间的平衡关系被打破。在坚持保护专有权利益的同时，不应当将专利垄断权延伸，干涉公众的科学研究。一方面，需要保障专利权人的利益，防止出现任何科学实验都可以任意使用专利技术而不承担侵权责任的错误认识。换言之，为了开发与专利发明无关的新技术而无偿使用该专利技术时，将显著减损专利的价值，造成专利权人利用市场的机会被直接剥夺，该行为构成专利侵权行为。另一方面，对"使用"也不能做限缩解释，而应当符合实践中的情形。专利法中的"使用"与制造、进口并列，常常被限缩解释，无法涵盖研究实验中的委托、进口等行为。《欧共体专利公约》第 27 条（b）的规定采用"进行"一词，表达更为准确。建议将我国《专利法》相关条款修改为"专为科学研究和实验的目的而进行的与专利发明内容相关的行为"。以科学研究为目的的使用行为应当反映鼓励技术进步和公共福祉，拓展在后创新主体合理使用的利益，对于能够进一步改进该专利的或者针对专利发明主题的科学研究和实验，基于公共利益考虑可以给予侵权例外。

另外，专利法上的"不侵权情形"也是列举式规定，与著作权法合理使用条款遇到的困境相同，因此也可以增加概括性条款予以弥补。为了给予其他正当使用者充分的保护，参照《与贸易有关的知识产权协议》，专利法在进行权利限制时可以实施三步检验法：第一步，限制和例外应该是有限的；第二步，限制和例外不得与专利的正常使用相冲突；第三步，限制和例外不得不合理损害权利人利益，同时顾及第三方利益。[1]专利法权利限制要从技术本身创新的程度、被控侵权行为的具体目的、传统许可可能出现的市场交易失灵、使用行为会对从事创造造成的消极影响等四个方面入手。笔者建议在《专利法》第 75 条增加"其他符合的情形"作为第 6 项，同时增加一款："前款规定的行为以促进科学技术整体创新为目的，不得影响专利权人的正常使用，也不得对权利人的

---

〔1〕　See Canada Patent Protection of Pharmaceutical Products, WTO Document No . WT/ DS 114. 12.

合法利益造成损害。"

（三）合理利用技术措施，防止公共领域私有化

创新技术的发展，使私人的保护措施也在相应引进。公共领域资源被纳入私有领域，一部分是通过立法，另外一部分是私人干涉，比如自行设立技术措施，进而推动立法的变动，或者通过其他技术形式的包装，将处于公共领域的资源重新纳入私有领域。因此，以一定反向工程破解技术措施，或者以合理使用目的破解技术时，不宜被认定为侵权，因为这是在私有权利扩张时有效保障公众接触的正当性所在。

使用人或者再创新的主体有可能以现有技术或者创作为基础通过反向工程[1]破解技术措施。反向工程目前在很多国家被认为是获取信息的合法手段，有利于打破信息被个人技术垄断的困境，促进创新与传播。笔者认为以反向工程获取技术信息具有正当性，应当支持。首先，不同于技术剽窃，反向工程的实施人是利用从公开市场上获取的新产品进行研究。如果没有法定垄断，市场上公开销售的产品是创新者对外公开的，属于公众自由使用的领域，应当允许公众对他人技术的合理使用。除非新产品已经纳入专利权领域，否则再制造将被专利法认定侵犯专利权。其次，反向工程对于提高创新效率、促进创新技术传播具有价值。对已经进入公共领域的智力成果通过反向工程进行研究，有利于产生新一轮的创新。

著作权法中也规定了技术措施，但其运行机制与技术领域为保护商业秘密而防止他人使用恰恰相反。著作权法允许权利人为信息设定一定的技术措施，控制他人的接触与使用。著作权法在财产权益中设定的专有领域与公共领域的平衡被个人设定的技术措施打破，权利人为保护作品而不考虑公众合理使用的范围，对作品进行加密，公众无法接触被加密的作品。为解决上述问题，《信息网络传播权保护条例》第12条对技术措施做了例外规定，在学校教学以及科学研究、非营利目的供盲人使用、公务、测试等情形，可以避开技术措施。但是上述情形均为个例，并未包含已经处于公共领域的作品状态，亦没有原则性条款予以限制，使得公众合法使用和接触作品受到严重阻碍。值得注意的是，现行《著作权法》第50条对可以合法避开技术措施的行为做了规定，较之前述

---

[1] 最高人民法院2007年公布的《关于审理不正当竞争民事案件应用法律若干问题的解释》规定，反向工程是指"通过技术手段对从公开渠道取得的产品进行拆卸、测绘、分析等而获得该产品的有关技术信息"。

《信息网络传播权保护条例》规定的内容更丰富，有利于实现私人利益与公众利益之间的平衡。笔者则建议再增加一项："属于本法第 24 条规定的合理使用的情形除外。"这样可以避免著作权法上的合理使用制度因为技术措施而被架空。

（四）鼓励私人推动拓展知识产权公共领域范围

在知识产权界，多数学者面对知识产权扩张的局面提议在政策方面做出改动，通过立法机关、司法机关、国际条约等发挥作用，使得权利受到一定限制。罗伯特·P. 墨杰斯教授另外提出，当下私人当事方也开始采取一定的行动，扩大公共领域的范围，这项运动被称为"为抢先排除财产权而进行的投资"（简称 PPIs）。PPIs 凭借知识产权制度的基本特征发挥作用，信息一旦进入公共领域便不再私有化，一家企业如果有意抵制该项财产被私有化，通常会对这项财产进行投资，然后再使其进入公共领域。[1]例如 IBM 公司对开源软件的巨额投资，制药企业对公共领域基因序列的巨额投资等，可以促进更多投资进入公共领域的资源开发和利用。

在著作权法方面，社会主体也在积极推动公共领域的发展，构建知识共享协议（以下简称"CC 协议"），这是民间进行著作权许可的一种重要方式。著作权人在保留部分著作权的条件下，可以将部分权利授予大众，同时大众也能够知晓其使用范围，避免侵犯原作者的著作权。CC 协议的理念基础在于，任何作品都是取用公有领域的素材进行创作的，而目前的著作权法体系对作者的权利过度保护，牺牲了大众创作的自由。CC 协议希望能够恢复著作权法鼓励创作的精神，既保护现有作者的作品，又鼓励大众以特定方式来使用这些作品。在现行著作权制度下，在后使用者需要利用他人作品时，往往面临着一些交易成本，而这些交易成本作为整个生产成本的一部分，最终将一并转嫁到消费者身上；同时，对于纯粹想要进行文化创作活动并且不以营利为目的的业余创作者而言，如果交易成本过高，就会严重阻碍其进行文化创作活动。因此，CC 协议通过创作共享的授权模式与网站授权平台，将作品免费提供给公众使用，进而解决交易成本过高而产生的低效率问题。CC 协议可以避免作者对每一个使用者单独授权的麻烦，并且使用者也能够知晓自己使用作品的界限，从而能够避免侵犯原作者的著作权，给使用者留下充分的创作和使用创新空间，保证一个有活力的公共领域。

---

〔1〕　Robert P. Merges, "A New Dynamism in the Public Domain", 71 *U. CHI. L. REV.* 183, 186（2004）.

六、结论

在创新驱动发展战略下，面对过于强调加强知识产权保护，发挥知识产权排他性优势的局面，公共领域能为公众的合理接触与使用寻找正当性基础。公共领域的视角避免知识产权制度仅看到当下的创新者而忽略未来的创新者。科技创新和文化进步是以公共领域为基础的再创新过程，创新者的创新活动不仅取决于自身的努力，还有其和公共领域的良性互动关系。

知识产权公共领域为创新驱动发展提供了新的实现途径，也为知识产权研究提供新的视角。首先，公共领域在知识产权中是一种制度存在。正如在立法制度中的分析一样，专利法的制度设计考虑了扩大垄断权可能对后续创新的影响，一方面将特定的客体排除在专利法保护范围之外，并利用立法制度限制已经进入公共领域的资源，保证创新可利用的公共领域的稳定性与充足性；另一方面对一定的使用方式予以限制，以确保公众对专利技术的接触与使用，为竞争者以及其他社会公众的再创新提供保障。著作权法为公众参与政治文化生活、促进科学技术进步也留下了一定的空间，其通过将思想、规则、通用数表等排除在外，以独创性为标准的规则设计根据创作空间大小判定公共领域范围，同时以合理使用制度对权利人进行一定的限制，鼓励转化性使用而促进多样性的表达，维持动态的公共领域的范畴。在商标权保护方面，有效处理好商标权的专有领域与公共领域的界限，保护市场主体品牌创新的空间，以商标制度推动企业的创新的发展。在实现知识产权制度宗旨的价值指引下，知识产权客体种类范围的增加或者财产权能的扩张，背后都有着立法者关于保留公共领域的价值衡量。其次，公共领域还是一种价值指引，司法实证研究中法官在判定权利范围或者认定侵权时，每一次权利人、公众以及市场竞争秩序的利益权衡都有着公共领域的身影，这也是对公共领域存在合理性的证成。

从知识产权立法制度以及司法实证角度对公共领域保留的分析，能够为完善知识产权制度提供更具实践性的指引。立法制度中的公共领域理念有待加强，为了更进一步凸显公共领域的价值功能，笔者建议通过较为缓和的方式引入公共领域概念，并立足于知识产权制度的共性，以完善合理使用制度实现知识产权私权与公共领域范围之间的动态平衡。为应对私人对公共领域范围的压榨，有效应对技术措施，鼓励私人推动公共领域范围的合理扩张。公共领域的完善必将推动知识产权制度的良性发展，进而助力创新驱动发展战略的实施。

公共领域视野下知识产权制度之公共利益研究

冯晓青　李　薇

公共利益可谓历史悠久，早在古希腊时期即存在这一概念，其作为一种与整体国家观相联系的具有一致性和整体性的利益概念存在。马克思认为："共同利益就是自私利益的交换。一般利益就是各种自私利益的一般性"，"共同利益恰恰只存在于双方、多方以及存在于各方的独立之中"[1]公共利益是私法的基本价值追求之一，诚实信用原则、禁止权利滥用原则和公序良俗原则等无不是其体现。知识产权制度作为私法制度的组成部分之一，同样将公共利益作为自身的基本考量之一。与公共利益相对应的还有一个重要概念，即公共领域。仅就知识产权制度而言，对个人利益与公共利益、专有领域与公共领域的关系，学界多有论及，对公共利益与公共领域的关系却鲜有研究。笔者认为，在知识产权制度中，公共利益与公共领域并不是等同的，两者既相关，又有差异，并在目的追求上实现统一，公共领域是公共利益价值实现的途径。

一、知识产权法中的公共利益

维护与实现公共利益是知识产权制度最重要的目标之一。虽然知识产权制度的安排主要是为了平衡知识产权人的私人利益与公共利益，但从最终目标来看，知识产权制度仍然以公共利益为依归，使公共利益能够通过知识产权制度最终获得一定增益。[2]亚当·斯密指出，"个人在追求自己私利的同时，往往会使他能比在真正出于本意的情况下更有效地促进社会的利益"[3]。知识产权法即是通过对私人利益的保护为公共利益作出贡献的。

---

　　[1]《马克思恩格斯全集》（第46卷），人民出版社1974年版，第197页。

　　[2] 相关观点参见冯晓青、周贺微："公共领域视野下知识产权制度之正当性"，载《现代法学》2019年第3期。

　　[3] ［英］亚当·斯密：《国民财富的性质和原因的研究》（下卷），郭大力、王亚南译，商务印书馆1974年版，第27页。

（一）历史视角中的公共利益

如前所述，公共利益早在古希腊时期就已出现，至今已有两千多年的历史。在古代阶级社会中，公共利益更多地表现为国家利益。古希腊的普罗泰戈拉可以说是公共利益观念的创始人，他认为"人是万物的尺度"〔1〕。"政治共同体不再被理解为信仰者之共同体，而被理解为由利益之需要所结成的集团。"〔2〕此后，德谟克利特进一步指出，公共利益就是国家利益，维护公共利益是实现个人利益的前提，为了实现个人利益保障的最优化，个人利益要服从国家利益。柏拉图在《理想国》一书中对公共利益问题进行了阐述，认为整个国家的社会秩序既保护了个人各自的利益，又保障了作为一个整体的理想国的利益，"每个人都作为一个人干他自己分内的事而不干涉别人分内的事"，建立这个国家并不是为了某一个阶级的单独突出的幸福，而是为了全体公民的最大幸福。〔3〕同时，柏拉图认为公共利益与个人利益是密切相关的，公共利益代表正义，包括个人利益，个人利益必须服从公共利益。柏拉图的学生亚里士多德则直接用公共利益的标准进行判断，明确指出"正义以公共利益为依归"〔4〕，国家的目的就是要让整个城邦的人们过上优越幸福的生活，公共利益是整个城邦最大幸福的体现，"即便个人的利益与城邦的利益是相同的，城邦的利益显然仍是更大、更崇高、更完善的利益"〔5〕。伊壁鸠鲁则从功利主义的角度探讨公共利益，认为人在本质上都是自私自利的，只会去谋求自身的利益，这就必然会产生互相伤害的局面，与人追求"快乐"的利益并不相符，而国家建立的目的就是要避免出现这种互相伤害，〔6〕让人们在相互妥协的基础上订立政治契约，确保公共利益的实现。

文艺复兴时期，马基雅维利在《君主论》中将公共利益表述为"国家的理由"。启蒙运动时期，霍布斯认为国家的本质是"一大群人相互订立信约、每个人都对它的行为授权，以便使它能按其认为有利于大家和平与共同防卫的方式

〔1〕 北京大学哲学系外国哲学史教研室编译：《古希腊罗马哲学》，商务印书馆1961年版，第138页。

〔2〕 张方华："公共利益观念：一个思想史的考察"，载《社会科学》2012年第5期。

〔3〕 ［古希腊］柏拉图：《理想国》，郭斌和、张竹明译，商务印书馆1986年版，第154、133页。

〔4〕 ［古希腊］亚里士多德：《政治学》，吴寿彭译，商务印书馆1965年版，第148页。

〔5〕 ［美］列奥·施特劳斯、约瑟夫·克罗波西主编：《政治哲学史》（上），李天然等译，河北人民出版社1993年版，第13、128页。

〔6〕 张方华："公共利益观念：一个思想史的考察"，载《社会科学》2012年第5期。

运用全体的力量和手段"〔1〕，即将国家看作保障人们和平与安全的公共利益的抽象表现。不同于霍布斯将人与人之间的关系预设为互相敌对的状态，洛克认为国家是"由人们组成的一个社会，仅仅是为了谋求、维护和增进公民们自己的利益"〔2〕，国家代表公共利益，但其所代表的公共利益仅限于保护公民的生命、自由、财产这三项基本权利。依据洛克的观点，在知识产权制度中，知识产权作为一种无形财产权，属于公民的三项基本权利之一，其既作为个人财产权受到保护，又体现着公共利益，需要从公共利益的角度进行考量和保障。卢梭则明确提出了"公意"的概念并将其放在最高指导地位。卢梭认为，"公意"是公共利益的代表，"国家全体成员的经常意志就是公意"，"永远是公正的，而且永远以公共利益为依归"，"任何人拒不服从公意的，全体就要迫使他服从公意"〔3〕。在卢梭看来，公共利益是人们的共同利益，是"公意"的基础，不可分割、不可转让，也不可被代表，个人利益与公共利益在"公意"的基础上实现了统一和融合。休谟的公共利益观以人性自私为前提，认为任由人性自私发展，社会共同体就会遭受破坏和解体，"公共的效用是正义的惟一起源"〔4〕，国家的主要目标就是实现保护财产和实施契约的公正，即以公共利益为根本指向调整个人利益之间的关系，最终促使社会共同体和谐有序发展。边沁作为功利主义思想的创始人，从实用主义的角度出发，认为法律的改进就是要"在公共利益和私人利益之间造成调和"〔5〕，进而实现最大多数人的最大幸福，即其在肯定个人利益的同时又从作为最大利益的公共利益角度，强调个人与社会之间需要通过法律调节的方式进行调和。边沁的"最大多数人的最大幸福论"将公共利益看作社会中每一个人的个人利益的总和，功利主义思想的发展者密尔则把社会感情也纳入其中，并对个人利益和公共利益的关系进行分析，其认为是情感使得人们之间合作产生公共利益成为可能，法律的目的在于使每个人心中都树立起自己个人的利益与社会全体的公共利益之间不可分割的信念，从而实现个人利益与公共利益的协调统一。由此可见，古希腊就有公共利益的存在，无论是将公共利益看作个人利益的总和，还是将公共利益看作抽象的更高的共

---

〔1〕 ［英］霍布斯：《利维坦》，黎思复、黎廷弼译，商务印书馆 1985 年版，第 144 页。

〔2〕 ［英］洛克：《论宗教宽容》，吴云贵译，商务印书馆 1982 年版，第 5 页。

〔3〕 ［法］卢梭：《社会契约论》，何兆武译，商务印书馆 1963 年版，第 140、39、29 页。

〔4〕 ［英］休谟：《道德原则研究》，曾小平译，商务印书馆 2001 年版，第 35 页。

〔5〕 ［英］罗素：《西方哲学史》（下卷），马元德译，商务印书馆 1976 年版，第 329 页。

同利益，都对公共利益的存在价值给予了肯定，并不约而同地将公共利益置于个人利益依归的地位，而国家和法律的功能之一就是确保公共利益在与个人利益的协调统一中得到实现。这些观点，对于认识当代知识产权制度中的公共利益问题也具有重要启发价值。世界上第一部著作权法《安娜女王法》确定了作者对其图书的专有权以及出版商的印刷专有权，并限制了专有权的期限，实质上就是在保障个人利益的同时，确保公共利益的实现。正如《安娜女王法》自身所表述的那样，"该法是一部鼓励学习的法律"[1]。这里的"鼓励学习"，蕴含着增进文化教育、提高民族文化素质等重要的公共利益价值取向。世界上第一部专利法《威尼斯共和国专利法》同样指出："保护发明人权益，他们就会竭尽全力为本城市共和国做出有用和有益的发明。"该规定则体现了专利法鼓励发明创造、促进创新的公共利益价值取向。

（二）现实视角中的公共利益

不同于个人利益，公共利益是全体成员的共同利益，代表的是绝大多数人的利益，面向的是社会中的所有人，而不是个别人或少数人，也不是个人利益的简单相加。知识产权法通过制度安排对公共利益进行确认，并试图在公共利益与个人利益之间建立以公共利益为最终目标的平衡机制。这从我国《著作权法》《专利法》和《商标法》的相关规定，即可以得到明确的理解。

我国《著作权法》第4条规定，著作权人行使著作权，不得违反宪法和法律，不得损害公共利益。这一规定鲜明地体现了我国著作权法对公共利益的肯定和保护。具体而言，著作权法中的公共利益主要表现为推动作品的创作和传播、促进文化和科学事业的发展与繁荣。虽然著作权法以法律的形式授予了著作权人对其权利客体的使用和处分等专有权利，但其同时对著作权的期限进行了限制规定，并规定了合理使用、法定许可、思想表达二分法[2]等制度和原则，其意图在于使更多的社会公众能够学习、使用乃至再创作已有作品，促进思想、信息和知识的传播和应用，从而确保最大多数人的公共利益得到实现。正如有学者认为的那样，著作权法涉及社会、政治、教育、经济、文化、艺术等各个方面，不能专注于作者的利益，而应顾及广大使用者的相关利益。[3]

---

〔1〕　冯晓青："论著作权法与公共利益"，载《法学论坛》2004年第3期。

〔2〕　"思想表达二分法"在《著作权法》第三次修改过程中曾有规定，但最终通过的现行《著作权法》取消了相关规定。不过，在著作权司法实践中仍予以认可。

〔3〕　L. Ray Patterson, Stanley W. Lindberg, *The Nature of Copyright: A Law of Users' Right*, the University of Georgia Press, 1991, p. 34.

　　我国《专利法》第 1 条即旗帜鲜明地规定："为了保护专利权人的合法权益，鼓励发明创造，推动发明创造的应用，提高创新能力，促进科学技术进步和经济社会发展，制定本法。"由此可见，专利法的重要目的之一就是在保护专利权人合法权益的同时维护公共利益。专利法对公共利益的维护主要表现在：①通过侵权例外等制度设计激励基于已有知识成果的发明创造，扩大发明创造的应用范围和可应用主体，从而推动创新能力的提升，增加人类知识成果的总量，进而促进科技进步和经济社会发展。②通过对专利权的有期限保护促进专利公开，从而在保护期内为创新创造者提供基于付费使用的养料，在保护期届满后使相关知识成为人类共同的知识成果，以便公众自由接近和使用。这一促进公开的机制大大加快了知识成果的交流、传播和运用，大大提高了知识成果的运用效率，对创新能力的提升和科技进步、经济社会发展大有助益。③通过专利许可使用、转让等制度设计促使知识成果商业化，推动知识成果转化为经济利益，并反过来进一步激励专利权人和社会公众的再创新创造，极大地促进知识成果的推广应用，使知识成果成为在一定条件下可以被社会公众自由接近和使用的客体，进而推动创新和再创新能力的提升，促进科学技术进步和经济社会发展。

　　我国《商标法》第 1 条规定："为了加强商标管理，保护商标专用权，促使生产、经营者保证商品和服务质量，维护商标信誉，以保障消费者和生产、经营者的利益，促进社会主义市场经济的发展，特制定本法。"由此可知，保护消费者和生产、经营者利益及社会主义市场经济发展等公共利益是《商标法》的重要目的之一。具体而言，商标法对公共利益的维护主要体现在对消费者的利益保护和对有效竞争的促进两个方面。从对消费者的利益保护方面看，商标法通过区别商品或服务来源，防止消费者产生混淆，避免消费者购买与自己最初想要的产品或服务并不匹配的产品或服务，进而维护作为潜在消费者组成部分的社会公众的公共利益。从对有效竞争的促进方面看，商标法使特定的商品或服务与特定的生产、经营者产生联系，一方面，其使得生产、经营者从促进商品或服务销售、推广等出发提升商品或服务质量，从而对公共利益有所裨益；另一方面，其又通过在先正当使用及规定不可作为商标注册或使用的情形等的制度安排保护在先使用人的利益及社会公共利益，使得代表公共利益的标识不被不正当使用，进而促使市场竞争在公平、有序、有效的环境中开展，促进经济社会的健康发展。可以说，商标法通过确保受法律保护的商标注册和使用，维护了消费者和生产、经营者的合法权益，以及市场的完整性、竞争的公平有效性，进而使社会整体受益，促进了公共利益的实现。

（三）国际视角中的公共利益

知识产权法对个人利益的保护毋庸置疑，但其同样将公共利益作为重要的价值追求，如果知识产权法忽视了公共利益的保护，个人利益的保护最终也可能难以实现。国际条约和各国对此都有清楚认识，并通过知识产权立法和司法实践予以确认。

作为高度重视知识产权私权保护的国际条约，《与贸易有关的知识产权协议》同时规定了对公共利益的确认和保护，其序言和第 7 条规定，"认识到各国知识产权保护制度的基本公共政策目标，包括发展目标和技术目标"，知识产权的保护与权利行使，目的应在于促进技术的革新、技术的转让和技术的传播，以有利于社会经济福利的方式促进技术知识的生产者和使用者互利，并促进权利与义务的平衡。第 8 条则进一步规定，为了保护公共健康以及促进对经济和社会发展至关重要的公共利益，其成员可以在制定或修改国内法律时，采取必要的措施保护公共利益，以防止知识产权人滥用权利。

1789 年开始实施的《美国宪法》第 1 章第 8 条第 8 款明确规定了知识产权条款，并在其中对公共利益的保护予以确认，即规定国会有权通过保障作者和发明人对其著作和发明一定期限内的专有权利，促进科学和实用技术的进步。1909 年，关于美国著作权法的国会委员会报告进一步指出："国会根据宪法的条款制定著作权法，不是基于作者在他的创作物中存在的自然权利，而是基于要服务于公共福利。"[1]同时，公共利益的观念也在美国的知识产权司法实践一再被确认和保护。比如，在美国诉派拉蒙影视公司案（Unites States v. Paramount Pictures, Inc. 案）中，美国法院认为知识产权法"对知识产权人的报偿是作为第二位考虑的"[2]，需要优先考虑促进科技文化繁荣进步的公共利益。在哈珀与罗公司诉国家娱乐公司案（Harper & Row v. Nation Enters. 案）中，美国法院进一步指出，著作权法和专利法的重要目标之一就是通过特殊报酬的手段促进创造性活动，并允许社会公众在专有权利期限届满后对产品进行接近。毫无疑问，这种促进创造性活动和允许一定条件下社会公众对产品的接近都体现了重要的公共利益，是对公共利益的确认和保护。

---

〔1〕 H. R. Rep. No. 2222, 60th, Cong., 2d Sess 7 (1909).

〔2〕 Unites States v. Paramount Pictures, Inc., 334 U. S. 131 (1948). See also Twentieth Century Music Corp. v. Aiken, 422 U. S. 151, 156 (1975).

二、知识产权法中的公共领域与公共利益关系辨析

很多学者将知识产权法中的公共领域等同于公共利益，经常在论述中把公共领域与公共利益混用。笔者认为，二者不能画等号。知识产权法中的公共领域与公共利益既有关联，又有区别，并在这种关联和区别中实现统一。

（一）公共领域与公共利益之相关性

戈斯认为，公共场所就是一个能被任何可能碰巧出现在那里的人观察到，也就是说被那些没有私人交情的人和那些不需同意就能进入与私人亲密互动中的人观察到的场所。[1]哈贝马斯认为，从中世纪到 18 世纪，公共领域与私人领域是相混合的，且公共领域由拥有较高地位的人代表，而在资本主义社会，资产阶级努力形成了与私人领域相区别的公共领域来监督国家权力的行使，在这个意义上的公共领域里，私人的意见变成了公共的意见。哈贝马斯进一步指出，所谓"公共领域"，首先指的是社会生活的一个领域，在这个领域中像公共意见这样的事物能够形成，公共领域原则上向所有公民开放。[2]由此可见，在现代意义上，公共领域实质上是与私人领域相对应的一个概念，其是所有公民可以自由进入的领域，在这个领域中，公共利益可以形成。也就是说，公共领域是公共利益产生的空间，公共利益是公共领域的产物，二者密不可分。在私人领域中，关注更多的是私人利益的维护，公共利益产生的可能性微乎其微，被关注的可能性也多是基于私人利益的考虑。

著作权法规定了著作权、邻接权等权利的保护期限，明确了思想表达二分法、法定许可、合理使用等制度，明确了公共领域的范围，而公共领域范围的确定，最终目的是维护公共利益，即鼓励知识成果的传播使用、促进科技文化的交流。美国著名知识产权法学者尼默教授认为，思想表达二分法确保的是思想可以不受限制，从而保证社会公众在一般情况下可以从思想的传播和表达中获益，同时又能够使著作权人基于对表达形式的专有权而获得从事智力创作活动的经济激励，因此对著作权的限制应从宪法的层面进行。[3]尼默对思想表达

---

[1]　Raymond Geuss, *Public Goods*, *Private Goods*, Princeton University Press, 2001, p. 1；詹世友："公共领域·公共利益·公共性"，载《社会科学》2005 年第 7 期。

[2]　[德] 哈贝马斯："公共领域"，载汪晖、陈燕谷主编：《文化与公共性》，生活·读书·新知三联书店 1998 年版，第 125 页。

[3]　参见 Melville B. Nimmer, "Does Copyright Abridge the First Amendment Guarantee of Free Speech and Press?", 17 *UCLA. L. REV* 1180, 1186-1204（1970）.

二分法的这一论证说明了著作权法中公共领域与公共利益的关系，即思想作为著作权法中的公共领域可以为社会公众所共同享有，这种共同享有的权利保障实现的就是公共利益。

在专利法中，对专利权规定了期限限制以及强制许可等制度，同样划定出了专利法中的公共领域，而这些公共领域的确定也正是为了确保公共利益的实现，即鼓励发明创造的推广和使用、促进经济社会的发展。比如，美国法院在百福公司诉韦尔斯电子公司案（Pfaff v. Wells Electronics. , Inc. 案）中适用了法定禁止原则，认为如果专利权人的产品在专利申请之前已销售超过 1 年，就可以认定这一专利权无效。[1]美国法院的这一判决对专利权人专有的私人领域进行了限制，明确了公共领域的范围，即发明人在一定时间内公开了其发明，那么该发明就进入了公共领域，失去了申请专利和获得专利的权利。从其判决宗旨来看，对发明自然进入公共领域的条件的规定，主要是基于防止对发明人和专利权人无限制获得申请权和专利权保护的考虑，保障的是社会公众获得知识的公共利益。

在商标法中，虽然通过续展制度等实际上给予了商标权人获得专有权利无期限保护的选择，但商标续展实行的申请制也在另一方面对商标权人的专有权利给予了限制，即在商标权人不申请商标续展的情况下，商标就进入公共领域。同时，商标法还规定了不可以作为商标申请注册和使用的情形，以及在一定情况下他人可以自由使用的情形，明确了商标法中公共领域的范围。商标法中的这些规定同样体现了对公共利益的维护，即一方面基于对社会公众使用商标利益的考虑规定了商标权人怠于申请商标续展而使该商标进入公共领域，另一方面基于对社会公众不可侵犯的一些公共利益的考虑规定了不可作为商标申请注册和使用的情形，以及基于促进自由竞争公共利益的考虑而可以自由使用的情形。

综上所述，可以说，在知识产权法中对公共领域的确认，就是对社会公众自由地从人类知识成果宝库中接近和使用知识成果的公共利益的保护。

（二）公共领域与公共利益之差异性

如前所述，公共领域与公共利益密切相关，但二者并不是完全等同的概念，仍存在差异。公共领域是与私人领域相对应的概念，是一种公开的并且具有可共享性和可进入性的领域，其建立在对私人领域的确认和划分基础上。私人领域之外的范围即是公共领域，任何一个社会公众都可以自由进入公共领域并享有

---

〔1〕　525 U. S. 55, 63（1999）.

公共领域中的物品。公共利益主要是与个人利益相对应的概念，属于利益范畴。纯粹的市场经济理论认为，人们在市场经济中可以通过交换各自手中的物品实现自己的私人利益，同时市场可以通过调节市场主体之间的关系增进公共利益。列文认为："在人们已经发展起一个有限制的与人和我关系中的自我能够得到合理的安全意义相一致的自我同一性的范围里，这个普遍自我就是所有个体所共同拥有的东西。"〔1〕也就是说，不同于公共领域与私人领域的截然区分，公共利益源自个人利益，又高于个人利益，是在个人利益中具有普遍性的东西。

就知识产权法中的著作权法而言，著作权法从产生之初就对公共利益予以确认，甚至可以说著作权法的产生一定程度上就是基于公共利益的考虑。赋予作品以著作权，从一定意义上讲是期冀通过法律的专有权利授权给予作者和其他著作权人激励，从而产生更多的知识成果，并在著作权期限届满后可以充实人类共同的知识宝库，最终实现鼓励学习交流、促进文化艺术传播的公共利益。可以说，公共利益强调的是社会公众利益的实现，是一种位阶较高的利益价值的实现。公共领域的维度则与公共利益不同。著作权法中的公共领域指的是社会公众可自由接近和使用知识成果的领域，强调处于该领域内的知识成果可以被任何一个社会公众自由接近和使用。例如，著作权法对增进文化和表达自由的确保就是公共利益的体现，但并不属于公共领域的概念范畴。著作权法中对合理使用原则、有限垄断原则、保护作者原则、进入权原则等的规定，都有公共利益的考量，但并不都属于公共领域。在专利法中，公共利益与公共领域同样存在差异。专利法对公共利益的确认是毫无疑问的。正如奥地利法学家凯尔森所指出的那样，"私法规范无疑也体现了保护公共利益，人们不能否认维护私人利益是合乎公共利益的，不然的话，私法的适用也就不至于托付给国家机关"〔2〕。具体而言，专利法所维护的公共利益主要包括激励发明创造，增加人类共同的知识成果，便利知识成果的交流传播和学习使用，促进再创新和推广应用，促进科技进步和经济社会发展等。专利法中的公共领域则是指通过专利权保护期限限制和专利侵权例外等确定出的社会公众可以自由接近和使用发明创造的领域，并不能与公共利益画等号。同理，商标法中的公共利益主要体现在对消费者权

---

〔1〕　David P. Levine, *Self-Seeking and the pursuit of Justice*, Ashgate Publishing Company, 1997, pp. 21-22；詹世友："公共领域·公共利益·公共性"，载《社会科学》2005 年第 7 期。

〔2〕　[奥] 凯尔森：《法与国家的一般理论》，沈宗灵译，中国大百科全书出版社 1996 年版，第 232 页。

益的保护和维护公平有序的市场竞争、促进自由竞争方面。例如，美国1946年《兰哈姆法》就是优先考量公共利益的结果。当时，美国一些人担心商标法的实施会使商标的保护服务于商业垄断，从而限制竞争，促进形成不合乎需要的垄断，并基于上述理由强烈反对法案的通过。美国司法部回应上述需求，说服国会从服务于有效竞争的角度出发改写了法案中的一些关键性条款，最终促成了《兰哈姆法》的通过。《兰哈姆法》一直被认为旨在促进建立在公平、有效竞争之上的有效率和有秩序的商业发展。不同于商标法中公共利益所保护的内容，商标法中的公共领域则是处于商标保护期限之外以及不能作为商标注册和使用的标识范围。

由此可见，在知识产权法中，公共利益和公共领域是两个不同维度的概念，二者并不相同，存在差异，需要在实践中加以区分，而不能混为一谈，简单地将二者等同使用。

（三）公共领域与公共利益之统一性

总体而言，公共领域与公共利益是分属不同范畴的两个概念，但二者又相互关联，并在这种差异与关联中实现统一。可以说，公共领域的存在需要基于这样一个前提事实——在公共领域中必须能够发现和存在公共利益。如同哲学上的自我是普遍自我与特殊自我的统一体一样，公共领域和公共利益就是在这种具有普遍可分享性的特征中实现的统一。

首先，公共领域体现了公共利益。公共领域是存在于私人领域之外的范围，社会公众可以自由地接近和进入，其既是不属于私人利益范畴的利益集合体，又是具有更高层次、更广范围价值要求的利益集合体，充分体现着公共利益。在公共领域中，并没有私人利益的存在，存在的是社会公众的利益需求，其本身就是公共利益对存在空间的要求所导致的产物。也就是说，正是有了公共利益的需求，才产生了公共领域，让公共利益得以存在和发展，并最终使社会公众普遍受益。无论是著作权法、专利法、商标法中的公共领域，还是商业秘密、植物新品种、集成电路布图设计等方面的公共领域，无不体现着社会公众对公共利益的需求，并以法律的形式将这些体现公共利益的公共领域确定下来，使得社会公众得以自由地接近和进入，最终助益科技文化的进步和经济社会的发展。知识产权法中的公共领域，与知识产权人所属的私人领域之间泾渭分明，其存在就是为了对知识产权人的专有权绝对性进行限制。这种限制主要是为了给社会公众更多接近和使用知识成果的机会，丰富人类知识成果的宝库，归根结底就是为了公共利益。因此，可以说，在知识产权法的公共领域中，处处体现着公共利益。

其次，公共利益在一定程度上存在于公共领域之中。公共利益作为社会公众利益的表现形式，与个人利益存在互斥关系，难以在私人领域中存在，于是其找寻的存在空间就是公共领域。个人基于对自身利益长远发展的考量自愿将私人领域让渡出一部分，形成了公共领域，这就成了公共利益存在的场所。公共利益既不是空中楼阁，也不是私人利益的简单相加，其最终实现必须依靠一定的制度，在一定的领域内得到体现。比如，著作权法促进文化艺术进步这一公共利益的实现，就需要著作权专有权利期限限制、思想表达二分法、合理使用、法定许可等一系列法律制度确定公共领域的范围。专利权法促进科技文化进步和经济社会发展这一公共利益的实现同样如此，其通过对专利权这一专有权利的期限限制和侵权例外等规定，确定出公共领域存在的空间范围，在专利权人的私人利益和社会公众的公共利益之间划定界限，从而确保公共利益的实现。

最后，公共领域与公共利益具有统一的价值依归。在知识产权法中，无论是公共领域还是公共利益，其最终的价值目标追求都是丰富人类共同的知识成果宝库并让社会公众能够自由地接近知识成果。历史一再证明，人类文明的发展进步并非一蹴而就，科技文化成果也从来不是凭空产生的，而是需要借鉴和使用前人的知识成果。如果只给予知识产权人以私人权利的绝对保护，这种对私人领域和个人利益的绝对保护会使社会公众难以窥见已有知识成果的瑰丽，不仅会使再创新受到阻滞，还可能造成行动的无效重复和资源的极大浪费。从这一角度出发，公共领域和公共利益的确认在知识产权法中是必要的。因此，从公共领域和公共利益的产生和存在价值来看，其都是为了确保社会公众能够在一定条件下自由地接近已有的知识成果，从而避免重复劳动和资源浪费，高效率地实现再创新。比如，著作权法、专利法中的公共领域和公共利益虽然存在一定的差异，但二者的价值目标殊途同归，都是让社会公众能够在满足法律规定的制度条件时，可以自由地学习、使用、传播已有的作品、技术等知识成果。

三、公共利益在知识产权法中的价值实现：公共领域

从知识产权法的价值构成来看，私人利益和公共利益是其存在的二元价值体系。知识产权法除了保护知识产权人的私人利益外，还有维护公共利益这一价值目标。

（一）公共利益价值实现途径

公共利益作为社会公众普遍利益诉求的反映，其价值实现途径具有多样性，主要有行为、习惯和法律制度等。

第一，通过行为实现公共利益价值。公共利益价值既可以通过个人行为实现，也可以通过政治行为实现。个人作为社会公众的一分子，需要对自身的个人利益进行保护，而且从其个人行为的有效性和利益最大化出发，还需要对公共利益进行维护。因此，个人在行为的同时，为了自身行为的便利性以及出于对自身长远利益的考量，会自觉或不自觉地对公共利益加以维护，从而使得公共利益的价值在个人的行为之中得到实现。这种个人的行为源于自发，不需要外力驱动，也不需要外部保障，公共利益是在自然而然的个人行为中实现的。同时，运用和巩固国家权力的政治行为也会促进公共利益的实现。政治行为从其本质上而言，虽然由不同的国家机构实施，但都是国家权力控制、支配和影响社会的过程。总体上，政治行为维护的是国家的利益，这一国家利益既可能只单纯代表统治阶级的利益，也不可避免地会在一定情况下代表社会公众的公共利益。政治行为的直接目的不能归为维护公共利益，但其在行使过程中会涉及对公共利益的维护。恩格斯就曾经指出，在每个开化较晚的原始公社中，一开始就存在着一定的公共利益，维护这种利益的工作虽然在全社会的监督之下，却不能不由个别成员来担当，这些职位被赋予了某种全权，就是国家权力的萌芽。[1]

第二，通过习惯实现公共利益价值。习惯是经过长期实践养成的通行的比较明确的常规性做法，是人们在实际社会生活中普遍遵守的不成文标准。习惯来自于个人行为，但不同于个人行为的简单堆叠，其是个人行为在社会生活中经过不断去劣存优留存下来的、为社会公众所普遍认可和遵循的做法。由此可见，在形成习惯的过程中，为社会公众所普遍认可的做法被保留下来，而社会公众不接受的做法则被放弃，在这一保留、放弃的过程中，社会公众的利益得到了体现，也就是公共利益价值得以实现。习惯的形成使公共利益得以实现，在人们遵循习惯行为的过程中同样使公共利益得以实现，即对体现了公共利益的习惯的遵循就是在以自身的行为维护公共利益。

第三，通过法律制度实现公共利益价值。法律制度是国家为了规范行为所制定的法律原则和规则等，是固化地规范一定领域内行为的准则。英国学者洛

---

〔1〕《马克思恩格斯全集》（第3卷），人民出版社1960年版，第18页。

克指出，统治者应该以正式公布的和被接受的法律，而不是以临时的命令和未定的决议来进行统治[1]，强调政府也要执行法律。虽然一般认为法律是统治阶级维护其利益的工具，但统治阶级的利益与公共利益并不总是相冲突的。一方面，统治阶级的利益和公共利益在一些情况下具有一致性。另一方面，出于维护统治地位的考虑，统治阶级有时也会在自身的一些利益方面作出让步，以维护公共利益。比如，促进科技文化的繁荣和经济社会的发展进而维护国家的稳定既反映了统治阶级的利益，也反映了社会公众的利益诉求，二者具有同样的价值目标，在这一点上具有同一性。为了达到上述价值目标，统治阶级通过法律制度的制定，确定了一系列具有价值导向的行为规则，从而确保公共利益在法律制度中得到实现。可以说，公共利益是法律制度的一个重要考量因素。历史和实践也证明，与公共利益背道而驰的"恶法"大多不具有生命力，"良法"才能让社会公众更好地执行。就公共利益而言，其通过法律制度得到确认和实现，不再是虚无的、不确定的利益，而是得到了国家公权力的确认，并以固定的形式加以实现。

（二）公共利益在知识产权法中价值实现的必要性

前面分析了法律制度是公共利益价值实现的重要途径，知识产权法作为法律制度的一部分，也是公共利益价值实现的重要途径。公共利益是知识产权法不可或缺的价值目标之一，公共利益在知识产权法中的价值实现也具有必要性，主要体现在以下几个方面。

第一，公共利益在知识产权法中的价值实现是知识产权法存在正当性的需求。[2]任何一部法律的存在，都必须具有正当性，否则很快就会被淘汰，知识产权法同样如此。从知识产权法的起源来看，其最初源于封建特权，后来逐渐演化为维护知识产权人的权利，而在产生和发展的过程中无不存在着对公共利益的考虑。知识产权虽然是一种私权，其保护的客体即知识产品却具有私人商品和公共产品的双重属性，不仅与私人利益相关，还关乎公共利益，一些重要的作品、发明等甚至可能影响整个人类文明的发展进程。知识产权法从本质上讲，是通过对专有权利的有限保护来促进公共利益的实现。知识产权法之所以

---

〔1〕 [英] 洛克：《政府论》（下篇），叶启芳、瞿菊农译，商务印书馆 1964 年版，第 87—88 页；徐博嘉："论洛克有限政府思想及其宪政价值"，载《西南政法大学学报》2013 年第 2 期。

〔2〕 相关观点参见冯晓青、周贺微："知识产权的公共利益价值取向研究"，载《学海》2019 年第 1 期。

有上述制度目的，就是为了确保其存在具有正当的理由，从而确保其存在的合理性和长期性。单纯绝对保护知识产权人权利的法律制度，必然会因为没有给社会公众接近知识成果留下必要的空间而引起社会公众的不满，并会阻碍科技文化的进步和经济社会的发展，成为逆历史而动的制度，从而失去其存在的正当性。因此，从知识产权法存在的正当性角度来看，其必然同时保护知识产权人的私人利益和社会公众的公共利益，并努力在二者之间寻求平衡，从而确保自身正当长期地存在和发展。

第二，公共利益在知识产权法中的价值实现是维护公共利益本身的需要。知识产权法具有重要的公共利益价值目标，一旦偏离这一目标，就会反过来损害公共利益，甚至导致知识产权人的私人利益都难以实现。知识产权法通过对私权的保护建立了一种利益驱动机制，使得知识产权人能够在私人利益保护和增益的激励下更多地创造知识成果，并通过制度安排使得社会公众在一定条件下可以自由地接近这些知识成果，从而达到丰富人类知识成果宝库、促进科技文化进步和经济社会发展的目标。如果知识产权法失去了维护公共利益的价值目标，公共利益在知识产权法律制度中就得不到体现，其必然的结果就是导致具有普遍意义的公共利益受到损害。可以说，知识产权法中对公共利益价值实现的确保，是维护公共利益必不可少的一部分，关系着整个人类文明和经济社会的发展进步。需要进一步指出的是，公共利益在知识产权法中的价值实现，不仅对维护公共利益大有助益，还会促进知识产权人私人利益的实现，即会使知识产权人也能够从这种公共利益的价值实现中获利，吸取再创新、再发展的养料，更进一步获得知识成果，更好地实现其私人利益最大化。

第三，公共利益在知识产权法中的价值实现是社会公众普遍性诉求的需要。从知识产权法的视角来看，社会公众对人类知识成果宝库具有接近和使用的普遍性渴求，并希望科技文化能够得到进步、经济社会能够得到发展，这些诉求可以说具有普遍性。每个知识产权人在专有权利面前都是单独的个人，具有自己的私人利益追求，但同时他们又都是社会公众的一员，同样对接近人类知识成果宝库和促进科技文化进步、经济社会发展具有强烈诉求。社会公众不是抽象的概念，而是人的集合，具有共同的、带有普遍性的诉求。基于此，对社会公众的普遍性诉求如何回应就成为知识产权法必须面对和解决的问题。知识产权法一方面通过对专有权利的保护实现知识产权人的私人利益，另一方面又寻求对公共利益予以维护，从而回应社会公众的普遍性诉求。毫无疑问，知识产权法不仅是保护私权的法律制度，更是与产业发展、科技文化进步、经济社会发展等公共利益密切相关的法律制度。公共利益实质上是社会公众普遍性诉求的一种体现，知识产权法对公共利益的维护就是对社会公众普遍性诉求的尊重和满足。[1]

（三）知识产权法中公共利益价值实现的选择：公共领域

知识产权法中公共利益价值的实现是必然和必要的，知识产权法也通过多种方式对公共利益加以明确，从而确保公共利益的价值能够顺利实现。其中一个重要的方式就是对公共领域进行划定，以公共领域的空间范围来确保公共利益价值的实现。这种方式是公共利益价值实现的必要途径，既避免了含混晦涩，又避免了模糊不清，使知识产权法中的公共利益价值实现清晰又明了。

汉娜·阿伦特从对人的基本状态的分析得出私人领域、社会领域和公共领域三种领域存在形态，开创性地将公共领域的概念引入了人们的视野，并通过理论研究构建起了公共领域独特的理论范式和话语体系。哈贝马斯则在 1989 年的《公共领域的结构转型》一书中进一步探讨了现代社会的公共领域问题，全面系统研究了公共领域理论。无论是汉娜·阿伦特还是哈贝马斯，都不约而同地在公共领域理论的探索和研究中将其与公共利益的实现相关联。在中国，也有学者认为，公共领域的概念是具有实体性、分析性和价值性的一个复合性范畴，代表的就是一种以公共利益为内容、以公众自由平等参与为形式、以理性商谈和理性批判为目的的社会交往空间，占据的是政治国家和市民社会之间的理论空间。[2]这一观点将公共领域放在了国家和个人之间，认为在国家利益和个人利益以外还存在一个连接二者的利益，这个利益就是公共利益，而公共利益连接政治国家和市民社会最好的实现途径就是公共领域。

公共利益最显著的特点之一就是公共性，而公共领域同样具有公共性的显著特征。公共领域核心之处就是承认个体与集体共识的存在并将其作为价值引领，从而为实现整个社会公众的共同利益诉求提供前提。公共领域中所体现的这种社会公众共同利益诉求其实就是社会公众的公共利益。公共领域是对所有社会公众都开放的空间范围，每一个社会公众都可以自由接近或进入，体现了社会公众对共同价值的认同，其最终表现为公共利益的实现。在公共领域中，社会公众为了维护作为整体的社会共同体的存在和凝聚，总是会形成一定的带有普遍意义的对价值、信仰、情感的认同，从而实现共存和互利，具有不同利益

---

〔1〕 相关观点参见冯晓青：“知识产权法与公共利益探微”，载《行政法学研究》2005 年第 1 期。

〔2〕 杨仁忠：“公共领域理论范式何以可能”，载《社会科学辑刊》2011 年第 1 期。

诉求的个人也在其中通过利益的妥协最终形成公共利益。这就使得公共领域成为这样一种空间范围，在这个空间范围里不同的价值信仰和意识形态逐渐趋同并最终形成社会公众普遍认可的、具有一般意义的价值认同。这种价值认同在公共领域中具体表现为每个个人作为社会公众的一员，以公共利益的价值实现作为自己在该空间范围中行为的价值要求标准，不断以此标准调整自身的利益追求，并最终内化为自己的价值取向和行为规范。[1]在这个价值认同和内化的过程中，公共利益的价值得以最大化和最优化实现。

知识产权法中的公共利益主要体现为社会公众对知识成果的自由接近需要以及科技文化的进步、经济社会的发展。为了实现上述公共利益，知识产权法的立法和司法实践也进行了许多探索，并最终选择了确认公共领域这一实现途径。知识产权法虽然没有明文规定公共领域的概念，但在司法实践中已多次提及。知识产权法通过权利期限限制、思想表达二分法、合理使用、法定许可、强制许可等一系列法律原则和法律规定划出了公共领域的范围，从而确保公共利益得以最大限度实现。在公共领域中，具有不同利益诉求的知识产权人实现了共同利益价值的认同，并通过价值的趋同实现了行为的趋同，确保了公共利益的价值实现。因此，公共领域的存在是保障公共利益价值实现的最优途径。

四、结论

知识产权属于私权，属于民事权利的范畴，知识产权法则属于私法。从知识产权法的价值构造和基本目的而言，充分、有效地保护知识产权人对其知识产品享有的专有权利，是各国知识产权专门立法和国际知识产权保护制度的基本定位，我国知识产权制度的建立和发展也不例外。同时，知识产权法也是一种典型的利益平衡机制，需要在充分有效保护知识产权人对其知识产权享有的专有权利的基础之上，进一步实现知识产权法所追求和保障的公共利益目标。知识产权人利益和公共利益实现有效平衡，也是知识产权法价值构造与利益平衡机制的核心。知识产权法对公共利益的保障体现在多方面，如维护公共利益是知识产权法的基本原则之一，知识产权法的立法宗旨也体现了对公共利益的维护，知识产权法的具体制度安排和设计更体现了对公共利益的保障。在私权保护的基础之上维护公共利益，使得知识产权法在当代经济社会生活中具有更加突出的地位和作用。尤其是涉及的知识分享与传播、创新能力的提升，更关

---

〔1〕 陶蕾韬、路日亮："试论公共领域中的价值认同"，载《理论与现代化》2013年第1期。

乎我国创新能力建设和国家竞争力的提升。从以上论述可知,我国在构建和有效实施知识产权制度时,不能忽视对公共利益的维护和保障。

在知识产权法中,从其价值构造层面来说,还存在十分重要的公共领域问题。公共领域是相对于知识产权法中知识产权人基于知识产权保护而形成的专有领域而言的。从一般意义上来讲,它可以理解为不受知识产权这一专有权所控制的、可以自由利用的公共知识财产范围。从本文的研究可知,知识产权法中的公共领域也包括在一定条件下对处于专有领域的知识产权的自由和合理的利用。在知识产权法中,公共领域和公共利益是相辅相成的概念,通过对公共领域的有效保留,最终知识产权法的公共利益价值目标得以实现。

知识产权法中的公共领域问题研究

李佳伟

知识产权作为个人权利的重要内容受到各国法律的关注和保护。从知识产权的保护期限、保护内容、保护条件及保护力度的不断改进中，可以直观了解到，知识产权越来越受重视。在知识产权不断扩张的过程中，来自在先成果表达的知识产权的空间却有不断被挤压的危险，这一现实问题也凸显了维护知识产权法中的公共领域的重要性和迫切性。

知识产权法致力于保障特定主体的智力成果，注重激发特定主体的创新活力。因此，当代知识产权制度对个人私有权利的保护越来越全面，对公众接近知识产品的权利却不够重视。加之知识产权授权门槛降低，导致知识产权保护范围、保护内容等均呈现扩张之势。所有这些因素都导致知识产权法中的公共领域不断被缩减，面临现实和潜在的威胁。

然而，在不断加强知识产权保护的背景下，知识产权法的立法目的不能忽视。知识产权法的立法目的就是保护知识产权人的私有权，鼓励创新并推动社会科学文化的发展。同时，强调对知识产权的保护也不能忽视知识产权本身具有的社会性与公共性，因为知识产权是一种以社会公共利益为本位的私有权利。[1]注重保护知识产权所有人的私有利益时也要兼顾社会公众的公共利益。

因此，探究知识产权法中的公共领域问题、知识产权法中公共领域与知识产权法中专有领域的关系，不仅对于提出基于维护公共领域的知识产权法律制度之构建体系具有重要的理论意义，对于正确把握知识产权制度变革的方向也具有独特的现实价值。

---

[1] 相关观点参见冯晓青："知识产权法中专有权与公共领域的平衡机制研究"，载《政法论丛》2019 年第 3 期。

一、知识产权法中的公共领域概述

知识产权制度一直被认为能够鼓励创新与推动社会科学文化发展，故知识产权人被赋予关于智力成果和工商业标记的垄断性权利，相关智力成果和工商业标记进入个人的专有领域而成为个人独占的私有权利。智力成果和工商业标记垄断者的增加会导致其独占的知识资源增加，社会公众获取相关知识资源的阻碍加大，导致后续创新行为受阻，反而不利于整体社会科学文化的发展。基于此，研究公共领域的产生与发展、公共领域知识产品的性质以及公共领域在知识产权法中的体现等有着重要的理论和现实价值。

（一）公共领域的产生与发展

1. 公共领域概念的缘起

在政治哲学领域，关于公共领域的讨论层出不穷，其中最具影响力的是哈贝马斯关于公共领域的论述："资产阶级公共领域首先可以理解为一个私人集合而成的公众的领域；但私人随即就要求这一受上层控制的公共领域反对公共权力机关自身，以便就基本上已经属于私人，但仍具有公共性质的商品交换和社会劳动领域中的一般交换规则等问题同公共权力机关展开讨论。这种政治讨论手段，即公开批判，的确是前所未有。"[1]通过该定义可以看出，哈贝马斯认为公共领域是一个由社会中的单独个体组成的可以自由表达个人言论与个人思想的场所或空间。在该领域内，由私人集合而形成的公众群体可以自由、公开地发表意见，形成公众舆论。该领域内的私人代表公民个人，不代表任何公共权力机关，由此所形成的公众舆论具有一定的批判性。

公共领域包含三方面的要素：①公众，指与私人利益集团相对的概念，即不受一定制度约束的公共群体。②公众舆论，即由公众在一定场所或空间自由、公开地表达观点所形成的意见集合。公众舆论具有批判性，能够监督和制约公共权力，维护公众的个人权利；公众舆论具有理性，能够在合理范围内监督和制约公共权力。③公共媒介。公众要在一定的场所或空间形成公众舆论，这种场所或空间就是公共媒介。公共媒介具有公开性，比如过去的座谈会、现代的社交平台等。

各国学者对公共领域的特征持有不同观点，但总体认为公共领域包含以下三个特征：①批判性。这也是公共领域最基本的特征。带有批判精神的个人组

---

[1]　[德] 哈贝马斯：《公共领域的结构转型》，曹卫东等译，学林出版社 1999 年版，第 32 页。

成公共群体在公开场合通过表达形成意见集合，这些意见本身就具有一定的批判性。②多元性。公共领域内的私人集合，即公众，来自不同阶层、不同民族、不同文化背景，由此形成的意见集合也具有多元性。③公共性。公共领域内的公众由不同的个人组成，这些个人就公共事务在公共媒介中公开地表达意见，在公共领域内，他们不受其社会地位制约，每个人都是平等的。

通过以上对公共领域定义、要素及特征的分析，可以这样界定公共领域：它同时包含公共性与私人性，是处于公共权力领域与私人领域之间的一种领域；确切地说，它是私人领域中关注公共事务的部分，也仅仅是这一部分。[1]因此，笔者认为，知识产权法中的公共领域可以被界定为"不受知识产权法约束的可由公众自由使用的所有智力成果要素的集合"。

要在公共领域视野下对知识产权制度进行研究，就不得不关注知识产权制度自身所具有的特性——社会性与公共性，这种特性强调保护公共利益，关注公共意识与公共观念。作为私法的知识产权法虽然强调对专有权利的保护，但从其立法目的来看，它还具有一定的社会性与公共性，在赋予知识产权人以专有权利的同时也应注重对公共利益的保护。公共领域具有的开放性与公共性，也使得社会公众获取相关资源较为容易。

2. 知识产权法中公共领域概念的产生及发展

在人类文明产生之初，没有对智力成果创造人给予垄断性权利保护，因此文字作品、科技发明等智力成果的传播交流较为直接，社会公众获取相关智力资源也较为容易，知识产品的自由传播极大促进了社会的发展。随着工业革命的兴起、科学技术的推动，一些智力成果的获取受到限制，知识产权制度视野下的公共领域概念初具雏形。

1623 年，《英国垄断法》颁布，该法明确规定了专利的保护期限，超过法定期限的专利可被社会公众任意使用。该法虽未明确提及公共领域这一概念，但其中关于专利的保护期限和保护范围的规定，间接承认了知识产权制度中公共领域的存在，这被认为是公共领域首次在专门法中体现。《安娜女王法》规定作品的保护期限为 14 年，作者有生之年可续展一次，这种保护期制度被认为是版权法上公共领域诞生的最早标志。[2]这两部法律虽未明确规定知识产权制度

---

〔1〕 参见王虹茹："哈贝马斯的公共领域理论对我国培育公共领域的初步思考"，载《视听》2015 年第 3 期。

〔2〕 黄汇："版权法上的公共领域研究"，西南政法大学 2009 年博士学位论文。

中的公共领域，但为公共领域的产生与普及奠定了基础。

公共领域一词最早出现于 1791 年《法国复制权法》中，该法规定"作品一旦保护期限届满，将进入公共领域，不再受著作权法保护"。这是第一部明确提及"公共领域"的法律，意味着公共领域正式被写入法律。1886 年，"公共领域"又出现在《保护文学和艺术作品伯尔尼公约》中，标志着公共领域在国际上得到认可。《美国宪法》第 1 条第 8 款规定，保障作者和发明人对其作品和发明在限定期限内的专有权利，以促进科学和实用技术的进步。该规定虽未直接提及公共领域，但知识产权保护期限被写进宪法为公共领域的保护提供了基础。[1]

考察公共领域概念在知识产权法中的产生与发展，可以看出，公共领域最初是基于知识产权保护期限届满而形成的不受法律保护的状态——这其实也是知识产权法中公共领域最基本的内涵。但是，随着知识产权法的发展，特别是随着知识产权的扩张，知识产权人利益与社会公共利益的矛盾与冲突日渐明显，在知识产权法内完善对知识产权这种专有权的权利限制制度也日益重要。实际上，当代知识产权法律制度就是在权利保护与权利限制中实现动态平衡的法律制度。这种权利限制，尤其是知识产品使用者在一定的条件下无须征得许可也不必支付费用的自由使用，大大扩充了知识产权法中公共领域的内涵。因此，笔者认为，知识产权法中的公共领域，还包括在知识产权保护范围之内的他人可以自由利用的范围，尤其体现为著作权法上的合理使用制度、专利法上的侵权例外制度和商标法上的正当使用制度。对此，本文"公共领域在知识产权法中的体现"部分将作详细阐述。

对知识产权法中的公共领域的产生与发展进行研究，可以看出，公共领域在知识产权法中被确立的过程是缓慢的。尽管最开始具有公共领域的意识与精神，但各个国家对其在法律上的确定并不干脆，这主要是由于知识产权的私有权利特质，过分强调对公共领域的保护无疑会破坏智力成果创造者的创造积极性，从而阻碍创新。但知识产权制度本身又具有社会性与公共性，其功能主要是推进社会发展，而只有知识产品的自由传播与分享才会碰撞出更多智慧成果，从而促进社会科学文化发展。

（二）公共领域知识产品的性质

知识产权法中的知识产品是知识产权人独占使用的产品，其他任何人未经

---

〔1〕 参见冯晓青："知识产权法的公共领域理论"，载《知识产权》2007 年第 3 期。

知识产权人的许可或支付相应的费用不得使用。公共领域内的知识产品是否与知识产权法中的知识产品具有相同性质？下面笔者拟从三个角度分析公共领域内知识产品的性质。

1. "有主"还是"无主"？

具有创造性的知识产品一旦过了保护期限或者由于其他原因而不受知识产权保护后即进入公共领域，在该领域内的知识产品，社会公众可以不经知识产权人的允许而无偿、自由使用。换言之，存在于公共领域内的知识产品处于一种人人可根据自身需要来自由分享与传播的法律状态，它不属于单独的某个个体，而为整个社会公众享有。进言之，处于公共领域内的知识产品是否成了"无主物"？

要判断公共领域内的知识产品"有主"还是"无主"，需回归到知识产权的本质层面来讨论。知识产权的本质是财产权，讨论财产权的归属则离不开两项重要权利——排他权和使用权。排他权是指权利人排除他人从事一系列特定行为的权利，使用权则是指权利人自由利用某物的可能性。财产权一般表现为以下几种形态："公地财产权，即多个权利人对某个客体享有使用权，但都不享有排他权；个人财产权，即一个权利人对某个客体享有使用权、排他权；反公地财产权，即多个权利人对某个客体享有排他权，但都不享有使用权。"[1]通过以上分析，笔者认为，公共领域内的知识产品属于公地财产，社会公众是其使用权人，只不过社会公众对其不享有独占使用权，没有排除他人使用的权利，这并不代表处于公共领域内的知识产品没有所有权人，相反，公地财产属于任何人，社会公众是其所有权人，这样一来，处于公共领域内的知识产品并非"无主"。

以专利权为例，根据我国《专利法》第 11 条和第 12 条，在专利权人取得专利权后，除非法律有特别规定，否则专利权人对其专利享有独占使用权，其他任何人未经专利权人允许不得以特定方式利用该专利。使用者若想利用该专利，则可与专利权人达成合意，订立专利实施许可合同，在法律规定范围内合理利用该专利。可以看出，在以上两种情形下，专利权都处于"有主"的法律状态。一旦专利保护期限届满，专利则进入"公共领域"，专利权处于多个权利人可以使用但这些权利人均无权排除他人使用的法律状态，但专利权本身并不处于

---

[1]　Michael A. Heller, "The Tragedy of the Anti-commons: Property in the Transition from Marx to Markets", 111 *Harv. L. Rev.* 621, 675 (1998).

"无主"状态。

2. 使用有偿还是无偿？

关于公共领域内的知识产品的使用是"有偿"还是"无偿"，学界一直多有争论。支持无偿论的学者认为，知识产品一旦进入公共领域，即成为社会公众可自由分享与传播的知识产品，知识产权人对其所拥有的经济权利已经消失，所有人都可以免费使用。因为知识产权在此之前已赋予权利人一段时间内的经济权利，而知识产权法兼具社会性与公共性，在保护个人私有权利的同时要兼顾社会公共利益。但学界也有学者支持有偿论，认为建立有偿公共领域制度能够使公共领域内的知识产品与私有领域内的知识产品处于类似的经济地位，能够保证二者在市场经济环境下的良好竞争，也有利于保证知识产品的多样性和促进文化传播。[1]

笔者认为，公共领域内的知识产品的使用应该是无偿的。知识产品进入公共领域后，其真正的所有人为社会公众，而不是某一权利人。在此之前，知识产权所赋予的附加于知识产品之上的经济性权利也已消失，社会公众有权免费使用。因为无偿性是公共领域内的知识产品的基本性质，保证社会公众免费接触到进入公共领域内的知识产品有利于促进知识产品的传播，激发后续创新。正如詹姆斯·博伊尔所言："相比对享有产权的信息材料的依赖，我们的市场、民主、科学、言论自由的传统以及艺术，都更依赖于可自由获取材料的公共领域……公共领域是我们开采文化石料的采石场。事实上，它是我们文化的主要部分。"[2]从这可以看出，公共领域的无偿性可以保证社会公众任意获取智力资源，它打破了知识产权人的垄断性权利，促进了文化的交流与传播。

3. 可撤回还是不可撤回？

知识产品保护期限届满或权利人放弃对知识产品的独占使用权等情形会导致知识产品进入公共领域。无论哪种情形，笔者认为，在一般情况下，进入公共领域内的知识产品都是不可撤回的。知识产品一旦进入公共领域，即成为社会公众共同享有的"公有财产"，所有人均可以自由使用这些知识产品并在此基础上进行一定的独创性演绎，所以要保证社会公众对这些进入公共领域内的知识产品的信赖利益。如果公共领域内的知识产品可以任意撤回，社会公众对其任意利用的权利则处于不确定的状态——这会阻碍创新，并导致社会生产秩序

---

〔1〕 黄汇：《版权法的公共领域研究》，法律出版社 2014 年版，第 200 页。

〔2〕 参见刘媛："论知识产权法上的公共领域无偿性"，载《重庆三峡学院学报》2012 年第 2 期。

的混乱，进而影响社会的发展与进步。但是，有原则就有例外，我国专利法中的"专利恢复"制度就是一例。《专利法实施细则》第 6 条第 1 款规定："当事人因不可抗拒的事由而延误专利法或者本细则规定的期限或者国务院专利行政部门指定的期限，导致其权利丧失的，自障碍消除之日起 2 个月内，最迟自期限届满之日起 2 年内，可以向国务院专利行政部门请求恢复权利。"这时，进入到公共领域的专利会因权利人的请求再次回归到权利人手中，成为权利人可独占使用的专有权利。

（三）公共领域在知识产权法中的体现

知识产品实质上是智力成果创造者利用公共领域内的资源加上自己的脑力劳动而创造出新价值的产品，智力成果创造者因创造出有价值的知识产品而取得知识产权。为了回报智力成果创造者付出的脑力劳动，鼓励他们创新的最大化表达，法律授予其对该智力成果一定的垄断性权利。该垄断性权利不是绝对的，而是受到很多条件的限制，比如期限的限制、地域的限制等。在限制之外的知识产品，比如保护期限届满，不受保护的知识产品等，则属于不受知识产权法保护而进入到公共领域的知识产品。[1]因此，公共领域在知识产权法中主要体现为以下几个方面：

1. 保护期限届满的知识产品

对知识产权规定一定的保护期限，是世界各国知识产权立法的通例。规定知识产权具有一定的保护期限，可以避免某一知识产权长期被知识产权人垄断，减少社会公众利用知识产品的成本并促进其传播和利用。我国知识产权法律也不例外，《著作权法》《专利法》等知识产权单行法分别规定了著作权和专利权的保护期限。法律虽未直接规定保护期限届满的知识产品即进入公共领域，但根据知识产权法的立法目的，知识产品只在法律规定的期限内受知识产权保护，保护期限一旦届满，相关知识产品即进入公共领域，供社会公众自由使用。[2]

2. 不在地域保护范围内的知识产品

知识产权法是根据一国实际国情制定的法律，知识产权是根据一国的法律规范而被授予的专有权利。基于此，知识产权带有非常明显的地域特征，除有特别情形外，知识产权的效力只能及于授予其知识产权的国家，而不能及于其

---

[1] 参见曹新明："知识产权与公有领域之关系研究"，载《法治研究》2013 年第 3 期。

[2] 参见辛强："论商业秘密法律保护中的利益冲突与平衡"，山东大学 2010 年硕士学位论文。

他国家，这也是国家主权原则在知识产权法中的体现。[1]具体而言，获得我国知识产权法保护的知识产品，不一定能够在其他国家获得知识产权法保护，在他国获得的知识产权亦同理。不能获得一国知识产权法保护的知识产品对该国即为公共领域内的知识产品，权利人不能在该国寻求知识产权法救济。[2]

3. 不符合知识产权授权条件的知识产品

知识产权包括著作权、专利权和商标权等。其中，著作权是作者在完成作品之时起即获得，而专利权和商标权是必须经过法律规定的程序确认才可获得。著作权与专利权和商标权的获得方式不同，故分开讨论。

就著作权而言，作者完成作品之时即取得著作权，相关知识产品即属于作者独占的私人产品，未经作者许可或支付一定费用，其他任何人不可使用。但由于著作权是在作品完成之时取得的，究竟符不符合著作权法规定还未知。假使对著作权的取得有异议，就需要根据具体情况来判定。若有证据表明著作权的取得不符合法律规定，相关知识产品应重新回归到公共领域。

就专利权和商标权而言，专利权和商标权是经过法律规定的程序确认而取得的，能够保证在形式上符合知识产权授权条件，但有的专利或商标在实质上是否符合授权条件还未知。一旦被宣告无效或被撤销，专利权或商标权自始不存在，相关知识产品进入公共领域，供社会公众自由使用。[3]

4. 基于对知识产权的限制而形成的他人在一定条件下可以自由使用的知识产品

如前文所述，当代知识产权法律制度就是在权利保护与权利限制中实现动态平衡的法律制度。但随着知识产权法的发展，知识产权不断扩张，对权利进行限制很有必要。他人在一定条件下可以自由使用知识产品的情形就属于对知识产权的限制。故笔者认为，知识产权法中的公共领域保护范围还应包括在知识产权保护范围之内的他人可以自由利用的范围。

他人在一定条件下可以自由使用知识产品的情形主要包括以下几种：①著作权法上的合理使用制度。我国《著作权法》第 24 条规定了 13 种可以不经著作权人许可，不向其支付报酬，在一定条件下自由使用作品的情形。②专利法上的侵权例外制度。我国《专利法》第 75 条规定了 5 种不视为侵犯专利权的情

---

〔1〕 参见郑勇："知识产权地域性之现代嬗变"，载《商业时代》2013 年第 15 期。

〔2〕 参见沈鑫："美国对外贸易中的知识产权保护政策研究"，暨南大学 2012 年博士学位论文。

〔3〕 参见曹新明："知识产权与公有领域之关系研究"，载《法治研究》2013 年第 3 期。

形，也可看作公共领域在专利法中的体现。③商标法上的正当使用制度。我国《商标法》第 59 条第 1 款规定："注册商标中含有的本商品的通用名称、图形、型号，或者直接表示商品的质量、主要原料、功能、用途、重量、数量及其他特点，或者含有的地名，注册商标专用权人无权禁止他人正当使用。"可以看出，他人可以在法律规定范围内正当使用注册商标。

此外，还有基于对植物新品种权和集成电路布图设计专有权的限制而在一定条件下自由使用相应知识产品的行为。比如，"利用授权品种进行育种及其他科研活动"及"农民自繁自用授权品种的繁殖材料"，以上两种情形可以不经植物新品种权人许可，不向其支付使用费。这也是公共领域在知识产权法中的具体体现。

5. 其他情形

第一，因知识产权所有人死亡、关停而进入公共领域。[1] 知识产权本质上是一种财产权，知识产权人会因其拥有知识产品的独占使用权而获得一定的经济利益。既然知识产权在本质上是一种财产权，则可以由其继承人继续拥有该权利。但若知识产权所有人不复存在后无人继承，相应的知识产品则不为某一特定主体拥有，社会公众可以自由使用。

第二，因知识产权人主动放弃其知识产权而进入公共领域。例如，专利权人主动放弃其专利权，相关部门办理法律规定的手续后，该专利产品不再为专利权人独占使用，而是进入公共领域供社会公众自由使用。[2]

第三，因专利权人没有按时缴纳年费而进入公共领域。[3] 为了防止专利权人因欲获取国家补助或政策支持等而申请价值不大的专利，我国《专利法》规定专利权人必须缴纳年费，以维持其垄断性权利。专利权人在专利权获得一段时间后，若认为专利权为其带来的经济利益远不如维持专利权的成本，则有可能放弃缴纳专利年费而导致专有权利终止。这种情况下，相关专利产品进入公共领域，社会公众可自由使用。

第四，商标因失去显著性而进入公共领域。这类案例非常多，比较典型的案例有"JEEP"商标因失去显著性而变成汽车领域的通用名称。还有较早的"优盘"商标，后来也因变成商品的通用名称而进入公共领域。

---

〔1〕 参见曹新明："知识产权与公有领域之关系研究"，载《法治研究》2013 年第 3 期。
〔2〕 参见曹新明："知识产权与公有领域之关系研究"，载《法治研究》2013 年第 3 期。
〔3〕 参见曹新明："知识产权与公有领域之关系研究"，载《法治研究》2013 年第 3 期。

第五，商业秘密因泄露而进入公共领域。所谓商业秘密，其最基础的特性在于社会公众对其并不知晓，只掌握在少数人手中。若商业秘密泄露，不特定的公众知晓了该秘密，该秘密便不复存在，此时该商业秘密进入公共领域。

二、维护知识产权法中的公共领域的法理学分析

从广义上讲，知识产权是为保护知识产权所有人对其知识产品的专属权而设的一种权利，其主要目的是为保护知识产权人的独占权益从而保护他们的创新积极性，进而推动社会科学文化的发展。公共领域内的知识产品作为社会整体的"公有财产"，社会公众可自由使用并在此基础上创造出新的智力成果。可以认为，知识产权法中的公共领域保障了知识产品的自由流通，从而降低了社会公众获得知识产品的成本，也推动了社会科学文化的发展。知识产权与公共领域两个概念并不对立，它们互相联系，共同鼓励创新、推动社会发展。当前国内外法律对知识产权关注较多，但对公共领域的关注并不充分，这显然不利于完整地保障和认识知识产权法的价值构造。下面笔者从法理学层面分析维护知识产权法中的公共领域的正当性、必要性和合理性。

（一）正当性——洛克的财产权劳动理论

财产权劳动理论的产生可以追溯到古罗马，那时候就确立了"一个人通过自己劳动而获得的东西属于他自己"的观念，[1]即社会中的每一个个体付出劳动后，对因付出该劳动而获得的劳动成果享有权利。亚当·斯密也认为，每个劳动个体对其劳动成果享有财产权，而这种权利神圣不可侵犯。[2]

英国哲学家洛克在《政府论》中也提出一个重要观点："一个人将自己的劳动与某些自然物相结合，使之脱离原始的自然状态，那么这个人便获得了该物的所有权。"[3]洛克认为，社会中的个体利用自身劳动使社会中的资源脱离原来的状态，对其赋予了新的价值，作为对该劳动者的回报，他有正当理由获得该劳动产品的财产权。该理论经常被国内外学者用来解释知识产权保护的正当性问题，他们认为智力成果创造者应获得该智力成果的财产权，是因为该智力成果原本是社会中可被任意使用的初始资源，正是由于附加了他们的脑力劳动，

---

〔1〕 参见阮思宇："论知识产权的权利限制"，吉林大学 2011 年博士学位论文。

〔2〕 阮思宇："论知识产权的权利限制"，吉林大学 2011 年博士学位论文。

〔3〕 ［英］洛克：《政府论》（下篇），叶启芳、瞿菊农译，商务印书馆 1964 年版，第 19 页。

才使得这些初始资源被赋予了新的价值。[1]

在应用洛克的财产权劳动理论来说明保护知识产权的正当性之前，必须明确两个问题：一是，社会为何要保护知识产权这种独占性权利；二是，洛克的财产权劳动理论为何能够证明保护知识产权的正当性。

关于社会为何要保护知识产权这种独占性权利，理由在于：知识产权作为一种通过限制甚至剥夺大多数人的自由而赋予特定人某种自由的权利，其最终目的是通过保护特定人的独有权利，鼓励其继续进行文艺创作、发明创造等，进而推动社会科学文化的进步。相反，若对该特定群体创造出的智力成果不加以特殊保护，任由社会公众自由使用，势必会打击该特定群体进行文艺创作、发明创造的积极性，从而不利于社会的进步与发展。

关于洛克的财产权劳动理论为何能够证明保护知识产权的正当性的问题，通常从两个基本的视角来分析。其中一个方面是洛克的基本观点：正是劳动者的创造性劳动使得社会中的原初资源脱离原来的自然状态而被赋予使用价值，相应地，劳动者应获得使社会中的原初资源具有使用价值的对价，即对该劳动产品的财产权——劳动财产权。对劳动者赋予财产权的正当性即在于此，因为没有社会中个体的创造性劳动，便没有社会原初资源质量和品质的提高。将该观点应用于知识产权领域：社会个体的创造性劳动使得社会中的原初资源成为具有使用价值的知识产品，劳动者应获得该知识产品的财产权，即知识产权。另外一个方面是洛克的基本观点与保护知识产权的正当性具有天然的契合性，这与知识产权活动所产生的价值密不可分。[2]当知识产品的创造者与社会公众分享自己的智力成果时，社会公众需支付一定的报酬而获得该知识产品，这既体现了对知识产品劳动者的尊重，也体现了知识产品资源共享的社会功能。[3]知识产品所独有的创造性价值使得知识产品劳动者的劳动也具有了相应的价值，而这种独创性劳动成为推动社会发展进步的动力，基于此，知识产品劳动者对其为创造智力成果所付出的劳动享有当然的财产权。另外，从鼓励社会进行创新的角度而言，赋予知识产品劳动者对知识产品的财产权利也具有正当性。

---

〔1〕 冯晓青：《知识产权法哲学》，中国人民公安大学出版社 2003 年版，第 162 页。

〔2〕 参见刘丽霞、蔡永刚："知识产权保护法之理学检视——基于洛克劳动财产权理论视域的研究"，载《人民论坛》2014 年第 19 期。

〔3〕 刘丽霞、蔡永刚："知识产权保护之法理学检视——基于洛克劳动财产权理论视域的研究"，载《人民论坛》2014 年第 19 期。

但值得注意的是，应用洛克的财产权劳动理论时，有一个先决条件，"这种劳动作为劳动者无可置疑的财产，除了他自己，没有人对其施加了劳动的东西享有权利，但至少应当在公有中为他人留下足够而良好的部分"。"为他人留下足够而良好的部分"被认为是能够取得财产权的前提条件，这表示劳动者若想取得附加其脑力劳动的知识产品的财产权，必须以不损害他人利益为条件。[1]另外，洛克要求财产所有人没有浪费公有储存，没有破坏属于他人的那一部分，只要在他的手中没有东西被破坏掉。[2]他认为，财产所有人不能以破坏公有资源的代价来获取个人的财产权，必须珍视社会公共资源。

将洛克的上述两个要求联系起来，可以透视知识产权法中公共领域的正当性。在知识产权法公共领域中，可以将公共领域看作"公有储存"，智力成果创造人运用脑力劳动使原有社会资源的附加值提高，为社会带来新的价值，那么他获得该智力成果的财产权，成为知识产权人理所应当。但是，该知识产权人在获得知识产权时不能损害社会公共资源，不能损害他人权益，不能浪费"公有储存"，应该"为他人留下足够而良好的部分"。这是因为个体在创造新的智力成果时，必然会借鉴之前的智力成果，而公共领域内的知识产品使这种创造处于一种可持续状态，智力成果创造的过程实质上是利用原有智力资源，吸收原有资源养分的过程。随着知识产权保护的加强，个人利益与公共利益产生了冲突，社会可利用的公共资源不断减少，社会公众获取公共资源的成本提高，其实这变相阻碍了创新。洛克论证了个体取得私人财产权的正当性和保留公共领域资源的必要性，私人财产权正当性的先决条件是"为他人留下足够而良好的部分"，只有符合这一先决条件，所获得的私人财产权才被认为是正当的，[3]所以在法律授予智力成果创造者以知识产权保护时，也必须给予公共领域一定的保护。

（二）合理性——经济效益理论

现代社会是追求经济效率的社会，各方在进行交易活动时都必须考虑各项成本，以追求最大效益。在经济学中，存在交易成本的概念，这是著名学者科斯在其著作《社会成本问题》中提出的。[4]社会个体在进行交易活动时，必然

---

[1]　参见阮思宇："论知识产权的权利限制"，吉林大学 2011 年博士学位论文。

[2]　冯晓青：《知识产权法哲学》，中国人民公安大学出版社 2003 年版，第 163 页。

[3]　参见冯晓青："知识产权法的公共领域理论"，载《知识产权》2007 年第 3 期。

[4]　参见阮思宇："论知识产权的权利限制"，吉林大学 2011 年博士学位论文。

会因达成交易合意而付出一定的成本，这种成本包括搜寻与信息成本、谈判与决策成本、管理与执行成本等。[1]从社会整体的角度看，不同的社会个体为达成某种交易合意，在协商的过程中必然会产生利益冲突，如何较快解决各方冲突，提高交易效率，实现交易各方最大效益是科斯定理的关键所在。

法律能够对社会中各项资源进行合理分配，以此促成交易各方较快达成交易合意，降低交易成本，提高交易效率，从而使社会中的各项资源发挥最大作用。在交易中，当事各方为达成交易合意而进行磋商，在磋商过程中，可能会陷入双方为了各自利益而不愿让步的局面，这时交易成本将会大大增加，法律就有介入各方磋商过程的必要，从而促进交易合意的达成。但是即便有法律的介入，也只会降低交易成本，不会完全消除交易成本。各方交易毕竟是一个自主协商的过程，有必要考虑法律介入的程度和范围。[2]

知识产权法的立法目的是通过奖励知识产权人，鼓励创新，进而推动社会进步。智力成果创造者在进行智力创造的过程中，必然会付出时间、金钱等成本，只有当智力成果创造者获得的报酬大于其为进行智力创造而付出的成本时，智力成果创造者才有继续进行智力创造的动力。这里的报酬可以是经济报酬，也可以是精神上的奖励。知识产权法正是通过赋予智力成果创造者一定的垄断性权利，保证其得到的报酬大于其付出的成本，从而促进其进行智力创造。智力成果的创造需要一定的时间和金钱，只有当得到的报酬大于付出的成本时，智力成果创造者的创造积极性才会被激发，而授予智力成果创造者一定的知识产权恰能调动其创造积极性，这点在前文已有论述。但若授予知识产权人绝对的垄断性权利，之后的创造者在创造新的智力成果时必然会增加相关成本，社会公众利用智力资源的成本会提高，整个社会效益将会减少。

当加强知识产权保护以提高智力创造的经济效益与降低知识产权保护力度以降低智力创造成本产生冲突时，知识产权法提供了公共领域这样一种制度进行规制，以降低二者交换成本，提高经济效益。[3]将知识产品置于公共领域，使社会公众可以自由使用，降低了社会公众进行智力创造的成本。而使用的人次越多，知识产品产生的使用价值越大，相应地，知识产权人得到的报酬越高。从经济效益角度而言，公共领域能够降低社会创造交易成本，促进社会的进步

〔1〕　参见乔新亮："著作权法公有领域研究"，北京化工大学 2012 年硕士学位论文。

〔2〕　参见乔新亮："著作权法公有领域研究"，北京化工大学 2012 年硕士学位论文。

〔3〕　参见阮思宇："论知识产权的权利限制"，吉林大学 2011 年博士学位论文。

与发展。

　　从经济效益视角论证公共领域存在的合理性还得从它的对立面私人财产权设定的合理性说起。为什么设定"私人财产权"而不是"公共产权"？著名经济学家哈丁的"公地悲剧"理论[1]可以阐释。英国有一种土地，无偿对牧民开放。由于牧场的无偿性，牧民无须付出一定的成本，于是每个牧民都想养尽可能多的羊来实现更大的经济利益。但由于过度放牧，牧场退化，最终造成牧民的羊全部死亡。哈丁认为，之所以造成悲剧，是因为牧场作为公共资源，牧民对其拥有不排他的使用权，每个牧民都想放更多的羊，使自己的私人利益最大化，最终造成公共牧场的退化。

　　但"公地悲剧"理论在知识产权领域不具有应用的前提，这是因为，知识产品是一种具有创造性的智力成果，与公共牧场这种有形财产截然不同的是，它属于无形财产，不会因他人的使用而造成数量减少或质量降低。从经济效益角度看，将知识产品放入公共领域，利用公共领域开放性和交互性的特点，恰恰能够使自身累积得到扩大，形成网络效应。[2]根据网络效应，网络的价值等于节点的平方，参与共享的知识节点越多，一加一大于二的潜力就会越大。[3]公共领域就遵循该效应，参与公共领域的人越多，智力成果被运用的频率越高，其所产生的社会效益就越高。智力成果运用频率提高，知识产权人的影响力也会扩大。因此，知识产权法中的公共领域制度不仅不会导致知识产品数量减少，反而会使其自身效益增加，有其存在的经济合理性。

　　（三）必要性——权利与责任的分配

　　哈耶克曾指出，责任是自由权利的应有之义，自由权利的论据只能支持那些能够承担责任的人。[4]权利的实现离不开对社会责任的承担，对社会责任的承担也是以一定的权利为保障的。法律总是通过对权利进行一定的限制来保证责任的实现。一般而言，智力成果只有得到较好的保护，智力成果创造者的创新积极性才能被激发。与此同时，智力成果只有被更多的人传播与分享，其社会价值才能得到更好的体现。

　　知识产权是智力成果创造者因创造出具有独创性或创造性的知识产品而被

---

〔1〕　黄汇：《版权法上的公共领域研究》，法律出版社 2014 年版，第 48 页。

〔2〕　黄汇：《版权法上的公共领域研究》，法律出版社 2014 年版，第 48 页。

〔3〕　寿步、方兴东、王俊秀编：《我呼吁》，吉林人民出版社 2002 年版，第 256 页。

〔4〕　王燕、张军亮："知识产权公共领域的保护"，载《贵州警官职业学院学报》2009 年第 4 期。

授予的一种权利。所以，知识产权人有权排除他人未经许可而使用该智力成果。知识产权虽然排除了未经权利人许可自由使用的可能性，但不能排除社会公众对知识产品渴求的可能性。若放任"权利本位"，社会公众难以利用在先的智力成果，后续创造也难以为继，则势必影响社会科学文化发展；若放任"责任本位"，社会公众可任意使用权利人付出较高成本获取的智力成果，则势必影响智力成果创造者的创新积极性，同样对社会科学文化发展产生不利影响。

在这种情况下，就要解决知识产权人的权利与社会公众的权利之间的矛盾，通过法律对知识产权人的权利进行一定的限制，即让知识产权人承担一定的社会责任，让社会公众能够拥有接近知识产品的可能性，进而在此基础上进行智力创造。知识产权法中的公共领域就提供了这样一种制度：在知识产品进入公共领域后，社会公众可以自由接近该知识产品而不受知识产权人权利的限制，这样能够平衡知识产权人的专有利益与社会公众的公共利益，在保障知识产权人的权利的基础上使社会公众有接近知识产品从而利用其进行智力创造的可能性，进而促进社会科学文化的进步与发展。对知识产权法中的公共领域的保护，是在保障知识产权人的专有权利基础上的保护。这一方面保护了知识产权人对其智力成果的专有权利，另一方面保护了社会公众利用知识产品进行智力创造的权利。知识产品只有被社会公众不断利用才能发挥出其社会价值，知识产权人才能得到相应的报酬。[1]只有平衡知识产权人的专有利益与社会公众的公共利益，权利与责任相适应，既不放任"权利本位"，也不放任"责任本位"，在权利人与社会公众之间获得一种动态平衡，才能更好地鼓励创新，推动社会发展。

三、知识产权法中公共领域存在的问题及其成因

在知识产权法发展过程中，保持知识产权人利益与公共利益的动态平衡非常重要。近些年，社会公众知识产权意识觉醒，国内外法律对知识产权的保护不断加强，但对知识产权法中的公共领域关注不足。当前实践中，由于过分强调对知识产权的保护，出现了知识产权不断扩张、权利人滥用知识产权等问题，对公共利益造成了很大的危害。以下拟就当前知识产权法中公共领域存在的问题以及问题产生的原因作出探讨，以便为改进相关制度提供依据。

---

〔1〕　王燕、张军亮："知识产权公共领域的保护"，载《贵州警官职业学院学报》2009年第4期。

（一）知识产权法中公共领域存在的问题

1. 知识产权不断扩张

随着科学技术的进步，人们知识产权意识的觉醒，各个国家对知识产权的保护越来越强，导致知识产权不断扩张，公共领域不断缩小。现代知识产权的发展史可以说是一部知识产权扩张史，具体表现在知识产权保护客体的扩张、知识产权权能的扩张以及知识产权保护期限的延长等方面。下面分别从著作权、专利权以及商标权三个方面探究知识产权的扩张。

（1）著作权的扩张

著作权保护客体扩张，从最早的正式意义上的著作权法只保护文字类作品，到后来著作权保护客体有文字类作品、地图类作品及图表类作品。[1]随着科学文化技术的进一步发展，尤其近些年网络技术的飞速发展，著作权保护客体越来越多，出现了进一步扩张之势。以我国《著作权法》为例，目前我国著作权保护客体已达九种，包括口述作品、摄影作品、计算机软件等。[2]从著作权保护客体的种类越来越多，可以看出著作权保护客体的扩张。

最开始的著作权法只保护作品的复制权，这与最初的著作权保护客体类型不无关系。最初的著作权法只保护文字类作品，而文字类作品易被他人复制抄袭，所以仅保护作品的复制权。随着科技的发展，录音录像制品的出现，又出现了播放权、摄制权等权利类型。[3]近年来，网络技术的快速发展又催生了信息网络传播权等权利类型。从著作权权能类型的不断增加可以看出著作权权能的扩张。

最初著作权法规定著作权的保护期限为作品出版后 14 年，若出版后 14 年期限届满，作者尚未去世，则作者可继续享有 14 年著作权。在随后的著作权法中，有的国家将著作权保护期限规定为自作品发表之日起 28 年。[4]随着社会对知识产权的重视，知识产权保护逐渐被强化，相应的，著作权保护期限也越来越长。以我国《著作权法》规定的著作权保护期限为例，个人作品的保护期限为作者终生及其死亡后 50 年，法人作品的保护期限为 50 年。[5]

著作权保护期限不断甚至过分的延长对社会公众权利的损害是巨大的，对

---

〔1〕 参见冯晓青："著作权扩张及其缘由透视"，载《政法论坛》2006 年第 6 期。

〔2〕 参见现行《著作权法》第 3 条。

〔3〕 参见冯晓青："著作权扩张及其缘由透视"，载《政法论坛》2006 年第 6 期。

〔4〕 参见冯晓青："著作权扩张及其缘由透视"，载《政法论坛》2006 年第 6 期。

〔5〕 参见现行《著作权法》第 23 条。

公共领域的损害也非常严重。从经济学角度分析，著作权保护期限的延长主要关系到作者和社会公众的利益。尽管著作权保护期限的延长使得作者对作品的控制时间延长，可以为其带来更多的经济效益，有助于激发其创新活力，以产出更多优秀的作品，但作者长时间独占作品，社会公众获取该作品的成本变高，会导致一部分人无法接近作品，最终影响文化的传播与分享，反而不利于创新，阻碍社会文化的发展。

著作权保护期限过分延长侵害公共领域的例子数不胜数，著名的"米老鼠法案"[1]就是实例。"米老鼠法案"实则为1998年美国的《著作权保护期延长法案》。迪士尼公司的米老鼠形象依据当时美国著作权法的相关规定，应该进入公共领域供社会公众免费自由使用，但米老鼠形象为迪士尼公司带来的巨额利益使得迪士尼公司不愿放弃对米老鼠形象的专有使用权利。[2]在经济利益的驱动下，迪士尼公司联合索尼公司等强势游说，使得美国国会通过了《著作权保护期延长法案》，其中规定著作权的保护期限由之前的75年延长至95年。[3]当时，多位经济学家联合上书反对新法案的通过，他们认为，将著作权保护期限由75年延长至95年，对作者的激励作用基本不会增加，却会大大限制作品在公众之间的传播，影响文化的交流。[4]该法案的通过使得著作权保护期限延长20年，许多本应进入公共领域的作品重新被纳入私人专有权利保护范围之内，严重侵害了公共领域，损害了社会公众自由接近作品的权利，阻碍了著作权法的公共利益目标实现，于文化的交流与分享、社会的发展与前进更是不利。

（2）专利权的扩张

首先是专利权保护客体的扩张。最初的专利法只保护发明专利，但随着科学技术的发展，人们越来越关注人类的生命健康问题。基于此，生物技术类专利层出不穷，一些基因、细胞的获取方法成为可专利对象，专利权保护客体进一步扩张。以我国《专利法》为例，在1984年通过的《专利法》中，食品、饮料、调味品、药品和用化学方法获得的物质，均不授予专利权。[5]但在1992年

---

〔1〕　参见乔新亮："著作权法公有领域研究"，北京化工大学2012年硕士学位论文。

〔2〕　参见乔新亮："著作权法公有领域研究"，北京化工大学2012年硕士学位论文。

〔3〕　参见乔新亮："著作权法公有领域研究"，北京化工大学2012年硕士学位论文。

〔4〕　参见厉行："延长版权保护期是好事吗"，北京大学光华管理学院微信公众号2017年11月9日稿。

〔5〕　参见1984年《专利法》第25条。

的《专利法》[1]中，上述物质成为可授予专利权的事项。由此可以看出，专利权的保护客体不断扩大，原本属于公共领域的物质成为可专利对象，使得公共领域缩小，人们接近知识产品的限制增加。

其次是专利权内容的扩张。社会不断发展，科技不断进步，加之专利对推动人类社会前进的重要作用，世界范围内对专利权的保护都是越来越重视。基于此，专利权的内容也逐渐增加。以我国《专利法》中的方法专利为例，最初的方法专利只保护该方法本身，后来，方法专利的保护内容扩大至采取该方法直接获得的产品。[2]专利权内容的扩张有一定的合理性存在，但其内容不能无限扩张，需要有一定的限制。若专利权内容扩张毫无节制，会使社会公众难以接近和获取相关专利产品或信息，导致再创造可能性降低，阻碍社会进步。

最后是专利权保护期限的延长。在这里仍以我国《专利法》为例，1984 年通过的《专利法》中，发明专利权的期限为 15 年，实用新型专利权和外观设计专利权的期限为 5 年，均自申请之日起计算。[3]但 2008 年《专利法》中，发明专利权的期限为 20 年，实用新型专利权和外观设计专利权的期限为 10 年，均自申请之日起计算。[4]从上述期限的规定可以看出，专利权的保护期限延长。专利权保护期限延长可能会导致权利人对专利产品或专利信息的垄断，产品或信息的垄断会阻碍技术的发展与交流，从而影响社会的发展与进步。[5]

（3）商标权的扩张

在最初的商标法中，商标权保护客体仅限于文字、图形以及二者的组合，后来字母、数字、三维标志、颜色组合等也可作为商标权保护客体，在 2013 年我国《商标法》中，又新增声音商标。[6]商标权保护客体类型的多样化，也反映了商标权保护客体的扩张。

2. 权利人滥用知识产权

知识产权是智力成果创造者可独占并排除他人使用的一种财产性权利，通

---

〔1〕 参见 1992 年《专利法》第 25 条。

〔2〕 参见冯晓青：“专利权的扩张及其缘由探析”，载《湖南大学学报（社会科学版）》2006 年第 5 期。

〔3〕 参见 1984 年《专利法》第 45 条。

〔4〕 参见 2008 年《专利法》第 42 条。

〔5〕 参见冯晓青：“专利权的扩张及其缘由探析”，载《湖南大学学报（社会科学版）》2006 年第 5 期。

〔6〕 参见 2013 年《商标法》第 8 条。

过对知识产权的独占，权利人可获取相应的经济利益。基于此，在经济利益的驱动下，一些权利人可能会滥用知识产权，妨碍社会公众对知识产品的接近与获取，阻碍知识产品的分享与传播。

权利人滥用知识产权的案例较多，在此以商标权人滥用商标权举例说明。较为典型的一个案例是"李某诉中国政法大学出版社侵犯商标权案"[1]。李某在多个商标类别上注册了"法律人"商标，系"法律人"商标的商标权人。中国政法大学出版社出版了《罗马私法导论》和《法律人之治——法律职业的中国思考》，并在这两本书的封面上标注了"法律人丛书"五个字。[2]该书的出版未征得"法律人"商标的所有权人李某的同意，故李某将中国政法大学出版社诉至北京市海淀区人民法院，认为未经其允许，对"法律人"商标的使用侵犯了其商标权益。法院认为，中国政法大学出版社在其出版的图书上对"法律人"的使用，仅作常规意义上的使用，不能构成商标法意义上的使用，没有侵犯商标权人的商标权益，不能认为侵犯原告商标专用权，[3]于是判决驳回原告诉求。原告不服，提起上诉，二审维持原判。

该案是典型的权利人滥用商标权案。"法律人"属于日常生活即公共领域中的常见词语，通常是指从事法律职业或者学习法律知识的人群的总称，不能专为社会中的某一个体单独占有。但李某申请注册并获得了"法律人"商标专用权，其实也可看出授予商标权的随意性。即便如此，笔者认为，社会公众依然有权对该商标进行非商标法意义上的使用，因为"法律人"属于公共领域，社会公众有权使用该词语并进行一定的创作。在商标法领域，存在较多的公共领域内的词语或符号被申请注册为商标的情况，若因其被注册为商标，而导致社会公众对其不享有任何使用权，将会极大损害公共利益，无益于社会发展。

3. 处于公共领域的资源被侵占

公共领域内的知识资源是社会公众自由使用的，不能被社会中的某个特定主体独占使用。但近年来，公共领域内的知识资源被很多人"披上知识产权外衣"，导致部分公共资源成为私人产品，严重损害了社会公共利益。下面笔者仍以商标为例，选取以下两种情况分析处于公共领域的资源被侵占的现象。

---

[1] 参见北京市海淀区人民法院（2005）海民初字第 17769 号。
[2] 参见曹新明："知识产权与公有领域之关系研究"，载《法治研究》2013 年第 3 期。
[3] 参见曹新明："知识产权与公有领域之关系研究"，载《法治研究》2013 年第 3 期。

（1）历史人物姓名被注册为商标

我国历史悠久，一些历史人物姓名家喻户晓，影响深远。基于历史人物姓名强大的影响力，许多申请人将其申请注册为商标，以此谋取商业利益。以"孔夫子"为例，在中国商标网上查询到包含"孔夫子"三字的注册商标 48 个，另外还有 13 个在审核之中。[1]其中注册主体有个人，也有公司，注册类别也呈现多样化态势。孔夫子是我国伟大的思想教育家，将"孔夫子"申请注册为商标进行商业性独占使用，无疑是对公共资源的侵占。如若人们都因历史人物自带影响力而将其注册为商标，排除他人使用，公共领域内的类似资源将大幅减少，反而不利于市场经济的发展，影响社会进步。[2]

（2）"符号圈地"现象

"符号圈地"现象是指公共领域内的文字、词汇等因被注册为商标而被特定主体独占使用的现象。比如前文所举的"法律人"商标案例，根据公众一般常识，"法律人"是指从事法律职业或者学习法律知识的人群的总称，应属于公共领域，属于社会公众可自由利用的范畴。但李某将其申请注册为商标，排除他人使用。此外，还有"小朋友""老学者"等常见词语被注册为商标的情况。本该属于公共领域的资源进入私有领域，也是对公共利益的一种侵害。[3]

（二）知识产权法中公共领域产生问题的原因

知识产权法的立法目的就是保持私人与社会的利益平衡，实现创新最大化，以此推动社会科学文化发展。知识产权法设定了一系列制度来保障利益平衡，但随着社会的发展，传统的利益平衡状态逐渐失衡，这背后存在多种原因。笔者认为，既有思想上的原因，也有经济上的原因，具体可以归纳为以下几个方面。

1. 思想根源——知识产权立法指导思想的转变

随着社会的发展，知识产权立法指导思想也在不断改变。从最初的自然权利论到之后的利益补偿论再到对现代社会影响较为深刻的功利主义论。[4]洛克的自然权利论，笔者已在前面做过较为详细的阐释。利益补偿论认为"创作作品的发起人、作品的创作者需要为作品的创作进行投资，要承担相应的经济风

---

〔1〕 参见中国商标网 http://wsjs. saic. gov. cn/，最后访问时间：2022 年 6 月 20 日。

〔2〕 参见杨巧："商标法上公有领域的保护"，载《知识产权》2012 年第 4 期。

〔3〕 参见杨巧："商标法上公有领域的保护"，载《知识产权》2012 年第 4 期。

〔4〕 参见胡开忠："知识产权法中公有领域的保护"，载张玉敏主编：《西南知识产权评论》（第一辑），知识产权出版社 2010 年版，第 282 页。

险，因此，授予他们对其创作和经营的作品一定期限的独占权，使他们有机会收回其投资，并获得相应的利益回报"。[1]也就是说，智力成果创造者在创造具有独创性或创造性的知识产品时，必然会付出一定成本，这种成本可能是时间上的，也可能是金钱上的。为了保证他们的创造性表达最大化，需要对他们给予相应的利益补偿，即通过授予其知识产权的方式来确保他们的利益回报。功利主义论认为"根据任何一种行为本身是能够增加还是减少与其利益相关的当事人的幸福这样一种趋向，来决定是赞成还是反对这种行为"。[2]根据该理论，推动社会的发展，保证社会公众的福利才是知识产权法的立法目的，授予智力成果创造者以知识产权保护只是为了保证该目的实现的手段。

随着科学文化进一步发展，社会分工日益复杂，知识产品如音乐作品、科技发明等的创造有时需要多人甚至集体来完成，这时出现了职务作品或职务发明，其知识产权多数归属于公司。公司作为资本化产物力求利益最大化，这种追逐利益的特性促使公司呼吁提高本国知识产权保护水平，游说本国政府构建强有力的知识产权保护体系。[3]之前，知识产权法保护的主体为个人，授予其知识产权是为了保证其创新活力最大化；现在，公司也纳入知识产权法保护的主体，它们利用自身强大的经济话语权来促进强有力知识产权保护体系的构建。之前，知识产权法的立法目的主要是通过保证个人的创新活力来推动社会的发展；现在，公司可能会为了追逐自身利益而罔顾社会公众利益，使知识产权法沦为其追逐经济利益的工具。

基于知识产权立法指导思想上的转变，对知识产权强化保护的一系列行为都造成了公共领域被压缩，限制了社会公众的权利，破坏了个体私益与社会公益之间的平衡。

2. 法律根源——立法的缺位和司法的挤压

（1）立法上缺乏对公共领域的有效保障机制

目前知识产权立法中，关于公共领域还没有有效的保障机制，导致知识产权公共领域出现问题。

一方面，授予智力成果创造者以知识产权的条件降低，许多不具备法律授

---

[1] 参见胡开忠："知识产权法中公有领域的保护"，载张玉敏主编：《西南知识产权评论》（第一辑），知识产权出版社2010年版，第282页。

[2] ［美］E. 博登海默：《法理学——法哲学及其方法》，邓正来、姬敬武译，华夏出版社1987年版，第99页。

[3] 参见李蕾："知识产权公有领域的保护研究"，湖南师范大学2014年硕士学位论文。

权条件的知识产品获得了知识产权的保护。例如，独创性是作品的实质性条件，但目前在著作权法中没有对独创性作出明确的定义，独创性的条件、内涵较为模糊，导致一些本处于公共领域的作品被纳入著作权法保护范围。比如数据库中的信息，不具备独创性，本应属于公共领域，为社会公众所自由使用，但欧盟出台了《数据库法律保护指令》，用以保护数据库中的信息，致使其获得专有权的保护，社会公众或者其他国家无法任意使用。专利法中关于创造性的规定也是如此，在此不赘述。

另一方面，不断延长知识产权保护期限。知识产权人，尤其是一些大公司，为了追逐自身利益，使得知识产权保护期限不断被延长，在个体私益与社会公益产生矛盾时，个体往往会优先考虑自身利益。在著作权保护方面，前述"米老鼠法案"就是迪士尼公司将知识产权作为自身追逐经济效益的工具而不顾社会利益的结果，其使本该进入公共领域的米老鼠形象沦为迪士尼公司追逐经济利益的傀儡。

（2）司法上挤压公共领域

在具体的司法实践中，存在判决任意扩充知识产权内容的现象。在具体案件中，如果法律对一件知识产品能否被授予知识产权没有作出明确规定，法官可能会利用自由裁量权进行扩大解释，使本属公共领域内的知识产品被纳入知识产权保护范围。法律对案件涉及的具体情况没有规定时，法官对于这种情况没有具体的法律参考，没有适用这种案件的大前提，于是作出扩大解释，授予其以知识产权保护。

知识产品能否获得知识产权，知识产权法对其有着明确规定，法官应严格遵守知识产权法定原则，根据法律规定判断是否应授予知识产权。但司法实践中有法官不能严格遵守知识产权法定原则，任意降低知识产权保护门槛，使本该进入公共领域的知识产品进入到私人领域。例如药品说明书，关于其能否成为著作权法意义上的作品，关键要看其是否具备取得作品的核心特性——独创性。[1]药品说明书的格式、审批程序都严格按照国家规定进行，其内容也是法定的，因此不具备独创性，不属于知识产权保护的对象，但在早期审判中有些法院给予药品说明书以著作权保护。

3. 经济根源——权利人滥用知识产权

知识产权是一种能为权利人带来经济收入的私有权利，这种特性会促使一

---

［1］ 参见孙晓杭："知识产权法中的公共领域保护"，黑龙江大学 2014 年硕士学位论文。

些知识产权人滥用知识产权赋予其的垄断性权利追逐高额经济利益。这些个体在获得高额经济效益之后，又借助其强大的经济话语权对立法者施加压力，促使立法者构建高水平的知识产权保护体系，导致早就该进入公共领域的元素仍掌握在他们手中，沦为其追逐利益最大化的私人工具。至此，形成一种"垄断智力成果"的格局。权利人滥用知识产权，知识产品掌握在少数人手中，造成智力资源分配不均，阻碍了社会公众利用原有智力成果创造新的知识产品，由此影响创新表达，损害社会公众的公共利益。

四、公共领域视野下我国知识产权制度之构建与完善

公共领域不只是知识产权制度中的一个名词，其本身所具备的利益平衡功能对知识产权制度的构建与完善有着重要意义，知识产权法中公共领域的存在有其法理上的正当性、合理性以及必要性。美国宪法的制定者以根本法的形式规定了著名的知识产权保护"三P"原则，即促进知识传播（the promotion of learning）、公有领域保留（the preservation of the public domain）、保护创造者（the protection of the author）。[1]在美国的司法实践中，该原则被提及的频率颇高，也足以看出公共领域意义重大。另外，在目前的知识产权立法实践中，许多国家，例如墨西哥、葡萄牙等，建立起了"有偿公共领域"制度。我国也有必要更新立法观念，打破固有思维，重新在公共领域视野下审视现存的知识产权制度。下面笔者从立法与司法两个层面探究我国知识产权制度的构建与完善。

（一）知识产权立法之完善

1. 立法理念的更新

（1）以公共利益为本位

洛克财产权劳动理论中的"为他人留下足够而良好的部分"证明了保护知识产权公共领域的正当性，也说明知识产权本质上是一种以公共利益为本位的私权利。在进行知识产权立法时，应充分考虑知识产权的这一实质性特征，在作出关于个人智力成果保护期限、保护范围、保护客体等的规定时，时刻以公共利益为本位进行相应的制度构建。

之所以重申知识产权是以公共利益为本位的私权利，是因为在当前的知识产权立法实践中，立法者过分强调要保护智力成果以激发智力创造者的创新活力。另外，个人知识产权意识增强，促使他们想要将知识产权变为其垄断智力

---

〔1〕 参见王宗明："知识产权制度与制度文明"，载《广西经贸》2002年第9期。

成果的工具以获取更大的利益；科技发展催生了资本化产物——大公司，追逐利益的特性促使它们向立法者施压，以构建高水平知识产权保护体系，来维护其垄断性权利，获得更多的经济效益。这些原因都导致了知识产权法关注个体私益较多而对社会公益关注较少，忽视了知识产权本身所具有的社会性与公共性。更为糟糕的是，现代的知识产权立法还有进一步保护个人知识产权之势，导致公共利益被忽略，这也是知识产权不断扩张、公共领域不断被压缩的重要原因。

知识产权以公共利益为本位的特征要求我们必须认清知识产权法的立法目的，通过授予智力成果创造者一定的知识产权来保护他们的创新积极性，实现创新活力的最大化表达，由此推动社会科学文化的发展。保护个体私益不受侵犯，其目的是鼓励创新，推动社会发展。换言之，维护个体私益并不是知识产权法的终极目的，而是推动社会发展的一种手段。知识产权法的最终目的是社会的发展，是实现国家和社会公众效益最大化。

因此，我们应当更新立法理念，注重知识产权的本质特征，关注知识产权所具有的社会公益性，要转变原有以个体私益为重的立法理念，使个体私益与社会公益达到平衡的状态。

（2）打破公共领域不受保护的观念

公共领域内的知识产品并非无主，社会公众是其有权使用人，其代表的是国家利益以及社会公众的利益。因此，不能狭隘地认为公共领域内的知识产品因为没有独占使用权人而不受保护。社会公众可自由使用公共领域内的知识产品，但"自由必有限制"，社会公众作为公共领域内知识产品的"主人"之一，有必要在使用的同时保护公共领域不受侵害。合理的保护才能使公共领域发挥更大的作用，只有公共领域健康发展，个人才能更好地利用原有智力成果创造出新的知识产品，获得新的知识产权。因此，要打破公共领域不受保护的固有观念，将公共利益置于首位，而不仅仅是制度宣示。

（3）推动知识产权法体系化

知识产权包括著作权、专利权以及商标权等，由于不同类型的知识产权欲达到的目的不同，在具体规定上会作出价值的取舍，进而不同类型的知识产权会发生冲突。若不同类型的知识产权发生冲突，究竟应把哪一种知识产权的利益置于首位？这时就需要公共领域所蕴含的整体价值作为引导。公共领域所代表的公共利益可以解决知识产权法内部具体制度之间因个体私益产生的矛盾，在进行新的知识产权立法以及更新既有的知识产权法时要发挥公共领域的整合作用，以公共利益为导向推动知识产权立法体系化，使各部门之间价值统一、基调一致。[1]

综上，公共领域知识产品的性质决定了其所代表的是国家利益和社会公众利益，因此，在进行新的知识产权法体系构建时，要认识到知识产权的实质是一种以公共利益为本位的私权利，要打破公共领域不受保护的观念，以公共利益为导向推动知识产权立法体系化。

2. 法律制度的完善

智力成果创造者的个人知识产权与社会公众接近知识产品的基本人权所代表的分别是个体私益与社会公益，二者的关系反映到知识产权法领域其实是私有领域与公共领域的关系。私有领域与公共领域相辅相成，缺一不可。目前我国既有的知识产权法关注个人知识产权较多而对社会公众的基本人权有所忽略，虽然规定了知识产权保护期限、强制许可等与公共领域密切相关的制度，但公共领域一词并未在现行的知识产权法中被明确提及。[2]因此，本文将从公共领域视角提出完善我国知识产权制度的建议。

（1）著作权法律制度的完善

第一，合理使用制度的完善。根据前文观点，著作权法上的合理使用实际上是在受到专有权利保护的作品中可以被自由利用的空间，故笔者将其纳入公共领域范畴。著作权合理使用制度在立法上有三种模式，第一种是因素主义模式，如美国的四要素判断标准；第二种是规则主义模式，它明确列举哪些使用行为是合理使用行为，如英国、韩国等；第三种是综合主义模式，它一方面规定是否构成合理使用的考虑要素，另一方面明文规定了属于合理使用的行为类型。[3]我国 2010 年《著作权法》第 22 条列举了合理使用的行为类型，属于规则主义模式。规则主义模式可使社会公众直观清楚地感受到哪些行为是合理使用行为，法官在裁判时的可操作性也较强。但其缺点也非常明显——2010 年《著作权法》仅列举了 12 种合理使用的行为类型，其行为类型固定不变，很难适应当前快速发展的社会。社会的飞速发展要求立法者在进行知识产权立法时具有一定的前瞻性，不仅强调作者的利益，也要重视社会公众应当享有的权利。故 2020 年第三次修改后的现行《著作权法》第 24 条将合理使用制度改为综合

---

[1] 参见谢惠加："知识产权法公有领域范畴研究"，华中科技大学 2004 年硕士学位论文。

[2] 参见胡开忠："知识产权法中公有领域的保护"，载张玉敏主编：《西南知识产权评论》（第一辑），知识产权出版社 2010 年版，第 288 页。

[3] 梁志文：《数字著作权论——以〈信息网络传播权保护条例〉为中心》，知识产权出版社 2007 年版，第 188 页。

主义模式，增加了是否构成合理使用的评判规则，使合理使用制度适应社会的动态发展，避免因著作权扩张而损害公共领域。

在具体实践中，我们不能照搬其他国家的合理使用评判要素，而应根据国情制定符合我国实际的合理使用制度。在原有合理使用行为类型基础上，增加合理使用的评判要素，首先判断该行为符不符合法律规定的情形，其次看该行为有没有冲击作品的正常使用，最后看该行为有没有损害著作权人的合法利益。[1]这种做法可以动态保护公共领域不受著作权扩张的侵害。这种综合主义模式具有一定的前瞻性，既能够适应动态发展的社会，也能较好地避免因著作权扩张而挤压公共领域的现象发生。

第二，保护期限制度的完善。从前文论述可以看出，为了保护作者创作作品的动力，著作权保护期限被不断延长；保护期限变长，导致作品进入公共领域的速度变缓；作品进入公共领域的时间过长，导致公共领域内的作品长期得不到更新，会直接损害公共利益。另外，公共领域内的作品匮乏，会造成作者在创作新的作品时素材不足，也会损害作者的利益。实际上，著作权保护期限过长，既危害公共利益，也危害作者的私人利益。因此，我们可以在立法上对著作权保护期限作出一定的限制，以达到利益平衡的法律状态。

我国《著作权法》规定的著作权保护期限根据自然人作品或法人作品而有不同，自然人作品的保护期限为作者终生加死后 50 年，法人作品的保护期限为 50 年。事实上，著作权保护期限过长并不一定能够为作者带来长期经济效益，对多数作品而言，如此长的保护期限没有必要，但其影响作品进入公共领域的周期。因此，在进行我国的著作权保护期限制度设计时，可以参考美国的"公共领域加强法案"[2]。

具体做法可以是，法律规定在自然人或法人作品发表一段时间后（二者时间可相同，也可不同），作者可自由决定是否继续拥有该作品的著作权。若作者想继续拥有该作品的著作权，就需要向版权局进行续展登记并支付一定的费用，以延长著作权保护期限；若作者在一定期限届满后没有向版权局进行续展登记，即视为作者自动放弃该作品的著作权，该作品进入公共领域，为社会公众自由使用。

---

〔1〕 参见陈巍："数字时代版权公共领域的失守、重建和法律保障"，厦门大学 2012 年硕士学位论文。

〔2〕 依据该法案的内容，在作品发表 50 年后，著作权人可以选择支付极低的费用（例如 1 美元），并向版权局注册登记，以续展著作权保护期限，继续获得法律的保护；交费后的著作权保护期限应为多长，由国会确定；如若不缴费，该著作权人的作品便落入公共领域，人们可以自由利用。

续展登记的手续不应太复杂，应便于著作权人操作，以最低限度地影响那些真正想要继续保护其著作权的作者。作者向版权局支付的费用不应过高，具体数额可根据作品能够为作者带来的经济效益确定，也可根据比例规定支付费用。续展登记应设定一定的期限，因为法律不保护躺在权利上睡觉的人；期限届满后，作者未进行登记的即视为放弃著作权。当然，若作者在续展登记期限内未进行登记有正当理由的，可以延长其续展登记期限。

该制度设计的目的是给作者一个考虑其作品是否应该进入公共领域的机会，若作者认为作品在发表一段时间后仍能为其带来一定的经济效益，其就有权进行续展登记，继续拥有该作品的著作权；若作者认为作品在发表一定时间后为其带来的经济效益远不如其进行续展登记所支付的成本，其就有权放弃续展登记，使作品进入公共领域，为社会公众使用。

（2）专利权法律制度的完善

第一，侵权例外制度的完善。我国现行《专利法》第75条规定了不视为侵犯专利权的五种情形，[1]基本建立了专利侵权例外制度的私人利益与公共利益之间的利益平衡机制，起到了平衡私人利益与公共利益的作用。但我国对专利侵权例外制度的规定较为粗糙，《专利法实施细则》以及国内关于专利法的司法解释也没有对此进行进一步的规定，在具体的操作上更是没有较为详细的办法，在各项侵权例外情形的规定上较为模糊，不能满足我国先进技术发展的需要。

在具体做法上，有必要借鉴专利侵权例外制度较为成熟的国家的经验，制定细则对司法实践中如何把握专利侵权例外的情形作出详细解释，[2]运用细则中的具体规定来判断某种情形是否真正属于专利侵权例外。若该情形属于专利侵权例外，则不对其进行专利法上的保护，以更好地维护专利法中的公共领域，

---

〔1〕 参见现行《专利法》第75条规定："有下列情形之一的，不视为侵犯专利权：（一）专利产品或者依照专利方法直接获得的产品，由专利权人或者经其许可的单位、个人售出后，使用、许诺销售、销售、进口该产品的；（二）在专利申请日前已经制造相同产品、使用相同方法或者已经作好制造、使用的必要准备，并且仅在原有范围内继续制造、使用的；（三）临时通过中国领陆、领水、领空的外国运输工具，依照其所属国同中国签订的协议或者共同参加的国际条约，或者依照互惠原则，为运输工具自身需要而在其装置和设备中使用有关专利的；（四）专为科学研究和实验而使用有关专利的；（五）为提供行政审批所需要的信息，制造、使用、进口专利药品或者专利医疗器械的，以及专门为其制造、进口专利药品或者专利医疗器械的。"

〔2〕 参见胡开忠："知识产权法中公有领域的保护"，载张玉敏主编：《西南知识产权评论》（第一辑），知识产权出版社2010年版，第289页。

供社会公众在一定限度内对专利产品进行合理使用；若不属于专利侵权例外，则应给予其专利法上的保护，更好地维护专利权人的专有利益。对专利侵权例外情形进行详细规定的目的就是防止本该进入公共领域的专利产品被认定符合专利权授予条件而给予其垄断性权利。

第二，专利公开制度的完善。专利法给予专利申请人一定期限内独占使用其专利的垄断性权利，作为对社会的回报，专利申请人应充分公开其专利以供社会公众使用。专利申请人向社会公开其专利的充分程度，各个国家规定有所不同，大多国家强制要求专利申请人充分公开其专利信息。所谓充分公开，是指公开程度能让社会公众充分了解，公开方案能被社会公众实施且为最优方案。若专利申请人公开的专利信息达不到充分公开的程度，其专利权不用被授予。[1]

我国也应采取该种专利充分公开制度，因为专利申请人与社会相当于签订了协议，专利申请人负有公开其专利的义务，也享有一定期限内独占使用其专利的权利，专利申请人与社会双方都应诚实信用地履行其义务。公共领域的知识一般供社会公众进行学习、研究、创造，专利充分公开制度能够确保进入公共领域的专利是专利申请人相关技术的最优版本，能使社会公众接近最充分的专利信息及最优秀的专利知识，从而在此基础上进行再创造，推动社会科学技术的发展。

第三，专利权取得程序的完善。关于专利权的取得程序，根据专利是发明专利、实用新型专利还是外观设计专利而有不同。申请人欲取得发明专利权，必须经过专利行政部门的实质审查，审查通过方可获得。实用新型专利权与外观设计专利权的取得则无需经过实质审查，只需形式审查即可。[2]只有形式审查而无实质审查可能会导致原本不能被授予专利权的知识产品被授予专利权，使本该进入公共领域供社会公众使用的知识产品被给予垄断性保护，妨碍社会公众的应用，使其受到本不该存在的约束。

基于此，在专利权取得程序上，应当增加实用新型和外观设计专利的实质审查程序。[3]具体做法上，可以在专利法及其配套法规中进行关于二者实质审查

---

〔1〕　参见谢惠加："知识产权法公有领域范畴研究"，华中科技大学 2004 年硕士学位论文。

〔2〕　参见侯仰坤："论我国现行专利制度的欠缺与不足"，载《商场现代化》2008 年第 16 期。

〔3〕　参见胡开忠："知识产权法中公有领域的保护"，载张玉敏主编：《西南知识产权评论》（第一辑），知识产权出版社 2010 年版，第 290 页。

程序的规定。当然，考虑到社会成本，实用新型与外观设计专利的实质审查程序不能像发明专利的实质审查程序那样严格，在审查时间与审查形式上应略宽泛。增加实用新型与外观设计专利的实质审查程序，能够避免授予不符合规定的知识产品以专利权，也能够避免一些专利申请人利用进入公共领域的知识产品申请实用新型与外观设计专利从而取得独占使用权的现象发生。

（3）商标权法律制度的完善

第一，完善商标权合理使用制度。在实践中，一些本该属于公共领域的符号、文字等被申请注册为商标，获得对该符号、文字等的独占使用权。一些用来描述商品质量、成分、产地及其他特点的文字（统称为描述性词语），也经常被申请注册为商标，严重侵害了公共领域。必须注意的是，商标权一旦获得，只要权利人进行续展，便是永久性权利，这与商标的本质特性相关联，也要求在授予商标权时应谨慎对待，避免本属于公共领域的符号、文字等进入专有领域。

《与贸易有关的知识产权协议》第 17 条规定了商标权的例外，即允许善意使用描述性词语等，其前提是不得损害商标权人和第三人的利益。[1]善意使用描述性词语要求社会公众在使用注册商标时主观意图必须为善意的，不能明知是注册商标而对其进行商标性使用。比如，使用商标来表明商品的质量、重量及特点，旅游时为了介绍旅游景点而使用地名商标，类似的使用行为均为对注册商标的合理使用，涉及社会公众的使用利益，不能视为侵犯商标权。值得注意的是，我国 2013 年修改的《商标法》第 59 条引进了商标合理使用制度，但在调整范围上仍不足以应对现实中各种商标抢注、商标囤积行为。因此，应改进、完善我国商标合理使用制度，对属于公共领域的文字、符号等要素加以规定，让社会公众可自由使用，以防公共领域被商标权侵蚀。

第二，优化商标注册制度，防止恶意抢注、囤积公共资源行为发生。虽然我国现行《商标法》第 32 条规定[2]不得恶意抢注商标，但在实践中商标抢注的现象屡禁不止，有的是国内申请人抢注国外知名商标，也有国内知名商标在国外被抢先注册，如天津"狗不理"商标，国内申请人抢注国内知名商标更是常见。这种恶意抢注商标的行为导致一些知名商标权人不得不对其商标甚至近

---

〔1〕　参见谢惠加："知识产权法公有领域范畴研究"，华中科技大学 2004 年硕士学位论文。

〔2〕　参见现行《商标法》第 32 条规定："申请商标注册不得损害他人现有的在先权利，也不得以不正当手段抢先注册他人已经使用并有一定影响的商标。"

似商标进行全类注册，浪费公共资源，对知识产权法中公共领域的危害巨大。因此，要优化商标注册制度，改进注册流程，对恶意抢注行为进行有力规制；在审查商标申请时，对有明显主观恶意的商标申请应主动予以驳回，不予注册。

（二）知识产权司法保护之完善

在公共领域视野下构建与完善我国知识产权制度，法律的制定非常重要，但再完美的法律，如果得不到良好的执行，也形同虚设。维护知识产权法中的公共领域，应立法与司法并重。笔者认为，知识产权司法之完善应从以下两方面进行。

1. 坚持知识产权法定原则

知识产权法中的有些规定比较抽象、模糊，加之法律具有滞后性，需要法官在进行具体案件裁判时明确立法目的，根据立法目的作出价值判断，合理利用自由裁量权。法官不能机械地运用法条，更不能任意地解释法条，而应在一定限度内使用自由裁量权。这个限度该如何确定？笔者认为，法官在使用自由裁量权时不应突破知识产权法定原则。具体而言，关于知识产权的种类、内容、保护期限等都是法律明确规定的，除法律有特别规定外，法官即便可以使用自由裁量权，也不得擅自更改法律的明文规定，不得创设知识产权种类，不得更改知识产权内容，不得延长或缩短知识产权保护期限等，[1]法官的一切自由裁量皆是在知识产权法定原则之下进行的。

知识产权法的目的是平衡个体私益与社会公益，使二者处于利益平衡的状态。但现代知识产权不断扩张，法官在裁判具体案件时，有可能会偏向个人。坚持知识产权法定原则，能够在一定程度上规制法官的自由裁量权。法官只能在法律规定的范围或期限内认定知识产权，能够避免因自由裁量权的扩大而导致不属于知识产权授权范围的对象得到知识产权的保护，使公共领域内的知识产品进入私有领域，导致社会公众受到不应存在的知识产权的约束。

2. 私有领域与公共领域发生冲突时应侧重公共领域

如前文所述，知识产权本质上是一种以公共利益为本位的私权，知识产权法有两个目的——初级目的和终极目的，[2]初级目的是给予智力成果创造者以

---

〔1〕　参见胡开忠："知识产权法中公有领域的保护"，载张玉敏主编：《西南知识产权评论》（第一辑），知识产权出版社 2010 年版，第 291 页。

〔2〕　冯晓青："著作权法中的公共领域理论"，载《湘潭大学学报（哲学社会科学版）》2006年第 1 期。

知识产权保护，保护个人对其创造性成果的垄断性权利，终极目的则是鼓励智力成果创造者的创新积极性，推动社会科学文化的发展。知识产权制度其实是一种利益平衡机制，保护个体私有领域其实是为了保护公共领域，通过保护智力成果创造者的个人利益而激发其创新活力，从而推动社会科学文化的发展。知识产权法的初级目的只是终极目的的实现工具。但现代司法实践中，在审判具体的知识产权案件时，当个体的私有领域与社会的公共领域产生冲突时，法官会偏向私有领域，给予个人较多的私权保护。

诚如前文所说，知识产权制度实质上是一种利益平衡机制，给予个人较多的私权保护必然会影响社会公众的公共领域，专有领域的扩张必然会使公共领域被挤压，影响社会公众对知识产品的接近及对公共智力资源的使用，进而影响公共利益。这就要求权利人适当地行使自己的专有权，要求法官在处理涉及私有领域与公共领域的案件时侧重公共利益的实现，恰当地保护公共领域，使公共领域真正发挥价值，推动社会和人类文明的进步。

3. 有效规制知识产权滥用行为，促进自由竞争秩序构建

如前文所述，知识产权是能够为其所有人带来经济利益的一种私有权利。知识产权人对其知识产品拥有排他使用权，社会公众欲使用其知识产品，必须征得其许可，而欲征得权利人许可，一般需要向权利人支付一定的报酬。在市场经济环境下，一些知识产权人为了追逐经济利益，滥用手中的知识产权，妨碍社会公众的正常使用，危害知识产权公共领域。

例如，浙江省高级人民法院审理的科顺公司诉某公司因恶意提起知识产权诉讼损害责任纠纷与侵权责任纠纷案[1]中，某公司恶意注册涉案商标，以此为由向工商行政部门举报科顺公司的正当使用行为并向法院提起侵权之诉，导致科顺公司与他人中断正常交易，造成巨大经济损失。某公司进行恶意诉讼，属于典型的知识产权滥用行为。在司法实践中，类似的案例还有很多，究竟该如何规制？笔者认为，规制权利人滥用知识产权行为，可结合当前我国《反垄断法》第 55 条之规定，对知识产权滥用行为，法院应不予支持，以此促进自由竞争秩序的构建，确保市场竞争中的公共领域。

五、结论

当代知识产权制度实质上是权利保护与权利限制实现动态平衡的法律制度，

---

〔1〕　参见浙江省高级人民法院（2018）浙民终第 37 号。

这与知识产权法的立法目的不无关系。知识产权法的立法目的就是通过保护知识产权人的私有权益来激发创新活力，以此推动社会科学文化发展。社会公众知识产权意识的觉醒，对个人智力成果的关注，都促使强调对知识产权的保护。可以说，知识产权法的发展史其实就是一部知识产权扩张史。

随着知识产权法的不断发展，特别是随着知识产权的扩张，知识产权法中的公共领域不断被挤压、侵蚀，知识产权人的利益与公共利益的矛盾及冲突日渐明显。在知识产权制度内针对知识产权这种专有权进行必要限制就显得十分重要，国内外学者也开始关注这一问题。

在公共领域视野下研究我国知识产权制度，对于个人权利保护、公共利益保护都具有非常重要的意义。在公共利益视角下，构建与完善我国知识产权制度，可以从立法与司法两个方面进行。对重视个人利益而轻视公共利益的立法理念进行更新，对著作权、专利权以及商标权具体法律制度进行完善，对于从立法上构建知识产权公共领域体系而言关系重大。法官在裁判具体知识产权案件时严格遵守的知识产权法定原则，当个体的专有领域与社会的公共领域产生矛盾时法官的利益衡量，裁判滥用知识产权案件时法官的价值判断，有效规制知识产权滥用行为等，对于在司法实践中逐步探索知识产权公共领域体系而言意义重大。

知识产权本身具有的社会性与公共性使我们不得不关注知识产权法中的公共领域。个体私益与社会公益的平衡是知识产权法追求的目标，基于此，研究知识产权法中的公共领域对于知识产权法律制度的构建具有重要的理论意义，对于实现公共利益目标、正确把握知识产权制度变革的方向，也具有独特的现实价值。

著作权法与公共领域问题

公共领域视野下著作权法中独创性认定研究

梁　浩

　　独创性作为认定智力创作成果能否受到著作权法保护的标准，是著作权制度的基础，也是对作品进行保护的法律依据，其重要性不言而喻。包括我国在内的大多数国家实行自动保护主义，从创作完成起便默认作品具有独创性，同时获得著作权法的保护。对于作品独创性的认定，一般发生于著作权侵权纠纷中，且该过程中著作权人不用承担证明作品具有独创性的举证责任。因此，从一定意义上来讲，独创性理论的存在对于著作权人是一种倾向性的保护。纵观世界各国，每个国家对独创性的认识都略有不同，且同一个国家对独创性的认识也会随着时间的变化而变化，如美国从"额头汗水"标准到"最低创造性"标准的变化。我国尽管著作权制度起步较晚，对独创性的认识水平却在不断提高，学界讨论也很激烈，只是仍然未达成共识。在制度层面，也一直未能明确其具体含义及适用标准，导致在司法实践中给予了法官较大的自由裁量权，出现了众多同案不同判、说理缺乏信服度的情况。由此可见，独创性认定标准的明确化迫在眉睫。

　　本文为解决上述问题，引入公共领域理论，试图寻找出一丝线索。公共领域作为与著作权保护的专有领域相对应的概念，为著作权制度的运行提供了支撑。[1]一方面，作品的创作离不开前人经验的积累，一部作品再优秀，甚至惊世骇俗，也能从中找出借鉴前人的部分，纯粹的"独创"是不可能产生的。作品的创作实际上是从公共领域不断汲取并添加自己独特印记的过程，而公共领域就是为公众提供一个可自由获取资源的场所。在这个过程中，独创性起着将作品中原属于公共领域的素材和带有作者个人特色的成分隔离的作用，就像一条分界线一样，具有独创性的部分则进入著作权法保护的专有领域并受到一定

---

　　[1]　相关观点参见杨利华："公共领域视野下著作权法价值构造研究"，载《法学评论》2021年第4期。

期限的保护。另一方面，公共领域也是作品的最终归属，基于著作权人利益与公众利益的平衡，著作权法不可能赋予作品永久的保护，作品保护期限届满就自动进入公共领域，成为可供社会公众自由获取和使用的创作素材、资源。如此设定使公共领域不断丰富，激励公众进行更高水平的创作，最终实现文化繁荣的立法目的。在该设定中，独创性认定的作用显得尤为重要。

一、著作权法中独创性的界定及其与公共领域之关系

作品独创性的认定是著作权法发挥其价值的基础，而对独创性的准确定义更是发挥其价值的基本要求。通过对独创性理论进行研究，可以更好地理解作品的属性，有利于实现独创性认定的现实价值。公共领域作为创作的基础，为公众提供创作的素材，是作品产生并受到著作权法保护的必要条件。公共领域为独创性认定发挥其现实价值提供了重要条件。同时，独创性也划定了著作权法所保护的私有领域的范围。

（一）作品"独创性"之界定

依 2020 年我国第三次修改后的现行《著作权法》第 3 条 [1] 之规定，我国著作权法体系将独创性作为构成作品加以保护的先决条件，从而也就奠定了独创性理论在整个著作权法体系中的基础地位。

1. 独创性概念及内涵

关于独创性的定义，我国立法未给出清晰明了的概括，仅在最高人民法院《关于审理著作权民事纠纷案件适用法律若干问题的解释》（以下简称《审理著作权民事案件适用法律解释》）第 15 条 [2] 中略有涉及，从该条可隐约猜测出立法者意图将独创性定义为：独立完成且具有创作性。但该条的目的是为解决不同创作者对同一题材进行创作时认定何人享有著作权的困境，而不是专门阐释独创性的含义。[3] 纵观整个著作权法体系，立法仅提出独创性这一概念，并将其强化为整个体系的基础，但又缺少系统解释。这就造成了学界对其有不同的看法。例如，吴汉东教授认为，独创性是指作品是作者独立创作出来的，不是或者

---

〔1〕《著作权法》第 3 条规定："本法所称作品，是指文学、艺术和科学领域内具有独创性并能以一定形式表现的智力成果……"

〔2〕《审理著作权民事案件适用法律解释》第 15 条规定："由不同作者就同一题材创作的作品，作品的表达独立完成并且有创作性的，应当认定作者各自享有独立著作权。"

〔3〕北京市高级人民法院发布的《关于审理著作权纠纷案件若干问题的解答》第 1 条对独创性进行了较为明确的规定，即判断作品是否有独创性，应看作者是否付出了创造性劳动。

基本不是对现有作品的复制、抄袭、剽窃或模仿。[1]冯晓青教授认为，"衡量一部作品是否具有独创性，可以从两方面来判断：第一，是否作者本人独立完成；第二，是否体现了作者一定的个性内容"[2]。王迁教授在其《知识产权法教程》中将独创性分为两个部分："独创性"中的"独"是指"独立创作、源于本人"，"创"是指一定水准的智力创造高度，[3]即应该在满足独立创作的基础上判断是否达到了一定的创造高度。

从以上各位专家学者的理论观点来看，在对独创性进行认定时，部分学者持"独立完成"观点，即只要作品满足独立完成的要求便可认定其具有独创性，而作品的优劣水平、表达内容等则不用考虑；部分学者持"独立完成+个性"观点，即在独立完成的基础上，作品还须体现创作者的思想，能够反映创作者的价值取向等个性特征，若作品只是单纯的劳动堆积，缺乏创作者的个性化表达，则必然是不具有独创性的；更有部分学者认为应是"独立完成+最低创造性"，即作品内容必须满足最低限度的创造性，达到一定的创造高度。分析以上各种理论观点，前一种观点主要强调作品的创作要求，而后两者存在共同点，即在满足创作过程的条件下，还要对其创作的内容进行判断，根据内容判断是否具有独创性。随着人们知识水平的不断提高，若对独创性的判断依旧只是停留在形式标准——独立创作，就可能不利于提高整体的作品质量，同时也可能对自由创作造成阻碍。故本文认为，考虑到我国的国情，以及兼顾激发公众的创作热情，我国独创性的含义应该在独立创作的基础上考虑作品内容的最低限度创造性。

2. 独创性的主要判定原则

（1）思想表达二分法

作品独创性认定以思想表达二分法为基础，因此思想表达二分法在著作权法体系中具有基础性地位，离开思想表达二分法谈独创性认定犹如无本之木。思想表达二分法是指著作权法的保护对象为思想之独创性表达，而非思想本身。《著作权法》未对该原则作出明确规定，但对该原则的承认已是不争的事实，如在 2014 年由国务院原法制办公室布的《中华人民共和国著作权法（修订草案送

---

〔1〕 吴汉东主编：《知识产权法》，北京大学出版社 2007 年版，第 47 页。

〔2〕 冯晓青主编：《著作权法》，法律出版社 2010 年版，第 52 页。

〔3〕 王迁：《知识产权法教程》（第 5 版），中国人民大学出版社 2016 年版，第 25—32 页。

审稿）》第 9 条第 1 款[1]中就该原则作出了诠释。作为世界贸易组织成员，我国也应遵守《与贸易有关的知识产权协议》第 9 条第 2 款[2]的规定。同样地，《保护文学和艺术作品伯尔尼公约指南》第 2 条第 1 款[3]也体现了该原则的精神。结合长期的司法实践经验与学界对立法宗旨与立法目的的探究，可以概括出工序、原则、系统、发现、操作方法、概念程序、游戏规则、会计规则等应该属于思想而不予保护。思想之所以被排除在著作权法保护范围之外，原因有三：其一，思想形成于大脑内部无形的思维活动，具有较强的不确定性，若不外化为表达，则无法确定思想的最先提出者，更无法进行有效的保护。故在司法实践中无法对思想进行保护，对其加以保护也不具有可操作性。其二，若对思想进行保护，有违宪法规定的言论自由之意，而著作权法是依照宪法制定的，故可能与上位法产生冲突。其三，著作权法的立法目的是鼓励创作，实现文化繁荣，若对思想进行保护，则会使权利人对思想产生垄断，影响思想的交流和文化的传承，与立法宗旨相悖。

在司法实践中，法院在判断智力劳动成果是否具有独创性而属于作品时，一般采用"三步法"，即"抽象—过滤—判断"。具体来讲：第一步，将劳动成果中属于思想的部分抽象出来不予保护；第二步，将剩余部分中属于公共领域的部分过滤出去不予保护；第三步，对经前两步排除后剩余的内容进行认定，判断其是否满足独立创作和最低限度创造性的要求。可见思想表达二分法在独创性认定过程中处于基础地位，是独创性认定的前提，也是独创性认定的必经阶段。此外，如果某一思想的表达方式只有一种或有限的几种，即"表达唯一"或"表达有限"，思想可能就会与表达合二为一，若对该有限方式的表达加以保护，实质上就相当于间接地保护了思想本身，而这不符合思想表达二分法的要求，故对该有限表达不予保护。如在"琼瑶诉于正"案中，法院认为只有作品的内容体现出作者的思想、情感，才能受到保护，但创意、素材或公共领域的信息、创作形式、必要场景和唯一或有限表达应当被排除在著作权法的保护范

---

[1]　著作权保护延及表达，不延及思想、过程、原理、数学概念、操作方法等。

[2]　《与贸易有关的知识产权协议》第 9 条第 2 款规定，版权的保护应及于表达，而不及于构思、程序、操作方法或者数学概念本身。

[3]　《保护文学和艺术作品伯尔尼公约指南》第 2 条第 1 款规定，一个人公开他的思想后，是没有办法阻止他人使用这一思想的。但这一思想一旦被阐述或者表达出来，就存在对借以表现这一思想的文字、符号、线条等的著作权保护。

围之外。[1]

（2）鼓励创作原则

著作权法的立法目的就是鼓励创作，该目的在众多国际公约以及国家立法中得以体现，如《世界版权公约》中提到："缔约各国，出于保证在所有国家对文学、科学、艺术作品的版权给予保护的愿望，确信适用于世界各国并以世界公约确定下来的，补充而无损于现行各种国际制度的版权保护制度，将保证对个人权利的尊重，并鼓励文学、科学和艺术的发展。"[2]美国宪法修正案也将知识产权立法的目的解释为"通过给予作者和发明者特殊的奖励，从而激发他们的创新活动"。[3]同样地，在我国《著作权法》第1条[4]中也有着相似的规定，即鼓励作品的创作与传播。著作权制度通过对作品的创作者赋予一定期限的排他使用的权利来确保作者能够得到充足的利益而有动力继续创作。判断智力劳动成果是否值得保护的标准就是独创性。不同程度的独创性认定标准会对作品以及作者产生不一样的影响：当独创性认定标准较低时，作品具备独创性而获得著作权法保护的可能性就越大，作品的数量也相应增多，有利于激发公众的创作热情；当认定标准较高时，作品具备独创性而获得著作权法保护的可能性就越小，作品的数量对应地就越少，会相应地降低公众的创作热情。更高水平的创作，更多优秀作品的出现是著作权法直接追求的目标，在具体司法案件中对独创性认定规则的适用更应该体现这一精神。

司法实践中对作品独创性的认定一般发生在著作权侵权纠纷中，而法院对作品独创性的认定结果只有"有"与"无"两种结果，即如果认定具有独创性，则属于作品而获得保护；如果认定缺乏独创性，则不属于作品，不享有著作权。虽然有时会在案件中出现"微弱的独创性"的表达，但此种阐述也被认为是满足作品独创性保护要求的。如在泉州某艺品有限公司与某艺品实业（惠阳）有限公司著作权侵权纠纷案中，法院认定原告的工艺品中对埃及文物演绎

---

[1]　北京市高级人民法院（2015）高民（知）终字第1039号民事判决书。

[2]　[苏] 尤·格·马特维耶夫：《国际著作权公约》，李奇译，南开大学出版社1987年版，第195页。

[3]　李晓鸣："中国制造2025与著作权法立法目的完善——《著作权法》第一条修改建议"，载《科技与法律》2016年第6期。

[4]　《著作权法》第1条规定："为保护文学、艺术和科学作品作者的著作权，以及与著作权有关的权益，鼓励有益于社会主义精神文明、物质文明建设的作品的创作和传播，促进社会主义文化和科学事业的发展与繁荣，根据宪法制定本法。"

创作的部分具有微弱的独创性，可获得著作权法的保护。[1]认定具有较高独创性的作品符合独创性的要求从而获得著作权法保护并非难事，例如小说《三体》，其独创性是显而易见的。但对于一些创作空间狭小、个性化表达发挥空间不是很大的作品而言，其独创性认定可能会发生较大的分歧，从而出现不同法官不一样的认定或者两级法院完全相反的认定。此时，运用著作权法鼓励创作的原则适当指导其认定过程便会起到积极的作用。

3. 独创性认定标准之正当性

（1）价值增加理论：关于独创性认定之法哲学思考

按照价值增加理论的观点，假定劳动的果实是有价值的，即通过劳动产生了对其他人有益的东西，那么劳动者就该劳动果实值得拥有某些权益。洛克认为，适当的劳动涉及对公有物的改造，使其变得对人类有用或更有价值。[2]这也给著作权制度提供了理论依据，即果智力劳动者在公共领域搜集素材并通过一系列智力活动最终产生智慧成果——作品（严格地说应该是通过创作而产生了作品），通过规则的设定证明该作品是有价值的，产生了对其他人有益的东西，如促进知识的传播、提供艺术感受或揭示科学之美等，该智力劳动者就该对此作品拥有权益，而该项权益便是赋予劳动者在一段时间内垄断使用其作品并获得报酬的著作权。

此外，价值增加理论认为，给予劳动者的权益是基于劳动者经过劳动直接产生的对他人有价值的部分，即相对于劳动前增加的部分，而不是基于其整体的价值，更不是劳动本身。[3]该种观点在独创性认定的过程中得到充分体现：智力成果通过智力活动产生，在被判定属于作品受到著作权法保护前，必须经过独创性认定，而该认定的作用就是来判别是否产生了增加价值，若存在价值的增加，则基于该价值增加的部分给予著作权保护。故，独创性认定实际上发挥了判定有无价值增加的作用。基于此，虽有劳动的付出，但若未产生价值增加的结果，实质上只是对公共领域资源的简单搬运，不会产出新的价值，在保护时会因缺乏独创性而不能得到著作权法的保护。

---

〔1〕　参见福建省高级人民法院（2004）闽民终字第 222 号民事判决书。

〔2〕　冯晓青：《知识产权法哲学》，中国人民公安大学出版社 2003 年版，第 30 页。

〔3〕　参见冯晓青：《知识产权法哲学》，中国人民公安大学出版社 2003 年版，第 30—33 页。

（2）利益平衡理论：关于独创性认定的一种实用方法论

知识产权法是以利益平衡为基础的法，利益平衡构成知识产权法的基石。[1]利益平衡作为知识产权制度的基础，体现在知识产权法的方方面面，更是知识产权法的重要目的。具体到著作权法上，包括著作权人权利义务的平衡，创作者、传播者、使用者三者之间关系的平衡，公共利益与个人利益的平衡。[2]作为著作权法的基本原则，利益平衡在作品的独创性认定过程中也发挥着重要的作用，因为对作品是否具有独创性的认定正是对作品有关权益进行的分配。具体来说，在著作权侵权纠纷案件中，法院如果对原告的作品作出其具有独创性的认定，该作品就会受到著作权法的保护，作者就享有排他使用的各种著作权，而被告可能因为作品缺乏独创性被认定为剽窃并承担侵权责任。因此，该过程造成了原被告之间权利义务的二次分配，原有的利益结构也发生了变化。同时，作品独创性程度的高低也会影响利益的分配，由于创作过程总是在借鉴前人经验的基础上完成的，当独创性要求较高时，在前人的经验基础上进行创作的后创作者必须付出更多的智力劳动和花费更多的创作成本才能获得保护；当独创性要求较低时，后创作者付出的智力劳动以及创作成本相对小一些。

为实现著作权法中体现的个人利益与公共利益的平衡，应对作品进行二分对待：一方面，将作品中属于公共领域资源的部分排除在著作权保护范围之外，不能认定其具有独创性；另一方面，只对公共领域之外的属于作者自己创作的部分进行独创性认定。其原因在于任何作品都是在前人智慧的基础上加上作者创造性的部分形成的，纯粹的独创是不可能实现的。公共领域的资源是社会公众可自由获取并使用的创作素材，是人类文化不断传承积累的结果，更是属于全人类共同的精神智力财富。若仅因为作品中包含了体现作者独创性表达的部分，而对整个作品都予以著作权保护，显然是变公有为私有，损害公共利益而满足个人之私欲的行为，与著作权法所追求的著作权人个人利益与公共利益的平衡精神是不符的。

此外，当对于某一思想的表达仅限于一种或少数几种形式时，即出现前述"表达唯一"或"表达有限"的情形，应判定该表达不具有独创性，不能受到著作权法的保护。原因在于，对该有限甚至唯一形式的表达进行保护，相当于限制了后创作者对该思想的自由表达，不利于实现在先创作者与后创作者的利

〔1〕 冯晓青：《知识产权法利益平衡理论》，中国政法大学出版社 2006 年版，第 23 页。
〔2〕 吴汉东：《著作权合理使用制度研究》（修订版），中国政法大学出版社 2005 年版，第 18 页。

益平衡。

（3）著作权法鼓励与保护文化创作之立法意旨：独创性认定的立法价值思考

智力劳动成果获得著作权法保护的前提是具备独创性，其认定标准关系着整个著作权法体系的运行。从微观层面来看，首先，独创性是智力成果获得著作权法保护的实质性要件。若缺乏独创性，则其不构成作品，也无法得到著作权法的保护。其次，独创性认定是解决著作权侵权纠纷的重要因素。在著作权侵权判定中，若被告对原告的作品独创性提出质疑或抗辩，法院会对原告的作品属性进行认定，判断其是否具备独创性而构成作品——该过程是解决纠纷的必经阶段。最后，在一定意义上，独创性将智力成果划分为作品和制品，二者适用不同的法律进行规制。

从宏观层面来看，一方面，独创性认定标准把企图将公共领域资源直接纳入著作权法保护范围内进行私有保护的行为排除在外，保障了公民自由使用公共领域素材进行创作的权利，激发了公众自由创作的热情；另一方面，独创性认定标准将大量缺乏独创性或抄袭他人作品的智力成果通过具体案件的解决排除在著作权法保护范围之外，对具备独创性的作品加以完善的保护，规范文化市场秩序，刺激公众进行更高水平的创作，从而达到著作权法所追求的文化繁荣，而这与我国实行的促进文化建设，增强文化自信，激励文化创新，建设社会主义文化强国战略更是一脉相承的。

4. 独创性判定标准比较研究

世界各国的著作权法体系可大致分为两个派别：一是，将作品作为中心，强调作品经济属性的以英美为代表的版权体系；二是，将作者作为中心，强调作品人格属性的以德法为代表的作者权体系。前者倾向于把作品当作作者创造出来的经济产物，注重其经济价值，而后者认为作品是作者人格的延伸，更加注重其精神价值。同时，两大派别中关于独创性认定问题也存在较大的分歧。由于法律表现形式不同，在版权体系中主要是通过司法案例的形式来阐明独创性的含义，而在作者权体系中更多是以制定法的形式体现。

（1）以英美为代表的版权体系

英国著作权法中关于独创性的认定问题，主要由三个经典的案例予以体现：在 1900 年的沃尔特诉莱恩案（Walter v. Lane 案）[1]中，首次出现独创性的问题，法院以原告在记录演讲的过程中付出了劳动为由，认为其记录稿具有独创

---

〔1〕　万琦："论英国版权法上的独创性"，载《知识产权》2017 年第 11 期。

性而予以保护；而后，在伦敦大学出版社诉大学教学出版社案（University of London Press Ltd v. University Tutorial Press Ltd 案）〔1〕中，法院认为，作品要以独立创作为前提，即便复制行为要付出相应的劳动，也是不具有独创性的，不能受到著作权法的保护；在 1964 年的拉德布鲁克（足球）公司诉威廉·希尔（足球）公司案［Ladbroke（Football）Ltd v. William Hill（Football）Ltd 案］〔2〕中，法院认为作品必须是作者独立创作产生的，且创作过程必须能够体现出作者自己的付出，即技术、劳动和判断等，由此也就确立了独创性认定的标准——"技巧、劳动和判断"。从上述几个案例可以看出，英国也是经历了较为漫长的过程才最终确立了在独立创作的基础上要求作者有"技巧、劳动和判断"投入的标准。

在美国著作权法体系中，第一次对独创性作出解释是在布莱施泰诉唐纳森公司案（Bleistein v. Donaldson Lithographing Co. 案）〔3〕中。该案法院认为只要作品属于法律规定的可保护范围且是作者独立创作的，就具有独创性，可为著作权法所保护。这确立了当时的独创性认定标准——独立完成。此后具有转折意义的是费斯特出版公司诉乡村电话服务公司案（Feist Publication. Inc v. Rural Telephone Service Company. Inc 案）〔4〕，该案法官认为"独创性不仅意味着这件作品是由作者独立创作的，还意味着它至少具有某种最低限度的创造性"。〔5〕这标志着在独创性认定过程中，该案正式推翻了之前美国一直沿用的"额头流汗"标准，在强调独立创作的基础上还要求作品必须具有最低限度的创造性才得享有著作权。很显然，美国的独创性认定标准比英国的更高，强调了"最低限度的创造性"。

（2）以德法为代表的作者权体系

根据《关于著作权与有关保护权的法律》第 2 条第 2 款〔6〕之规定，作品应是智力创作的体现。乌尔里希·勒文海姆（Ulrich Levinheim）教授认为，"独创性应包括四个特征：第一，必须有产生作品的创造性劳动；第二，作品中应当

〔1〕 姜颖："作品独创性判定标准的比较研究"，载《知识产权》2004 年第 3 期。
〔2〕 宋岳："比较法视野下的独创性判断标准"，载《理论界》2013 年第 4 期。
〔3〕 金渝林："论作品的独创性"，载《法学研究》1995 年第 4 期。
〔4〕 卢海君：《版权客体论》，知识产权出版社 2011 年版，第 159—165 页。
〔5〕 宋岳："比较法视野下的独创性判断标准"，载《理论界》2013 年第 4 期。
〔6〕 《关于著作权与有关保护权的法律》第 2 条第 2 款规定："本法所称著作仅指个人的智力创作。"

体现人的智力，思想或感情内容必须通过作品表达出来；第三，作品应体现作者的个性，打上作者个性智力的烙印；第四，作品应具有一定的创作高度，它是著作权保护的下限"。[1]因此，德国的独创性认定标准显然具有更高的要求，其表达必须要达到一定的创作高度。同时，为了应对计算机软件、目录等的保护问题，德国又适用了"小铜币"理论，即相对于其他作品而言较低的创作高度。故，德国著作权制度对不同的作品类型规定了不同程度的创作高度，以满足其保护需求。

由《法国知识产权法典》L. 111-2 条和 L. 112-1 条[2]规定可知，作者将其在作品中想要抒发的情感表达出来，就被认为创作已经完成。即使是没有完全实现，创作也可以被认为是完成的。因此，法国著作权法保护的作品重点关注作者个性的表达与展示，而与其体裁、艺术价值无关。在独创性的认定标准问题上，法国的传统观点是独创性，即作者个性的表达。独创性最早被解释为"表现在作者所创作作品上的反映作者个性的标记"。[3]在具体司法实践中尽管会有"作者个性的烙印"以及"个性的体现"等说法，但实际上表达的都是一个意思，即独创性认定的标准是作品能够体现出作者的个性。

（二）著作权法意义上的公共领域

1. 公共领域概念及内涵

公共领域的确立在世界上第一部著作权法《安娜女王法》中便有体现，该法改变了以往作品被特定主体永久控制的情况，赋予作者有保护期限的著作权，使作品最终可以被公众利用以及出版商自由地出版。随着著作权的不断扩张，关于公共领域的讨论愈加激烈，但对于其定义的讨论至今仍未达成共识，现今学界主要以积极或消极的方式来界定其内容。

用积极的方式界定的，如黄汇教授认为：公共领域是为保证作者得以有效运用创作素材，从而使著作权其余部分得以良好运转的工具；公共领域不仅是一套制度，更是一种理论倾向、思维方法；公共领域以保证作者的创作可能为前

---

〔1〕参见胡开忠编著：《知识产权法比较研究》，中国人民公安大学出版社 2004 年版，第 31 页。

〔2〕《法国知识产权法典》L. 111-2 条规定："无须任何公开发表，仅仅基于作者构思的实现，即使非完全实现，作品创作即视为完成。"L. 112-1 条规定："本法典的规定保护一切智力作品的著作权，而不问作品的体裁、表达形式、艺术价值或功能目的。"

〔3〕Sterling J. A. L. , *Word Copyright Law*, Sweet & Maxwell, 1998, p. 255. 转引自姜颖："作品独创性判定标准的比较研究"，载《知识产权》2004 年第 3 期。

提，最终以自身的不断扩大和人类社会的文化繁衍为依归。[1]谢惠加教授认为公共领域是指不同主体"基于特定的事实对相应的知识产品所享有的财产的集合，其本质是公众的财产，它是公众对知识所享有的法律上的生活资源的体现"。[2]相对而言，用消极的方式来定义的则显得更清晰一点，如冯晓青教授认为："知识产权法保护的知识产权是一种专有权利，在这种专有权利之外的知识产品是处于公共领域的，通常包括没有纳入到知识产权法中的知识创造成果、保护期限已届满的知识创造成果，以及权利人放弃知识产权的成果。"[3]王太平教授等认为："公共领域基本上指不受知识产权保护的材料或者知识产权效力所不及的材料方面。"[4]

对比上述两种对公共领域概念的阐述方式，笔者更加倾向于采用消极的方式，因为该种方式可以让人明白公共领域在著作权制度中的作用，也能够更加准确地界定其内容。同时，该种定义方式也是学界的主流观点。根据该种定义，公共领域的内容包括以下几种类型：①保护期限届满的作品。作品保护期限届满，进入公共领域后，公众可自由使用。②不受著作权法保护的客体，如我国《著作权法》第5条[5]规定的情形。由于上述规定的客体的特殊性，若对其加以保护，则不利于其传播，违背著作权法的基本原理，妨碍科学技术的进步和文化的发展。③主动完全放弃、部分放弃的著作权。著作权作为一种私权，权利人有权予以处置，当权利人部分放弃或全部放弃时，放弃的部分进入公共领域，公众可自由使用。[6]④著作权的限制。著作权法中的合理使用制度以及法定许可制度，都是对权利人的限制，著作权法据此对作品使用人给予一定的自由。⑤缺乏独创性的智力劳动成果。当一智力劳动成果因缺乏独创性而不构成作品时，不能获得著作权的保护。不过，这也不完全意味着公众可以自由使用，因为有可能适用邻接权保护。⑥著作权法实施前产生的成果，如古代诗词、名画等。

---

〔1〕 黄汇："版权法上的公共领域研究"，西南政法大学 2009 年博士学位论文。

〔2〕 谢惠加："知识产权法公共领域范畴研究"，华中科技大学 2004 年硕士学位论文。

〔3〕 冯晓青："知识产权法的公共领域理论"，载《知识产权》2007 年第 3 期。

〔4〕 王太平、杨峰："知识产权法中的公共领域"，载《法学研究》2008 年第 1 期。

〔5〕《著作权法》第 5 条规定："本法不适用于：（一）法律、法规，国家机关的决议、决定、命令和其他具有立法、行政、司法性质的文件，及其官方正式译文；（二）单纯事实消息；（三）历法、通用数表、通用表格和公式。"

〔6〕 但仍要尊重作者的著作人身权。

2. 维护公共领域的必要性

（1）公共领域维护着社会大众的公共利益

正如《世界人权宣言》第 27 条第 1 款〔1〕所规定的，每个人都享有享受文化生活，参加文化创作的自由和权利。这也正是建立著作权制度的目标，即让个体能够进行文化创作，充分行使其享有的社会文化权利。从本质上而言，著作权是私权，因为它是赋予著作权人的排除他人妨害而自己使用其作品的权利，是对个人利益的保障。但如果对著作权人赋予过多的权利，完全排除社会公众对作品的使用与借鉴，这种过度的保护就会为公众的创作设置障碍，妨碍公众行使应有的文化创作权利，最终损害社会公众的公共利益。著作权制度为解决这一问题，对著作权施加了一定的限制，即在著作权法保护的私有领域外设定公共领域的概念，将保护期限届满的作品归入公共领域的范围，使得社会公众可以自由使用处于其中的各种素材、资源。正如冯晓青教授所言：著作权法中公共利益的确保离不开公共领域的确保，因为著作权法中的公共利益需要自由的公共接近。〔2〕著作权法意义上的公共领域是为维护公共利益而设置的，是公众可自由创作的保障，其通过为公众提供一条自由接近作品的途径而实现对公共利益的保障。

著作权人基于著作权而享有的个人利益与社会公众可自由获取并使用作品的公共利益之间的平衡始终是著作权法所追求的目标，而实现这方面的平衡离不开对公共领域以及公共利益的重视。公共领域作为公共利益的承载者，是公共利益存在的表现形式，建立公共领域对于维护公共利益而言是必不可少的。若公共领域的资源减少，无疑会影响到社会大众的公共利益。例如，作品中的基本成分若被著作权法纳入私有保护领域，就将严重影响社会公众的言论自由。

（2）公共领域是著作权制度的基础

公共领域是保障创作得以进行的基础，是知识创新、文化发展的基石，其存在有利于在前人的基础上进行后续创新。由于知识的传承性和创作本身固有的特点，公共领域中的资源、素材对于促进科学文化创新是极其重要的，公共领域范围的缩小将会导致创新、创作的消减。创作是作品产生的直接过程，公共领域为创作提供了法律保障，使公众可以自由使用公共领域的素材进行创作，

---

〔1〕《世界人权宣言》第 27 条第 1 款规定："人人有权自由参加社会的文化生活，享受艺术，并分享科学进步及其产生的福利。"

〔2〕冯晓青："著作权法中的公共利益"，载《人民司法》2007 年第 13 期。

而不必花费太高的成本，这也避免了使创作成为少数人专有的特权的危险。若公共领域消亡，则创作也就不可能发生，作品也就失去了存在的依据，著作权制度也将土崩瓦解。一方面，公共领域是著作权制度的起点，为创作提供可能性，保障作品的产生；另一方面，公共领域是著作权制度的归属，解决了作品保护期限届满时的归属问题。著作权制度通过赋予作者一定时期内对其作品排他使用的权利，激励公众进行创作。为实现文化繁荣，著作权制度的存在是必要的，对创新的激励、作者权益的保护、公共利益的维护、文化的传承以及文明的传播更是具有深远意义的。公共领域作为一种解决著作权人与公众之间对于创作原材料的使用问题的制度存在，使得著作权人的身份定位更加明确，即既是公共创作资源的使用者，同时又是生产者。公共领域的存在使得人类知识的积累得到无限扩大，有利于实现文化的积淀，促进文明向高层次发展。公共领域的价值是随着公共领域中的素材、资源的不断丰富而变大的。公共领域的积累扩大了公众进行自由创作的视野，使其达到前人所达不到的高度，也就实现了站在巨人的肩膀上比巨人看得更远的目的。

（3）公共领域是创作作品的前提

与其他劳动行为相比较，创作体现更多的是人类的想象力和智力，而不是机械性的重复工作。但是，即使如此，创作也不是空穴来风、凭空编造事实，而是需要以现实生活中已经存在的素材为依据进行加工。创作所依据的现实生活中已存在的素材或者原材料，属于公共领域。如果公共领域中的知识和信息可以归属私人所有，那么创作所依据的现实依据将不复存在，从而使得大多数创作失去基础，使创作成为少数人的特权。因此，公共领域中的已有知识和信息不能划归私人所有。在公共领域制度下，一方面，创作体现了自身的创造性劳动；另一方面，创作与前人的思想密不可分，要以人类所积累的知识和经验为基础。当创作与公共领域中的已有知识和信息密不可分时，可以理解为完全的独创是不存在的。如此一来，一部作品无论其独创性程度如何，仍然是"先人智慧与自身创造性劳动相结合的产物"，[1]如果这部作品能垄断作品所包含的一切信息，对于其他创作而言，作品中包含的公共领域中的知识和信息将不能被使用，这与著作权制度鼓励创作的原则背道而驰。因此，保有公共领域，为创作提供更广阔的空间，是创作的前提。只有创作的空间得以保留和扩大，在利益平衡原则的指导下，在合理使用制度的配合下，以鼓励创作为主要目的的

---

〔1〕　冯晓青主编：《知识产权法前沿问题研究》，中国人民公安大学出版社 2004 年版，第 52 页。

著作权制度才有运转空间。

（4）著作权法保护范围的急剧扩张导致公共领域范围骤缩

知识产权法在促进文化、科学的发展，以及公众对知识产品的接近等方面确认了公共领域的地位。然而，随着著作权的扩张，公共领域已受到严重的侵蚀。具体表现为：

第一，著作权保护期限不合理延长。世界上第一部著作权法《安娜女王法》规定的保护期限至多为 28 年，而考察当今世界各国的保护期限，基本都采用"生前+死后"的方式，期限一般至少为 50 年。[1]可见著作权保护期限延长幅度之大。

第二，著作权保护客体范围大幅扩张。著作权保护客体已从最初的文字作品扩展到电影、雕塑、计算机软件、数据库等数十种客体。随着社会经济以及科学技术的发展，著作权保护客体增加固然有其合理性，但这并不意味着将新出现的所有智力成果都纳入著作权保护范围就能产生促进社会文化发展的效果。

第三，著作权权能快速扩张。《安娜女王法》为保障作者以及出版者的权利，赋予他们复制权和发行权。由于社会经济发展水平的限制，那时人们对文字作品的侵害仅表现为复制行为。但在新技术和商品经济如此发达的今天，人们对作品的使用不限于以前的复制行为，而随之出现的也是著作权法对各种利用作品的行为的全面保护。甚至可以说，著作权的内容已经囊括人们能够想到的使用作品的各种方式了。

第四，对个人使用的限制增强。相比于最初的公众可以通过多种方式无限接近作品的情形，现在著作权人通过各种技术手段以及公共政策来增加公众使用作品的成本及难度。

上述几方面著作权的不合理扩张，给公共领域造成了极大的影响：首先，通过延长作品保护期限，使得保护期限届满自动进入公共领域供公众自由使用的资源骤减，加大了公众进行自由创作的成本，在一定程度上抑制了创作热情。其次，由于著作权保护客体扩张，对原属于公共领域的可自由使用的诸多客体进行了著作权私有化保护，进一步蚕食了公共领域的范围。最后，著作权权能的扩张使得公众使用公共领域资源的手段单一化，作为创作基础的公共领域的

---

〔1〕《安娜女王法》中规定的保护期限是出版之日起 14 年以及 14 年届满后作者在世的 14 年，我国一般规定为作者终生加死后 50 年，美国一般规定是从作者完成创作开始，直到作者死后 70 年，德国为作者终生加死后 70 年。

作用发挥受到了极大的限制。

（三）独创性与公共领域的关系

1. 独创性划定私有领域与公共领域的界限

由于知识的传递性，创作绝非一个完全"无中生有"的过程，每次创作都需要从公共领域提取素材，以公共领域的资源为基础。连牛顿这样伟大的人物也说"如果我比别人看得远，那是因为我站在巨人的肩膀上"，而这个他所谓的巨人便是处于公共领域的知识的积累。不可否认的是，虽有"巨人的肩膀"，但最终还是要靠"自我的突破"才能"看得更远"。无论多么优秀的作品，均凝结了前人智慧。若把属于前人的贡献归入后来者创作的作品中进行保护，无疑是对前人的不公平，更是对公众可自由使用的公共领域的破坏。作品中属于作者独立完成且是基于前人经验进行的创造性表达的部分是著作权法保护的范围，同时也是作者获得著作权的唯一依据。该部分与公共领域中公众可自由使用的素材的范围界定正是通过独创性认定完成的。独创性理论将作品整体划分为属于公共领域的部分和受到著作权法保护的私有领域的部分，著作权法通过对作者作品中具备独创性的部分加以保护来激励公众进行创作，而作品中具备独创性的部分最终也将进入公共领域供公共创作使用，为更高层次的创作提供了基础。

同时，独创性的认定对公共领域范围的界定有着巨大的影响。根据对公共领域的否定式定义，与著作权法所保护的私有领域相对的就是公共领域，公共领域范围的界定在一定程度上取决于著作权法的规定。独创性作为著作权制度的基础，对智力劳动成果是否作为作品受到保护起着决定性的作用。具体来讲，当独创性标准较高时，能够被认定为作品而为著作权法所保护的智力成果会减少，而该减少部分相应进入公共领域供公众自由获取与使用；相反地，当独创性标准较低时，能够被认定为作品而为著作权法所保护的私有领域的智力成果就会增加，相应地进入公共领域供公众自由使用的部分便会减少。

2. 界定公共领域对于私有领域的影响

公共领域与私有领域是相对应的概念，二者在范围界定上存在着微妙的关系。著作权法所保护的私有领域的产生依赖于公共领域的存在，同时私有领域又对公共领域的资源积累产生促进作用。若公共领域范围扩大，将会导致著作权法所保护的私有领域缩小，使著作权人的利益受到损害；反之，著作权法所保护的私有领域的扩大将会导致原本公众可自由使用的公共领域资源私有化，挤压公共领域，从而对公众的利益产生影响。以不同的方式来界定两者的概念会产生不同的影响：若从著作权法保护的私权角度来界定公共领域，那么可以得出著作权法不保护的便是著作权法意义上的公共领域的结论。但私有领域范围的界定不够明确且著作权急速扩张的问题，会导致公共领域范围被无限压缩。若从公共领域的角度来界定著作权法所保护的私有领域，则保障了社会公共利益免受侵害。上述两种方式的区别在于将何者放在利益首位，即保护优先级问题。从著作权制度的建立机制分析，其通过保护作者的著作权来实现促进创作的目的，而最终要达到的状态是实现科学与文化事业的繁荣。因此，保护著作权人的权益只是实现著作权立法目的的一种手段，或者说是激励方式，更重要的是保障社会公众享有的自由创作的权利。因此，从公有领域的角度对著作权法保护的私有领域进行限定，可以更好地体现作品的创造属性，从而维护公共利益，实现立法目的。

公共领域的资源可以被公众自由地使用以产生新的作品，但著作权人常常过于强调作品创作过程中添加的个人属性，而忽略来自公共领域的无偿取得。明确公共领域的范围有利于著作权人对作品的产生有深层次的了解，而不是总抱怨自己绞尽脑汁产生的作品常常或最终不完全属于自己，被他人免费使用。

3. 公共领域在独创性认定中的重要意义

作者创作作品从本质上来讲就是从公共领域吸取素材进行自我加工、自我整合而形成具有独特个性的智力成果的过程，公共领域作为创作的基础是毋庸置疑的。独创性认定标准的调整对公共领域的广度和深度有着深刻的影响，而公共领域反过来又在一定程度上影响着独创性认定标准。独创性作为判定作品中作者独特表达的一个标准，从一定程度上体现出作品的潜在价值。从价值增加理论的角度来看，著作权制度中的独创性认定就起着判断作品是否产生了对他人有价值的部分的作用，也进一步阐释了保护作品的实质就是保护价值的增加。公共领域的存在正是为衡量价值的增加提供一个标准，即公共积累的增加就是价值的增加。因此，可以说公共领域的存在为独创性认定提供了实践基础。

在司法实践中，明确公共领域的范围为司法人员判断作品是否具有独创性提供了较大的便利。具体而言，若对公共领域的范围没有做出较为清晰的界定，在对作品进行独创性认定的过程中会出现对构成作品的各个要素都进行判别认定的情况，这样既耗时又费力，也达不到好的效果。用公共领域来反面界定著作权法的保护范围，不仅为实践中适用"三步法"规则提供了理论依据，还在具体操作中避免了对各部分要素逐一进行独创性的认定，精简了工作量，增强了工作的针对性，有利于纠纷的解决。

二、公共领域下独创性认定之实证研究

如上文所述，我国著作权法体系中关于独创性的规定过于简略，公共领域的概念在法律规定、司法解释中也难觅踪影，虽学界有着激烈的讨论，但难以达成共识。在司法实践中，法官也是通过具体的判决来表达对独创性的各种认识，如在上海某房地产开发有限公司与某世博会事务协调局著作权侵权纠纷案中，上海市第二中级人民法院认为文字"城市让生活更美好"构成文字作品，经著作权登记后，原告取得该文字作品的著作权，被告未经许可使用该文字作品侵犯了原告依法享有的著作权[1]；而在北京某印刷技术研究院与某食品有限公司著作权合同纠纷案中，"北纬42°草原富氧生活"却因为文字较短、独创性有限被北京市大兴区人民法院认定为不构成作品[2]；同样短小的文字"立邦漆处处放光彩"在肖某与某涂料（中国）有限公司侵犯商标专用权纠纷上诉案中被湖北省高级人民法院认定构成文字作品，享有著作权[3]。上述三个案件中，法院认定涉案文字是否构成作品的标准似乎过于模糊，在判决中对作品的独创性也缺乏较为详细的论述。因此，下面通过两个经典案例来剖析公共领域下独创性认定的标准及司法实践中的具体做法。

（一）典型案例分析

1. 方正公司诉某公司"飘柔"字体著作权侵权案

方正公司通过与"倩体"字体的原始设计人齐某签订购买合同取得了字体的所有权，并以此字体为基础进行了电脑字库开发，而后进行了作品著作权登记，登记著作权人为方正公司，作品类型为美术作品。"飘柔"二字系某公司委托美国 NICE 公司为其产品进行设计，NICE 公司经购买正版方正兰亭字库后根据委托方产品特点而在字库中挑选文字设计完成。此后，方正公司以某公司未经许可，在商业活动中多次使用其享有著作权的字库中的"飘柔"二字的行为侵犯著作权为由提起诉讼。[4]

一审法院认为，方正公司通过取得字体设计师齐某的许可，将其具有一定独创性的文字技术化制成电脑字库的这一过程显然投入了智力劳动，而该过程

---

[1]　案情详见上海市第二中级人民法院（2004）沪二中民五（知）初字第 140 号民事判决书。

[2]　案情详见北京市大兴区人民法院（2014）大民初字第 6495 号民事判决书。

[3]　案情详见湖北省高级人民法院（2009）鄂民三终字第 33 号民事判决书。

[4]　参见北京市第一中级人民法院（2011）一中民终字第 5969 号民事判决书。

是将具有独创性的汉字风格和笔形特点等要素进行统一整合，最终应用到全字体而形成具有统一风格和笔形规范的字库内容，从字库中的字体整体风格来看，具有一定的审美价值，也可以表现出字库设计人在创作过程中想要表达的思想，故该字库内容整体而言具有独创性，属于著作权法意义上的美术作品；但就"飘柔"二字单独来看，由于文字的功能性以及其固定的笔画及结构的限制，一个字或者两个字所能体现出的风格极为有限，且很难与其他字体的风格形成区分，若予以保护，则不利于公众对汉字的自由使用。此外，同一字库中的所有字都具有同样的设计风格，如果每个单字都被认为是美术作品，那么各个单字的独创性会发生相互否定的情况。故字库中的单字因缺乏独创性而不能构成作品。[1]

二审法院另辟蹊径，从著作权授权许可角度进行反面说理[2]，顺利解决了纠纷，但未就字库中的单字是否构成作品进行阐述，也未对一审法院关于字库单字不能构成作品的观点进行判断或者确定。

该案的争议焦点在于字库中的单字是否可以构成作品。一审法院在进行认定时考虑到汉字的功能是传情达意，是公众可以自由使用的范围，若将字库中的单字认定为美术作品，那么公众在日常活动中将会受到众多的限制，有将原本属于公共领域的资源纳入私有保护范围的嫌疑，不利于立法目的的实现。再者，考虑到字库中的单字是对现有汉字经过一定的设计而形成的，而由于汉字结构的固定性，在单字上进行创造性设计的空间较为狭小，与其他风格的字体也不易区分，其创作高度难以达到认定美术作品的独创性标准，故其不满足作品的实质要件——独创性。本案二审法院的态度让人深思，虽通过反面说理的方式解决了纠纷，但就本案的核心问题并未发表明确的观点，看似解决了纠纷，字体著作权问题仍然悬而未绝。

2. 朱某诉某公司等侵犯"火柴棍小人"著作权案

19 世纪末，柯南道尔完成了"跳舞的小人"形象的创作。从 2000 年 4 月至 2001 年 9 月，朱某相继创作完成《独孤求败》等五部计算机网络动画，并于 2001 年 10 月 26 日就上述五部作品进行了美术作品的著作权登记。五部作品中的人物形象均为"火柴棍小人"。2003 年 10 月，某公司等为举办商业活动及宣传推广新产品，发布众多商业广告，其中包含"黑棍小人"形象。朱某遂以某

---

[1]　参见北京市海淀区人民法院（2008）海民初字第 27047 号民事判决书。

[2]　详见北京市第一中级人民法院（2011）一中民终字第 5969 号民事判决书。

公司等侵犯美术作品"火柴棍小人"的著作权为由诉至法院。[1]

本案经过两审法院审理,得到最终判决。一审法院认为,首先,朱某的"火柴棍小人"形象与公众可以自由使用的"跳舞的小人"形象相比存在着独特的表现形式,是属于在对公共领域资源的合理利用基础上产生的美术作品,且线条的选择以及各要素的组合均体现出作者的构思,已构成著作权法意义上具有独创性的作品,依法享有著作权。其次,与"火柴棍小人"形象进行对比,"黑棍小人"整体形象、美观程度、立体效果与之基本相同,且二者在黑色线条的粗细、厚重、圆润程度的选取上都近乎一致。因此,二者属于相近似的美术作品。法院最终认定某公司等侵犯朱某的著作权,应承担侵权责任。[2]

二审法院认为,一方面,独创性是构成作品的必要条件,是作者独立完成作品且通过要素的选择、取舍、判断和编排等方式来体现作者个性的象征,是作者个人特有的东西。虽在"火柴棍小人"和"黑棍小人"出现之前公共领域已存在"用黑点代表头,黑色线条代表四肢"的"跳舞的小人"形象,但与"火柴棍小人"形象相比,后者无论是在创作过程中,还是在其表达形式上,都体现了作者对创作要素独特的选择、取舍和组合等,能够表现出作者通过该作品想要传达的个人情感思想和个性。故该形象具有独创性,属于美术作品。另一方面,属于公共领域的资源属于公众可自由使用的公共财产,不应纳入著作权法保护范围内进行私有化保护,著作权法保护的仅是作品中体现作者个性的独创性部分。本案中,"火柴棍小人"和"黑棍小人"存在相同的部分,而该相同部分恰恰是已进入公共领域不受著作权法保护的公有资源。故认定"黑棍小人"形象等并未侵犯朱某的著作权,不承担侵权责任。[3]

该案的焦点在于对涉案作品"火柴棍小人"独创性部分的认定,之所以出现两级法院不同判的情况,原因在于一审法院模糊了公共领域对独创性认定的重要作用,错误地将公共领域的资源纳入著作权法保护范围,扩大了原告享有著作权的客体范围,妨碍了公众使用公共资源的自由。二审法院在审判过程中运用著作权侵权认定"三步法"规则,"过滤"掉作品中属于公共领域的成分,确定了受著作权法保护作品的独创性部分,从而得出了正确的结论。

公共领域是公众进行自由创作的基础,也是确定著作权客体保护范围必不

〔1〕 参见北京市高级人民法院(2005)高民终字第538号民事判决书。
〔2〕 参见北京市第一中级人民法院(2004)一中民初字第348号民事判决书。
〔3〕 参见北京市高级人民法院(2005)高民终字第538号民事判决书。

可少的因素。在认定是否构成作品或是否构成著作权侵权时，都要对其中的公共领域部分进行过滤，将其排除在保护范围之外，进而对剩余部分进行独创性判断或侵权比对。可见，公共领域范围的界定对整个著作权法系统的运行以及实现立法目的有着举足轻重的作用。

（二）我国独创性认定存在的困境

通过对上述几个案例的分析，可以看出：在司法案件中，对作品独创性的认定始终处于首要地位，是案件得以顺利进行的基础。但由于我国著作权制度起步较晚，在独创性认定这一基础问题上，无论是在立法层面还是在司法实践中，均存在较多的问题。

1. 独创性认定标准不明确

我国《著作权法》第 3 条采用列举的方式对作品类型进行了规定，并未明确界定作品独创性的概念。《著作权法实施条例》第 3 条〔1〕对"创作"进行了释明，即直接产生作品的行为，将创作过程中的一些辅助性行为排除在外。

从上述法律法规的规定可以看出，我国对独创性的规定在立法上采用这样的思路：用独创性的概念来界定作品，而又用作品的概念来定义创作，但从一开始就未对独创性的概念予以明确，从而导致对其他两个概念的解释都陷入僵局，未能揭示其本意。这也使试图通过现有法律规定来理清三者之间关系的人陷入了"逻辑学上的恶性循环"，即定义作品必须先明确独创性的含义，而独创性又需要根据创作的概念来规定，但是创作的概念只有在作品的概念确定后才具有可规定性。〔2〕如前文所述，似乎从《审理著作权民事案件适用法律解释》第 15 条中可看出立法者意图将独创性规定为独立完成且具有创作性，但考虑到该条的目的并不是为独创性作专门规定以及司法解释的层级问题，该种解释也只能算作附带解释。

2. 独创性认定司法标准不统一

我国著作权法并未就独创性进行较为清晰的界定，在司法实践中法官也是凭借自己的理解对作品进行独创性认定，享有较大的自由裁量权。由于缺乏统一的认定规则，实践中常常出现相似甚至相同案件不同判决的情况，这损害了

---

〔1〕《著作权法实施条例》第 3 条规定："著作权法所称创作，是指直接产生文学、艺术和科学作品的智力活动。为他人创作进行组织工作，提供咨询意见、物质条件，或者进行其他辅助工作，均不视为创作。"

〔2〕金渝林："论作品的独创性"，载《法学研究》1995 年第 4 期。

司法的权威性以及法律的指引性。如在苏州某制药有限公司与湖南某医药有限公司著作权侵权纠纷案中，对药品说明书的属性判断，一、二审法院给出了同样的结论，即药品说明书可以构成作品。法院首先以《著作权法》第5条为依据明确药品说明书不属于著作权法之排除对象，再依据著作权法的一般规定考察其"创作"因素。在具体认定上，法院首先肯定了药物实验属于智力活动，说明书是对药物实验这一智力劳动的文字表达方式。由于每一药物实验所采用的实验对象和实验环境不同，药品说明书涉及的相关实验数据和表达方式也需要撰写者进行智力劳动，对药品予以相契合之表达，故药品说明书应当纳入著作权法之保护范围。[1]但是，在某制药股份有限公司与某医药有限公司著作权权属、侵权纠纷案中，广东省高级人民法院就药品说明书作出了完全相反的判决。该法院认为著作权法上的作品一般是独立存在并实现价值的，而药品说明书无法脱离药品独立发挥效用，不具有独立使用价值，因而不属于著作权法保护的对象。[2]

同样的矛盾判决发生在点评信息这个客体上。在大众点评网诉某网一案中，就点评信息的属性问题，一审法院和二审法院作出了不同判断。一审法院认为，虽然大部分点评信息在实质内容上存在部分相似，但都是消费者基于自身体验而完成的。由于众多消费者表达习惯、形式以及表达能力的差别，在先点评信息不会影响在后点评信息的独创性。而且，大众点评通过技术手段将众多点评信息整合展现给消费者的行为实质上属于汇编行为，而其在此过程中的收集、整合、判断、编排等行为也表现出了自身独特的选择，因此点评信息从整体上判断具备独创性，属于汇编作品，享有著作权。[3]但二审法院认为，根据"表达唯一性"原则，当思想的表达仅限于一种或少数几种形式时，保护了表达就相当于保护了思想，不符合著作权法的规定，故对其表达不予保护。消费者对于餐馆以及其菜品的评论只存在少数几种表现形式，若对其进行保护则相当于保护了消费者的思想，不符合"表达唯一性"原则，故认定点评信息不具有独创性，不属于作品。再者，大众点评对点评信息的搜集整理方式属于行业内的通用方式，并不能体现出作者的创造性劳动，不具有独创性，故不属于汇编作

---

〔1〕　参见长沙市中级人民法院（2010）长中民三终字第0437号民事判决书。

〔2〕　参见广东省高级人民法院（2014）粤高法民三申字第45号民事裁定书。

〔3〕　参见北京市海淀区人民法院（2008）海民初字第16204号民事判决书。

品。[1]最令人不解的是，之后双方再次对簿公堂。法院再次认定：涉案的对餐馆及菜品等的点评是消费者基于亲身体验而形成的主观感受，虽存在着不同消费者对同一餐馆或同一菜品内容相似的点评，但基于各个消费者点评方式、选取角度、表达能力的不同，其点评内容也表达出了不同消费者的主观感受，在一定程度上体现了消费者的个性、情感等。故点评信息具有独创性，构成作品。[2]

司法实践对作品独创性的认定出现上述同案不同判的情况屡见不鲜，如在标题短语、字库中的单字、临摹作品等方面，司法认定中仍存在较大分歧。法律具有指引作用，指导公民具体的行为方式。该种司法标准不一的现象无疑会对法律的指引作用造成损害，使公众无所适从。同时，随着科技革命的到来，新型作品类型的出现以及新形式的侵权方式将使独创性认定标准经受严峻的考验。因此，独创性认定标准以及适用方式的明确化势在必行。

3. 公共领域划界不清晰

在对相关作品进行独创性认定时，司法机关常常借助公共领域这一概念，将争议作品中属于公共领域的要素剔除出去，然后再对剩余要素进行独创性认定，或者直接将争议作品划入公共领域的范围排除保护。如在孙某与某市人民政府著作权权属、侵权纠纷案中，山东省高级人民法院认定：独创性是作品的基本要素，一切处于公共领域的素材、历史事实均不具有独创性，不受我国著作权法的保护。[3]在中央编译出版社诉郅某等侵犯著作权纠纷案中，北京市第一中级人民法院认定：《一千零一夜》系阿拉伯国家的古老传说，其原著由于已经超过著作权法对作品著作权的保护期限而进入公共领域，任何人都可以使用。[4]但是值得注意的是，《著作权法》、《著作权法实施条例》甚至《审理著作权民事案件适用法律解释》都并未明确规定公共领域的概念与含义，也未明确界定其范围，也就是说现有法律没有明确规定公共领域的范围，而在司法实践中倾向于将著作权法不保护的对象或者保护期限已满的作品划入其范围内。但问题恰恰就在于裁判者在判断智力劳动成果是否构成作品受到著作权法保护时又常常借助公共领域这一概念，这样就形成了一个看似正常实则荒诞的解释逻辑——排除出公共领域的就是著作权法所保护的。这就导致了在司法实践中，当

---

〔1〕　参见北京市第一中级人民法院（2009）一中民终字第 5031 号民事裁定书。

〔2〕　参见北京市海淀区人民法院（2010）海民初字第 4253 号民事判决书。

〔3〕　参见山东省高级人民法院（2015）鲁民三终字第 154 号民事判决书。

〔4〕　参见北京市第一中级人民法院（2009）一中民终字第 4138 号民事判决书。

判断一作品或作品元素是否属于公共领域时缺乏明显的依据与标准，赋予了裁判者极大的自由裁量权，进一步导致了司法裁判标准的不统一，同案不同判的情况屡见不鲜。因此，完善独创性制度时对公共领域的界限进行明确实属必要。

三、从维护公共领域角度完善独创性认定规则的建议

独创性是智力劳动成果获得著作权法保护的前提条件，独创性认定规则的模糊将会导致众多同案不同判的情况发生。公共领域作为公众可自由获取创作资源的公共地带，保障公众自由创作的权利，是著作权法实现其立法目的的重要依托。从维护公共领域的角度对独创性认定规则加以完善，有利于通过赋予作者著作权这一手段来实现鼓励创作的立法目的。

（一）从制度层面对规则的完善

1. 在著作权法中引入公共领域的概念

著作权法意义上的公共领域是指不受著作权法保护的公有地带。处于公共领域的素材，社会公众可自由使用。公共领域的作用在于将作品中属于公众可自由使用的部分排除出来，为独创性发挥其现实价值提供条件。公共领域既是公共创作资源、素材集中存放的地方，也是公众进行思想碰撞交流的公共地带，其存在有利于作品创作和文化创新。若缺乏公共领域，对作品进行界定时对其中的所有元素加以保护，会使后来的创作者因为缺乏创作素材而无法创作，使创作失去基础，而这将阻碍文化的传承和文明的进步。

司法实践中，法院常运用公共领域这一概念将作品中不予保护的部分过滤出去，进而确保公众能够自由地使用此部分，实现权利人与社会公众之间的利益平衡。可以说，在认定某一智力劳动成果是否构成作品进而得到著作权法的保护时，公共领域发挥着决定性作用。但现有法律并未对该概念予以明确，遑论对其范围的界定。《法国知识产权法典》L. 123-8 条及 L. 123-9 条[1]中已出

---

〔1〕《法国知识产权法典》L. 123-8 条规定："关于作者继承人和权利继受人权利的 1866 年 7 月 14 日法律赋予作者、作曲者或艺术家的继承人及其他权利继受人的权利，延长一段与 1914 年 8 月 2 日至和平条约签订之日后的年末等长时间的保护。延长保护适用于一切在上述期间终止之日前出版，并在 1919 年 2 月 3 日尚未进入公有领域的作品。" L. 123-9 条规定："上述 1866 年 7 月 14 日法律及 L. 123-8 条赋予作者、作曲者或艺术家的继承人及其他权利继受人的权利，延长一段与 1939 年 9 月 3 日至 1948 年 1 月 1 日等长时间的保护。延长保护适用于一切在 1948 年 1 月 1 日前出版，并在 1941 年 8 月 13 日尚未进入公有领域的作品。"

现公共领域的概念，[1]《保护文学和艺术作品伯尔尼公约》中也出现了类似于公共领域的"公共财产"的表达。[2]鉴于该概念在学理以及司法实践中发挥的巨大作用，著作权法有必要对公共领域进行明确，进而确定其基础地位。笔者认为，可以将公共领域概念引入《著作权法》第 4 条中，作为第 2 款，即修改后的《著作权法》第 4 条表述为："著作权人和与著作权有关的权利人行使权利，不得违反宪法和法律，不得损害公共利益。国家对作品的出版、传播依法进行监督管理。对进入公共领域的作品，公众可自由使用。"修改原因有三：一是，在《著作权法》总则部分引入公共领域的概念有利于确立公共领域在整个著作权法体系中的基础地位，为裁判者定案提供清晰的法律依据；二是，在第 4条第 2 款中引入公共领域概念，既可以与上款中的公共利益形成呼应，暗示公共领域所代表的公共利益，又可以与第 5 条规定的著作权不予保护的客体共同来界定公共领域的范围，在结构和内容上达到统一；三是，有利于与国际公约规定保持一致，避免在具体适用上的冲突。

2. 在著作权法及其实施条例中明确独创性的含义

我国《著作权法》涉及独创性概念的规定有以下几处：一是，《著作权法》第 3 条关于作品定义的规定；二是，《著作权法》第 10 条第 1 款第 14 项关于改编权的规定；三是，《著作权法》第 15 条关于汇编作品的规定。这三处法律规定中虽提及了独创性的要求，但都没有对独创性的概念进行直接具体的定义。此外，《审理著作权民事案件适用法律解释》第 15 条有"独立完成并且有创作性"的表达，但这并非针对独创性概念的专门解释，再考虑到司法解释的层级问题，将该表述作为独创性的具体定义实为不妥。

独创性作为认定作品的实质性条件，是整个著作权法体系运行的基础。独创性概念的模糊必将导致整个著作权制度处于不稳定的状态，而这对于作品权利人以及社会公众是不利的，必将影响其实现文化繁荣的立法目的。故"立法不言独创性"的形势必须加以纠正。独创性作为著作权法中最基础的概念，是智力劳动成果获得著作权法保护的标准，其在整个著作权制度中起着基础的作用。将基础概念体现于最基础的法律中，既符合立法意旨，又有助于强调该概

---

〔1〕　参见《十二国著作权法》翻译组译：《十二国著作权法》，清华大学出版社 2011 年版，第 76 页。

〔2〕　《保护文学和艺术作品伯尔尼公约》第 18 条规定："一、本公约适用于在本公约开始生效时尚未因保护期满而在其起源国成为公共财产的所有作品。二、但是，如果作品因原来给予的保护期满而在向之提出保护要求的国家成为公共财产，则该作品不再重新受该国保护。"

念在法律体系中的基础地位。因此，对作品的实质要件——独创性的概念——在《著作权法》中予以明确是符合立法规则的。另外，应当在《著作权法实施条例》中对独创性加以具体描述，使其具有可操作性。具体而言，可对《著作权法实施条例》第2条进行修改，对独创性概念加以明确：著作权法所称独创性，是指独立创作，未存在抄袭、剽窃且具备最低限度的创造性高度。这样修改的好处在于既对《著作权法》中规定的独创性给予了较为清晰的阐释，又使法院在具体的司法实践中有了操作性强的依据。

3. 在司法解释中针对不同作品规定不同的独创性判定方式

应当针对不同类型的作品，制定不同的独创性判定标准。原因在于：不同类型作品所需投入的劳动、创作空间大小都有差别，例如，一般而言，科学作品所需的劳动较文学作品所需的劳动更多。但是，随着科技与经济的发展，在各类新事物的影响下，作品形式也在不断变化发展，因此，法律难以涵盖每一种具体的作品形式并对每一种作品制定不同的独创性判定标准。根据作品创作的方式，将作品分为原创作品和二次作品两大类别，对这两大类别分别作出规定即可，而无须具体到每一形式的作品。其中，原创作品是全新作品，由作者独立构思而成且同现有作品不同，作者需要投入相当的智力劳动，对作者的创造力要求相对较高。相对于原创作品，二次作品属于再创作作品，需要直接引用或者依赖原有作品的已有内容，是对原有作品整体的二次利用，例如汇编品和演绎作品。不同的作品所体现出来的个性表达存在差异，因此在独创性的判定中，也应当有不同的关注角度和关注重点。

就原创作品而言，其创作是个"从无到有"的过程。由于作品属性不同，在创作过程中能够发挥作者创作个性的空间也不相同。就文学、艺术领域的作品而言，作者有较大的空间去发挥其创作个性，表达其思想。因此，可以认为只要是作者独立完成，在作品中表达了作者想要表达的思想，该作品就具备著作权法意义上的独创性。就科学作品而言，其作品具有表达事实或实现功能的特点，创作空间也较为有限。因此，对该类作品只要求独立完成是不能满足独创性要求的，其还须具有一定程度的创造性。二次作品是在对原有作品整体利用的基础上形成的新作品，会在内容或形式上受到原有作品较大的限制，包括演绎作品和汇编作品。演绎作品一般涉及对原有作品的翻译、改编等，因此其创作空间较小。在判断其是否具有独创性时，应重点关注其中是否存在区别于原作者个性的表达。汇编作品是对原有作品或不具有作品属性的数据或其他材料进行选择或编排而形成的新作品，其独创性不体现在汇编材料的内容上，而在于对其内容的选取、编排、组合等。相比于直接产生作品的行为，汇编作者付出的智力劳动较少，产生的社会效应一般而言也不如前者。故，对汇编作品进行独创性认定时，应注重其选择和编排的创作高度。

（二）从司法实践角度进行完善

1. 发挥利益平衡理论的重要指引作用

在司法实践中，作品独创性认定的难点在于那些处于独创性认定标准边缘的作品，而不是那些具有显著独创性的作品。举例来说，就《西游记》这一类的文学作品而言，法官不太会在其独创性的认定问题上纠结；相反，针对数据库这一类的作品，法官在其独创性的认定问题上可能会比较犹豫，考虑其是否满足最低限度的创造性要求，因为该类作品常常涉及较大的公共利益，若贸然进行著作权保护，则可能对公共利益造成损害。从独创性认定的实质来看，独创性实际上是衡量著作权个人利益与社会公共利益的一个标准。当智力劳动成果满足独创性要求时，就能归入作品的范围，获得著作权法的保护。著作权制度通过赋予作者在一定时期内排他使用其作品的各项权利，对作者的创作行为进行刺激、激励，鼓励大众进行更高水平的创作，同时体现着公共利益的公有领域内容不断得到积累和深化。认定作品因缺乏独创性而不能获得著作权法的保护，也是基于对公共利益的考虑，因为如果将不具有独创性的智力成果纳入著作权法保护范围，将会导致后来创作者无法使用原本处于公共领域的素材进行自由创作，阻碍社会公众的自由表达。著作权保护的进一步的公共利益是：思想、事实和知识在公共领域的继续增长和补充。[1]作品获得著作权法保护的对价在于作品中的独创性成分能够使公共领域的内容得到增加，也就是维护社会大众的公共利益。在司法实践中对处于独创性标准边缘的作品进行认定时，最低限度的创造性应该具备这样的效应：不对公众的自由使用产生太多的限制，又满足著作权法鼓励创作的立法目的。因此，在该种情况下，充分发挥利益平衡理论的指引作用，寻求最合适的平衡点，既有利于维护权利人的基本权利，又有利于保障公众获取知识的自由，从而激发其创作热情。

2. 引入三分法理论

在实践中，在作品具备独创性的前提下，无论作品独创性程度如何，对作品进行的保护都是同种程度的保护，而这种不存在差异的保护导致的直接问题就是作者可能失去创作独创性更高的作品的动力。因此，有必要依据作品的独

---

[1]　冯晓青：“著作权法中的公共利益”，载《人民司法》2007 年第 13 期。

创性程度进行区分，给予不同力度的保护。三分法兼顾公平与效率，在进行比较时，对作品按照独创性的不同，区分出独创性较高的作品、独创性较低的作品以及独创性相当的作品。在此基础之上，对独创性较高的作品适用非等同物原则，给予较大力度保护，反之则适用同一性原则予以较小力度保护；而如果法院认为被告作品的独创性贡献等于或者大于原告作品，原告会被拒绝法律禁令的救济，但是会被判给予其作品市场价值的补偿。[1]在前述三种区分下，独创性较高的作品将不会被认定为侵权作品，而独创性较低作品的作者则需要在诉讼中承担更多的举证责任来免除侵权责任。[2]因此，三分法以独创性高低进行分层，依据智力劳动投入的多少以及可能投入的资金大小等，对作品给予不同程度的保护，可以为作者创造安全的创作环境，激发其创作热情，同时也为司法机关提供了指导。

3. 仿照技术鉴定中心制度模式设立完善的作品评判专业机制

美国霍姆斯大法官曾说，由那些只受过法律训练的人来判断美术作品的价值是危险的。[3]此话不仅适用于美术作品，对其他类型作品来讲更是如此。对作品独创性的认定一般不涉及其文学水平、艺术高度及经济价值等的判断，只要作品满足了最低限度创造性的要求，即可获得保护；作品自创作完成即获得著作权法的保护，只有在发生著作权侵权纠纷时法官才会对作品是否具有独创性进行认定。但由于著作权法规定的作品种类众多，再加上科学技术飞速发展过程中不断出现的作品类型，每类作品都具有其专业性，法官不可能完全掌握著作权法中出现的以及将要出现的作品的相关知识，涉及专业性极强的计算机软件、数据库、人工智能生成作品等作品时更是如此。在司法实践中对作品独创性的认定必须基于对作品所属领域知识的了解。在此情况下，引入专业机构、专业人员的专业意见辅助法官进行独创性认定就具有了积极的意义。在专利诉讼中，当事人可以在诉讼前或诉讼中通过技术鉴定中心对专利技术与侵权技术进行侵权比对，判断其是否具有侵权的可能，并凭借技术鉴定中心出具的鉴定报告来评价是否进行诉讼或者胜诉的可能性，而鉴定报告通常也会作为法官定案的重要依据。同理，对作品独创性的认定若须以作品所属专业领域知识为前提，当事人及法院也可就案件涉及的专业知识求助于专业机构或专业人员。他们的意

---

〔1〕　刘辉："作品独创性程度'三分法'理论评析"，载《知识产权》2011年第4期。

〔2〕　如通过举证来证明作品系自己独立创作完成，或者是引用其他先前存在的作品。

〔3〕　转引自王迁：《著作权法》，中国人民大学出版社2015年版，第29页。

见不仅能够弥补法官对作品所属领域专业知识的不足，更有利于使案件当事人双方信服。如在泉州某艺品有限公司与某艺品实业（惠阳）有限公司著作权侵权纠纷案中，一审法院经双方当事人同意，就诉争树脂工艺品是否具有著作权法意义上的独创性委托相关司法鉴定中心进行鉴定，并在之后的判决过程中肯定了该鉴定结果。[1]这一做法令独创性的判断变得更加专业化，有利于争议的解决。

因此，笔者认为可以在北京、上海、广州等著作权侵权纠纷高发的地区进行相应的试点，推行作品评判专业机制，聘请相关领域专家作为专业人员在作品独创性认定过程中为法院提供专业意见。

4. 在公共领域理论的指导下充分发挥独创性认定的作用

独创性作为检验智力成果是否具有作品属性从而能否得到著作权法保护的重要依据，在作品保护以及作品侵权判定中起着至关重要的作用。虽然我国独创性认定标准存在诸多缺陷，但值得肯定的是，在现今我国著作权保护大环境下，其仍具有不可替代的作用。公共领域为创作提供原始素材，是一切智力活动的基础。公共领域作为作品的发源地，为作品的完成提供了条件。正视公共领域对著作权制度的支撑作用可以帮助我们更加清楚地了解著作权制度的本质与核心。由于创作过程的特殊性，作品是一个融合了取自于他人的部分和作者独创成分的混合体，而公共领域便提供了一种将取自于他人的部分从中剥离出来的可能性，为独创性提供了用武之地，发挥了其现实价值。公共领域与符合独创性条件而受到著作权法保护的私有领域是一对相互对立而又统一的概念，从公共领域的角度来界定著作权法所保护的范围更有利于维护社会公众的公共利益，进一步推动著作权法立法宗旨的实现。因此，确立及保障公共领域在著作权法体系中的基础地位是重中之重：一方面，在《著作权法》总则部分提出公共领域之概念，可以明确其在整个著作权法中的指导意义。另一方面，在下位法中，如《著作权法实施条例》，明确公共领域的具体含义，为独创性认定规则的适用提供理论支持。我国司法实践虽早已引入公共领域这一概念进行具体的司法断案，但仍存在公共领域范围不清、说理不明确的问题。为解决这一问题，笔者认为应大力推行指导案例制度，如最高人民法院通过定期发布指导案例来明确公共领域这一概念在具体司法应用中的范围以及适用条件，指导下级法院正确应用公共领域理论进行作品的独创性认定。总而言之，独创性与公共领域不是相互割裂、相互分离的，二者应是相得益彰、相辅相成的，只有在公共领域理论的指导下才能发

---

[1]　案情详见福建省高级人民法院（2004）闽民终字第 222 号民事判决书。

挥出独创性最大的现实价值，从而达到著作权法的立法目标。

四、结论

本文以公共领域为视角，引入公共领域的概念，通过研究公共领域与独创性之间的关系，试图提出关于完善我国独创性认定规则的些许建议。文章首先从立法及学理方面对独创性的概念予以分析，并对独创性认定的基本原则展开讨论，从利益平衡理论、价值增加理论以及著作权法的立法意旨三方面对独创性认定的正当性加以论证。其次，对以英美为代表的版权体系、以德法为代表的作者权体系中的独创性认定规则进行了简要论述与分析，而后引入公共领域的概念，对公共领域的定义进行了系统阐述，分析了维护公共领域的正当性，揭示了公共领域与独创性认定的关系并进一步明确公共领域对于独创性认定规则完善之必要性。文章中间部分主要以"飘柔""火柴棍小人"为例，剖析司法实践中独创性认定的具体标准，从而揭示了我国在独创性认定规则方面存在的不足。最后从立法以及司法方面提出了几点建议，以期对完善我国独创性认定标准提供些许帮助。

独创性作为作品存在的基础，为著作权保护提供理论依据，也是整个著作权制度运行的基础。公共领域是创作行为的开端，也是作品的最终归属。公共领域的存在为独创性认定实现其现实价值提供了可能性。因此，在注重独创性本身的完善的同时，更应加强对公共领域的维护。具体而言，在立法层面，将《著作权法实施条例》中的相关表述移植到《著作权法》中，提高独创性概念的法律层级，并对《著作权法实施条例》第2条进行修改，进一步明确独创性概念。在相关司法解释中针对不同类型的作品制定不同的具有可操作性的认定标准，从而改变立法不言独创性的形势。同时，在《著作权法》中引入公共领域的概念，以确立公共领域在著作权法体系中的基础地位。司法层面，在个案认定中需要以利益平衡理论为指导，处理好各方当事人之间的利益关系，平衡著作权人个人利益与社会公众的公共利益，实现个案正义。引进三分法理论指导司法实践，在著作权侵权纠纷中对独创性程度较高的作品给予较为全面的保护，对独创性较低的作品，要求被告通过举证来免除自己的侵权责任。建立作品评判专业机制，在判断作品是否具备独创性较为困难时，法官可参考由专业机构、专业人员出具的鉴定意见。在保障社会公众自由创作的基础上，鼓励公众创作，实现文化繁荣是著作权法的立法目的，而维护公共领域对于实现该目的起着巨大的推动作用。因此，在对作品进行独创性认定时应注重发挥公共领域的重要作用。

维护公共领域视野下
新媒体平台著作权保护问题研究

杨　扬

著作权制度的发展史是一部扩张史。随着时代演进,著作权的客体范畴、权利保护期限等不断扩张,权利人对作品的控制强度增加。20世纪末以来,学界开始对这场"著作权圈地运动"进行批评和反思,探讨如何限制著作权权利的边界,公共领域理论应运而生,并逐渐独立成为一个新的研究领域。由于财产权激励理论强势发展的影响,本身还未形成健全体系的公共领域持续受到抑制和弱化。与此同时,数字技术的巨大冲击进一步加剧了公共领域的式微,法律法规和司法实践也在一定程度上挤压了公共领域。新媒体平台上作品创作、传播、授权及交易模式的变革对著作权保护及公共领域保留的平衡机制提出了全新的要求。

随着信息产业商业模式的综合化变革,广播电视网、电信网、互联网呈现"三网融合"的趋势,发展出个性化与社群化的新媒体。新媒体平台为作品的创作、传播、授权及交易提供了高效便捷的方式,颠覆了人们的生活方式,丰富了社会公众的精神文明世界。与此同时,数字技术的飞跃式进步对著作权法按传统媒介种类分而治之的制度设计产生了巨大冲击。一方面,"免费文化"盛行使得公众尊重知识产权的意识不强,新媒体平台著作权侵权纠纷频发。另一方面,权利人纷纷采取技术措施等自力救济手段,控制公众对作品的接触和使用,作品的合法有效流转受阻,公共领域受到严重侵蚀。

本文立足于新媒体平台公共领域的理论研究,并以不同商业模式为切入点,通过实证考察现阶段典型新媒体平台的著作权保护和公共领域保留存在的问题,最终尝试从立法层面、司法层面和平台运营层面提出适应新媒体环境的"兼顾公共领域的著作权保护体系"完善路径。

一、新媒体平台公共领域之理论构建

人类的文化进步和知识创新是一个以现有作品池为基础不断再创造的过程。

创作活动不仅取决于创作者本身的努力，也取决于数代人文化的积累，取决于公共领域创作资源的丰富程度。因此，在著作权制度中，著作权这一专有权与公共领域之间的良性互动至关重要。在新媒体环境下，数字技术对传统著作权体系产生了巨大冲击，一方面，需要更新著作权制度，激发公众的创作热情；另一方面，也要把握对作品控制的合理限度，避免无限膨胀的专有领域过度倾轧公共利益。故应当开拓广阔的公共领域，提升社会的整体福利，保障著作权生态的可持续发展。本文从新媒体环境的特征入手，在剖析新媒体平台公共领域的概念及范畴基础之上，探讨公共领域的正当性，旨在为新媒体平台公共领域提供理论指引。

（一）新媒体环境的特征

根据联合国教科文组织的定义，新媒体是指以数字技术为基础，并以信息网络为载体开展信息传播的新型媒介。新媒体平台的内容具有海量性及共享性，其交互的即时内容则突显出平台的个性化与社群化特性。具体言之，新媒体环境主要有如下特征。

1. 三网融合的多媒体载体

传统著作权法具有媒介偏向，为不同媒介设定了不同的著作权种类，而数字技术的发展成为广播电视网、电信网、互联网"三网融合"的第一驱动力，文本信息、图片信息及音视频信息等多媒体信息实现以 0 和 1 的统一形式综合传输应用，信息复制效率高且成本低。数字媒体间的互动传播促进作品的快速流转并降低了作品的交易成本，报业、广播、电视等平台的作品既保留传统载体，又进一步发展出依托互联网的在线数字载体，传统媒体与网络媒体的融合为新媒体著作权产业的蓬勃发展奠定了基础。与此同时，新媒体环境也对著作权法按传统媒介种类分而治之的制度设计提出了挑战。

2. 丰富的创作主体及多样的利益需求

新媒体平台丰富的创作主体为作品提供了活力的源泉，平台内容根据创作主体的不同主要可分为三类：职业生产内容（Occupationally Generated Content，即 OGC），指作者基于职务行为进行内容创作并获得职业报酬，以各大新闻官方门户网站为代表；专业生产内容（Professionally Generated Content，即 PGC），指在特定领域拥有工作资历及知识背景的专家所创作的质量较高的内容，以科普博主、政务微博及各社交平台的意见领袖为代表；用户生产内容（User Generated Content，即 UGC），指平台用户基于兴趣爱好自主创作的内容，以微博客、论坛等社交网站为代表。根据《长尾理论 2.0》一书中阐述的长尾效应，互联网降低了作品的储存成本，为作品提供了畅通的流通渠道，网络时代人们的注意力成本升高，98%的处于长尾部分的"大众作品"产生的市场潜力远超 2%的头部"畅销作品"。长尾趋势下，不同作者群体对著作权利益的需求也产生了分化：长尾头部的版权集团及畅销书作者依赖作品的直接收益，倾向于通过传统的一对一授权许可及著作权集体管理模式加强对著作权的控制；巨大尾部的新兴草根作者们则更关注作品的广泛分享传播及人气流量带来的间接经济利益，更愿意放弃部分著作权，并通过知识共享等共同创作的模式保障丰富的创作素材。

3. 去中心化和交互式传播

在作品通过有形载体及特定传播者流通的传统模式下，个人的复制能力有限，著作权人往往通过直接控制作品载体及传播者来控制作品传播的数量、流向及方式，复制权是著作权的核心。因此，在传统模式下，信息传播是一种从上至下、点对点的传播，作品使用者处于被动地位，具有"守门人"作用的稀缺传播者处于中心地位。在新媒体环境中，数字技术使得个人复制成本接近于零，任意用户之间可实现交互式的信息传播及资源共享，作品使用者及传播者的身份重合，互联网去中心化的架构极大削弱了传统传播中介及媒体运营商"资源控制器"的作用，传统著作权产业链被撕裂，作品不经过传统的中间媒介直接到达使用者，节省的传播成本一方面增加了创作者收入，另一方面也降低了使用者的接触成本。

4. 著作权市场生态变革

数字技术改变了传统著作权产业的市场生态。与传统著作权产业不同，新媒体平台的内容输出互动性增强，轻体量的数字化内容碎片性和即时性明显，作品生产输出的链条短，交付快，无库存压力。新媒体平台著作权各项权利的碎片化要求平台建立有关授权的信息系统，使用者可完全自主选择喜爱的作品或作品片段并按需支付，使用者的用户行为及偏好通过大数据被统计并建模分析。在传统出版业面临衰弱危机的大环境下，新兴的数字平台可以即时反映相关话题的热度及实体书等传统载体的市场潜力，同时也可提供如实体书的有声版等多元化内容形式，充分适应市场需要。

(二) 新媒体平台公共领域的概念及范畴

著作权法通过设定专有领域和公共领域来实现效益的最优化：一方面，专有领域可以帮助创作者收回投资成本，以激发其创作热情；另一方面，有限的公共领域的设定保证了知识产品的自由流动，降低了交易成本。如前文所述，著作权制度的发展史是一部著作权扩张史，与著作权相伴相生的公共领域的概念和内涵也一直处于变动和争议中，部分学者试图从著作权的对立面对其加以界定：博伊尔教授认为，公共领域指不受著作权保护的材料。[1]齐默曼教授认为，公共领域的准确定义是著作权未覆盖的已出版的表达。[2]冯晓青教授认为，狭义的公共领域的范围局限于专有权中可被公众利用的部分，而广义上还包括著作权这一专有权之外可以被公众自由利用的部分，因此广义上的公共领域类型主要包括：由著作权保护期限届满的内容产生的公共领域、被排除在著作权保护范围之外的相关内容产生的公共领域、因著作权的放弃或丧失而产生的公共领域、因著作权保护的扩张不溯及既往而产生的公共领域，以及因合理使用制度创造的公共领域。[3]部分学者则从正面直接定义公共领域，例如，曹新明教授认为，公共领域指"任何人都可以按照法律规定自由使用的智慧创作物以及由智慧创作物所产生的社会公共利益所组成的知识域地"。[4]黄汇教授认为，公共领域实际上是"一套保证版权运行、控制版权扩张、实现版权目的的步骤和方法，一种理论倾向和思想方法"。[5]

　　笔者认为，以反面否定的方法定义完全将公共领域与著作权分置于对立面，且未揭示其本质，而正面定义因无法准确把握公共领域的历史性变动特征，存在遗漏的可能性。公共领域是一个动态开放的概念，时间、地域及经济发展等因素作用于其之上皆会产生不同的定义。平衡著作权法中专有领域与公共领域的首要任务是，形成一种充分考虑时代特征的统一思考机制，将现行著作权制度中零散的关于公共领域的安排有机结合起来，凝聚成一种强制执行的义务来有效抵御著作权的扩张。笔者认为，具体到新媒体环境，公共领域的范畴主要包括但不限于以下几个方面：

　　1. 信息传播与新闻自由

　　在"信息大爆炸"的新媒体时代，公众的注意力成本升高，通过各种移动终端"碎片化"地获取信息、阅读新闻的需求不断增加。从信息产权化的角度

---

　　[1]　James Boyle, "Foreword: The Opposite of Property?", 66 *Law & Contemporary Problems* 1 – 32 (Winter 2003).

　　[2]　Diane Leenheer Zimmerman, "Is There a Right to Have Something to Say? One View of the Public Domain", 73 *Fordham L. Review* 313 (2004).

　　[3]　参见冯晓青：《知识产权法利益平衡理论》，中国政法大学出版社 2006 年版，第 753 页。

　　[4]　曹新明："知识产权与公有领域之关系研究"，载《法治研究》2013 年第 3 期。

　　[5]　黄汇："版权法上的公共领域研究"，载《现代法学》2008 年第 3 期。

看，信息有着生产资料和产品成果的双重属性，在自由流转过程中实现不断增值，财产权视野下的理性经济人追求财产效益最大化，在信息上设定财产权必然会破坏信息的自由属性，阻碍信息的流转和再增值，因此需要留存足够开放的信息公共领域。

新媒体环境下信息的高速流动同时也颠覆了新闻产业模式。根据著作权法，单纯的事实消息不受著作权保护，但实践中新闻的发布通常伴随着另行拟定标题、编排事实的叙述顺序、选定观察角度及披露范围甚至配置描述性图片等个性化的智力创作活动，因此，时事新闻是否能作为新闻作品获得著作权保护就成为一个重大问题，一方面是独创性的判断标准模糊，另一方面还涉及新闻信息的自由流动及公众对社会重大公共事项的知情权。信息产品和新闻产品作为公共产品，需要明确其获得作品专有权保护的标准及界限，如果被不适当地进行私人垄断，实质上会变相地屏蔽信息，增加信息的重复收集及使用成本，阻碍思想的交流。因此，在新媒体时代，信息传播与新闻自由应当作为著作权保护范围之外的公共领域被确立。

2. 创作资源与文化表达多样性

新媒体环境下符号民主（Semiotic Democracy）盛行，消费者不再仅被动接受作品，而是喜欢对作品进行主动再创作。在传统传播渠道稀缺的著作权市场中，文化创作存在集中化现象，少数出版公司、音乐唱片公司及广播电影公司等利益集团掌控了大部分内容创作，作者的创作自由受到限制。数字技术的飞跃发展消除了内容创作者与作品使用者间的人为屏障，二者间的界限逐渐模糊。新媒体平台的用户打破了阶级化和个人化的创作定势，微创作和共同创作的新兴模式为内容输出提供了源泉。例如，近年吸引巨大流量的《盗墓笔记》《镇魂》《魔道祖师》等文学作品发布后，原著庞大的粉丝群体不止一轮地演绎出同人视频剪辑、同人歌曲、配音广播剧及同人小说等一系列衍生作品。微博用户"@SUM 不二"假想出了一部《淑女的品格》电视剧，讲述四个女人的四十岁生活，主题是"不婚主义、美丽、富有、自由"，其他网友留言并推荐符合角色形象的女演员；微博用户"@RAIN 渲"转发并绘制了不同风格的主题海报，该创作因符合新时代女性独立自主的精神内核而引发了网友的广泛转发及赞赏，最终得到投资人的关注，并邀请相关微博用户创作剧本及人物形象，拍摄《淑女的品格》IP 剧集。

不同于偏向于作者单方面思想信息输出的传统著作权生态，新媒体平台的强共享性及互动性使得公众更多地参与和作者及其他作品使用者的交流与互动，对作品的赞赏或批判能够即时反馈。借由新媒体平台迅捷畅通的传播途径，创作的门槛不断降低，长尾力量的大部分草根作者不在意作品的权属及收益，而是享受碎片化的协同创作和思想碰撞带来的精神满足。新媒体环境创作模式的大变革催生了多元化的表达方式，同时也对公众自由接触公共创作资源提出了空前的需求，因此留存为公众创作者提供足够丰富的创作资源、促进文化表达多样性的开放的公共领域迫在眉睫。

3. 公共教育与知识获取

借助数字技术，公共教育在新媒体环境下也取得了较大突破，数字图书馆、在线公开课、网络远程教育等新模式蓬勃发展：数字图书馆汇集了世界各地的数字图书资源，为公众通过网络接触、传输、下载对其有价值的数字图书资源创造了机会。在线公开课使得公众得以随时随地点播回放知名学者的课堂录像，例如，用户可以通过网易公开课及超星慕课等平台无障碍地聆听斯坦福大学教授的经济学课程及北京大学的国学讲堂等，获取涵盖文学、社会学、工学、法学、医学等不同学科的知识，打破地域、时间及社会阶层的限制而获得平等的受教育机会。网络远程教育使得公众可以根据自身的资质及需求个性化定制课程，高效的互动反馈和灵活的碎片化课程安排有助于节约注意力成本和时间成本，丰富了繁忙都市人群的业余生活。

但是，上述新型的教育模式在实践中仍存在争议。新媒体环境下的公共教育相较于传统教育主要有如下特征：课堂的人数及受众的大规模及不特定性、使用作品内容的广泛性及访问作品的时间和次数的无限性。作品的传播范围较传统教育模式扩大，且传播者通常从中获利，在线教育具有潜在的挤占原始作品的市场份额、侵犯著作权人财产权利的较大风险，因此传统教育场景中的合理使用制度在在线教育场景中的施行空间存在疑问。笔者认为，基于创作者专有领域与代表社会公益的公共领域平衡的思想，构建新媒体环境下的著作权体系时，应当革新合理使用制度，最大限度地保留公共教育及知识获取的公共领域。

4. 言论自由与民主治理

莱斯格教授在《思想的未来：网络时代公共知识领域的警世喻言》一书中提出，开放式"端对端"架构的新媒体平台使得公众可以较低成本接触作品，互联网本身仅扮演一种数据传输的中立角色，不对其传输内容进行控制，这种开放的架构设计为言论自由及民主社会奠定了基础，因此他反对著作权法在新媒体环境下采取严密控制的模式，提倡应当尊重网络自由和开放的精神，促进公众对公共资源的利用以及自由表达。[1]奈特尔教授则在《著作权和民主的市民社会》中提出了著作权法构建的"民主范式"（Democratic Paradigm），他认为著作权法有两项重要的社会功能，即生产性功能和结构性功能：生产性功能通过市场化手段及收益赋予作者专有的私人产权，进而激励其创作；结构性功能一方面使得作者脱离特定的赞助体系而获得独立的社会地位并得以自由创作，另一方面又通过限制著作权的过分扩张避免倾轧言论自由。[2]

笔者认为，新媒体平台匿名社区的特征使得公众得以突破身份和阶级的符号自由表达，鼓励不同观点的输出。在政务信息公开及舆论监督方面，政府官方微博、门户网站及在线政务平台等为社会公众及时、无顾虑地与政府部门互动沟通搭建了桥梁。因此，保留公共领域对于提高公众参与度、构建高效透明的民主社会意义重大。

（三）公共领域的正当性

1. 劳动财产权意义上的正当性

洛克的劳动财产权理论认为，基于劳动使自然物脱离了其原始自然状态，自然法赋予个人对其劳动的对象及所获产品的私有财产权。不过，自然法也对该种财产权的取得前提设定了两个重要限制：一是，个人必须保证自己为他人保留了足够多的同类自然物；二是，就该劳动产品，个人必须做到充分有效地利用，对因不能利用而造成的浪费腐坏的份额，个人不拥有财产权。有学者认为，洛克劳动财产权理论为公共领域的正当性提供了重要的理论依据：著作权法通过制定法，赋予作者对其劳动所得作品的有限垄断的著作财产权，因此只有满足"为他人保留了足够多的同类自然物（知识信息）"的前提条件，著作权的成立本身才具有正当性。[3]

著作权保护机制应当为社会公众保留足够多的知识、信息等公共资源，使后来人能够平等获取并进一步自由利用创作资源参与文化创造，通过良性循环促进知识创新及文化繁荣。因此，著作权法通过思想表达二分法、合理使用及保护期限等制度，使既有作品对未来作者开放，让他们能够以此为基础在第一时间发挥自己的想象力，创作出更多更优秀的新作品，这些都保证了潜在公共

---

[1]　[美]劳伦斯·莱斯格：《思想的未来：网络时代公共知识领域的警世喻言》，李旭译，中信出版社 2004 年版，第 25 页。

[2]　Neil Weinstock Netanel, "Copyright and Democratic Civil Society", 106 *Yale Law Journal* 345 (1996).

[3]　参见黄汇："版权法上的公共领域研究"，载《现代法学》2008 年第 3 期。

领域要素的增进和扩大，因此公共领域具有自然法意义上的正当性。[1]

2. 法经济学上的正当性

不同于传统财产权，著作权的客体具有无形性，而这一无形性直接导致了其非竞争性及非排他性，即多人可同时使用该客体，且获得客体的人很难阻止其他人对同一客体的获得及使用。有学者认为，从法经济学的角度分析，著作权制度存在以下矛盾：一是，作品作为智力成果的生产成本高，而无形性导致其复制成本低，交易中普遍存在的"搭便车行为"很难以合理成本排除，造成收益外溢，最终导致作者承担"负外部性"，而搭便车者承担"正外部性"，因此需要通过著作权法赋予作者财产专有权，消减该外部性的失衡；二是，作品的无形性意味着重复多次使用并不会给著作权人增加额外成本，接近于零的边际成本使得基于财产权赋予无形客体强制稀缺性的做法的正当性存在争议，定价过分高于边际成本的无形财产实际上达到了类似垄断的效果。[2]因此，为了解决著作权的内在矛盾，需要构建一个合理限制专有权垄断效应的利益平衡机制。

关于作品专有权的正当性，英国学者哈丁提出的"公地悲剧"（Tragedy of the Commons）理论是设立排他性、私有化财产权的一个重要理论依据。在"公地悲剧"模型中，若公共资源之上设定多个权利人、多种权利，个人的权利行使不加限制且不能排斥他人的权利，则功利理性的经济人都将做出自身利益最大化的博弈选择，最终结果就是公共资源的衰竭。因此，只有分割公共资源，明确产权边界，才能增强使用者的责任与管理意识，提高使用和交易效率，促进资源的可持续利用。相应地，美国产权法研究学者赫勒提出了"反公地悲剧"（Tragedy of Anti-Commons）理论。该理论认为，过度分割将导致产权和资源碎片化，权利人相互设置使用屏障将导致财产排他性强，高昂的交易成本将造成资源的闲置浪费，产生经济上的"负外部性"，进而造成"反公地悲剧"。

笔者认为，著作权因其客体的无形性，不满足"公地悲剧"模型的适用前提。不同于有形财产排他性、竞争性及消耗性的特点，作品不仅不会因为他人使用而贬值，反而会因为多次使用而碰撞出新的思想火花，产生更大的经济和社会价值。赋予无形客体强制稀缺性的做法的正当性前提是合理限制专有权的垄断范围，因此，只有保留足够的公共领域，才能构建利益平衡体系，通过思

---

〔1〕　参见黄汇："论版权、公共领域与文化多样性的关系"，载《知识产权》2010年第6期。

〔2〕　参见熊琦："著作权的法经济分析范式——兼评知识产权利益平衡理论"，载《法制与社会发展》2011年第4期。

想的良性互动不断积累创作素材，达到效益最大化的资源合理有效配置，防止"反公地悲剧"的发生。

3. 宪法价值正当性

言论自由作为民主政治的基石，需要公共领域予以保障。著作权法将符合作品构成要件的言论纳入保护范围内，因此，著作权是自由表达的"引擎"。但在特定情境下，言论自由与著作权法存在冲突，其根本原因在于，民主政治重视参与者的"表达行为"本身，这体现出参与者的独立平等及个体自治能力，即便对公共舆论质量无益的重复表达行为也有其民主价值。因此，为了避免损害公众的民主生活，著作权法需要在一定程度上削弱作者对其表达的私有控制，公共领域的存在具有其正当性。同时，公共领域也有利于提高言论的质量，有助于言论市场的形成。通过著作权法的责任豁免规定，公众得以自由分享观点并对他人观点进行讨论和辩驳，思想的流动和传播最终促进言论交换和价值竞争，最终实现优胜劣汰，促进人类文明进步。

公共领域实际上是一种著作权人与公众交换的结果，是一种社会契约。著作权法要求权利法定，反过来说公共领域也要求对著作权的权利限制法定，因此公共领域是一种法律设定，而不是私人意定产物。[1] 著作权法设定思想表达二分法背后的价值选择在于，保护思想过度加重了表达的成本，容易造成作者对公共领域的"寻租行为"。同时，思想表达二分法所创造的思想范畴的公共领域，通过新媒体这类开放、公共的载体促进公众意见的表达，而公众通过跨区域的交流促进了公共话语的形成。

4. 利益平衡的要求

著作权体系包括作者的专有领域及公共领域。专有领域的支持者认为，著作权是一种法律鼓励的有限垄断形式，即通过赋予作者一定时间的垄断利益和对作品的专有控制，鼓励作者和他人为最终的公众效用积极创作。专有权制度通过物质和精神奖励激励作者创作，为社会创造更丰富的文化作品。德姆塞茨教授认为，专有权制度作为文化产品生产过程中的关键资源配置机制，使得私人为大众提供公共产品成为可能。[2] 兰德斯和波斯纳教授则认为基于作品的高固定成本及低边际成本，法定且持续性的著作权保护才足以使得作者以高于边

---

〔1〕 参见黄汇："著作权法上公共领域理论的误读及其批判"，载《知识产权》2014 年第 8 期。

〔2〕 Harold Demsetz, "Information and Efficiency: Another Viewpoint", 12 *The Journal of Law and Economics* 18 (1969).

际成本的价格售出作品，以补偿创作成本，从而保障文化创意产业的持续性经营。[1]专有领域限制说的支持者阿罗教授则认为基于著作权本身的垄断属性，过度的专有权保护制度会阻碍公众接触及使用版权产品，限缩公众创作空间，导致作品数量下降；垄断产生的高价虽然能给作者带来一定补偿，但高报酬转嫁给一般公众，可能造成市场机制失灵，损害社会整体的经济福利。[2]

冯晓青教授认为，基于人类文明的累积性及传承性，创作者或多或少需要对他人的在先作品进行利用和借鉴，创作的本质属性使得创作原材料和作者独创性内容的边界模糊，赋予思想产品完全的产权会在事实上将人类智力延续所留存的公共领域重新划入作者的专有领域，这会严重阻碍文化的进步，而试图准确补偿所有作者互相利用作品的部分也是不可行的，因为思想、知识、信息等以作品的形式在不同时代流传，完全的财产权理论会导致前后代作者之间相互形成累积的"连带债务"，借鉴资源的原始来源和历代作者间的补偿比例在现实中难以确定。因此，通过引入公共领域来直接免除这些"连带债务"，使得著作权这一专有权的授予被限制在一定范围内，有利于实现作者之间的利益平衡，并保证公共资源的充盈。[3]

笔者认为，著作权法的立法宗旨具有双重性。确认作者的法律地位及其正当权益是著作权法的主要任务，但除了充分保护作者的权益，著作权法还有更重要的维护公共利益的目的。因此，在赋予新型内容作品专有权保护时，不应过分加重公共领域的负担。一方面，著作权的专有权保护具有必要性，通过保障创作者的人身权利及财产权利并给予作者创作激励，有助于促进新作品数量及种类的增长；但另一方面，过强的著作权保护会降低社会总福利，阻碍社会公众及时接触作品、使用作品、最大限度地享用文化艺术繁荣的利益，增加著作权维护的执法成本。当其他作者接近创作原材料的成本过高时，总体新生作品的数量反而会减少。著作权制度的核心是平衡作者利益与公共利益，作品所实现的社会效益不能仅以其市场价格衡量。在构建著作权制度时，不仅要考虑作品数量及著作权产业的经济利益，还要考虑作品的质量及著作权产业的社会

〔1〕　William M. Landes and Richard A. Posner, "An Economic Analysis of Copyright Law", 18 *The Journal of Legal Studies* 331 (1989).

〔2〕　Kenneth J. Arrow, "Economic Welfare and the Allocation of Resources for Invention", in *Universities-National Bureau The Rate and Direction of Inventive Activity*: *Economic and Social Factors*, Princeton University Press, 1962, p.616.

〔3〕　参见冯晓青："著作权法与公有领域研究"，载《法学论坛》2008年第5期。

效益。为了实现著作权法平衡各方利益的机制，公共领域的存在具有正当性。

（四）新媒体平台利益平衡机制

1. 新媒体平台的著作权体系现状

传统的著作权授权流程包括确权、集权、售权、用权、督权五个环节，分别涉及著作权人、著作权集体管理组织及代理机构等中介组织、著作权交易平台、媒体商及使用者、司法行政机关及行业协会等不同主体。[1]在新媒体环境中，著作权体系在数字技术的冲击下遭遇了空前的挑战：

第一，在确权方面，用户普遍匿名的新媒体社区中的作者的真实身份确认遭遇困难；同时，微创作、协同创作及 UGC 作者的快速演绎使得作品的最终权属状态难以界定，传统的一对一授权成本过高。

第二，在集权方面，大型的内容商成为新兴的集权中介，将著作权人与作品使用者联结在一起，但在"流量为王"的商业模式下，内容商对著作权问题的轻视及缺乏经验使得内容平台侵权事件频发。

第三，在售权方面，不同于传统作品直接通过有形载体完成交易的模式，如何搭建新媒体环境下数字作品的在线交易平台、如何合理评估数字作品的价格、如何构建著作权收益分配机制成为一个重大挑战。

第四，在用权方面，互联网延迟收益的"免费文化"及盗版作品的横行使得公众还未养成尊重著作权的付费使用习惯，隐匿在网络背后的海量侵权者使得权利人维权成本高昂。

第五，在督权方面，司法行政机关尚未普及健全的著作权登记体系来记录数字作品的权属信息，因此不能在著作权侵权诉讼等维权行动中给予充分帮助，且对新兴内容商的监管力度小。除"剑网行动"等专项行动外，还未构建常规化的核查制度；而行业协会组织松散，未起到推动著作权体系良性发展的应有作用。

综上所述，新媒体平台的著作权体系存在确权难、授权难、交易难、监管弱、维权难等问题，这在很大程度上阻碍了社会公众合法使用作品，侵占了公共领域。

2. 利益冲突的原因及表现

新媒体环境下著作权体系的利益相关方主要包括著作权人、传统媒体商及

---

[1]　参见朱鸿军："三网融合中版权授权的流程机制及困境"，载《南京社会科学》2015 年第 10 期。

新兴内容商等作品传播者及作品使用者。一部分著作权市场头部的畅销作品作者希望最大程度加强对作品的控制，并坚持传统的授权许可模式，以实现直接经济收益；另一部分著作权市场长尾部分的作者更关注创作过程中的思想碰撞及作品的广泛分享带来的精神满足；传统大型媒体商仍坚持强化其拥有版权的传统作品的数字形态的市场地位；新兴内容商则注重优质内容输出所吸引的巨大流量为平台带来的间接经济收益；作品使用者需要最大限度自由接触作品及降低使用成本。利益诉求分化直接引发不同主体的利益冲突，技术措施等私力救济手段和私人盗版复制现象进一步激化矛盾，导致新媒体环境下著作权保护及公共领域保留机制失衡。

3. 利益平衡的诉求

如何平衡作者的专有领域与公共领域，划定垄断和分享的界限，兼顾效益与公平，是著作权法的永恒议题。"著作权法的二元价值目标需要通过以权利保障激励机制为基础、以利益平衡机制为调节手段的综合体系实现。"[1]具体到新媒体环境中，为兼顾不同主体的利益诉求，需要从以下三个维度构建有机的著作权利益平衡体系：著作权人权利与义务的平衡；著作权人、作品传播者、作品使用者的利益平衡；个人利益与公共利益的平衡。

二、保护著作权与维护公共领域平衡机制下新媒体平台典型商业模式分析

在信息技术高速发展的时代，新媒体环境下信息产业对传统著作权产业的依附性不断降低，新生出多种服务模式，并逐渐独立发展壮大。不同于传统著作权产业中作者及传播者依靠作品的排他性权利直接就内容收取费用的商业模式，新媒体平台主要通过提供便捷、高效、易操作的传播平台，依靠优质的内容提高平台用户黏度，因此，用户规模化聚拢的流量成为新媒体平台的核心资产。为提高核心竞争力，各新媒体平台开始探索将内容最终变现为收益的方法，各种新颖的商业模式应运而生。

现行著作权法仅针对特定类型的网络服务提供商作出笼统的规定，未依据不同种类平台的内容及商业模式进行平台责任认定标准的细分，平台权利和义务的边界模糊。这导致的结果是，既未能给新媒体平台上的作品著作权提供有效的保护措施，又阻碍了新媒体平台商业模式的发展，同时公共领域也被不断蚕食。因此，为了建立适应新媒体环境的保护著作权与维护公共领域平衡的机

---

〔1〕 冯晓青：《知识产权法利益平衡理论》，中国政法大学出版社 2006 年版，第 84 页。

制，本文立足于新媒体平台公共领域被压缩的现象，选取典型的新媒体平台，并就其运营原理及存在的问题进行分析。

（一）新媒体环境下公共领域式微

新媒体环境下公共领域存在不断被压缩的整体趋势：

1. 新媒体平台著作权扩张

著作权的保护范围、保护期限随着时代的发展不断扩张。"事实上，著作权扩张与著作权限制是一对'孪生兄弟'，当著作权扩张到某一领域时，相应的著作权限制也就'接踵而来'。"〔1〕著作权扩张具有顺应技术发展趋势、促进民主与自由表达、提高分配效益等方面的正当性，但过度的扩张将导致各方利益失衡。在信息社会中，快速、全球化传播的作品极度增强了作品的时间性与地域性，新媒体平台上的众多新型作品实际上也扩大了著作权保护的范围，例如对实用性强、价值短暂但本质仍属于程序和操作方法的计算机软件的保护及对汇编整理已有作品、事实信息的数据库的保护等。从总体上来说，著作权限制总是对著作权扩张的一种被动回应，限制与扩张之间的时间差导致公共领域被不当蚕食。

2. 合理使用制度的滞后性

合理使用制度作为限制著作权的一项重要工具，通过赋予公众在特定情形下不经著作权人许可免费使用作品的权利，实际上创造了一个公众突破时间、地域限制接触所需知识、交流学习的公共领域。我国《信息网络传播权保护条例》将合理使用制度延伸到新媒体环境，但限缩了适用范围，排除了个人出于欣赏、学习、研究等目的使用他人已发表作品的情形。数字技术颠覆了作品形态及使用方式，公众普遍养成了通过移动终端碎片化、即时在线使用作品的习惯，且传统的教育、科研模式也发生了相应革新，新媒体环境下狭窄、滞后的合理使用范围实际上挤压了公共领域，这也相应地提出了改革现行著作权法律制度的要求。

3. 技术措施的施行

基于新媒体平台的著作权体系确权难、授权难、交易难、监管弱、维权难的现状，著作权人及内容商为加强对作品的控制，普遍开始设置多种类型的技术措施以维护其著作财产权。但是，实践中对技术措施的有效性、合理性、适度性缺乏监管，公共领域的要素被不当纳入技术措施的控制之下，公众通过合

---

〔1〕　冯晓青：《知识产权法利益平衡理论》，中国政法大学出版社 2006 年版，第 249 页。

法途径接触作品的难度增加，知识和信息的传播受到限制。

4. 司法挤压

新媒体环境下新型作品的内容及传播形式同样对传统著作权保护司法制度产生了冲击，实践中某些案件存在法官未严格遵守著作权法定原则，在司法判决中随意减少著作权授予要件，错误地将公共领域的要素划入作者专有权的保护范畴的现象，或过度倾向保护著作权人的财产权益，而未综合衡量公共利益。现行著作权法主要通过列举的方式罗列特定的作品类型，并辅以兜底条款，为新型作品留下解释空间。笔者认为，作品类型兜底条款的应用标准和边界不甚清晰，法官在为富有独创性的新型作品赋予专有权保护的同时，需要注意释法说理过程不能突破现行法律法规的限制，不得侵害公共利益。著作权纠纷的审判实践中，一方面，法院可主动适用公共领域理论，综合考虑利益平衡等因素，合理界定专有领域边界，避免公共领域资源被纳入私有控制；另一方面，在被告提出公共领域抗辩时，法院可被动适用公共领域理论，在排除作品中公知素材等公共领域资源的前提下，考察原被告双方作品的各自剩余部分在素材安排的顺序、逻辑等方面是否具有独创性，是否构成实质性相似。[1]在司法实践中，面对新型的内容产出和作品利用方式，法官通常利用作品类型兜底条款、民法原则或反不正当竞争方面的规制[2]，对新型内容进行保护，而运用公共领域理论进行释法说理的意识不强，司法挤压在一定程度上也危害了公共领域。

（二）新媒体平台商业模式及其引发的著作权等法律问题分析

按照提供的服务内容不同，传统的网络服务提供商可进一步细分为网络接入服务提供商（Internet Access Provider，即 IAP）、网络内容提供商（Internet Content Provider，即 ICP）及网络平台服务提供商（Internet Presence Provider，即 IPP）。新媒体平台的服务不断向综合多元化的方向发展，其中今日头条、微信及喜马拉雅 FM 等新平台对人们的生活方式和著作权生态市场产生了重要影

---

〔1〕 参见冯晓青、韩萍："私权保护中的知识产权公共领域问题研究——基于实证案例的考察"，载《邵阳学院学报（社会科学版）》2018 年第 4 期。

〔2〕 例如，在上海市第一中级人民法院（2014）沪一中民五（知）初字第 22 号民事判决书中，法院认为，游戏规则尚不能获得著作权法的保护，并不表示这种智力创作成果法律不应给予保护。游戏的开发和设计要满足娱乐性并获得市场竞争的优势，其实现方式并不是众所周知的事实，而是需要极大的创造性劳动。同时，现代的大型网络游戏，通常需要投入大量的人力、物力、财力进行研发。如果将游戏规则视为抽象思想，一概不予保护，将不利于激励创新、为游戏产业营造公平合理的竞争环境。因此，被告直接移植、抄袭原告的游戏规则，构成不正当竞争。

响，其新颖的商业模式有较大的探讨价值。这些商业模式涉及大量利用权利人享有著作权的作品，同时其确实极大地便利了公众通过网络及时、快捷地获取信息。因此，对新媒体平台商业模式及其引发的著作权等法律问题进行分析，能够以实证的形式研究实践中如何对待著作权这一专有权的问题以及公共领域取舍问题。基于此，以下将选取典型的新媒体平台商业模式予以研究。

1. 新闻聚合平台：今日头条

"你关心的，才是头条"。今日头条作为一款搜索式时事新闻聚合平台，其本身并不生产内容，平台上的内容主要包括两种来源：一种源自经用户注册并运营的头条号所产出上传的内容；另一种则是采用网络爬虫技术先对其他平台的内容进行深层链接或页面转码，并最终在今日头条平台呈现的内容。今日头条依靠相似矩阵技术，根据用户的点击、滑动、在每篇文章上花费的时间、阅读时段、停留时间、评论与内容的交互以及地理位置等使用习惯，基于机器和深度学习算法对用户进行个性化分析，最终完成个性化新闻推送服务。今日头条创制的社交化新闻聚合平台一经推出即迅速吸引了大量用户，但其抓取、分发内容的方式也引发了广泛的著作权侵权争议和纠纷。

（1）深层链接、页面转码行为的性质

第一，是否适用避风港原则。对未经许可通过深层链接、页面转码行为抓取其他平台内容的行为，今日头条以其收到侵权通知后主动进行断链、删除处理为由主张免责。王迁教授认为，《信息网络传播权保护条例》规定的避风港原则[1]仅针对一种特殊情形，即侵权作品被上传至被链接网站，而链接者通过链接服务，为被链接的侵权作品的传播提供便利，此时若设链者收到侵权通知后及时删除链接，则可主张免责。[2]在今日头条的聚合模式中，被链接平台上的作品本身并无侵权争议，而往往是今日头条通过技术方法对其他平台拥有授权的作品进行直接链接，不存在"为传播侵权作品提供便利"的间接侵权行为，因此当然不适用避风港原则。

第二，是否构成著作权直接侵权。关于深层链接行为是否属于直接对作品

---

[1] 《信息网络传播权保护条例》第 23 条规定："网络服务提供者为服务对象提供搜索或者链接服务，在接到权利人的通知书后，根据本条例规定断开与侵权的作品、表演、录音录像制品的链接的，不承担赔偿责任；但是，明知或者应知所链接的作品、表演、录音录像制品侵权的，应当承担共同侵权责任。"

[2] 参见王迁："《信息网络传播权保护条例》中'避风港'规则的效力"，载《法学》2010 年第 6 期。

的利用或实质性信息网络传播行为，目前学界主要有"服务器标准""用户感知标准""实质呈现标准"等不同观点。"服务器标准"判定是否直接侵权的关键是设链者是否将被链接、转码的内容复制并储存于其服务器中，若用户实际上仍从被链接平台服务器上使用作品，则单纯的链接行为不构成直接侵权，反之则设链者构成对作品信息网络传播权的直接侵权。"用户感知标准"以用户的一般注意力是否能识别内容实际来源为判断标准。"实质呈现标准"则是指用户是否无须访问被链接平台即可直接访问相关内容，即设链者是否在实质上呈现了被链接平台的内容。

最高人民法院知识产权庭在就《关于审理侵害信息网络传播权民事纠纷案件适用法律若干问题的规定》答记者问时阐明了观点：随着技术的发展，不经过服务器的存储或中转，通过文件分享等方式也可以使相关作品置于信息网络之中，以单纯的"服务器标准"界定信息网络传播行为不够准确，也难以应对网络技术的飞速发展，因此应将信息网络传播行为作广义的理解，以是否直接提供权利人的作品的法律标准取代"服务器标准"来界定信息网络传播行为。

笔者认为，首先，"用户感知标准"不确定性和主观性强，设链者只要注明其转载内容的来源即可免责，过于挤压被链接平台的利益，且著作权作为排他性权利的核心目的是控制公众对作品的直接接触，而非避免公众混淆来源。其次，"服务器标准"过于强调技术界定方法，司法实践中举证难度大，作为二次传播者的设链者实际上改变了作品传播的范围和方式，攫取了被链接平台内容预期可变现的流量，即便通过举证责任分配，由被链接者举证设链者在其平台上转载相关内容，由设链者举证其仅单独转码内容而未储存于设链者服务器中，仍无法平衡由设链者的实质替代性传播行为给被链接平台带来的商业利益损失。最后，"实质呈现标准"更有助于创造利益平衡机制。深层链接行为所引发的利益冲突的本质是传播者之间的竞争，设链者作为二次传播者依靠技术的进步实质上非创造性地重复、再现了被链接内容，仍属于复制行为，同时，相较于分散的海量传播个体，将设链者直接认定为信息网络传播者更有利于简化新媒体环境下著作权的授权，降低交易成本及权利人维权成本。

第三，是否构成不正当竞争。如果其他平台被深层链接、页面转码的内容尚未构成作品，不能受到著作权这一专有权的保护，则转载行为实际上还构成不正当竞争。今日头条作为新闻聚合平台，与其他新闻媒体存在竞争关系，在"内容为王""延迟收益"的商业模式下，深层链接及页面转码行为变相屏蔽了原新闻平台的广告，攫取了其用户流量和可期待收益。例如，在汉涛信息咨询有限公司与爱帮聚信（北京）科技有限公司不正当竞争纠纷案中，爱帮网利用垂直搜索技术抓取大众点评网的用户点评及商户信息，法院认为，尽管爱帮网附加了原网址链接，但该抓取行为已经导致用户不需要进入大众点评网即可获得相关信息，造成了市场替代和实质性损害。[1]因此，今日头条未经许可，通过深层链接及页面转码的方式抓取其他平台内容，也应当受到反不正当竞争法的规制。

（2）头条号的运营及创作者收益机制

头条号的作品分为原创作品及转载作品：可申请标注原创标签的作品包括由运营头条号的个人或团队自制并拥有合法版权的作品，以及自独立创作作品的他人处获得独家授权并仅发布于该头条号的作品，不包括抄袭、汇编及未授权等类型的作品；转载作品通常在其标题下标注了转载内容来源。头条号的注册主体包括个人、媒体、国家机构、企业及其他组织，其中媒体又分为新闻媒体及群媒体，前者包括有内容生产能力和生产资质的报纸、杂志、电台、电视台等专业新闻单位，后者包括以公司形式运营并以内容为主要产出的其他创作团体。注册头条号时需提交主体身份证明及联系方式等信息材料，[2]涉及健康、财经、法律等领域的还必须提供相应资质证明。在平台内信息传播方面，今日头条采取多轮次推荐机制，后轮推荐规模基于前轮阅读数据（点击率、用户阅读时间、收藏数、评论数、转发数等）的优劣。

在头条号作者盈利方面，今日头条推出了头条广告、自营广告等广告佣金分成、"原创标记"内容的赞赏功能及更高佣金、"千人万元"及"百群计划"的保底收入等激励手段。[3]作为开放的内容创作与分发平台，截至 2017 年 10

---

〔1〕　参见北京市第一中级人民法院（2009）一中民终字第 5031 号民事判决书。

〔2〕　"头条号运营规范"，载 https://mp.toutiao.com/profile_ introduction/opsspecs，最后访问时间：2022 年 6 月 29 日。

〔3〕　具体盈利分配机制为：①头条广告，即由今日头条方选取广告投放至头条号版面，头条号作者依照广告的浏览、点击量按比例抽取广告收益。②自营广告，即头条号作者可自主上传发布广告，并按点击、购买量按比例获得营销推广、商品购买佣金。③原创功能，即账号类型为个人媒体、群媒体、新闻媒体及企业，已发布文章原创数量比例超过七成，且近 30 天获得系统推荐的文章超过 10 篇的头条号可申请开通原创功能。经审核开通后，可对原创内容添加原创标记，并通过获取"赞赏"功能从文章读者获得额外打赏收益，有原创标记的文章可从头条广告中获取更高比例的广告收益。④"千人万元"及"百群计划"，即对于每个月发布至少 10 篇"原创"文章且在今日头条全网首发 3 小时的开通"原创"功能的头条号，由今日头条平台确保至少 1000 名个人创作者单月获 1 万元保底、至少 100 个群媒体单月获 2 万元保底。参见 https://mp.toutiao.com/profile_ introduction/selfservice/ads_ toutiao_ subsidy_ stantard，最后访问时间：2022 年 6 月 29 日。

月，今日头条平台的头条号总数超过 110 万，其中自媒体账号数量达 90 万，媒体头条号总数超过 5500 个。[1]

（3）平台对侵权投诉的处理流程

若权利人认为今日头条平台上发布的内容侵犯其著作权，可向平台方发送侵权通知，通知须包括权利人主体信息证明材料、被投诉内容的完整标题、网址、著作权权属证书（包括但不限于版权证书、作品首次公开发表或发行日期证明材料、创作手稿、经权威机构签发的作品创作时间戳、作品备案证书等）以及被投诉内容构成侵权等初步证据。在收到符合要求的侵权通知后，平台将及时作出删除或断开链接等处理，但是在处理过程中，若平台收到内容发布者的反通知，则权利人应当直接通过行政或司法程序与内容发布者解决相关著作权纠纷。[2]因此，今日头条平台已初步建立"通知—删除"的侵权纠纷处理流程，但该机制运营的及时性和有效性仍待实践检验。

值得注意的是，根据《今日头条用户协议》第 3.9 条，今日头条有权以用户的账号将用户上传的内容自动同步发布至该公司及/或关联公司运营的其他软件及网站；根据第 10.3 条，用户知情同意就其通过今日头条发布上传的内容，授权公司及其关联公司在全球范围内免费、非独家、可转授权地使用，使用范围不限于在当前或其他网站、应用程序、产品或终端设备等，并授权公司及其关联公司对相应内容进行修改、复制、改编、翻译、汇编或制作衍生产品。笔者认为，该授权条款未指明具体的转授权关联公司、授权范围，且强制性地要求用户预先授权平台对内容进行修改、复制、汇编等一系列涵盖著作权较完整权能的做法，实质上利用强势地位不公平地倾轧了用户的权益，构成格式条款，其效力存疑，因此平台基于此条款进一步使用、转授权平台内容同样存在侵权的可能。

（4）新闻聚合平台的法律思考：维护公共领域视角下传统新闻媒体与新闻聚合平台的合作机制

2017 年 6 月 29 日，北京市海淀区人民法院分批就深圳市腾讯计算机系统有限公司（即腾讯）诉北京字节跳动科技有限公司（即今日头条）侵害作品信息

---

〔1〕 "今日头条部分合作伙伴名单"，载 https://www.toutiao.com/media_ partners/，最后访问时间：2021 年 12 月 10 日。

〔2〕 "今日头条平台侵权投诉指引"，载 https://mp. toutiao.com/profile_ v3_ public/pgc_ public/public/complains，最后访问时间：2021 年 12 月 10 日。

网络传播权的 300 件同类型纠纷案件作出判决。在这一系列纠纷中，腾讯皆以今日头条在其网站上转载腾讯拥有独家授权的稿件为由，请求法院认定今日头条侵犯腾讯对该等作品的信息网络传播权。今日头条则辩称其已基于用户授权协议从第三方转载了涉案作品。法院认为今日头条未能提供充分证据证明其已从第三方获得合法授权，也无法证明第三方有权转授权今日头条对该作品进行信息网络传播，最终判决今日头条侵犯腾讯对该等作品的信息网络传播权。[1] 就赔偿数额，法院综合考量了多重因素，如涉案作品属新闻类作品，篇幅短小且实效性强，腾讯无证据证明作者或其作品的知名度，不能举证今日头条对该等作品充分进行商业利用并获得可观收益，且不能证明今日头条从作品中直接获利，故最终酌定赔偿标准为每千字 160 元。[2] 因此，司法实践中，新闻聚合平台转载其他来源新闻内容仍存在法律风险。

新媒体环境下信息的高速流动颠覆了新闻传播模式，公众获取信息及阅读的习惯也发生了变化，通过移动终端"碎片化"地获得信息及新闻消息的需求不断增加。在"信息大爆炸"的新媒体时代，新闻聚合平台将分散于各处的时事新闻汇聚在一起，实际上为公众提供了满足个性化信息获取需求的便捷端口，简化了重复收集筛选的过程，节约了公众的注意力成本。因此，新闻聚合的商业模式应当受到鼓励。但现阶段新闻聚合平台的运营仍存在法律障碍，为了维护新媒体环境下信息传播与新闻自由的公共领域，保障公众对信息获取和社会公共事项知情权的公共利益，应当建立传统新闻媒体与新闻聚合平台的良性合作机制。头条号作者审核门槛低，作品质量良莠不齐，为保证新闻的时效性，平台上的作品不经审核即发出的现象普遍，为骗取流量，获得佣金，更是出现了大批"标题党"。纯粹按照用户的个性化行为自动推送新闻，极易形成信息的"茧房效应"。与此同时，新闻报业集团等传统媒体拥有专业的团队及成熟的流程来把控新闻的真实性、专业性，不断产出优质内容。但在"流量为王"的新媒体环境下，即便传统媒体耗费大量财力搭建其自有的线上电子新闻平台，内容传播的速度及读者渠道仍远不及以社交模式聚集大量流量的新闻聚合平台。

笔者认为，新媒体平台对海量优质内容的需求及传统媒体对传播渠道的升

---

〔1〕　参见北京市海淀区人民法院（2017）京 0108 民初 22602 号、（2017）京 0108 民初 22577 号及（2017）京 0108 民初 21630 号民事判决书等。

〔2〕　参见北京市海淀区人民法院（2017）京 0108 民初 22602 号、（2017）京 0108 民初 22577 号及（2017）京 0108 民初 21630 号民事判决书等。

级需求完全可以通过创新的版权授权方法、交易方式及双方利益分配机制达到互补与共赢。若采用传统的版权授权方法，新闻作品属于数量规模庞大、单个作品价值偏低的小版权作品，该类作品常因交易成本过高导致价格结构非中性，难以形成有效的双边市场。基于此经济特征，传统媒体更倾向于以广告、活动、社会服务等其他领域的收益作为收入补偿，而非直接售卖版权盈利。[1]新闻聚合平台通过传统的支付授权使用费的方法往往难以获得授权，因此，不妨探索建立适应新媒体环境的利益分享机制。

国外最新的立法实践给笔者带来了一定启发：2019 年 3 月 26 日，欧洲议会表决通过了《数字化单一市场版权指令》[2]，该指令针对数字时代版权许可、例外、信息网络传播等问题的更新进行了规定，其中第 15 条旨在平衡传统媒体与网络服务提供者之间的利益，又被称为"链接税"（Link Tax）。其规定网络平台在使用新闻文章时需获得授权许可，新闻出版商有权就网络新闻服务提供者的数字化新闻出版物与其分享相关收益，权利期限为新闻出版物公布后 2 年，作者有权就新闻出版商分享的该部分收益获得合理分成。该规定同时豁免了个人对新闻出版物的私下、非商业性质的合理使用及平台仅提供含单个词语的超链接的情形。反对者认为，该规定过于倾向大型新闻出版商的利益，不利于小型互联网创业公司，限制了数字时代新闻信息的自由传播；同时，该规定对链接的定义模糊，可能沦为政府部门控制公众言论自由的工具。[3]

笔者认为，一方面，新闻聚合平台在抓取其他新闻平台内容时可以以分享该内容产生的持续性广告及赞赏收益为条件，取得其他平台的授权，且相关内容应当以合适的方式显示并注明来源，其他新闻平台可以就平台上的内容承担著作权集体管理的职责，并将内容收益进一步分配给该内容的实际创作者。今日头条邀请专业新闻媒体入驻头条号，并分享广告收益的做法，在实践中取得了一定成效，平台陆续在与传统媒体的诉讼纠纷中达成和解，目前的专业媒体合作伙伴包括新华网、人民网、环球时报、参考消息等。对不愿意入驻头条号的专业新闻媒体，新闻聚合平台可以探索建立统一的数字新闻交易平台，为社

〔1〕 喻国明、丁汉青主编：《传媒发展的范式革命：传统报业的困境与进路》，人民日报出版社 2016 年版，第 24 页。

〔2〕 Directive on Copyright in the Digital Single Market, 2016/0280（COD）, see http://www.europarl. europa. eu/doceo/document/TA-8-2019-0231_ EN. html, last visited on May 20, 2021.

〔3〕 "Academics Against Press Publishers' Right: 169 European Academics Warn Against It", see https://www. ivir. nl/academics-against-press-publishers-right/, last visited on December 22, 2021.

会公众提供类似淘宝的"新闻购物超市"，畅通公众付费使用新闻产品的渠道。另一方面，就非专业新闻生产者的其他个人头条号运营者，应当为其言论自由及合理使用"在信息网络上已经发表的关于政治、经济问题的时事性文章"预留空间，只要使用者注明正确来源，并且不违反合理使用制度"仅限于非营利性或公益目的的特殊情形""不得不合理地损害著作权人的合法利益""不得造成影响作品正常使用的后果"的三个实质性要求，就应当对该类使用行为予以肯定。

综上所述，新闻聚合平台未经许可通过深层链接、页面转码等方式抓取其他平台内容的行为不适用避风港原则，存在著作权直接侵权和不正当竞争的风险。平台通过一系列原创产出激励手段有效促进了"全民创作"内容的不断涌现及文化繁荣。与此同时，为了兼顾新闻作品质量及新闻自由，降低平台运营风险，新闻聚合平台可以通过分享广告收益及建立统一的数字新闻交易平台等方式，实现与传统媒体的长期稳固合作。为了实现维护新媒体环境下信息传播与新闻自由的公共领域的社会责任，为公众构建畅通的新闻合法使用渠道，新闻聚合平台仍需创新其商业模式并付出长期的努力。

2. 社交媒体平台：微信

微信作为私密性强的即时通信工具和社交媒体平台，构成作品的内容主要包括具有独创性的发布于个人朋友圈或公众号的文章、图片、音视频等。为了保护公共利益，满足公众自由表达与信息交流的基本需求，有观点认为应当区分对待个人与公众号使用他人作品的情形，并完善合理使用及默示许可制度。[1]基于微信的私密性，用户间只有添加好友才能浏览对方的朋友圈，且朋友圈的观众固定，因此，用户直接在朋友圈引用适当篇幅的他人已发表文字作品，并进行介绍、评价或交流学习，属于个人合理使用。就个人转发公众号内容至朋友圈或群聊的行为，我国《著作权法》未直接规定网络环境下的默示许可规则。《信息网络传播权保护条例》规定了通过网络施行九年制义务教育、网络扶贫等情形下的默示许可，[2]并提出了默示许可适用的前提条件：传播者不得提供权利人事先声明不得转载的作品、需指明作品来源及支付报酬[3]。网络环境下，

---

〔1〕　参见周贺微："微信平台上的著作权合理使用问题研究"，载《武汉科技大学学报（社会科学版）》2018 年第 3 期。

〔2〕　参见《信息网络传播权保护条例》第 8、9 条。

〔3〕　参见《信息网络传播权保护条例》第 10 条。

要求海量作品以"一对一"的模式授权面临困难，基于公众号重视作品传播度、鼓励个人用户转发增加流量的商业特性，除非文章事先声明禁止转载，否则应当推定作者同意阅读者通过微信"一键转发功能"直接转发。而且，因微信功能有限，个人用户转发公众号内容至朋友圈、其他单个用户或群聊，微信系统会自动生成相关链接，链接内直接显示来源的具体公众号，并未侵犯原创作者的署名权。文章作者一般不收取转发费用，而是通过阅读者的自愿打赏及页面内广告收入获利。因此，该类转载满足《信息网络传播权保护条例》规定的适用前提，属于默示许可的范畴。就个人通过"复制—粘贴"的方式直接全部引用他人作品而言，在未标明来源的情况下，阅读者实际上往往会默认发布者为该内容的原创作者。该做法涉嫌侵犯作者的署名权、复制权、信息网络传播权等权利，且不属于合理使用及法定许可的范畴，因此需取得授权。

值得进一步探讨的是公众号转载他人作品的行为。基于微信功能限制，转发与转载具有本质差别：个人转发公众号内容的受众有限，且一般不以营利为目的；而公众号转载他人作品不是微信的常用功能，不在作者的可预见范围内，且实质上在"流量为王"的新媒体环境中对来源形成了替代效应，损害了著作权人的合法权益。公众号转载他人作品不属于《著作权法》及《信息网络传播权保护条例》列举的合理使用范畴，且难以符合合理使用"三步检验法"的要求。最高人民法院司法解释先将报刊转载的相关法定许可扩张到网络环境，后又明确删除了该适用情形。[1]依照国家版权局《关于规范网络转载版权秩序的通知》的规定，若公众号运营者未事先取得原作者授权许可，擅自转载其原创内容，即便注明了原作者姓名和来源，无论是否出于营利目的，都不构成合理使用，属于侵犯著作权的行为。根据《微信公众平台运营规范》的规定，针对侵权转载行为的发生频率，微信公众平台可依次作出删除文章、警告、短时间内封号、永久封号的处罚。笔者认为，微信作为时下市场占有率最高的社交媒体，其公众平台对信息传播及公众表达自由的公共领域具有重大意义，因此，需要建立微信公众平台作品授权及传播的良性生态机制，畅通公众对平台内容

---

〔1〕 参见最高人民法院《关于审理涉及计算机网络著作权纠纷案件适用法律若干问题的解释》（2000 年 12 月 21 日生效）第 3 条："已在报刊上刊登或者网络上传播的作品，除著作权人声明或者上载该作品的网络服务提供者受著作权人的委托声明不得转载、摘编的以外，网站予以转载、摘编并按有关规定支付报酬、注明出处的，不构成侵权。但网站转载、摘编作品超过有关报刊转载作品范围的，应当认定为侵权。"2006 年修正的最高人民法院《关于审理涉及计算机网络著作权纠纷案件适用法律若干问题的解释》删除了第 3 条。

的接触使用渠道。

（1）微信公众平台原创声明功能

为了激励优质原创内容的产出，微信于 2015 年推出了公众号原创声明功能，公众号文章作者在提出原创声明申请后，系统自动将文章与微信公众平台内已经成功发布的原创作品进行智能对比，在未搜寻到相似在先作品的前提下，系统将自动对该作品标注原创标识；未通过比对审核的作品作者会收到系统通知，作者可通过投诉提出异议，微信公众平台将进行进一步人工核实。在成功添加原创声明后，其他公众号转发该内容时将被系统自动标注"该内容转载自 XX 公众号"的来源说明。同时，若其他公众号在转载的同时欲部分修改该内容，需要事先获得作品来源的原创公众号作者的许可，原作者可在后台设置"转载白名单"，并选择授予"修改 + 标明转载来源"或"修改 + 不标明转载来源"两种不同程度的权限。[1] 为了进一步激励原创内容产出，微信为优质原创内容推出了用户赞赏、付费阅读、优质广告资源赞助、搜索加频加权等优待机制，并就公众平台内标注原创声明的作品建立原创作品库向第三方商家及投资者开放，创造内容衍生产品的合作机会。

（2）微信公众平台著作权集体管理机制

基于微信公众平台已初步建立的原创声明功能，有学者提出建立微信公众平台内部的著作权集体管理组织，由腾讯作为平台内原创作品的集体管理者，就已成功加入原创作品库并添加原创标识的作品，使用者无须一对一取得授权便可先行转载，再由微信官方向使用者发送站内信索取报酬，最后依托普及率高的微信支付功能实现使用费的高效线上支付。对于逾期支付费用的使用者，微信可对其提出警告并删除其转载的作品，对侵犯原创作品库内作品著作权的行为，原作者和微信官方都有资格寻求法律救济。就收费标准的问题，为了兼顾公共利益，可参照《使用文字作品支付报酬方法》的标准，综合考虑不同公众号的关注人数、文章热度及使用次数，由微信著作权集体管理组织与作者、使用者签订格式化许可使用合同示明。同时可考虑引入价格区别机制，对不同用途的使用者按不同的费率收费，仅转载文章的个人使用者的使用费远低于涉及

---

〔1〕 "微信公众平台原创声明及相关功能使用条款"，载 https://mp. weixin. qq. com/cgi-bin/announce? action = getannouncement&key = 1463730026&version = 1&lang = zh_ CN&platform = 2，最后访问时间：2022 年 6 月 29 日。

营利的商业用途使用者。[1]

笔者认为，与传统的著作权集体管理模式相比，微信公众平台内部的集体管理优势如下：一是，准入门槛低，注册成立公众号发表文章，并通过高效的自动对比审核后即可接受著作权集体管理服务；二是，自动标注作品来源及报酬索要站内信的自动发送免去了使用者寻找作者获取事先许可的时间成本，成熟的移动支付功能也为使用者的便捷支付提供了条件；三是，不同于传统的按作品种类分别进行著作权集体管理的模式，一次使用涉及不同类型作品时，微信公众平台可实现统一授权并一次性支付费用，提高了交易效率。

该模式的缺点在于其只能局限于首发于微信公众平台内部的作品，与其他网络平台的兼容性差；仅与微信公众平台内部的原创作品库对比的审核机制，不能排除内容侵犯其他来源作品权利的风险。微信公众平台通过用户协议与公众号运营者约定，自动标注原创标识并不构成微信官方对作品原创性的任何担保或认可，侵权责任仍由公众号运营者自身承担。[2]笔者认为，在"内容为王"的新媒体背景下，微信公众平台通过付费阅读、用户赞赏、广告资源赞助等原创激励手段吸引优质内容，在用户支付费用给公众号运营者时扣除了相应的技术渠道与支付渠道佣金，[3]优质内容也为微信公众平台聚集了流量，带来了巨大商业利润，本质上微信公众平台与公众号运营者达成了商业合作，原创标识本身构成通过腾讯商业信誉对作品原创性的"背书"。用户协议的侵权责任分配仅仅是双方内部的约定，不能对抗外部第三人，微信公众平台对其加注原创标识的公众号作品具有更高的注意义务，权利人在特定情况下可以追究其未尽到审核义务的过失侵权责任。

因此，微信公众平台有必要主动扩大原创作品库的内容范围并提高其审核的准确性。从持续发展的角度来说，此种在平台内部的著作权集体管理规则下成立的原创作品库本身也是平台的重要资产。由平台作为统一的保护主体，在

---

〔1〕 参见杨淑青："数字作品的著作权管理探讨——以微信公众平台为例"，载《中国版权》2015年第6期。

〔2〕 "微信公众平台原创声明及相关功能使用条款"，载 https：//mp. weixin. qq. com/cgi-bin/an-nounce？ action = getannouncement&key = 1463730026&version = 1&lang = zh_ CN&platform = 2，最后访问时间：2022年6月29日。

〔3〕 "微信公众平台原创声明及相关功能使用条款"，载 https：//mp. weixin. qq. com/cgi-bin/an-nounce？ action = getannouncement&key = 1463730026&version = 1&lang = zh_ CN&platform = 2，最后访问时间：2022年6月29日。

发现真实侵权人、降低取证难度、控制维权成本方面具有更大优势，平台间就优质内容展开的商业竞争可以激发原创作品的创新与文化繁荣。

笔者认为，微信公众平台著作权集体管理实际上是创设了一种默示许可机制，针对平台上的海量内容，在作者未明确表示不允许转载的情况下，公众默认已取得授权，可先行使用作品，仅需事后通过在线支付的便捷方式经由平台内部支付使用费。微信公众平台中的海量作品往往具有篇幅精简、使用次数多、传播范围广等特征，传统的授权交易模式已不能满足其商业模式发展需要，而且创作者更偏向于主要通过广告流量等延迟收益间接获利，并辅以便捷的统一线上自动交易，收取较低单次使用费直接获益。社会公众亦需要方便、快捷、合法的作品使用途径。因此，微信公众平台著作权集体管理体系实际上开辟了一块"公共绿地"，使得公众能够自由接触、使用原创作品并实现作品的最大效益。与此同时，新媒体环境下需要重新协调著作权专有领域与公共领域，为了构建维护公共领域与著作权保护的平衡机制，微信公众平台应当建立原创作品库的合理审核标准和畅通的投诉反馈机制，避免公众号运营者将公共领域的要素不当上传入原创作品库进行私人控制。同时，微信公众平台应当通过转载"白名单"、对不同用途转载施行许可费用价格歧视的技术手段，为公众的合理使用预留空间。

3. 知识付费媒体平台：喜马拉雅 FM

随着生活水平的提高，人们在满足基础物质生存需求后，对文化、教育、娱乐等精神文明方面的消费逐渐加大，新媒体平台提供海量免费信息内容的同时，也因其内容筛选机制的缺失，使人容易迷失在泛滥的大数据中。为节约注意力成本，即时筛选获取所需知识，用户为优质内容付费的意愿增强，便捷的线上支付功能进一步促进了人们对知识产品的付费习惯，一系列创新知识付费商业模式的新媒体平台应运而生。

(1) 知识付费产业链

新媒体知识付费产业链主体包括内容生产方、传播平台、中介经纪方及终端内容消费者。线上知识产品的内容生产方包括头部知识内容商等行业关键意见领袖（KOL）及尾部全民知识生产者。知识付费平台内容生态的核心是内容生产方与传播平台的合作：内容生产方提供其内容版权及用户号召力，知识付费平台提供内容知识产权孵化（即 IP 孵化）服务及宣发渠道，合作生成的知识产品销售给终端知识产品消费者，最终双方通过 IP 孵化服务费、版权收入及合作费用分成实现知识产品收益共享。在此过程中，长尾力量的草根作者们也可选择通过类似多频道网络（Multi-Channel Network，MCN）[1]的专业 IP 孵化机构等第三方支持机构与知识付费平台对接，平台由此获得规模化、多元化的优质内容集群。

喜马拉雅 FM 是目前国内规模最大的综合音频付费共享平台，其率先提出了专业用户生产内容（Professional User Generated Content，即 PUGC）的内容生态理念。PUGC 即"专业用户生产内容"，是新媒体知识付费领域发展出的新型商业模式，融合了 UGC 和 PGC 的优点。UGC 模式主要依靠海量长尾部分用户产出内容，用户在互相交流借鉴的过程中碰撞出火花，有助于提高用户参与度并吸引流量。PGC 模式的优势是其专业人士生产的内容有深度，品牌价值高，有利于充分实现作品的衍生产品增值。PUGC 模式仍然以用户生产内容为基础，通过普通用户注册制加专家邀请制，在互动性强的 UGC 模式吸引用户流量后，进一步细分引入在不同领域具有丰富经验和影响力的专家，保证内容的深度及专业性，以沉淀用户并提高用户黏性。

内容付费为喜马拉雅 FM 带来过半的营业收入，其收费模式包括单个产品付费及会员订阅合辑，内容生产模式包括联合出品及主播入驻等。在 UGC 方面，喜马拉雅 FM 为草根内容创业者提供产品梳理、发行、商业变现的整套孵化体系；在 PGC 方面，主播入驻生产的明星知识课程有"每天听见吴晓波""耶鲁大学陈志武教授的金融课"及马东携奇葩说团队制作的"好好说话"等。2018年，喜马拉雅 FM 举办的第三届"123 狂欢节"内容消费总额超过 4.35 亿元。[2]

（2）知识变现产业的著作权困境

笔者认为，在新媒体环境下，知识变现产业在蓬勃发展的同时还面临如下著作权问题：

第一，知识付费平台内部作品著作权问题。一是，对平台用户上传的侵权作品，平台有何种程度的监控处理责任。二是，平台对作品的使用权限边界：平台用户协议中通常约定原创内容创作者对平台授予非独家、免费、长期的使用许可，但就平台对该原创内容的修改权、汇编权、转许可授权及对其他侵权方的独立追诉权的规定不甚明晰，该等默示用户预先授权的格式条款的法律效力也存在疑问。

---

〔1〕 MCN 是一种多频道网络的产品形态，其将个体生产内容联合起来，在资本的有力支持下，保障内容的持续输出，从而最终实现商业的稳定变现。通过 MCN 的汇集、选材及专业编排，内容创作从个体户的生产模式发展到规模化、科学化、系列化的公司制生产模式。

〔2〕 "3 天成交 4.35 亿，喜马拉雅 123 狂欢节创历史新高"，载 http://edu.sina.com.cn/l/2018-12-05/doc-ihmutuec6388010.shtml，最后访问时间：2022 年 6 月 29 日。

第二，知识付费平台之间的内容及著作权问题：在某一知识付费平台支付对价取得某知识产品后，有其他网站、平台及自媒体搭便车，将其改头换面包装成原创知识产品并上载相关盗版内容营利。

第三，付费知识产品被打包廉价销售、被众筹购买后大范围传播、平台付费会员账号被恶意多次销售后拆分多人使用，例如盗版团伙在淘宝、闲鱼等交易平台通过百度网盘批量销售喜马拉雅 FM 的音频课程，极大影响了知识产品的二次销售。

第四，知识付费平台采取技术措施控制知识产品的付费使用，并通过"点击合同"及"格式化电子用户协议"的方式要求公众接受许可条件后才得以使用作品，而强势的技术措施有将公共领域要素纳入私人控制的风险。现阶段著作权行政管理部门对技术措施的监督缺位，不当的技术措施设置了公众接触作品的人为屏障，侵蚀了公共领域。

（3）知识付费平台著作权保护与公共领域的平衡机制

面对产业链化的盗版侵权行为，知识付费平台引入各种措施维护其作品版权，打击侵权行为。喜马拉雅 FM 建立了包含上百人的内容审核基地，通过 24 小时在线的内容审核专员人工审核与版权库过滤的技术筛选措施相结合保护版权。[1]知乎就作品的确权、授权及维权全方位探索版权保护措施：在确权方面，知乎与中国版权保护中心的数字版权登记系统展开合作，帮助站内原创内容快速获得作品登记证书，作为侵权纠纷中的初步证据。在授权方面，用户在上传内容时可选用"禁止转载"或"付费转载"功能，促进作品的快速便捷授权。在维权方面，对站内涉嫌侵权的内容为权利人提供"发布澄清声明"及"提交侵权举报"等维权措施。对站外廉价打包销售"知乎 Live"产品的盗版行为，知乎与淘宝、咸鱼等电子商务平台、百度网盘等点对点（即 P2P）平台及腾讯等社交平台合作推出绿色投诉维权通道，遏制盗版知识产品的传播。[2]得到、果壳网等则与"维权骑士"结成版权保护合作联盟。"维权骑士"是一家专为互联网原创内容生产者提供维权服务的网站，通过侵权内容监测、已授权白名单筛除、维权沟通、补救授权、侵权举报、诉讼等方式保护原创内容，并就维权所得与作者分成。

总结上述知识付费媒体平台商业运行模式，笔者认为：一方面，完善的著

---

〔1〕"喜马拉雅 FM：为每个有才能的人提供平台"，载 http://news.ikanchai.com/2015/1221/42436.shtml，最后访问时间：2022 年 6 月 29 日。

〔2〕"知乎：用技术武装版权保护，从源头维护用户权益"，载 http://finance.eastday.com/eastday/finance1/Business/node3/u1ai386496.html，最后访问时间：2022 年 6 月 29 日。

作权保护体系有助于知识变现产业的规范化运行，培养公众尊重智力成果的付费使用习惯，且 PUGC 的创新内容创作模式充分挖掘了各领域人士的潜力，促进了知识经验分享，用户得以用最少的成本和最快捷的方式直接获取相关知识，促进了公共教育的发展及国民文化素养的提升。另一方面，由于知识付费平台比其他内容平台更大程度地参与了知识产品的孵化及变现，并直接就作品分享收益，基于利益平衡的视角，其应当承担更大程度的保护公共领域义务。具体来说，首先，知识付费平台在构建侵权内容审核过滤系统的同时，应当确保原创性不足以构成作品、超过著作权保护期限的内容等公共领域要素不被纳入控制范围；其次，技术措施的施行应当为用户基于公共教育等公益目的对作品的合理使用留下空间；最后，知识产品的价格应公开透明，并遵循著作权相关行政管理部门制定的指导价格标准，不得通过垄断手段损害消费者的合法权益。

三、维护公共领域视野下新媒体平台著作权保护制度及其实施之完善

数字技术的发展及新媒体环境的特征颠覆了作品的传播方式及著作权产业链，传统著作权保护方式存在明显滞后性，新媒体环境下混乱无序的著作权授权、交易现状一方面造成权利人的专有财产权广泛受到侵害且维权困难，另一方面造成公众无法自由、高效、合法地接触使用作品，作品的流转受阻，使用者承受较高的侵权风险，公共领域受到侵害。为了顺应市场发展及技术革新的规律，促进信息产业的创新升级，创建可持续发展的著作权良性生态市场，新媒体环境下著作权保护制度应当适应内容平台新型商业模式的发展，并兼顾公共领域。

本文将从授权模式、交易模式及平台审核义务的角度探究新型著作权保护机制，通过分析开放的知识共享计划、著作权补偿金制度与数字权利管理系统、内容识别过滤系统的平台审核机制的运行原理及优缺点，并紧密结合我国现行立法、司法实践以及新媒体平台实际运营情况，从立法层面、司法层面及新媒体平台运营层面提出我国著作权保护制度的完善建议。

（一）创新授权模式：知识共享计划

传统著作权授权体系由许可协议、法定许可、合理使用及著作权集体管理等构成。然而，在新媒体环境下，如何实现作品的海量、高效及多层次授权是新商业模式发展的重大阻碍。版权授权的自治干预模式、市场自治模式与技术主导模式并存的三维模式是新媒体环境下著作权授权的创新尝试。[1]

---

〔1〕　参见付继存："网络版权授权的模式选择"，载《中国出版》2018 年第 15 期。

1. 理论基础及授权机制

"知识共享"（Creative Commons）是由莱斯格、阿伯尔森及艾尔德雷德于 2001 年创立的美国非营利性组织，其鼓励世界各地的创作者共享其部分或全部创作成果，丰富全人类的创作资源，宗旨是通过一系列格式化著作权许可协议文本，"在默认的限制性规则日益增多的今天，构建一个合理、灵活的著作权体系"。[1]"知识共享"的理论基础是，为了扩大新媒体环境下作品的公共领域，著作权法应当为个人对作品的接触创造条件，并促进社会文化的创新及知识的充分传播。其创始人莱斯格认为，目前存在的两种极端的著作权自动保护模式，不是选择"保留受著作权控制的所有权利"，就是选择"不保留任何权利"，这两种非黑即白的对立选择已不适用于作品多元化传播的新媒体环境。与此同时，"知识共享"可赋予权利人及使用者更灵活自由的选择空间，提供"自动保留所有著作权控制权利"的另一替代方案——"保留部分权利"（Some Rights Reserved）——来支持建立更丰富的公共领域，充分实现著作权公共资源在新媒体时代的价值，促进文化繁荣。[2]

知识共享许可协议（Creative Commons Licenses）包括四种授权要素：署名（Attribution，即 BY）、非商业性使用（Noncommercial，即 NC）、禁止演绎（No Derivative Works，即 ND）及相同方式共享（Share Alike，即 SA），著作权人可选择任意要素组合出六种对作品控制程度不同的许可协议标准文本，[3]并使用相应可视化图形标注于作品中，以供使用者选择。

2. 优势及局限性

知识共享许可协议通过标准化、模式化的拆分许可合同，将著作权控制的各项重要权能予以分解，本质上是基于意思自治的一种私人创制规则。相比直接就作品获得收益，部分作者更倾向于通过作品的广泛传播获得知名度。作品不断衍生、升华出更丰富多元的内容，促进知识文化传播，其给人类社会带来的利益也能为这类创作者带来更高的精神满足及自我实现的价值，维基百科的建立及软件开源运动的发展即是例证。同时，对处于长尾部分的非职业、个人创作者来说，他们对交易成本及侵权风险承受能力较低，知识共享模式更能够

---

〔1〕　参见 http://creativecommons. net. cn/about/history/，最后访问时间：2022 年 6 月 29 日。

〔2〕　Lawrence Lessig, "The Creative Commons", 65 *Montana Law Review* 1-14 (2004).

〔3〕　按照从严格到宽松分别为：①署名-非商业使用-禁止演绎（BY - NC - ND）；②署名-非商业性使用-相同方式共享（BY - NC - SA）；③署名-非商业性使用（BY - NC）；④署名-禁止演绎（BY - ND）；⑤署名-相同方式共享（BY - SA）；⑥署名（BY）。

帮助其接触及使用作品，降低创作门槛，为网络多端用户的协同创作扫清障碍。知识产权是一种排他性财产权利，且其客体具有无体性，只有明确权利的内容、类型及边界，才能保障交易安全，防止过度保护损害社会公众利益，因此应遵循知识产权法定主义。然而，知识产权法定主义也有其固有的封闭及僵化的弊端，在新媒体环境下，作品的形态及传播形式不断变革，大量权属不明的作品在传统授权许可保护模式下存在授权渠道闭塞、交易成本过高的问题。因此，私人创制的知识共享许可协议最大的优点在于其能灵活地调整权利运行及初始配置方式，有助于解决法定权利僵化及立法滞后问题，降低交易成本及作品使用的侵权风险，适应新媒体环境下作品传播及后续创作的需求。

　　但是，知识共享作为一种释放权利的模式也存在一定的局限性。首先，其适用范围有限。相对于追求创新和协同创作的非职业化个体创造者而言，漫威、索尼及迪士尼等产业化的著作权集团更倾向于通过著作权的绝对排他性控制来实现商业利益与市场竞争力的最大化。因此，处于强势地位的著作权集团对知识共享模式的接受度低。其次，各类知识共享许可协议的兼容性差，若某一平台内部存在多元授权模式，对后续使用者来说，辨别不同授权要素的信息成本增大，且发生纠纷时，对采取不同授权要素的类似衍生作品追溯来源及判定权利归属的技术难度大。反之，若每个平台限定单一的授权模式，则采取不同授权要素的知识共享平台间的内容互动难度大。例如，是否允许演绎、是否允许商业使用，各平台间存在不同，原始作者需被迫选择某一类型的平台首发作品，这在实质上限制了作品的传播。同时，非商业性使用本身的定义模糊，在"免费文化"盛行、不以作品直接收费而就相关平台投放广告获取延迟收益的新媒体环境下，严格区分非商业性使用存在一定难度。最后，"知识共享许可协议"的"基因缺陷"是可持续性差。传播过程中一旦有人"违反游戏规则"，由于标准化的授权许可合同具有相对性，只有相邻衍生作品的前任创作者可基于授权许可合同直接追究后继者的违约责任，此时历任在先创作者的损失以及对最终维权收入的利益分配将会成为一个难题。

　　综上所述，知识共享的许可模式在保留著作权完整权能与公共领域之间创设了保留部分权利的弹性过度空间，促进了作品的自由创作、传播及演绎，丰富了公共资源，为公共领域注入了新的活力。但同时，知识共享作为一种释放权利的授权模式，其局限性决定了它只适用于不通过作品直接获益而通过流量等间接获得延迟收益的商业模式。知识共享弱化作品的排他性能够提高许可效率，降低交易成本。

3. 我国著作权立法应采取的态度

"著作权法作为法定的初始权利分配规则，一方面应集中于权利的创设与界定，而非对权利配置的干涉；另一方面应坚持既有立法原则，不能因交易成本而任意取消或弱化既有权利。"[1]笔者认为，在不损害公共利益的前提下，著作权法应当鼓励创作者个性化创新内容的授权及传播，最大限度地发挥作品的价值。传统的作品授权模式僵化，对作品控制力度大。为了有效抑制著作权扩张的趋势，提高作品的社会效益，维护公共领域，在新媒体环境下，应当探索发展以传统的排他性控制为基础，以知识共享为有益补充的新型著作权保护体系。为了克服知识共享依赖合同法、稳定性差、兼容性弱等局限，可从立法上明确以下几点：首先，知识共享许可协议是一种格式化分解授权，其本质是一种"授权"而非"弃权"，并未损害著作权的完整权能，所有前任创作者仍可寻求著作权的传统保护，法律鼓励而非强制著作权人使用该种对作品宽松控制的模式。其次，立法应当要求知识共享新媒体平台在作品上加注数字权利管理信息和授权要素，并通过适当的技术措施限制使用者按被授权的方式使用作品。对规避技术措施、删除数字权利管理信息和授权要素标注的行为，应当追究法律责任。同时，一旦使用者使用了加注授权要素的作品，则默认其接受了授权协议，违反使用限制者需承担法定违约责任。其次，为了提高知识共享许可协议的兼容性，促进作品的广泛传播，可由著作权行政管理部门或行业协会拟定并及时更新统一的授权协议范本，促进不同领域使用可兼容协调的授权协议，建立同类型许可条件作品库，打破不同平台作品的传播壁垒。最后，为了兼顾公共利益，防止公共领域要素被不当纳入私人控制，就知识共享平台上已进入公共领域的作品，经公众监督举报并经著作权行政管理部门发出通知后，知识共享平台应及时采取措施消除相关作品之上的技术措施、数字权利管理信息和授权要素，并加注"公共领域"作品标签，以促进进入公共领域作品的充分传播。

（二）私人复制的交易模式：著作权补偿金制度与数字权利管理系统之争以及当前我国著作权立法应采取的态度

在新媒体环境下，就私人复制使用作品行为的交易模式创新，理论界产生了著作权补偿金制度和数字版权管理制度的争论。有学者认为，著作权保护应当实行"双轨制"，对传统类型作品的保护仍然遵循传统模式，对新媒体环境下新型作品及传统作品的新型利用方式可以考虑引入著作权补偿金制度，根据利

---

[1] 熊琦："互联网产业驱动下的著作权规则变革"，载《中国法学》2013 年第 6 期。

用的具体场景及次数征收使用费,并通过专门的计提团体集中管理行使权利。一些更为激进的学者则主张全面实行著作权补偿金制度,认为在作品传播效率极大提高的新媒体环境下,著作权作为排他性财产权的设置体系不利于充分发挥作品的外部性,阻碍了信息的使用流通,因此,为了在知识产权私有空间给公众开辟足够多的公共绿地,应当允许公众充分使用及交流作品。也有学者提出了类似的公共基金制度:政府可利用税收收入购买作品的著作权,供社会公众无偿自由使用,并提供足够的补偿及奖励,激励作者的后续创作。[1]随着科技的发展,新型的数字水印、数据加密等数字权利管理技术使得著作权人对数字作品的信息管理、追踪及计费的成本降低。因此,另一派学者主张采用数字权利管理系统来实现对作品的适度控制。以下将对这两种模式进行分析并比较其利弊。

1. 著作权补偿金制度

在作品复制成本高的传统模拟技术时代,著作权人往往通过控制作品传播的中间主体来保护其作品。随着工业革命的发展,社会公众使用打印机、录音机等复制设备即可私下无限制复制作品,消费者通过私人复制渠道获得作品而非向著作权人购买,直接损害了著作权人的商业利益。私人复制既包括在私人生活中为个人欣赏、学习等目的的合理使用行为,也包括超出合理使用范畴但仍为非商业性质的复制行为,这类私人复制如规模较大则可能替代作品的销售市场,且基于公民隐私权的宪法权利保护,著作权人难以干预这类私人生活领域。为了调和私人复制者与权利人不断激化的矛盾,著作权补偿金制度应运而生,公众可不取得著作权人事先许可,自由无偿地进行非商业性的私人复制,生产、销售某些特定的与复制有关的设备则应被收取特定比例税费并分配给著作权人,以补偿其损失。该制度的基本原理是将作为排他性财产权利的著作权降格为法定的获得补偿权。目前大陆法系及英美法系的一些国家采用了著作权补偿金制度,对数字录音机、迷你碟盘、机器使用的存储媒介等设备征收税费。

新媒体环境下信息的交流和作品的利用具有交互性和离散性,使用者的规模庞大且匿名者多,存在大量无法确定原始作者的孤儿作品,作品的授权难度大且交易成本及著作权人的维权成本过高,坚持传统的著作权保护模式的实际效果反而是架空了著作权人的排他性财产权,导致资源不能有效配置。根据科

---

〔1〕 Lior Zemer, "Rethinking Copyright Alternatives", 14 *International Journal of Law and Information Technology*137-145 (2006).

斯定理，交易成本存在时，财产权利的初始配置方式将极大地影响资源利用效率。因此，在交易成本过高时，可以财产保护的责任规则替代财产规则[1]，由政府作为第三方设置法定交易条件，降低交易成本。

为了打破新媒体环境下公众使用者与著作权人的僵局，奈特尼尔教授提出对网络上主要为公众提供下载及分享作品服务的 P2P 共享技术相关的产品或服务施加非商业性使用税（Noncommercial Use Levy）。他认为使用传统著作权保护模式规制 P2P 文件交换，将损害消费者的福利成本，并过分增加执行成本，损害技术的创新，抑制公众的自由表达。非商业性使用税豁免了使用者非商业性复制及自由表达的授权要求，同时也可有效补偿著作权人。[2]费舍尔教授同样认为传统的封闭财产权体系不能适应新媒体环境下作品的公共产品属性。他构建了新的著作权补偿金运行模式：著作权人欲获得补偿金，需事先向版权局登记其作品，版权局为每个数字作品嵌入独一无二的注册码，跟踪监控数字作品的流向及使用情况，并通过统计不同数字作品下载、复制、在线浏览播放的次数合理分配不同的补偿金。[3]

实践中，著作权补偿金制度在新媒体环境下仍需要克服重重困难：首先，著作权补偿金制度在新媒体环境中存在补偿金征收媒介及对象难以确定的问题。技术的一体化使得计算机、移动通信设备之间的功能不断融合，个人使用与专业复制设备的边界模糊。其次，对设备统一征收税费，不能排除合理使用的消费者向合理使用范畴外消费者的交叉补贴。最后，补偿金的征收数额及分配比例也存在难题。政府调控模式的普遍缺点是无法及时感知市场供求关系及价格信号，不同行业巨头的游说行为可能导致政府权力寻租。再者，法定补偿金无法准确公平地补偿热度及商业价值不同的作品，纯粹用技术手段追踪作品的使用情况可能会诱导权利人通过技术作弊骗取高额补偿金。

2. 数字权利管理系统

数字权利管理系统（Digital Rights Management，即 DRM 系统），指的是通过一系列的技术手段达到帮助权利人实现接触控制、复制控制等目的的综合管

---

〔1〕　在财产规则下，财产权人可通过决定交易对象和价格排除他人对财产的干涉；在责任规则下，财产权人只能事后要求使用者按法定金额补偿而无法事先决定交易对象和价格。

〔2〕　Neil Weinstock Netanel, "Impose a Noncommercial Use Levy to Allow Free Peer-to-Peer File Sharing", 17 *Harvard Journal of Law & Technology* 35–58 (2003).

〔3〕　[美] 威廉·W. 费舍尔：《说话算数：技术、法律以及娱乐的未来》，李旭译，上海三联书店 2008 年版，第 184 页。

理系统。常用的数字权利管理技术包括数字水印、数据加密、电子签名、数字指纹技术和认证技术等，涵盖授权条件、权利人与使用者身份认证及使用费支付三个模块。DRM 系统具有两大基本功能：一方面是控制作品的"保护锁"，另一方面则是数字作品在线交易的"自动计价器"。

DRM 系统受到许多音乐及电影公司等传媒巨头的青睐，例如苹果公司开发 Fairplay 系统用于音乐数字版权管理，被 Fairplay 系统加密后的音乐文件只能在指定的播放器上播放，可达到追踪作品使用者及使用情况的目的。苹果公司通过 Fairplay 系统获得巨大利润，也因其捆绑 iTunes 播放软件、在线音乐商城、iPod 播放器的做法遭到了反垄断调查。同时，采用不同标准 DRM 系统的版权商之间的商业竞争阻碍了作品的传播与流通。[1]新媒体环境下作品的传播具有全球性，基于不同商业模式及作品提供方式的 DRM 系统很难建立一个国际标准，DRM 系统间的开放与兼容问题及使用者网络环境的差异侵害了消费者的利益。DRM 系统可以控制消费者的使用行为，增加使用者的复制成本，其本质上是一种著作权人采用技术措施的自力救济行为，人为赋予本身"非排他性"的作品排他性，将作品这类公共产品转化为私人产品。[2]因此，这种通过技术措施加强控制的模式存在侵占公共领域的潜在危险。

3. 两种模式的选择

著作权补偿金制度与 DRM 系统在原理上是根本冲突的：前者通过将著作权降格为法定补偿权，降低交易成本并保证公众最大限度地自由使用作品；后者则通过技术手段进一步加强了著作权人对作品财产权的排他性控制。支持 DRM 系统的观点认为，著作权补偿金制度的理论基础是避免著作权行使行为对使用者个人隐私的侵犯，而 DRM 系统通过匿名交易可以很好地解决这一冲突。同时，DRM 系统通过授权条件、权利人与使用者身份认证、使用费支付的简化，极大地降低了交易成本，使得著作权补偿金制度的另一理论基础"市场失灵、交易成本过高实际架空了著作权"无法维系。

《欧盟信息社会版权指令》显示出欧盟对 DRM 系统的偏向，其第 5 条指出，成员国可对非商业目的的私人复制设定例外的合理补偿金制度，但要考虑作品之上是否使用了技术措施。因此，欧盟引导成员国充分考虑技术与商业模式的

---

〔1〕 苹果公司一方面因为 Fairplay 系统获利，另一方面又呼吁其他音乐公司放弃使用 DRM 系统，营造开放的音乐环境。

〔2〕 参见张今、卢亮："版权保护、数字权利管理与商业模式创新"，载《学术交流》2009 年第 8 期。

发展，并倡导 DRM 系统下使用者个性化的"按需购买"的商业模式，用户仅为其感兴趣的内容付费。

新媒体环境下著作权保护体系的改革核心是鼓励作品分享，这就要求通过设定新型的权利许可机制来简化传统的重复交叉、复杂的授权机制，压缩不必要的中间媒介，避免作品的囤积，创造一种有利于公众接触作品及作品自身增值的新型媒介。[1]笔者认为，在不改变作品使用者消费习惯的前提下，追求对著作权人最大经济回报以激励其创作，并兼顾公共领域的维护，是构建新媒体环境下新型使用费征收制度的关键考量因素。一方面，著作权补偿金制度在新媒体环境下的普遍应用会在根本上颠覆著作财产权制度，并对著作权产业带来致命冲击。因此，其适用范围有限，仅适用于作品价值较小且追求稳定补偿的创作者，并且其运营机制有待实践的进一步检验。另一方面，DRM 系统简化了作品授权及交易流程，降低了作品接触成本，有利于公众基于自身需求个性化使用作品，是新媒体环境下更具有普适性的一种交易模式。但同时，其作为一种兼具"接触控制"和"使用控制"功能的技术措施，若运用不当，则有较大的侵占公共领域的风险。

4. 我国著作权立法应采取的态度

新媒体环境下公众通过私人复制的方式使用作品的需求量大，且已经是普遍现象，因此，为规范作品的复制方式，引导公众合法使用作品，著作权相关法律法规应当完善对新媒体平台上私人复制行为的规制。笔者认为，著作权补偿金制度和 DRM 系统作为创新的尝试有各自的优势，立法不应当只强制选定某一种模式，而应该根据新媒体平台的商业模式作出适应其发展的安排。

通常来说，大型版权商及畅销产品作者等新媒体环境头部力量更倾向于 DRM 系统，因为技术措施赋予他们更好地控制其版权作品的力量，使权利进一步集中，并使其基于此构建新的商业模式及定价方案，达到自身商业利益的最大化。长尾力量的草根作者及作品表演者则更倾向于著作权补偿金体系，因为与其被过高的交易成本和维权成本架空其实际权利，不如事先放弃部分权利以换取稳定的补偿。笔者认为，基于不同的利益需求，立法可以规定，采用就作品直接收费的商业模式的平台可以选择使用 DRM 系统，因为该类平台内容的创作者对作品的直接收益要求高，且使用者一般都养成了个性化"按需支付"的

---

[1] Jessica Litman, "Sharing and Stealing", 27 *Hastings Communications and Entertainment Law Journal* 26 (2004).

知识付费习惯。同时，采用作品使用免费，通过广告及流量等方式获取间接收益的商业模式的新媒体平台，可以采取著作权补偿金制度，在合理补偿创作者的同时，最大限度地促进作品的自由传播。

关于具体的操作性规定，笔者认为，在著作权补偿金制度下，关键需要解决补偿金支付主体、收费标准、补偿金分配方式以及合理使用例外问题。首先，手机、电脑等电子设备具有多重功能，就该类硬件设备收取数字作品的补偿金的做法可能显失公平，同时新媒体环境使用者匿名且数量众多，单个收取补偿金的模式不具有现实可行性。考虑到新媒体平台的技术和运营优势，不妨由平台作为统一支付主体，并根据平台内作品的私人复制情况具体将补偿金转嫁给单个用户。其次，考虑到作品的质量差异，可通过作品的使用流量、下载次数及点击热度等因素，制定不同作品的补偿金标准。由公众复制作品产生的总流量除以单次复制所需流量可以较为准确地估算出作品复制次数和受欢迎程度，并以此为依据分配补偿金。最后，使用者通过举证其符合合理使用的复制情形，可向平台申请抵扣返还该部分补偿金，产生一种类似"专项发票抵扣税额"的效应，为公众的合理使用公共领域保留空间。

DRM 系统的适用应当满足以下前提条件：首先，不得将公共领域的要素强制纳入私人控制范畴。为了实现利益平衡机制，著作权制度限定了作者专有财产权的范围，而权利人通过 DRM 系统的技术措施，实际上可以自由扩大权利边界。因此，立法应当规定，DRM 系统的适用不得侵犯公共利益，不得将超过保护期限的作品等公共领域要素纳入私人控制范畴，否则著作权行政管理部门接受公众监督举报并发出警告后，平台仍不采取必要措施解除控制的，该 DRM 系统自动丧失效力，公众可规避相关公共领域作品的技术措施和删除权利管理信息，且免于承担侵权责任，[1]同时，该平台需承担相应法律责任。其次，不得不合理挤压消费者的合法权益、扰乱市场自由竞争秩序。和传统的"双方合意"

---

[1] 参见《信息网络传播权保护条例》第 18 条："违反本条例规定，有下列侵权行为之一的，根据情况承担停止侵害、消除影响、赔礼道歉、赔偿损失等民事责任；同时损害公共利益的，可以由著作权行政管理部门责令停止侵权行为，没收违法所得，非法经营额 5 万元以上的，可处非法经营额 1 倍以上 5 倍以下的罚款；没有非法经营额或者非法经营额 5 万元以下的，根据情节轻重，可处 25 万元以下的罚款；情节严重的，著作权行政管理部门可以没收主要用于提供网络服务的计算机等设备；构成犯罪的，依法追究刑事责任；……（二）故意避开或者破坏技术措施的；（三）故意删除或者改变通过信息网络向公众提供的作品、表演、录音录像制品的权利管理电子信息，或者通过信息网络向公众提供明知或者应知未经权利人许可而被删除或者改变权利管理电子信息的作品、表演、录音录像制品的……"

授权许可模式不同，DRM 系统通过单方拟定的电子用户协议，要求用户接受协议后才可使用作品，立法应当规定该等格式条款不得不合理损害消费者的知情权和公平交易权。同时，平台不得通过 DRM 系统捆绑作品与特定操作系统或硬件设备，运用技术优势和强势地位垄断相关作品交易市场，扰乱自由竞争秩序。最后，DRM 系统应当为公众的合理使用提供条件，系统应当配备审核过滤体系，在追踪作品的使用目的、使用范围、片段长度后，对未达一定"阈值"的仍属于"合理使用"范畴的私人复制行为自动放行，不收取相关费用。

（三）新媒体平台审查义务重塑：内容识别过滤系统

我国现行法律规定为用户提供网络接入服务、内容存储服务及搜索链接服务的网络服务提供商不承担对内容是否侵权的主动审查义务，2014 年的《著作权法（修订草案送审稿）》第 73 条第 1 款明确免除了提供该等单纯的技术支持服务的网络服务提供商对著作权相关事宜的主动审查义务。由此可以看出，我国的立法趋势仍是减轻网络服务提供商的运营成本和内容审核义务，鼓励数字技术及网络商业模式的创新，最大限度地促进信息产业的发展。就平台及时处理侵权纠纷的义务方面，《信息网络传播权保护条例》第 23 条以及《电子商务法》第 42 条都明确了网络服务提供商在收到权利人的侵权通知后将内容及时删除或断链即可免除间接侵权责任，否则也仅需对损失扩大的部分承担连带责任。"通知—删除"的机制实际上将网络服务提供商在侵权纠纷中置于侵权通知信息转达及简单停止服务的被动地位，且其仅需对延迟反应造成的损失扩大部分承担连带责任。实践中，权利人将纠纷诉诸法院时，争议内容已被删除，往往难以举证网络服务提供商的连带责任，且网络服务提供商正是基于就侵权内容的间接收益而故意忽视侵权通知，零门槛的"通知—删除"机制实质上已然造成权利人、侵权者、网络服务提供商之间的利益失衡。

这种对平台责任的分配方法借鉴于 1998 年《美国数字千年版权法》针对网络服务提供商的"避风港原则"。当时仍处于互联网发展的初级阶段，一方面是构建内容自动审核机制的技术难度过大，另一方面是拥有网络接口并有能力上传内容的用户少，考虑到零星的侵权行为与巨大的技术成本，为促进信息产业与新型商业模式的发展，"避风港原则"的存在在当时是必要且合理的。随着计算机的普及和新媒体平台的发展，用户可以轻易上传大批量的作品，特别是 UGC 模式的平台上往往存在海量作品，侵权行为隐秘而分散。

"通知—删除"模式下，个体著作权人搜寻侵权作品并规模发送侵权通知的维权成本大，收益甚微。对平台而言，无视个别有效的侵权通知而承担间接侵权责任的损失远小于投入巨大人力及时监控侵权内容的花费，这导致平台内容盗版侵权行为泛滥，"避风港"实际上成了平台的"保护伞"。与此同时，"通知——审核——断链删除"的流程冗杂且效率低下，很难对时效性敏感的时事性文章及热门在映影视作品起到有效保护作用。互联网内容过滤技术的发展使得通过网页安全设置、统一资源定位符（URL）、关键词及智能内容分析的方法对文本、图片、音频及视频等多媒体内容建立审核系统的难度及成本大幅降低。[1]因此，在新媒体环境下，仍不加限度和前提条件地适用"通知—删除"规则，已然违背避风港原则的初衷，且不适应信息网络技术和信息产业新型商业模式的发展。为了平衡著作权人与新媒体平台的利益，应当增加新媒体平台的注意义务，要求引入内容审核机制。只有新媒体平台建立了完善的内容审核机制，并完成对涉嫌侵权内容的初步过滤，才算是尽到了合理注意义务，排除了"明知或应知"的嫌疑，卸除其直接及间接侵权责任。

1. 实践运用及问题

欧盟《数字化单一市场版权指令》第 17 条[2]限缩了营利性网络内容分享平台"避风港原则"的适用范围，规定其对用户上传内容的审核义务：平台需建立受著作权保护的作品内容库，设置有效的"审查机器"（Censorship Machines）或"上传过滤器"（Upload Filter），尽"最大努力"（Best Efforts）来阻止其用户上传侵权内容，并搭建权利人与用户之间就该内容上传是否应受控制的沟通、投诉渠道。

最成功的商业实践案例是谷歌为视频分享网站 YouTube 开发的"数字指纹识别系统"。根据该系统设计，著作权人将其作品上传至作品库并获得内容身份（Content ID）后，即可用内容识别系统在 YouTube 上识别和管理其受著作权保护的内容。其他用户上传到 YouTube 的音频、视频会自动在后台与著作权人在作品库中已获得内容身份的音频和视频文件进行匹配比较，若高度匹配，涉嫌侵权，著作权人可以选择将其删除、通过在该页面投放广告获利、与上传用户就点击收益分成及追踪作品的浏览使用情况。批评者认为，搭建专业内容识别系统的巨大商业成本对中小规模的互联网创业者来说要求过高，且内容识别系统的匹配出错率高，不能设定合理使用的例外。同时，平台对自称的权利人是

---

〔1〕 参见孙艳、周学广："内容过滤技术研究进展"，载《信息安全与通信保密》2011 年第 9 期。

〔2〕 Directive on Copyright in the Digital Single Market, 2016/0280（COD），see http://www.europ-arl. europa. eu/doceo/document/TA-8-2019-0231_ EN. html, last visited on May 20, 2021.

否实际具有著作权缺乏核查机制，例如，对古典音乐等因超出著作权保护期限而进入公共领域的作品，应当禁止上传至著作权内容库。此外，不透明的审核标准容易损害社会公众的言论自由。[1]

2. 维护公共领域视角下的内容审核机制完善方案

针对这些质疑，笔者认为，在给网络服务提供商施加更高的法律注意义务，要求其引入内容识别系统或上传过滤器等内容审核机制之前，基于构建著作权各方利益平衡机制、保留公共领域的角度，需先考虑如下几个问题：何种商业模式及规模的网络服务提供商有内容审核义务？后台作品库的内容应该如何把控？内容审核系统的成本应该如何分担？如何设定比对标准以保障社会公众对作品的合理使用及言论自由？

就商业模式来说，基于保护公民隐私的考量，只有提供公开的信息内容的网络服务提供商有权就著作权侵权事宜审核用户内容；基于技术难度及技术成本的因素，在用户上传内容储存于平台自身服务器的商业模式下，要求平台审核内容的合理性较高。因此，对仅提供搜索、链接服务的商业模式，若要求平台通过网络爬虫越过其他网站"反抓取"的技术措施，并将内容全部永久地下载储存于自身服务器，用于后续内容比对，则技术成本过高，且涉嫌直接侵犯被链接网站的著作权，显然不合理。实践中，提供公开的信息内容分发和存储的网络服务的商业模式最应当且技术上可能引入内容审核机制。中小规模的内容平台缺少谷歌等大型公司的资金及技术实力搭建平台自有的内容过滤系统，此类平台可通过与专业的第三方内容审核平台（如前文所述的"维权骑士"[2]）合作，将内容审核业务"外包"出去，降低运营成本。对于具体案件中平台的实际商业规模及注意义务程度，可由司法机关自由裁量。再者，内容识别系统本身也属于建立者珍贵的无形资产，其复制的边际成本低，大型互联网平台也可通过付费授权等模式与其他平台合作，分摊研发成本。

对于作品库的内容，为了合理控制平台的审核量及运营成本，绝大部分作品应当由著作权人自行申请入库，并提供相应的初步著作权权属证明以及著作权人已授权认可的使用来源的白名单，平台仅对极少数在其他大型新媒体平台

---

[1] "How The EU May Be About To Kill The Public Domain: Copyright Filters Takedown Beethoven", see https://www.techdirt.com/articles/20180827/16481940516/how-eu-may-be-about-to-kill-public-domain-copyright-filters-takedown-beethoven.shtml, last visited on January 13, 2021.

[2] 目前"维权骑士"已与中国版权协会、虎扑、百家号、头条号、大鱼号等众多内容发布平台建立合作关系。

已发布的点击量多、传播范围广的热门作品及平台内投诉频繁的重复侵权作品有主动将其纳入作品库的义务。著作权行政管理部门有权对各平台的内容审核系统进行随时抽查，以防止诸如古典音乐等已进入公共领域的作品被错误地纳入作品库，损害公众的利益。在未来各平台内容审核系统健全、技术发展成熟时，也可考虑由著作权行政管理部门汇总各类型的作品库，搭建全国统一的类似银行使用的对接公安部的"个人身份验证系统"的"作品身份识别系统"，要求各内容平台提供程序端口接入。

从利益平衡的角度出发，单方面对内容分发、储存服务提供商施加事先内容审核义务，增加其运营成本，削弱其相较于其他审核宽松平台的竞争优势，有过度倾向保护著作权人利益的嫌疑。基于经济理性，网络平台可能宁愿选择直接承担帮助侵权的后果。因此，只有合理分配内容审核系统的研发、运营成本，才能为平台提供足够经济动因，实现平台与著作权人间的良性、可持续合作。除了将过滤系统运营成本分摊给用户，平台应有权向提出屏蔽申请的著作权人收取较低的合理服务费用，或如"维权骑士"类似做法，就著作权人取得的维权收益分成。服务费用的门槛同时也能防止部分提出错误申请、滥用屏蔽权利的行为，降低平台的系统运营成本。

如何设定比对标准，既最大限度地提高审核的准确性，又不过分挤压公共领域，为公众的合理使用和言论自由留下空间，是内容审核机制需要解决的另一大难题。计算机程序算法仅能识别量化标准，因此，针对不同类型的作品可设定不同的"阈值"，如用户上传的文字作品与某一单一版权来源的作品连续重复或累计重复达到一定字数或比例，视频及音乐作品重复的片段超过总时长的一定比例，则构成侵权，未达到该"阈值"的仍属于合理使用范畴的使用行为，应当被列入"白名单"，允许公众自由发表内容。由于现行法律对合理使用主要采用列举模式，定义模糊，应当由著作权行政主管部门协同著作权行业协会根据不同种类作品的行业发展情况灵活设定合理使用与侵权之间的阈值，并及时更新调整，以作为司法实践中的裁判依据。同时，为保障言论自由，平台应当公布其审核标准，并搭建权利主张人与用户之间就该上传内容是否应受著作权控制的沟通、投诉渠道，被过滤内容的用户有权挑战该屏蔽处理结果，并要求平台提供处理依据，平台应当健全此类情况下转由人工审核的机制。灵活弹性的合理使用例外机制、公开透明的审核标准及顺畅的多方协商沟通渠道是新媒体平台在使用内容识别过滤系统的同时保留足够的公共领域的关键要素。

（四）现行著作权保护制度之完善建议

著作权体系在数字技术的冲击下遭遇了空前的挑战，著作权的确权、集权、授权、用权、督权方面都面临重重困难，这一方面损害了权利人的专有财产权，另一方面也阻碍了公众接触、使用、传播作品，导致公共领域被蚕食。因此，亟须顺应新媒体平台的发展规律，从立法、司法及平台运营的角度全方位革新著作权保护制度。

1. 立法层面

为了建立公共领域视野下的著作权保护机制，目前著作权相关法律法规在新媒体环境中运行时需要解决的难题主要有：一是，面对新媒体平台上的海量作品，如何更新传统的授权模式及作品保护期限，最大限度地发挥作品的效用；二是，在权利人普遍采用技术措施控制其专有财产权的趋势下，如何就该等技术措施设定合理限制，以保障公众对作品的接触渠道；三是，如何革新合理使用及法定许可的范畴及运营机制，使其适应新媒体环境下作品授权、使用及费用支付的模式；四是，在新媒体平台商业模式革新的大环境下，内容平台的盈利方式及角色发生变化，如何重塑新媒体平台的著作权相关义务，以达到各方利益平衡。为解决这些问题，笔者从以下角度提出立法修改建议。

（1）更新授权体系：对私人创制授权规则的接纳与限制

现行著作权法定模式较为僵化。为了探索更灵活的著作权授权机制，提高授权效率，降低交易成本，丰富公共领域创作资源，立法应当对知识共享等私人创制的授权规则予以兼容和接纳，以适应新媒体环境下的商业模式发展。同时，这种接纳应当建立在一定的条件和限制之上。知识共享协议等创新的拆分许可合同的目标是个性化地限制使用者对作品的复制、演绎、商业化使用等行为，著作权投资者完全可能通过技术措施将思想、知识及信息等本不属于著作权保护范畴的要素纳入私人控制范围，并且不同于传统著作权法，该授权合同条款同时也适用于不特定的社会公众，排除了基于课堂教学等合理使用目的的豁免例外。考虑到创作者与公众有资源交换才得以形成作品，著作权制度保留了公共领域，而结合了技术措施的格式化授权合同实质上通过契约创造出一套独立于著作权制度的财产规则，过强的财产权将蚕食公共领域的要素。因此，在引入个性化授权许可合同这类私人创设秩序之前，应当明确两个前提：首先，合同条款不得与著作权法强制性规定相冲突，法定的著作权规则具有优先性；其次，此类授权许可合同同时也需受到诸如禁止权利滥用规则、反不正当竞争规则、消费者权益保护规则及社会道德等限制。

（2）设定灵活的著作权保护期限

在现行著作权制度下，所有作品创作完成后就自动获得著作权保护，不加区分地给予所有作品固定的保护期限，没有顾及市场的自然选择，也未考虑到不同创作主体的创作动因，例如部分出于爱好及精神追求的创作者自愿舍弃著作权，期限过长的固定保护时间将对公共领域造成挤压。有学者提出，应当建立以登记为权利原始取得必要条件的著作权制度，同时可以适当借鉴商标的续展规则，借助著作权续展费用的门槛，排除对丧失商业价值的内容的著作权保护，加快作品优胜劣汰的迭代速度，以促使其中涵纳的创作要素尽快进入公共领域。[1]笔者认为，一方面，就不同篇幅、不同类型、不同领域内容的作品，可以探索依据作品对公共领域的重要程度分别授予不同长度保护期限的机制，例如，对发表于社交平台的篇幅短小的作品及与新闻传播、公共教育等领域高度相关的敏感作品授予较短的保护期限，技术及市场条件成熟时，可以允许创作者对此类保护期限较短的作品向著作权行政管理部门支付合理费用，在到期后来续展作品保护期限，费用标准由著作权行政管理部门协同著作权行业协会根据同类作品著作权市场规律灵活调节，并通过听证等程序接纳创作者、作品传播者及公众使用者的意见。另一方面，为促进作品更广泛传播，立法应允许创作者通过法定程序提前自愿放弃作品著作权：在提供充分权属证明后，以向著作权行政管理部门申请备案为前提，并经过法定公示期限，创作者自动丧失著作权。为了保护公众的信赖利益，该放弃应当是不可逆转的，著作权行政管理部门需及时将被放弃的作品录入公共资源作品库，公众可自由免费使用此类作品，任何人不得通过技术措施控制该类作品并直接获利，违反者将因情节严重程度受到行政乃至刑事处罚。

灵活的著作权保护期限可以兼顾不同创作者的新型利益需求，通过市场自由调节作品的淘汰周期，有利于促进作品的高效广泛传播，最大限度地产生作品的社会效益，并不断丰富公共领域创作资源。

（3）建立孤儿作品的默示许可制度

新媒体平台因其用户匿名性和信息离散性的特征，通常包含海量来源不明的作品，其内容权属、保护期限及授权渠道探寻成本过高，如何构建此类孤儿作品的高效使用机制成为一大难题。笔者认为，虽然数字技术为作品信息的登

---

〔1〕　[美]威·M.兰德斯、理查德·A.波斯纳：《知识产权法的经济结构》，金海军译，北京大学出版社2005年版，第293页。

记及管理提供了极大便利，但如果把登记作为获得著作权的形式要件，则将直接动摇现阶段作品创作完成后即自动获得著作权保护的基本规则。登记要件将给创作者施加额外的获权成本，而数字作品的海量规模也将给登记技术体系带来巨大挑战，因此通过立法强制要求作品登记不具有实际操作性。为了促进这类权属不明作品被充分地使用、传播并发挥价值，可以尝试建立默示许可制度，允许使用者在作品创作者不明或无法联系且尽力查找无果时，在向特定机构预先提存使用费用的前提下，直接使用作品。事实上，2014 年公布的《著作权法（修订草案送审稿）》已探索了此种创新的方案，[1]但在具体制度的设计上仍存在待细化和完善之处：一是，未界定"尽力查找"的具体标准，主观性和不确定性强；二是，未区分商业性使用和非商业性使用的不同目的，也未给合理使用预留空间；三是，提存机构及程序、使用费标准和使用费转达机制需要进一步制定细则；四是，孤儿作品的权利人重现后的救济途径未提及。笔者认为，在程序设计方面，其一，使用者应将其通过网页、著作权集体管理组织等途径查询作品权属的过程记录下来作为尽力查找无果的初步证据，提交给提存机构。其二，特定提存机构应当主动对接来源于不同媒体商及著作权集体管理组织的版权库，并鼓励作者主动进行作品信息登记，在将使用者需求的孤儿作品内容与版权库通过系统自动对比识别后，及时将查找到的作品来源及作者信息转达给使用者。提存机构查找无果，并审核使用者"尽力查找无果"的初步证据后，才进入提存程序。其三，提存机构应当备案记录相同孤儿作品的内容及使用情况，供公众作者查询，以便尽快确定作品权属。同时，就使用费标准，应当由著作权行政管理部门会同行业协会根据同类作品的市场价格合理制定，并及时更新，就商业性使用和非商业性使用收取不同费用，并审核使用主体及目的，允许合理使用的例外。其四，权利人对孤儿作品的费用转交要求应当在费用提存的法定期限（例如 15 年）内提出，超过期限未提取的使用费，将由著作权行政管理部门用于促进著作权公共事业的发展。孤儿作品的作者重新出现后，若对费用标准不满，可查询作品使用的备案情况，通过民事诉讼、行政诉讼的途径追索费用。现阶段，在孤儿作品著作权纠纷中，也可以通过降低使用者的侵

---

〔1〕《著作权法（修订草案送审稿）》第 51 条："著作权保护期未届满的已发表作品，使用者尽力查找其权利人无果，符合下列条件之一的，可以在向国务院著作权行政管理部门指定的机构申请并提存使用费后以数字化形式使用：（一）著作权人身份不明的；（二）著作权人身份确定但无法联系的。前款具体实施办法，由国务院著作权行政管理部门另行规定。"

权责任和赔偿额度，来反方向促使创作者及时公布作品的权属信息及授权使用途径，促进作品传播。

(4) 明确技术措施的限度

就相关技术措施，现行著作权法律法规规制了对作品等的技术措施的规避行为，[1]并提供了小范围的出于教学科研、以非营利目的为盲人提供作品、国家机关执行公务及网络安全性能测试、加密研究或者计算机软件反向工程等基于公共利益的考量而规避技术措施的合法例外。笔者认为，公有资源不应当落入私人领域，而应当根据新媒体环境的需求，设置更广范围的基于合理使用、接触公共领域资源等目的规避技术措施的合法例外，以保障新媒体环境下富有活力的公共领域。出于利益平衡的需要，可以建立第三方监督机制。第三方监督机构的角色可由专门的著作权集体管理组织或中立的内容平台承担，用户出于合理使用的理由规避技术措施时，可以要求其签署相关诚信保证书，并登记具体规避措施、适用范围、用途及使用者的身份信息及联系方式等，由第三方监督机构搭建相关登记信息数据库，著作权人可随时查询监督作品的使用情况，且可向第三方监督机构申请提取超出合理使用范围而规避技术措施获取作品者的身份信息及联系方式等，并将其登记的使用情况作为初步证据，追究其侵权责任。同时，作为设定著作权技术措施的前提，著作权人应当提供相应的内容预览及功能介绍的途径，列明作者信息及作品使用价格，以保障使用者的公平交易权及知情选择权。为防止不正当竞争，权利人不得利用技术措施垄断市场，扰乱市场秩序，损害消费者利益。对不受著作权保护的公共领域要素私自设置技术措施、故意阻碍公众接触的行为同样需要受到制裁，此类技术措施的设置者若经用户投诉并由著作权行政管理部门警告后，仍不消除限制，则需承担相应的法律责任。

---

〔1〕《著作权法》《信息网络传播权保护条例》等法律法规使用的术语仍为"技术措施"，释义为"用于防止、限制未经权利人许可浏览、欣赏作品、表演、录音录像制品或者通过信息网络向公众提供作品、表演、录音录像制品的有效技术、装置或者部件"。"技术措施"的术语与国际公约存在差异，例如《世界知识产权组织版权条约》《世界知识产权组织表演和录音制品条约》使用"技术保护措施"术语。《著作权法（修订草案送审稿）》采用了与国际公约一致的"技术保护措施"术语，并释义为"权利人为防止、限制其作品、表演、录音制品或者广播电视节目被复制、浏览、欣赏、运行、改编或者通过网络传播而采取的有效技术、装置或者部件"。但2020年11月通过的第三次修改后的现行《著作权法》仍然采用"技术措施"这一术语。

（5）完善合理使用及法定许可制度

针对合理使用的定义及范围，现行法律法规通过枚举法予以限制。《著作权法实施条例》第 21 条也有类似《与贸易有关的知识产权协议》的"三步检验"法，规定使用者在不经权利人许可的情形下使用已发表的作品，前提是不得影响作品的正常使用，也不得不合理损害权利人的合法权益。在现行《著作权法》实施前，该条款仍然是 2010 年《著作权法》第 22 条所列合理使用的补充规定，因此尚未成为普遍适用的判断标准。《著作权法》第三次修改后，上述规定被整合至第 24 条第 1 款中。此外，《信息网络传播权保护条例》规定的合理使用情形的范围也明显小于《著作权法》列明的情形，其主要删除了出于个人学习、研究、欣赏目的使用他人已发表作品的情形。新媒体环境下数字技术颠覆了作品形态及使用方式，公众的作品使用习惯偏向于移动终端碎片化、即时使用，且传统的教育、科研模式也发生了相应革新。笔者认为，一方面，为了进一步优化数字环境下合理使用的范围，可由著作权行政管理部门会同行业协会根据著作权产业变革及公共领域的时代发展，制定发布不同平台及作品类型的合理使用"阈值"，并及时根据市场规律更新完善；另一方面，可将著作权人及内容服务提供商使用技术措施或创新商业模式时为公众预留合理使用的空间作为一项法定义务，违反义务者将导致技术措施无效，并受到监管部门的行政处罚。

法定许可制度的宗旨主要有两大方面：首先是促进知识、信息的广泛传播，例如《著作权法》规定的针对邻接权人的法定许可的情形；其次是实现其他公益目的，如对为了实施义务教育及基于扶贫的目的使用作品的法定许可。目前新媒体环境下法定许可制度最突出的两个问题在于没有明确报酬的支付方式及报酬的计算标准，虽然对使用者的义务进行了概括性规定，但实际操作中缺乏义务执行手段，使得版权人的权利实际上被架空，使用者则因付费无门而陷入侵权的法律风险。《著作权法》第三次修改过程中曾规定报刊出版者、表演者、录音录像制品制作者、广播电台及电视台等邻接权人和为义务教育等公益目的依法定许可使用作品的，必须符合下列条件：使用时向著作权集体管理组织备案，并指明作者、作品的名称及来源，使用后一个月内按照著作权行政管理部门规定的付酬标准向权利人直接付费，或者通过著作权集体管理组织转付，著作权集体管理组织应当及时公告备案信息，并建立作品使用情况查询系统，供权利人免费查询作品使用情况和使用费支付情况。不过，实践中仍会遇到以下问题：首先，使用者仍需就不同类型作品向不同著作权集体管理组织申请备案，信息筛选成本高；其次，由著作权行政管理部门统一规定使用费的方式过于僵化，对热度、传播范围、价值不同的作品制定相同的收费标准，贬损了权利人的自由意志，可能造成利益失衡；最后，著作权集体管理组织在代收使用费后，对非其会员的权利人转交使用费，需要重新一对一找寻来源，流程冗杂且时间成本高。笔者认为，实践中由著作权行政管理部门汇集不同类型作品的著作权集体管理组织、建立统一的作品法定许可使用系统仍存在困难。基于技术及运营管理优势，现阶段，可先由作品发布平台在第三方中立机构的监督下，对平台内部作品承担法定许可使用备案的职责，权利人可通过平台账户制定并公示使用费标准，由平台建立作品使用情况查询系统，供权利人免费查询作品使用情况和使用费支付情况。这种模式既便利了使用者使用不同类型的作品，又为权利人自由决定使用费、监督作品实际使用情况创造了条件。平台通过线上便捷支付渠道收取的许可费用可直接转交给权利人，待条件成熟时，可由著作权行政管理部门将各平台备案信息、支付接口汇总，建立统一的线上法定许可使用付费系统。

（6）结合新型商业模式细化新媒体平台侵权责任

信息网络产业作为知识经济的重要载体，对促进新媒体环境下著作权产业商业模式的创新及数字技术的进步具有重要意义，因此在构建新媒体环境下的著作权体系时，应当平衡权利人的利益、公众自由获取信息的公共利益、网络科技的进步及数字版权产业的发展需要，在合理限度内对新媒体平台施加义务和责任。

最高人民法院《关于审理侵害信息网络传播权民事纠纷案件适用法律若干问题的规定》根据"是否直接提供作品"将新媒体平台的信息网络传播行为划分为"作品的直接提供行为"及仅提供中间性技术设施的"网络服务提供行为"。新媒体平台就这两种不同情形下的内容侵权分别承担直接侵权责任和间接侵权责任。新媒体平台的间接侵权行为包括提供技术支持、物质奖励等鼓励用户传播侵权内容的教唆侵权行为及明知或应知用户侵权而未及时采取断链、屏蔽措施的帮助侵权行为。现行著作权理论与司法实践更偏向于为信息产业的发展留下空间，认为新媒体平台对其用户上传的内容不具有主动审查义务。

笔者认为，在前文所述的新媒体平台的新型商业模式下，内容成为平台的核心竞争力，平台更加主动地参与了作品的创作过程，通过与创作者分享作品人气流量带来的间接收益来鼓励优质内容的生产，并对作品的原创性进行标注，增加平台的吸引力，知识付费平台等内容服务提供商甚至引导构建孵化知识产品的完整产业链条，新媒体平台的运营模式偏向综合化和复杂化，因此，在实践中明确界定新媒体平台传播内容的行为具体属于"作品的直接提供行为"还是中立的"网络服务提供行为"往往存在困难。平台虽不就作品获取直接收益，但人气流量带来的广告等延迟收益很大程度上是基于平台对海量侵权作品的漠视。因此，考虑到提供内容存储分享服务的商业模式下的新媒体平台对内容创作及传播过程的参与度高，且内容审查的可行性高，为了著作权体系的有序运行及公共领域的良性发展，应当提高"避风港原则"的适用门槛，对该类内容存储分享平台施加更高的注意义务。

具体而言，立法可以要求达到一定商业规模的提供内容存储分享服务的平台建立内容审核系统：在对比模版方面，平台需建立、完善内部正版作品库，作品库的内容一般由权利人提供初步的作品权属证明并申请录入，平台需主动录入的内容只包括传播广、流量大的热门作品和平台内投诉频繁的重复侵权作品。同时，商业规模较小的内容存储分享平台则有义务对接独立的第三方作品库，完成对用户上传内容的初步审核。在成本分摊方面，基于利益平衡的原则，平台应有权向主动申请作品入库的权利人收取法定比例的服务费，并就权利人后续维权收益分享法定比例的佣金。在审核标准方面，为了防止内容审核系统侵占公共领域，著作权行政管理部门有权对作品库内容是否错误包括公共领域要素进行不定期抽查和整改，并针对不同类型作品设定和及时更新不同的内容重复"阈值"，未达到该"阈值"的仍属于合理使用范畴的使用行为应当被列入"白名单"中，为公众最大限度地合理使用作品留下空间。同时，在公众监督方面，内容审核系统不得妨碍公众的言论自由，立法应要求平台在显著位置公布其审核标准，并搭建权利主张人与用户之间就该内容上传是否应受著作权控制的沟通、投诉渠道，被过滤内容的用户有权挑战该屏蔽处理结果，并要求平台提供处理依据，平台此时应辅以必要的人工审核流程。平台只有尽到以上合理程度审核义务，才能通过"通知—删除"规则免除间接侵权责任。

2. 司法层面

新媒体平台著作权侵权纠纷频发，多样化的数字技术、新型作品创作模式、传播方式及内容平台新兴的商业模式和作品盈利方式给司法部门带来了新的挑战。实务中，审判机关亟须从新型作品著作权认定、平台侵权责任和注意义务重塑、侵权损失确定及损害赔偿标准等多方面，在兼顾公共领域的基础上完善著作权保护制度，并及时更新适应新媒体环境的证据规则。

(1) 完善著作权侵权追责制度

第一，司法部门在实务中认定新媒体环境中出现的新型创作内容是否满足作品的构成要件时，应当结合信息传播、新闻自由、公共教育、言论自由等公共领域要素审慎考量是否对该内容给予著作权保护。《著作权法》第 3 条列举的作品类型包括文字、音乐、美术作品等 8 种，另外还规定了"符合作品特征的其他智力成果"的兜底条款。笔者认为，为了限缩著作权这一专有权的垄断范围，保障公共领域，该兜底条款需做严格解释，该类智力成果构成作品，需满足作品"独创性"及"以一定形式表现"的要件。值得注意的是，在现行《著作权法》实施前，2010 年《著作权法》第 3 条兜底项的规定为"法律、行政法规规定的其他作品"。例如，在"国内首个音乐喷泉著作权"案中，一审、二审法院皆认为音乐喷泉水秀表演系通过音乐编曲、舞美造型与喷泉喷射形态相结合形成独特的视觉效果，灯光、音乐、水柱等各元素之间组合的内在逻辑具有独创性，且可通过水柱喷头和彩灯、音乐播放器进行有形复制，因此音乐喷泉构成作品。但二审法院纠正了一审法院将音乐喷泉纳入"法律、行政法规规定的其他作品"范畴的做法，认为该兜底条款包括的作品类型需由法律法规明确规定，不得扩大解释，最终认为该类作品具有"美术作品"的解释余地。[1]现行《著作权法》上述兜底性质规定，实质上为新型作品的判定扩大了解释空间。因此，面对新型创作内容时，应当充分考虑科学技术的进步和各方的利益平衡，为了激励公众的创新形式文化创作，对符合作品构成要件的内容应当给予著作权保护。

法院需要同时兼顾公共领域的保留空间。例如，在西湖十景女子形象造型著作权纠纷案中，法院认定"西湖十景"造型主题对应"断桥残雪""南屏晚钟"等西湖特有美景，该等景色属于公共领域元素，对利用公共领域元素创作所得作品，应当合理限制对权利人的著作权保护，以保障社会公共利益。原被告运用的公共领域元素在形态、具体布局设计等方面存在差异，表达形式不同，因此认定被告的作品未侵犯原告著作权，判决原告败诉。[2]该案是法院在审判中合理利用公共领域保留理论平衡各方利益的成功例证。

在新媒体环境中，赋予新型内容表现形式著作权保护，同样需要综合考量公共领域和公共利益。例如，随着人工智能技术的发展，内容创作模式发生变革，"AI 作品"引起了广泛的著作权争议。笔者认为，司法实践中不应当判定

---

〔1〕 参见北京市海淀区人民法院（2016）京 0108 民初 15322 号民事判决书、北京知识产权法院（2017）京 73 民终 1404 号民事判决书。

〔2〕 参见浙江省杭州市中级人民法院（2011）浙杭知终字第 54 号民事判决书。

人工智能创作的内容构成作品。依照《著作权法》，著作权的主体只能是"公民、法人或者非法人组织"，不包括智能机器；机器不能受到著作权专有财产权的激励，不符合著作权制度的基本目标；人工智能本质上不是个性化智力活动，仅是机械执行预设的程序算法命令，不具有独创性；最重要的是，人工智能通过对已有作品素材的高速、重复排列组合产出内容，创新力低，若赋予其著作权保护，将导致大范围的公共领域资源纳入私有控制，严重损害公共利益。综上所述，司法机关在判定新型内容是否满足作品构成要件时，一方面需要顺应科学技术的发展规律及文化创作的形式创新，另一方面需要兼顾公共领域资源，致力于构建公共领域保留与利益平衡视角下的著作权保护机制。

第二，在侵权人追溯方面，需要综合考量内容平台的商业模式、信息管理能力、获利情况及平台与权利人之间的侵权沟通历史，根据实际情况对其施加其应当承担的注意义务及司法协助义务。一是，采用将用户上传内容存储在平台服务器的商业模式的新媒体平台相对而言信息管理能力高，内容审核的难度更小，因此应当对其施加更高的注意义务。二是，商业规模大、相关市场占有率高、用户范围广的新媒体平台对著作权维护成本的承受能力更强，应该承担更多的内容审核义务。三是，就盈利模式而言，知识付费平台等直接就作品分享使用费收益的新媒体平台较依靠流量间接获益的平台来说，更为主动地参与了作品的产出及传播过程，为避免利益失衡，在此类平台内容的著作权纠纷中，权利人仅需证明该类平台上存在侵权现象，若平台未能成功提出证据证明其非"明知或应知"内容侵权且平台已经到合理审查义务，则应当承担侵权责任。司法实践中，已有法院就新媒体平台的注意义务重塑进行了有益探索。例如，在韩寒诉百度文库案中，韩寒诉称，百度文库未及时删除平台内侵犯其著作权的作品，应当承担侵权责任。法院认为，百度文库以传播众多他人作品的模式获得商业价值，应当对维护著作权承担更高的社会责任，虽其研发成立了内容审核系统，但是在韩寒的作品传播范围广、热度高，且存在权利人与平台就侵权事宜沟通历史的情况下，百度文库未及时将韩寒的作品纳入著作权库，未尽到合理注意义务，应当承担侵权责任。[1]另一个例子是苹果公司应用商店著作权侵权案，在该案中，权利人诉称苹果公司通过与开发者分工合作的方式，在其应用商店传播权利人的作品。最高人民法院认为，鉴于应用商店的主要经营模式是付费下载，同时，苹果公司在开发协议中与应用程序开发商约定了就应用

---

[1]　参见北京市海淀区人民法院（2012）海民初字第 5558 号民事判决书。

程序下载直接收益的固定比例分成佣金，因此苹果公司具有审核开发商上传内容的权属及授权许可证明的较高注意义务。本案中苹果公司未采取合理预防措施，应当承担侵权责任。[1]综上所述，在审判过程中，应当将商业规模、信息管理能力、盈利模式等因素纳入平台侵权责任的衡量标准之中，顺应新媒体环境的发展趋势。

第三，法院进行在侵权损失数额的确定、损失赔偿额度的自由裁量时，应当综合考虑作品的现实热度、公共利益的相关度、权属状况明晰程度及使用者尝试获得授权的努力程度。相关司法解释则细化了计算权利人实际损失的标准，规定可根据作品复制品单位利润、发行减少量或市场销售量等因素计算。[2]北京市高级人民法院在审判实践中引入了"裁量赔偿"机制，如不能确定实际损失和违法所得，法院在综合考虑作品所在市场、经营主体盈利模式等因素后，若能根据已有证据裁量确定赔偿数额，则该数额可突破法定赔偿数额限制，若证据不足，则仍应适用法定赔偿。[3]现行《著作权法》赋予了权利人选择赔偿计算方式适用顺序的自由，将法定赔偿限额提高至 500 万元，且引入参照"权利使用费"的判断标准。就情节严重的故意侵权，法院可酌定 1 倍到 5 倍的惩罚性赔偿。在赔偿数额的举证责任分配方面，《著作权法》第 54 条第 4 款规定在权利人尽力举证且与侵权行为有关的账簿、资料等主要由侵权人掌握的情况下，人民法院可以责令侵权人提供与侵权行为相关的账簿、资料等，否则需承担不利后果。

新媒体环境中作品传播范围广，且传播者普遍不以作品直接获利，而是通过广告等延迟方式间接受益。因此，实践中，权利人往往难以证明其实际损失和侵权者所获利润，最后只能适用法定赔偿标准。现行著作权法律法规对不同价值的作品未区分细化损失确定标准，例如，对文字作品适用统一的赔偿标准，且法定赔偿限额偏低。笔者认为，北京市高级人民法院的《侵害著作权案件审

---

〔1〕 参见最高人民法院（2015）民申字第 1295 号民事裁定书。

〔2〕 参见最高人民法院《关于审理著作权民事纠纷案件适用法律若干问题的解释》第 24 条。

〔3〕 参见北京市高级人民法院《侵害著作权案件审理指南》："8.8【裁量确定赔偿数额】按照权利人的实际损失、侵权人的违法所得均无法精确计算赔偿数额，裁量确定赔偿数额时，除根据当事人提交的证据外，还可以考虑如下因素：（1）原告主张权利的作品市场价格、发行量、所在行业正常利润率；（2）侵权商品的市场价格、销售数量、所在行业正常利润率以及作品对商品售价的贡献率；（3）原告主张权利的作品类型、所在行业的经营主体盈利模式，如互联网流量、点击率、广告收入等对损害赔偿的影响；（4）其他因素。"

理指南》及《著作权法》第三次修改过程中就解决这一利益失衡问题做出了有益探索，应当予以肯定。一是，从商业模式的角度分析，法院在确定赔偿数额时，就通过知识付费平台等对作品直接收费的商业模式，应当按照作品的下载量及付费标准确定侵权者获利。就作品免费，通过流量收益的商业模式，应当综合考量点击率、广告收入分成等因素，在权利人证明侵权事实存在后，举证责任倒置，由侵权者举证其实际收益未达到权利人的索赔标准，且必要时法院可以责令平台协助提供收益分成明细等资料。例如，法院可要求平台协助提供其平台上传播侵权内容的用户实际就该内容分享的原创激励或广告佣金流水账簿。二是，就利用较多公共领域创作资源且与新闻自由、公共教育等社会整体福利关联度较高的作品，法院应酌情限制相关作品的使用费标准，以免损害社会公共利益。三是，在作品权属来源不明晰，且被诉侵权者能够提交证据证明其已尽力查找未果的情况下，法院可以裁量降低该等侵权者的赔偿数额。

（2）建立适应新媒体环境的证据规则

知识产权纠纷案件的审判人员应当增加对数字技术的运行原理及系统的相关知识储备。审判实践中，对通过电子水印、时间戳、数字追踪系统、DRM 系统等取得的电子证据的效力，应当结合技术因素及实际运营环境予以确认，创新证据规则，以兼顾效率和公平，促进解决新媒体环境下的著作权纠纷。

《民事诉讼法》第 63 条将"电子数据"列为证据的一种类型，相关司法解释将"电子数据"进一步定义为"通过电子邮件、电子数据交换、网上聊天记录、博客、微博客、手机短信、电子签名、域名等形成或者存储在电子介质中的信息"。[1]《电子签名法》则细化规定了数据电文满足法律法规规定的原件形式及保存要求，包括能够有效呈现所承载的内容、可随时调取、自最终形成时保持内容完整并且未被更改。[2]司法实践中，法院针对著作权纠纷中权利人提交的通过数字技术取得的电子证据的证明效力存在不同立场，一些要求公证固定证据，一些要求与案件中提交的其他证据能够相互印证，还有一些则可直接认可。[3]在某创意（北京）图像技术有限公司诉无锡市某车辆制造有限公司侵害

---

〔1〕 参见最高人民法院《关于适用〈中华人民共和国民事诉讼法〉的解释》第 116 条。

〔2〕 参见《电子签名法》第 4、5、6 条。

〔3〕 参见广东省深圳市龙岗区人民法院（2008）深龙法民初字第 5558 号民事判决书；江苏省南京市中级人民法院（2015）宁知民终字第 243 号民事判决书；新疆维吾尔自治区乌鲁木齐市中级人民法院（2013）乌中民三初字第 335 号民事判决书；广东省广州市中级人民法院（2013）穗中法知民终字第 1224 号民事判决书；浙江省杭州市中级人民法院（2013）浙杭知终字第 192 号民事判决书。

著作权纠纷案中,权利人提出了可信时间戳[1]的新型电子证据,法院在考察可信时间戳的形成原理后,认定时间戳一经形成使无法更改,因此由权威时间戳服务中心生成的可信时间戳认证证书能证明加盖时间戳的电子数据未经篡改,符合法定的证明效力要求。[2]笔者认为,相较于传统的著作权登记及权属证明公证的途径,电子证据有明显的低成本、便捷且效率高的优势,有助于推进纠纷的公平高效解决,该案件反映出审判机关接纳新媒体环境中新型证据形式的创新审判手段。在实践中,若法院对电子水印、时间戳、数字追踪系统、DRM系统等的运行机制存在知识障碍,可考虑通过相关领域的专家辅助人了解新型证据的产生原理,并综合考虑证据的真实性、可靠性、篡改难度及完整性等多重因素,赋予其不同程度的证据能力和证明效力。

3. 平台运营层面

随着信息产业高速发展,新媒体平台创造出综合化、多样化的商业模式,为内容生产与文化传播领域注入了活力。与此同时,较多的新兴平台的著作权保护意识淡薄,或因受处罚力度小,选择放任盗版内容或故意为其传播创造条件,平台内部侵权现象频发。为净化网络文化环境,国家版权局开展"剑网2018"专项行动,通过约谈新媒体平台、下架侵权作品、封禁降级自媒体账号等方式查处544件网络著作权侵权案件,其中涉及刑事案件74件,总共涉案金额高达1.5亿元。[3]在"内容为王"的新媒体时代,为了内容生态市场良性健康地可持续发展,平台亟须规范其运营模式。具体而言,以内容为核心竞争力的新媒体平台在选择商业模式时,应首先考量如下著作权相关事宜。

(1)在匿名用户普遍的网络社区,如何确定作品的真实归属

根据《网络安全法》及《移动互联网应用程序信息服务管理规定》对网络运营者及移动互联网应用程序提供者落实信息安全管理责任的要求,新媒体平台运营商应当按照"前台自愿、后台实名"的原则对用户进行基于移动电话号

---

[1] 可信时间戳是由时间戳认证中心提供服务,根据国际时间戳标准 RFC3161 签发的,能证明数据电文在一个时间点是已经存在的、完整的、可验证的,具备法律效力的电子凭证,其服务的本质是将用户的电子数据的散列(Hash)值和权威时间源绑定,在此基础上通过时间戳认证中心数字签名,产生不可伪造的时间戳文件;其作为电子证据时,主要作为权利在先的证明,或是作为侵权过程的辅助性证明。

[2] 参见江苏省无锡市中级人民法院(2016)苏 02 民终 02208 号民事判决书。

[3] "国家版权局:剑网 2018 行动删除侵权链接 185 万条",载 http://news. sina. com. cn/c/2019-02-27/doc- ihrfqzka9684195. shtml,最后访问时间:2022 年 6 月 23 日。

码的真实身份信息认证。因此，平台运营过程中有条件也有义务采集用户的真实身份信息，对声明原创的用户，应当建立相应的原创作者及原创内容信息数据库，最大限度地匹配平台内容的原始来源，明晰作品的权属现状及保护期限。在发生侵权纠纷时，平台应及时采取应对措施，利用平台收集的后台用户数据锁定其身份及联系方式，畅通争议双方的沟通渠道。同时，考虑到保护用户隐私的需求，只有在收到侵权的初步证据后，平台才应该将用户的联系方式提供给声称的权利人，以促进争议的高效解决。

（2）如何构建作品的授权、使用、传播机制以提高传播效率

平台应当搭建高效统一的作品授权、交易平台，明确作品的权属情况，必要时可借助电子水印、数字追踪系统、DRM 系统等数字技术对作品加注识别符号，监控其使用、传播情况，并通过在显著位置自动标注作品的作者信息、授权条件、付费链接、提供在线支付便利的方法，畅通作品的授权、交易渠道，降低作品授权、交易成本。对首发于平台内部的原创内容，平台可承担作品著作权集体管理的职责，与创作者对接商定相关的授权方式和费用，公众可通过向平台支付使用费的方法直接批量使用作品，再由平台将作品收益转交给相关权利人，从而可以免去公众寻找权利人取得授权的信息和时间成本，提高作品的使用、传播效率。

（3）在涉及平台内容侵权的情形下，平台如何尽到审慎义务，降低平台担责风险

在现行著作权相关法律法规中，《信息网络传播权保护条例》《电子商务法》规定了新媒体平台的三大法律责任：对明知或应知侵权的平台内容的共同侵权责任；收到权利人发出的侵权通知后的及时删除责任；提供涉嫌侵权的平台用户网址、姓名、联系信息，协助著作权行政管理部门调查取证的责任。[1]因此，为降低平台在侵权纠纷中的担责风险，平台需规范其运营。首先，新媒体平台应当搭建完善的内容过滤识别系统，商业规模较小的平台也可考虑与专业的第三方内容识别库合作，鼓励权利人上传其版权作品至作品库，并登记完善作品信息。对用户上传的内容，平台在发布前应首先与作品库内容进行程序算法自动对比，对重复率突破一定阈值的内容，应及时断链或阻止发布，并记录、公布处理结果。内容上传者对平台的初步审核标准产生疑义的，可挑战处理结果，此时平台应当转入人工审核，提高审核的准确率。平台应努力尽到初

---

〔1〕 参见《信息网络传播权保护条例》第 23、25 条，《电子商务法》第 41、42、43、44、45 条。

步审核内容是否侵权的合理注意义务。其次，在平台内容产生侵权纠纷时，应及时启动反应机制，畅通权利人与内容上传者的投诉、通知、沟通渠道，在收到权利人侵权通知并审核后，平台及时删除有侵权初步证据的争议内容，若内容上传者发出内容不涉及侵权的"反通知"书面说明，并提供初步证据，平台应及时将其转达侵权通知发出人，并交换双方的网址及联系方式，帮助双方通过诉讼、仲裁等途径解决纠纷。最后，对平台侵权纠纷频发的内容，应当记录每次争议产生的对象及缘由，对侵权内容发布者，扣减平台诚信分，并根据严重程度予以暂停服务或封号等不同处罚；对纠纷项下的作品内容，应当主动加入平台的内容审核库，予以更高的关注，并通过过滤系统有效过滤重复侵权行为。

（4）如何构建利益平衡机制，保护公共领域

新媒体平台在追求自身商业利益的同时，应当兼顾著作权人、作品使用者的利益以及公共利益。著作权法的根本价值是为作品著作权人、使用者、社会公众公平配置资源，平衡各方的利益，以保障著作权体系的可持续性运营。著作权制度具有二元价值目标，基本目标是维护著作权人的专有财产权，以期通过身份地位肯定及财产收益给予其投资回报，激励其持续创作，而最终目标则是通过创作激励促进知识信息的传播及文化的繁荣，提高社会的整体福祉。因此，著作权制度仅赋予作者一定期限的专属的垄断控制，作品最终都会进入公共领域，著作权制度的终极目标不是保护特定人的利益，而是保护大多数人所代表的公共利益。公共领域承载着信息传播、知识获取、文化表达多样性、言论自由和民主政治等多元价值内涵，是公共利益的映射，也是利益平衡的必然要求。因此，平台运营过程中既要完善著作权保护机制，又要为公共领域的保留作出努力，承担起保护公共利益的社会责任。具体而言，平台应重视以下措施和对策：

第一，在制定格式化电子用户协议时，不得以格式条款强制性及概括性地要求内容上传者将作品的全部或部分重要权益预先授权给平台及其不特定相关方。平台应当明确其对内容的使用权限，保障用户的知情同意权。

第二，平台在设置内容识别过滤系统及技术措施时，应当把握合适的审核限度和技术控制的内容，不得损害公众合理使用及言论自由的需求。一是，平台在搭建内容审核比对作品库时，应当主动将超过保护期限的作品等公共领域资源排除在外，并对未超过著作权行政管理部门公布的"阈值"标准的作品合理使用行为由系统识别后自动"放行"；二是，审核标准应做到公开透明，在接

到公众就内容屏蔽行为损害其言论自由或合理使用利益的投诉时，应当及时转入人工审查流程，并恢复被屏蔽的内容；三是，在通过大数据对平台内容侵权纠纷、投诉情况及恢复屏蔽内容的处理结果的汇总统计分析后，平台可生成"公共领域内容白名单"，对其中的内容简化审核流程，促进其最大限度地传播和使用。

第三，对权属不明的孤儿作品及作者对著作权控制需求不高的 UGC 作品，平台应探索建立默示许可制度下的完整付费交易链条，保障公众接触作品的途径及创作资源的丰富性。就使用者尽力查找权利人无果的孤儿作品，可以根据著作权行政管理部门制定的同类作品使用费用的市场标准预设提存费用，平台向使用者收取后需及时转交给法定的孤儿作品行政管理机构。就作者对著作权控制需求不高的 UGC 作品，平台可在显著位置标注作品的作者、联系方式、许可范围及使用费用，并在使用者先行使用作品后，通过站内信等方式向其发送账单，平台通过便捷的线上支付通道统一收取使用费，并汇总转入作者在平台内部的个人账户。平台应当在作品使用、交易的全过程中承担更积极的角色，帮助简化交易流程、降低交易成本。

第四，平台应当鼓励优质原创内容的输出，并适时给予帮助，搭建知识变现的产业链条，促进多样性表达和文化的繁荣。在内容生产方面，平台可以通过读者赞赏功能、广告佣金分成及优质原创账号最低收入保障等机制，用丰富的物质奖励充分激励公众创作；在 IP 孵化方面，平台可以与类似 MCN 的第三方专业著作权中介经纪机构对接，获得规模化、多元化的优质内容集群，并依靠平台的影响力提供完善的宣发渠道，将其扶持的草根作者所创作的优质内容包装推荐给专业的文学、音乐及电影媒体巨头；在知识产品变现方面，平台可以与小鹅通[1]等专业内容付费技术服务商对接，帮助创作者快捷搭建知识店铺，实现优质原创内容的稳定持续收益。

四、结 论

著作权保护和公共领域保留是一组对立统一的概念，看似互为边界、互相挤压，实际上却相辅相成：合理有效的著作权保护制度所建立的平稳有序运行

---

〔1〕 用户可将知识产品一键上传至小鹅通为其搭建的知识店铺进行售卖，其可采取付费音频、付费视频、付费图文、付费直播、付费电子书、付费专栏等多种主流盈利模式。参见 https://www.xiaoe-tech.com/payKnowledge/overview，最后访问时间：2022 年 6 月 24 日。

的著作权体系和良性生态是公共领域保留的基石；公共领域是著作权这一专有权有限垄断的正当性前提，对明晰权利、抑制著作权无限扩张具有重要意义。著作权制度的终极目标不是保护特定人的利益，而是保护社会大多数人所代表的公共利益。公共领域承载着信息传播、知识获取、文化表达多样性、言论自由和民主政治等多元价值内涵，是公共利益的映射，也是利益平衡的必然要求。在新媒体环境下，公共领域因著作权扩张、现行合理使用制度的滞后性、技术措施的施行及司法挤压等多重因素而受到蚕食。受到数字技术的冲击，新媒体平台的著作权体系存在确权难、授权难、交易难、监管弱、维权难等问题，导致各方利益失衡，这在很大程度上阻碍了社会公众合法使用作品。新媒体平台上著作权侵权行为频发，一方面使作者的专有财产权无法得到保障，另一方面也侵占了公共领域。因此，构建兼顾公共领域保留的著作权保护制度，是新媒体平台著作权体系发展的第一要务。

新媒体环境下三网融合的多媒体载体、丰富的创作主体、多样的利益需求、去中心化和交互式传播方式及市场生态变革，对传统的著作权体系提出了巨大的挑战。公共领域具有自然权利、法经济学、宪法价值上的正当性，也是利益平衡的必然要求。在新媒体平台中，公共领域在信息传播与新闻自由、创作资源与文化表达的多样性、公共教育与知识获取、言论自由与民主治理等范畴内迸发出新的活力。著作权体系的宗旨是创造知识、思想、文化及艺术产生、传播、交流、升华及传承的完整闭环。优秀的作品是富有生命力的，就像一件精美的雕塑，雕刻完成后若束之高阁，则其价值非常有限，只有向公众展览，供世人评论、借鉴甚至是批判，才能焕发出新的光彩。因此，既要通过有效的著作权保护机制创造有秩序的作品授权交易体系，保障公众对作品有合法、便捷的接触途径，又要保持合理限度，防止公共领域要素不当地落入私人控制范畴。探索新媒体平台公共领域保留与著作权保护机制的平衡，也是探索构建著作权人利益、作品传播者利益、作品使用者利益及社会公众利益动态平衡机制的渠道和方式。

新闻聚合平台、社交媒体平台、知识付费媒体平台等创新的内容平台为作品的创作、传播及交流提供了广阔的舞台，促进了思想传播和文化繁荣。与此同时，其不够规范的著作权保护机制也为公共领域埋下隐患。在新媒体环境下，一方面，应当坚持以著作财产权体系为基础，即保持以授权许可为使用作品的前提条件的主流体系；另一方面，应当鼓励著作权人及新媒体平台在不违反著作权法强制性规定的条件下，根据市场调节的自然规律设定创新的著作权保护模式及内容输出商业模式。因新媒体平台对创作的参与程度深、利益共享分成高、作品把控能力强、技术运营优势大，应当对其施加更高的内容审查的注意义务，因此，新媒体平台应当建立合理的内容审查机制，并在适当的限度内实施技术措施，为公众合理使用作品预留足够的空间，保障公共领域不被倾轧。知识共享的授权模式、著作权补偿金制度及数字权利管理系统各有其优势和局限性，可以根据商业模式的需要加以实践，扬长避短。

为了构建维护公共领域视野下的新媒体平台著作权保护机制，笔者从制度规则及实践的角度提出以下完善建议：在立法层面，应当明确对私人创制授权协议的兼容与限制、设定灵活的著作权保护期限、建立孤儿作品的默示许可制度、明确技术措施的限度、完善合理使用和法定许可制度，及结合新型商业模式细化新媒体平台责任。在司法层面，应当完善著作权侵权追责制度，并建立适应新媒体环境的证据规则。在平台运营层面，应在创新商业模式时的同时综合考虑作品真实归属确定机制，作品的高效授权、使用、传播机制，平台在侵权纠纷中的审慎义务及利益平衡机制等多重因素。

在新媒体环境下，开放及富有活力的公共领域需要以良性有序的著作权保护机制为基础，同时也需要灵活的利益平衡机制来调节，更离不开创作者、传播者、使用者及社会公众的多方共同努力。公共领域不仅应当作为权利的边界，以抑制新媒体环境下著作权的扩张，还应当作为一种顶层制度设计，通过实践来推动著作权体系的良性发展，为立法规范、司法保护及新媒体平台运营提供指导性方针。

网络环境下著作权法中的公共领域问题研究

赵石诚

作为著作权法的重头戏，公共领域问题向来备受关注。如今，科学技术正高速发展，传统著作权制度已逐步拓展至网络环境。网络的开放性、交互性、去中心化等特点正在深刻影响着著作权的产生、行使与保护，现有的法律制度、理论架构受到了数字时代所带来的严峻挑战。然而，网络时代的发展对每种著作权的影响不尽相同，一揽子分析整个著作权束和公共领域问题、提出概括性对策的思路在复杂的网络环境中不能完全适用。为更细致地了解网络环境中不同权利项下的私人领域与公共领域彼此博弈的状况，有必要结合时下热点与典型案例，就具体著作权中的精神权利与财产权利分析公共领域的对应变化，并"对症下药"，提出解决建议。

一、网络环境与网络著作权

与传统环境相比，网络环境较为抽象，网络著作权问题也因技术因素的掺杂而更为复杂。分析本文研究课题首先必须了解网络环境这个新空间。万事万物皆有起源。本文拟从网络环境的起源入手，沿其发展历程，探索其特点。同时，为更好地了解公共领域，先从较为具体的网络作品入手，分析其范围与特点。立足著作权制度的延伸，比对传统环境与网络环境，可以为后文研究提供基础。

（一）网络环境概述

学术界对网络环境尚无明确、权威的定义，大多顺其自然地将其理解成一个没有争议的基本共识，同数字时代、互联网、万维网等概念无区别地并行使用。要想厘清传统著作权法中公共领域在新生事物——网络环境——中的诸多问题，明晰网络环境这个概念是首要任务。只有正确界定何为网络环境，才能进一步将其与传统环境作对比，进而分析本文探讨重点，即著作权法中公共领域在这一新环境下的适应现状与当下问题的解决。

1. 网络环境的概念与发展历程

广义的网络泛指不同电脑彼此连接形成的互联网。因特网是通过 TCP/IP 协议[1]的方式实现彼此通信的成千上万台设备组成的互联网。万维网[2]则是在互联网应用层使用超文本传输协议的全球广域网，其是因特网提供的主要应用之一。简言之，从外延来讲，互联网包括因特网，因特网包括万维网。

我国正式开启网络时代[3]至今已历经四分之一个世纪。网络环境并非一成不变，它随着技术进步、政策演变等动态发展，大致经历了以下三个阶段。

（1） Web1.0 时代

彼时网络环境中的内容主要由网站雇员主导生成，即静态的超文本标记语言网页。[4]这种超链接方式极大地扩展了信息量，链接和链接之间的交错突破了以往单向、封闭形式的信息网。[5]但网页链接的话语权掌握在网站控制者手中，其本质是网络信息的聚合，仅向网络用户提供单向的信息搜索功能，网民只能被动"浏览（browsing）"网上内容。由于网络作品创作、使用形式的有限和网络文化消费习惯的缺失，传统著作权尚未在完全意义上延展至 Web1.0时代。

（2） Web2.0 时代

Web2.0 与 Web1.0 单向信息发布模式不同。Web2.0 时代下的网络内容完成了质的飞跃，网络用户可以自主发布信息，参与网络内容的生成、传播等，用户身份也由初始阶段单纯信息的消费者开始向信息生产者转变。以博客应用中的新浪微博、即时通信应用中的微信、社交网络应用中的脸书（Facebook）等为例，网民可以自主选择何时何地发布何种内容，正是自媒体的出现推动了信息网络的形成与传播。[6]这个时代，用户生产内容[7]开始走上历史舞台并

---

〔1〕 TCP/IP 协议：网络通信模型，互联网通信架构。该协议分为四层：网络访问层、互联网层、传输层和应用层。

〔2〕 万维网：World Wide Web，简称 Web。

〔3〕 1994 年 4 月 20 日，中国互联网接入世界。

〔4〕 超文本指页面内可以包含图片、链接甚至音乐、程序等非文字元素。

〔5〕 彭兰："'连接'的演进——互联网进化的基本逻辑"，载《国际新闻界》2013 年第 12 期。

〔6〕 截至 2018 年 6 月，我国即时通信用户规模达到 7.56 亿，微信朋友圈、QQ 空间的使用率分别为 86.9%、64.7%，这些数据充分反映出网民在此种交互式网络环境下的较高参与度。

〔7〕 用户生产内容：User-generated Content 或 User-created Content，简称 UGC 或 UCC。本文第三部分将对此进行详细探讨。

占据主导地位。可以说 Web2.0 时代是内容云集和全球参与的时代，这意味着网络完成从"只读"到"读写"功能的转变，人们逐渐形成较为完善的网络意识，著作权法也随着消费习惯的养成逐渐延伸至此。在 Web2.0 时代，任何人都可以成为作者、读者、听众、观看者、评论者、改编者等，作品创作、使用方式的更迭深刻地影响着现有法律制度和公共领域的结构框架。

（3）Web3.0 时代

基于对互联网发展的展望，Web3.0 时代是网络与生活的大融合，是对网络信息的最优化处理。创新工场董事长李开复提出 Web3.0 有两大特点：一是，任何数据和应用将储存在网络空间的服务端，不再需要在个人端运行；二是，在不同的终端上都可以进入自己的网络世界。[1]移动端、云端数据、个性化服务等将是 Web3.0 的标签。

从阅读式的单向网络环境逐渐发展到可读可写的交互式网络环境，复制技术、快餐文化氛围的流行使得在 Web2.0 及其之后的网络环境下，任何网络用户都可以创作新作品或以各种新兴方式传播已有作品，作品的创作、传播、使用、流转等重心由现实空间转到网络这种虚拟空间中。需要注意的是，从 Web1.0 到 Web3.0，新时代并不是完全替代旧时代，而是以"叠加"的方式完成更新换代。如 21 世纪的今天，并非单独意义上的任何一个时代，而是三个时代的综合，我们可以在当今的网络环境发现 Web1.0 到 Web3.0 的踪迹。本文研究重点主要放在对著作权法中公共领域影响较大的 Web2.0 时代。网络环境是传统著作权制度的新生空间，在此探讨著作权发展的根基与源泉——公共领域——是当下时代给出的必答题。只有将网络环境这一新事物的特性与著作权制度相结合，才能为新时代公共领域问题的探析提供理论基础。

2. 网络环境的分类

按照覆盖范围的差异，网络环境可被分为局域网络[2]与广域网络。[3]如前所述，万维网就是广域网络。局域网络则是相对封闭的特定区域，如某校园网、办公网仅限在校学生、单位正式员工等特定人群接入。我国有关司法解释

---

[1]　李硕："基于 Web3.0 的数字图书馆服务模式创新研究"，载《图书馆工作与研究》2009 年第 9 期。

[2]　局域网络：Local Area Network，简称 LAN，又称内网，指在某一相对特定的区域内由多台计算机彼此互联构成的计算机组。

[3]　广域网络：Wide Area Network，简称 WAN，又称外网、公网。不同地区的域网或城域网计算机相互连接以实现通信目的的远程网络。

明确将"向公众开放的局域网络"纳入信息网络范畴，[1]因此，面向不特定公众的局域网络并非著作权法的法外之地。[2]综上，本文所探讨的著作权法中公共领域所适用的网络环境指任何可以在不特定公众间实现作品传播与共享的数字空间，即在 Web2.0 基础之上的交互式网络，其实质在于共享的可能性，只有共享才可使人们与作品脱离孤立状态，彼此形成网状社会关系，并以网络作品为媒体，实现权益与公共领域的利用。

3. 网络环境的特点

结合著作权法体制，可以分析互联网的发展与现实生活的区别。总的来说，网络环境存在以下三个主要特点。

（1）网络环境的开放性（openness）与网络著作权的产生[3]

开放性是网络环境的本质特点，源起于网络的高度自由性。数字时代开启了全民创作、全民使用的新风潮。与较为封闭的传统环境不同，网络用户只需要一根网线便可在线观看电影、聆听音乐、欣赏画展，更可以随时随地创作、发表自己的作品。这种低成本、高效率的网络消费习惯也将"网络自由（free）即免费（free）"的误解延续下来，权利人的"圈地运动"似乎招架不住网民对公共领域的需求与利用。不仅如此，"作品作为无形财产借助网络技术已达到前所未有的传播速度、广度和深度，其开放性也导致著作权侵权行为的隐蔽性、无名性、难以控制性等后果"。[4]这些问题的根源在于网络环境下的著作权法体系不够完善，私人领域与公共领域间的传统平衡难以为继。

（2）网络环境的交互性（interactivity）与网络著作权的行使

传统现实生活中，权利人手握著作权，复制、传播、演绎等行为均可以有效控制。但如前所述，网络环境是全民参与的，网络的开放性衍生出交互性特点，作品置于网络环境中的下一秒就很有可能被数以万计的网络用户浏览、复

---

〔1〕 最高人民法院《关于审理侵害信息网络传播权民事纠纷案件适用法律若干问题的规定》第 2 条：本规定所称信息网络，包括以计算机、电视机、固定电话机、移动电话机等电子设备为终端的计算机互联网、广播电视网、固定通信网、移动通信网等信息网络，以及向公众开放的局域网络。

〔2〕 参见广州知识产权法院就某信息技术（天津）有限公司与广东某学院侵害作品信息网络传播权纠纷案所作（2016）粤 73 民终 111 号民事判决书：任何连接到该校 FTP（文件传输协议）网站的人员，均可下载该电影，可见其传播范围为不特定公众，而非特定的教学或科研人员。综上，广东某学院所提其提供涉案电影下载构成合理使用的主张理据不足，本院不予支持。

〔3〕 本处暂不涉及网络环境中的著作法权公共领域问题，本文第二部分始涉及。

〔4〕 丛立先：《网络版权问题研究》，武汉大学出版社 2007 年版，第 18 页。

制、传播等。交互性大大削弱了权利主体的优势地位，而为公众增加了无数接触、使用作品的可能。

（3）网络环境的去中心化（decentralization）与网络著作权的保护

当著作权仅流通于传统的现实环境中时，著作权人、邻接权人、使用者、社会公众之间存在清晰可查的权利链，权利人可凭借对作品载体、复制件的控制来保护著作权。互联网原是冷战时期美国与苏联军备竞赛的特殊产物，美国当时考虑集中式的通信网络很容易在受到攻击后全盘覆灭，所以力主研发分布式模式网络。这种模式追求无中心节点的去中心化，这就意味着整个系统极高的不可控性。当步入 Web2.0 时代时，去中心化特点就更为明显，主要表现在信息传播途径多样化、控制复杂性、自媒体的出现等。人人都是自媒体的中心节点，极大地加大了著作权的保护难度，模糊了网络空间私人领域与公共领域的界限。

（二）网络作品与网络著作权

随着高科技的迅猛发展，网络环境已逐渐成为权利人、使用人、社会公众等利益群体的重要博弈场。互联网在给人们带来巨大便利的同时，也给著作权制度的发展带来些许困扰。作品的产生、使用、传播皆因网络环境的特点而有别于传统环境，正是如此巨大的区别使得网络著作权问题更为复杂。

1. 网络作品概述

谈及公共领域就不得不提作品，对二者的维护代表着著作权法的立法宗旨：促进文化创作、传播、使用等公共利益与保护权利人的私人利益。公共领域是著作权发展的根基。可以说，对作者赋权是维护著作权法中公共领域与公共利益的方法之一。公共领域与作品相伴相生，读懂作品可以更好地理解公共领域。这一法则在网络环境中也不例外，因为网络作品与网络环境下公共领域的关系是传统环境中一般作品与公共领域的关系在网络环境中的映射、延伸。

（1）网络作品的范围

关于网络作品的范围存在狭义说与广义说两种观点。前者指网上作品，[1]即原本在传统环境中并不存在，而在网络环境中以数字化形式直接产生的新作品。

---

[1] 最高人民法院《关于互联网法院审理案件若干问题的规定》第 2 条第 4 项：在互联网上首次发表作品的著作权或者邻接权权属纠纷。

后者〔1〕除了网上作品，亦包括上网作品，即传统环境中已经存在的作品经过数字化之后的新型表现形式。〔2〕本文坚持广义说，即网络作品是指一切在网络环境中形成、传播并且受著作权法保护的作品。除了前述上网作品与网上作品，网络作品还包括第三大类，即网络技术本身所产生的作品，如临时复制品、自动生成的数据库、软件生成的文字、音乐作品等。〔3〕

（2）网络作品的特点

与一般作品类似，网络作品首先必须是著作权法上的作品，即必须具有独创性、以一定形式表现等传统作品的特点。可以说，成为作品是成为网络作品的必经之路，二者仅在传播形式与存在载体上有所不同。除此之外，网络作品本身还有以下特性。

第一，网络作品身处网络环境之中。数字化是一种新型的表现形式，应当注意的是，并非所有数字形式的作品都是网络作品，如存储在软硬盘中的数字化作品因为并非处于网络环境之中，所以并非本文探讨的网络作品。

第二，主体的草根化或大众化。受到外部网络环境开放性等特点的影响，在网络时代和移动终端发达的今天，每一秒钟都有遍布全球的网民发布作品，进而成为作者。

第三，创作、传播、使用成本低。传统作品的诞生与流转必须凭借纸张、底片等有形载体，数字化的网络作品则与载体相分离，只需一个按键或几行代码就可以真实再现作品。

第四，类型多样化与界限模糊化。网络作品并不局限于数字化的文字、音乐、电影等传统形式。随着科学技术的发展，越来越多新兴类型作品得到认可，如北京互联网法院第一案认定某平台上的 15 秒视频构成以类似摄制电影的方法创作的作品。〔4〕一个网络作品可能同时涵盖音乐、摄影、电影等数个基本作品类型，近年来盛行的"虚拟歌手"、转码等更是引起学界关于网络作品与公共领域界限的争议。

---

〔1〕　最高人民法院《关于互联网法院审理案件若干问题的规定》第 2 条第 5 项：在互联网上侵害在线发表或者传播作品的著作权或者邻接权而产生的纠纷。

〔2〕　蒋志培：《入世后我国知识产权法律保护研究》，中国人民大学出版社 2002 年版，第 177 页。

〔3〕　丛立先：《网络版权问题研究》，武汉大学出版社 2007 年版，第 15 页。

〔4〕　参见北京某科技有限公司与某在线网络技术（北京）有限公司、北京某网讯科技有限公司著作权纠纷案，北京互联网法院（2018）京 0491 民初 1 号。

2. 网络环境著作权与传统环境著作权的区别

了解两大环境下著作权的区别可以更深刻地认识到新时代著作权正经历的深刻变化。总的来说，著作权由传统环境蔓延至网络环境，其保护创作、促进传播的立法精神与思想表达二分法等基本原则并未发生质的改变，网络环境下依然保护具有独创性、以一定形式表现的作者的表达。但是，由于网络独有的特性，与在传统环境下的著作权保护相比，网络环境中的著作权保护存在以下几点区别。

（1）作品使用方式更为新颖

与纸质书籍、录音制品等不同，网络作品以数字化为存在载体，这决定了人们对网络作品的使用方式更为自由。VOCALOID 人力作品[1]、在线点播、直播等新型使用方式的出现意味着作品市场的二次开拓，如何在权利人、使用人与社会公众间分配由此带来的利益便成为网络著作权的一大难题。

（2）法律滞后性更为突出

新颖的使用方式动摇着原有著作权法的利益天平。日本著名知识产权学者中山信弘认为，当前著作权法正在经历动荡变革期，数字技术的出现打乱了现有著作权法体系和时代的咬合，二者变得极不相适应。[2]传统环境下法律的滞后性被放大，不能及时应对日新月异的科学技术与法律调整不到的空白地带。权利人难以寻求及时、有效的法律救济，因此转向技术措施等私力救济方式。正是法律突出的滞后性使得网络环境下公共领域与著作权法之间的冲突进一步升级。

（3）利益冲突加剧

网络作品凭借数字技术可以低成本、高保真，在短时间内被创作、传播、使用。网络作品的辐射范围和辐射能力远超于传统作品，再加上网络著作权已逐渐形成一系列高利润的利益链，一部网络作品往往涉及原作品、衍生作品、戏仿作品、直播作品等多个作者、使用人、邻接权人、社会大众等主体，对利益平衡机制的挑战更大。因此，剖析网络环境下著作权法中的公共领域问题迫在眉睫。

二、网络环境下著作权法中公共领域之理论探析

本部分主要围绕公共领域开展理论探析。有别于以往的抽象式研究，在网

---

[1] VOCALOID 人力作品：将现有人物或者角色的人声音频素材进行人工剪贴，利用调音软件实现像 VOCALOID 中歌唱效果的作品。

[2] 詹智玲："数字时代著作权法的变化"，载《外国法译评》1995 年第 2 期。

络这个虚拟空间中，为了更细致、生动地研究公共领域相关问题，得出更具体的结论，本部分拟从公共领域的概念出发，对公共领域的最小单位和属性进行探讨，为后文具体构建提供研究思路与方法。同时，从外在和内在两个角度分析网络环境下保留著作权法中公共领域的正当性，并结合当下公共领域发展现状，寻求制衡之法。

（一）　网络环境下著作权法中公共领域之概念界定与属性

1. 公共领域定义方法

公共领域源起于罗马法中的"公共物理论"，[1] 作为著作权法术语，可以追溯到英国的《安娜女王法》。公共领域的设定保留是为了保护公共利益，"公共"在一定程度上即"社会共用"。对于公共领域的定义有正面、反面两种方法。

正面定义，又称肯定式定义，其主张公共领域是著作权制度顺利运转的机制，负责给社会公众提供原始素材，大致包括保护期限届满作品、不受保护作品、不受保护因素、无著作权性作品等，即从肯定角度，直接描述或分类列明何为公共领域。反面定义，又称否定式定义，将著作权专有领域之外的范围定义为公共领域，[2] 即从反面入手，首先描述并界定专有领域，然后将公共领域定义为专有领域范围之外的领域。

有学者认为反面定义是将公共领域与著作权的重要性本末倒置。但笔者认为，以某定义的论述顺序来认定不同事物间的权重没有明确依据。如"氧气"是"空气中除去氮气、二氧化碳、稀有气体等之外的气体"，仅仅通过这种反面定义并不能认定"氧气"与"氮气"孰轻孰重。当然，最理想化的定义应该是正反定义相结合，对内涵与外延均予以限定，这样更能凸显被定义事物的特征。对于公共领域而言，本文支持从反面入手进行定义。首先，公共领域较著作权更为抽象，公众比较容易理解更接"地气"的权利。因此，从具体可感知的权利入手，可以使公共领域更加生动具体且便于理解。其次，著作权法作为私法，用肯定式定义去规范具体权利，而用否定式定义去规范权利的限制——公共领域，可以赋予法律更多灵活性和适用性，与"法不禁止即自由"的法理更为契

---

〔1〕　公有物（respubliae）和共有物（rescommons）为公共使用的财产，它们为社会中所有人所共同享有。参见侯纯："知识产权客体的扩张与利益平衡"，载《燕山大学学报（哲学社会科学版）》2004 年第 2 期。

〔2〕　冯晓青："著作权法中的公共领域理论"，载《湘潭大学学报（哲学社会科学版）》2006 年第 1 期。

合。最后，与具体权利的"圈地运动"相比，公共领域更像是艺术画板上的留白区域，供后人在此发挥创造性，进行再创作。尤其是进入 Web2.0 时代以来，著作权法适用空间已经日渐扩大，在对概念进行限定的同时应当充分考虑法律的稳定性和包容性。前已述及，著作权法在网络环境下有更为突出的滞后性，因此对公共领域进行否定式定义可以在网络环境下为以后随着技术发展产生的更多行为模式留有一定法律空间。综上，对于公共领域，本文偏向采用否定式定义。

2. 公共领域最小单位

任何概念都有最小单位，或称特定限定。以著作权法中的作品为例，其是满足独创性、以一定形式表现的"表达"，即作品的最小单位是"表达"。独创性、以一定形式表现等前缀定语只是对其外延范围进行修改、限定，只有定语而缺少最小单位"表达"就无法构成作品的完整概念。因此，只有明确事物概念的特定限定或最小单位，才能将说明事物特征的定语落到实处，否则将会使得某概念有头无尾，无法洞察其本质。对公共领域的定义素来较为抽象、广泛，在抽象基础上探讨网络环境下公共领域现状及应对措施等实际问题会无的放矢。因此，在对公共领域开展具体构想之前，必须首先明确其最小单位。

笔者认为，以行为作为公共领域的最小单位更符合著作权法的立法宗旨，也更贴合网络技术的发展前景。法律行为是权利人的意志体现，尤其对于著作权这种无形财产权而言，只有实际"为"才能真正实现权利的法律效果。纵观著作权法规定不难发现，著作权实际上是权利人所享有的各种精神权利与财产权利的权利束。我们常说作者、邻接权人等主体享有著作权或邻接权，其中的著作权或邻接权实质是权利的集合，而每一种权利都是对某种行为的限定，即著作权规范的是行为。比如从《著作权法》对复制权[1]的定义来看，对某作品享有复制权的权利人可以自行实施或控制他人复印、录像等复制行为。所以，权利人掌控下的私人领域的最小单位是行为。相对而言，公共领域的最小单位也应是行为，这样才可在同一水平上探讨两大领域的进退与平衡。若将某一作品上所有可实施的行为比作长方形区域，将每一种著作权权利项下的私人领域看作一个圈，则公共领域就是圈外的留白区域。由此可知，著作权的划分间接影响公共领域的范围。较为理想的著作权立法模式是，按照使用方式（即不同行为特征）将著作权划分为复制权、演绎权、传播权，进而衍生出三种相互独

---

[1]《著作权法》第10条第1款第5项：复制权，即以印刷、复印、拓印、录音、录像、翻录、数字化等方式将作品制作一份或者多份的权利。

立的公共领域。我国《著作权法》运用"列举+兜底"的方法将著作权分为 16 项权利，外加一项兜底权利，虽然在一定程度上比较具体地界定了不同权利且用"等"字提升了著作权的灵活性，但是仔细阅读法条不难发现权利划分的依据更多地侧重于技术，如放映权[1]、广播权[2]。然而，这种偏离行为导向的立法模式并非长远之计，尤其在进入 Web2.0 时代之后，技术的发展使得不同行为在划归权利时存在重叠或者空缺，比如同属性行为因技术差异而归属不同权利，或某一行为无法被已有权利体系涵盖。由此加剧了私人领域与公共领域的混战，留给法官的自由裁量权日益增多，进而产生不同理论派别，更有甚者导致同案不同判。因此，在网络环境下必须重新审视公共领域的最小单位，坚持行为导向，有条不紊地分析公共领域问题及对应措施。

3. 公共领域的属性

（1）相对属性

如前所述，公共领域的最小单位是行为。从否定式定义出发，著作权法中的公共领域是指一切著作权人所管控私人领域以外的行为的集合。这是一个相对概念，领域描述一定的行为范围，而公共领域是相对于保护特定权利的私人领域而言的，并非针对特定权利人。例如，权利人甲对某作品享有 a 权利，a 权利管控之外的行为均为（a 权利项下的）公共领域，任何人，包括甲本人，均是该特定公共领域的利益所有者。对该作品 b 权利的权利人乙来讲，b 权利管控之外的行为亦是（b 权利项下的）公共领域，权利人甲亦可享受其中的公共利益。

进一步举例，若权利人甲对某文字作品享有复制权和信息网络传播权，则甲在该作品上可管控的私人领域是"自行实施或许可他人实施法律规定的印刷或其他复制行为的集合"以及"自行实施或许可他人实施法律规定的信息网络传播等行为的集合"。总的来说，因甲对该作品享有两项权利，其在该作品之上享有两份私人领域，每份私人领域之外都存在一份相对应的公共领域（如下图 1、图 2）。与复制权相对应，该私人领域管控之外的印刷、复印等行为均归属公共领域。与信息网络传播权相对应，该私人领域管控之外的信息网络传播行为均归属公共领域。如图 1、2 所示，私人领域的空间与其之外的公共领域空间会

---

[1] 《著作权法》第 10 条第 1 款第 10 项：放映权，即通过放映机、幻灯机等技术设备公开再现美术、摄影、视听作品等的权利。

[2] 《著作权法》第 10 条第 1 款第 11 项：广播权，即以有线或者无线方式公开传播或者转播作品，以及通过扩音器或者其他传送符号、声音、图像的类似工具向公众传播广播的作品的权利，但不包括本款第 12 项规定的权利。

随着法律规定、科技文化发展、权利人意志的变化而限缩或扩大，这是著作权法发展中动态平衡和利益博弈的表现。

图1　圈内即权利人甲对该作品享有复制权的私人领域，
圈外即与复制权相对应的公共领域

图2　圈内即权利人甲对该作品享有信息网络传播权的私人领域，
圈外即与信息网络传播权相对应的公共领域

（2）独立属性

公共领域的独立属性包括纵向与横向两方面的独立。前者是指公共领域与私人领域间的独立性，私人领域即著作权法规定的每种著作权、邻接权。在特定时空下，对特定使用人而言，每种权利项下所控制的私人领域与相对应的公共领域不存在重合。具体而言，对于某作品的某一行为只能具有一种领域身份，即私人领域与公共领域在特定时间、空间下是非此即彼的关系。

横向方面的独立性是指在理想状态的著作权法律规定中，包括复制权等已有著作权以及随着技术发展出现的新兴权利在内，各权利项下对应的公共领域彼此间相互独立，如复制权项下的公共领域与信息网络传播权项下的公共领域在理想状态上不存在交集。当一项技术可以辐射多种行为或新行为的出现不能归于已有技术时，权利之间就会存在交叉或遗漏。各权利项下的公共领域也会存在相同问题，进而导致在分析权利与限制的现状时出现视野盲区。网络技术对不同权利的影响参差不齐，相对应的公共领域或扩张，或限缩，忽略其独立属性而将所有公共领域看成一个整体的做法并无任何实际意义，好比一揽子地分析复制权、演绎权等权利束，由此得出的结论往往是以偏概全、较为笼统。这种做法将给网络著作权带来新问题：当某行为导致利益失衡时，在这种牵一发而动全身的情况下，调整某一具体权利或限制很有可能把"聋子治成哑巴"。因此，坚持公共领域独立属性，将错综复杂的利益线索逐一厘清，摸清不同病症后"对症下药"，才可"药到病除"。

（3）流动属性

如前所述，公共领域具有纵向独立性，但随着科学技术和法律规定的发展变化，私人领域与公共领域之间的行为划分并非永久固定，而是存在流动性与交换性。从自然法的角度看，每一项权利的设立、每一种作品的承认都是将原本在公共领域的行为纳入私人领域。例如，某作品保护期届满或者权利人主动放弃权利，则原属私人领域控制的行为被纳入公共领域；又如，出于公共利益的考虑，法律将本归属私人领域的合理使用行为纳入公共领域。正是这种流动性维护和促进了著作权法的动态平衡。

综上，提出公共领域最小单位行为说与三大属性的意义就在于为重新审视网络环境下两大领域的进退提供理论和方法依据。由此可知，著作权作为一揽子权利束，其中每种具体权利会受到不同网络技术的不同影响，与之相对应，具体权利项下的公共领域也将面临不同变化，正是这种差异性要求我们有针对性地探寻平衡之法。

（二）网络环境下保留著作权法中公共领域的正当性

每一项法律制度的存在都必须有正当性作为其理论支撑，从正当性角度也可以揭示该制度的功能与价值。尤其当涉及权利人、社会公众等不同群体的利益划分时，正当性依据即是双方谈判、调和的重要筹码。对于著作权法等知识产权法而言，公共领域可以说是作为一种权利限制制度与权利相伴相生。保留著作权法中公共领域的正当性历来受到权利人的质疑，在网络环境中也不例外。释明网络环境下保留著作权法中公共领域的正当性是数字时代著作权制度的当务之急和必须回应的时代问题。总的来说，包括以下外在和内在两方面的正当性。

1. 外在正当性——传统环境下公共领域正当性的延伸

（1）贴合著作权法的立法宗旨

著作权法有两大立法宗旨：一方面，为独创性作品提供保护，赋予作者精神权利与财产权利，以促进文化、科学领域作品的创作；另一方面，保障作品对于公众的可接近性，保障公共利益，是著作权法的最终目标，是社会忍受著作权法存在的前提和基础。[1]著作权法中公共领域的保留即是对公共利益的有力保障。不难想象，如果著作权法仅保护权利人的私人利益，而放弃公共领域，则不仅违背其立法宗旨，还会使得整个著作权制度在"圈地运动"中停滞不前。

（2）利益平衡的理论武器

著作权法的利益平衡涉及纵向的代际利益平衡与横向的主体利益平衡。前者指从思想传承与文化演进的角度而言，独创性的表达离不开思想的推动。每个人的创作都是站在前人肩膀之上的，完全排除前人思想创作的作品好比"空中楼阁"，难以存续。从宏观的历史角度考量整个人类文化的发展，正是代际文化流传造就了当代文化繁荣的景象。对此，著作权法中公共领域作为作品"从以前来，到未来去"最好的途径，相当于在往昔、当今、将来这三大空间中架起一座桥梁，在汲取文化养料的同时，亦为后世的文化创作与传承保留足够多且优秀的素材。后者指权利人、使用者、传播者、社会公众等不同主体间相对微观的利益平衡。然而，知识产权人与社会公众并不对等，权利人一派的力量可以高效地集合起来，推动权利保护乃至不合理地扩张，[2]如利益集团推动了美国延长著作权保护期限的"米老鼠法案"的诞生；相反，维护公共利益的公众力量却相对处于分散薄弱的地位，两大派别力量的悬殊更加剧了私权扩张的总体趋势。倡导利益共享的公共领域可以有效地将分散力量集合起来，是对抗权利反噬、谋求利益平衡的重要理论武器。

（3）自然法与法律实操性的考量

著作权法中的思想、事实等元素，虽然被包含在作品之中，但对于思想等难以控制且不应被垄断在权利人手中的元素赋予财产权，不但没有任何意义，而且从法律层面讲，亦不存在实际操作的可能性。

2. 内在正当性——网络环境自身发展需求

技术的发展给人们创作、使用作品带来了巨大的便利，但随之而来的这些新兴产物是传统著作权法调整的空白地带，如孤儿作品、临时复制、私人复制

---

〔1〕　王太平、杨峰："知识产权法中的公共领域"，载《法学研究》2008年第1期。

〔2〕　详见［美］威廉·M.兰德斯、理查德·A.波斯纳：《知识产权法的经济结构》，金海军译，北京大学出版社2005年版，第515页。

等，这些问题时时刻刻都在挑战著作权人的既有利益。当涉及新型作品形式和使用、传播的技术方式时，权利人倾向于将其据为己有。以私人复制为例，权利人试图通过"圈地"的形式将其纳入"复制权"管控的私人领域之中。若按此趋势不加限制地发展下去，网络环境将彻底变成权利人谋利的工具，其自身也将寸步难行。换言之，如果只允许著作权管控的私人领域延伸至网络环境，而禁止保留公共领域，权利就会像没有天敌的外来生物，毫无忌惮地啃噬这片公共牧场，公共资源将被消耗殆尽。最终这种本应造福人类的伟大发明会沦为一潭死水。正因如此，在网络环境中保留著作权法中公共领域是网络自身发展的内在需求。互联网的高流通、低成本、广覆盖等特点，驱使作者、使用者、社会公众等逐渐将重点从传统环境转到网络环境中。自步入 Web2.0 时代以来，网民数量激增、网络直播、用户生产内容、短视频等新兴产物层出不穷，网络可谓是"创新"的代名词。正是著作权法中公共领域在虚拟空间里为公众开辟出一片纯净、肥沃的土壤，其作为激励创新的制度基础和环境基础，为大众创新清除了路障、提供了素材，上亿网民才可享用技术带来的文化盛宴。

（三）网络环境下著作权法中公共领域之框架

1. 网络环境下著作权法中公共领域之主体

就传统环境中的著作权法而言，"公共"并非仅指使用作品的社会大众。著作权法虽为私法，但作为知识产权法之一，同时又肩负着鼓励作品的创作和传播、促进文化发展与繁荣的重任。在网络环境下，公共领域的主体并非仅限于网民或网络作品的消费者，而是包括有机会进入该领域接触作品的一切公众。这里的"有机会进入"，并不是指正在上网的特定网民，而是有可能上网的不特定公众。在此可以类比传统环境中的发表行为：使作品处于社会公众能够接触的状态，并不要求公众已实际接触作品。发表行为是作品从作者隐私状态或思想状态进入传统环境的必经过程，而作品一旦进入网络空间即可视为被潜在的网民"欲而能"。同时，公共领域的主体与人数无关，且不会因为广域网络或局域网络而有所区别。值得注意的是，因公共领域的相对属性，其主体亦是相对概念。在探讨两大领域的主体时，必须限定某作品的某种权利。比如前文曾举例：对某作品 b 权利的权利人乙来讲，b 权利项下的公共领域是指 b 权利管控之外的行为集合，除了社会公众，对该作品享有其他权利的权利人亦可作为该特定公共领域主体而享受公共利益。

2. 网络环境下著作权法中公共领域之类型

从法律产生的角度来看，原始状态的行为无所谓合法与非法，自然也不存在公共领域与私人领域的价值判断。按照公共领域最小单位行为说和公共领域的相对属性，法律的出现使得公共领域与著作权相伴相生，且公共领域随着著作权法的发展而变化。总的来说，某种行为被纳入公共领域主要有以下四类原因。

第一类，某行为所支配的客体未被纳入著作权保护范畴或没有著作权性。著作权保护范畴因著作权法的地域性而有所不同，但奉行思想表达二分法的国家因思想的不可垄断性和传承性，都将思想排除在著作权保护范围之外。在判断某作品是否构成侵权前，首先要筛去不受保护的思想元素，如认定宫廷剧思想不能被任何人独占，[1]因此以这部分为客体的行为属于公共领域。除此之外，不同国家出于公共利益等因素考量，亦通过立法或判例规定对某种特定作品不予保护，或作品必须满足某种著作权性才授予保护。例如《意大利版权法》规定的"创造性"、[2]我国《著作权法》规定的"独创性"等[3]，同时将单纯事实消息[4]等排除在作品范围之外。因此，对于非著作权客体的使用、传播等任何行为都属于公共领域的范畴。

第二类，某行为因无法律明确赋权而进入公共领域。著作权法是私法，依据"法不禁止即自由"的立法精神，由于法律并没有对某种行为赋权，以及随着时代发展出现的法律空白地带，在此情况下该行为即不属于著作权法中的私人领域，而是归为公共领域，这也体现了公共领域的独立属性。网络环境下技术发展日新月异，法律的滞后性更为突出，因此类原因进入公共领域的行为在网络环境中较为常见。"法不禁止即自由"的公共领域给予法律一定的缓冲期，更贴合网络自由的本质和发展前景。

第三类，某行为客体的权利人主动放弃相应权利。著作权人有权处分相应私人领域。从动态角度来看，这部分作品随着权利人作出弃权的主观意思表示、未标记权利标识"©"而不再受著作权保护，对这类作品的任何行为亦由私人领域转化进入公共领域，这也是公共领域流通性的体现。

第四类，某行为因法律规定而进入公共领域，最典型的就是合理使用行为

---

〔1〕 参见陈某诉余某等著作权纠纷案，北京市第三中级人民法院（2014）三中民初字第07916号、北京市高级人民法院（2015）高民（知）终字第1039号。

〔2〕《意大利版权法》第1条：具有创造性并属于文学、音乐、平面艺术、建筑、戏剧和电影范畴的智力作品，不论其表达方法或形式如何，均受本法保护。

〔3〕 我国《著作权法》第3条。

〔4〕 我国《著作权法》第5条。

和著作权保护期限届满。前者如《美国版权法》规定满足"四要素"〔1〕的行为即可不经权利人许可，《意大利版权法》规定"公开演出、朗诵"等不包括非营利性行为〔2〕，我国《著作权法》规定了 13 种合理使用行为〔3〕。从公共领域的相对性和流动性来看，立法者出于公共利益考量，将这部分本应归于私人领域的行为划归到公共领域。所以从本质上来讲，合理使用是侵权抗辩或权利限制，其作为公共领域重头戏，历来是学界研究的重心。下文将立足于我国现行《著作权法》，结合公共领域最小单位行为说，对合理使用的产生与本质、公共领域的相对性等问题进行探讨，在此不赘述。同时，对权利设置固定保护期限也是一种常用的权利限制措施，该措施常常被利益集团用来维护私人领域，如前述美国的"米老鼠法案"，版权本该到期的米老鼠却因为法案的通过被延长了保护期限。知识产权已然成为一种受政治因素影响的新型社会权利，并对公共领域产生更为直接深远的影响。〔4〕

除将公共领域分为四类之外，也可依据公共领域的流动性和相对性将上述四类进一步分为先天型公共领域与转化型公共领域两大类别（见下表）：前者包括上述第一类和第二类，指某行为天生即属于公共领域范畴，其中，因思想等客体不受保护的行为属于行为客体先天型，法律未明确规定的行为属于行为本身先天型；而后者包括前述第三类和第四类，指权利人放弃权利等主动转化型和合理使用等法律被动转化型。

公共领域行为类型划分

序号	公共领域类型	举例	类别
第一类	某行为所支配的客体未被纳入著作权保护范畴或没有著作权性	思想	先天型公共领域（行为客体先天型）

---

〔1〕　1976 年《美国版权法》第 107 条：①作品的使用目的；②被使用作品的性质；③使用作品的程度；④对被使用作品市场或价值的影响。

〔2〕　《意大利版权法》第 15 条：在正常家庭范围内，或在学会、学院、疗养院内不为营利目的演出或朗诵，不以公开演出或朗诵论。

〔3〕　详见我国《著作权法》第 24 条。

〔4〕　邓志红、余翔："再论知识产权的性质——一种权利结构的视角"，载《知识产权》2018 年第 2 期。

序号	公共领域类型	举例	类别
第二类	某行为因无法律明确赋权而进入公共领域	无名行为	先天型公共领域（行为本身先天型）
第三类	权利人主动放弃相应权利	权利人放弃	转化型公共领域（主动转化型）
第四类	某行为因法律规定而进入公共领域	合理使用；超过保护期限	转化型公共领域（法律被动转化型）

3. 网络环境下著作权法中公共领域之处境

自步入网络时代以来，学界对"著作权法中的公共领域在网络环境下应被限缩还是被扩张"这一问题的观点已形成三大派别。

第一种观点主张网络环境下著作权法中公共领域范围应被扩张。该观点认为，相对而言，在网络环境下著作权人私有权利应被压缩，主要考虑以下几个原因：一是，权利人创作成本降低。在数字时代，对以往作品成果的收集、使用作品方式的多元化、无形载体的便利性使得著作权人创作、传播作品的成本降低，收益增加。"根据知识扩散的速度应当与知识产权保护的力度成反比的关系，著作权人付出减少，收益增加，那么受到的保护也应当随之减弱。"[1]二是，受保护作品的范围逐步扩张，如囊括计算机软件、汇编数据库等，实际上已经剥夺了原本属于公共领域的空间。三是，我国现行法律制度已经给予权利人采取技术措施等私力救济的权利，但并未赋予社会公众相对应的权利，反而社会公众已有的空间受到压制，且随着网络技术的不断发展，现有法律难以触及的灰色地带越来越多，两大利益主体间已失衡。[2]由此可见，此种观点是从著作权人享有的权利应被更多限制的角度，主张公共领域应扩张。

第二种观点主张网络环境下著作权法中公共领域应被限缩。其主要理由是：一是，由于网络环境带来浏览、复制、传播行为的便利性、保真性、侵权隐蔽性、范围无法控制性等特点，权利人对作品的可控能力趋弱，相对应的经济利益受损，应当限缩合理使用等公共领域，以净化网络著作权环境，鼓励创作。

---

〔1〕 全红霞：《网络环境著作权限制的新发展》，吉林大学出版社 2010 年版，第 44 页。

〔2〕 张今："数字环境下恢复著作权利益平衡的基本思路"，载《科技与法律》2004 年第 4 期。

二是，从经济学角度出发，公众接触、获取作品的成本较从前有所降低，故应在权利角度补偿权利人。三是，从立法角度考量，《著作权法》规定了 13 种传统合理使用行为[1]，而《信息网络传播权保护条例》却未将其全部移植[2]。由此可见，对网络环境下的公共领域，立法者本身即持谨慎的态度。

第三种观点主张因地制宜考量不同著作权以及对应公共领域变化。该观点认为，探究合理使用等制度在网络环境中的适用不能一刀切，而应当结合不同权利分析。前已述及，数字环境与传统环境在作品使用方式、利益冲突、法律滞后性等方面存在一系列差别，传统合理使用制度不能直接嫁接到网络空间。因此，需要立足网络环境来探讨不同著作权制度的发展变化，并据此对症下药，确定更为贴切的权利限制等对策。[3]

综上，对网络环境下著作权法中公共领域现状的分析，存在截然相反的三种结论，原因即在于研究方法的偏差。前两种观点将公共领域视为一个整体，简单地判定其应当限缩还是扩张的结论未免有些草率。对此，笔者较为赞同第三种观点。

首先，正所谓"橘生淮南则为橘，生于淮北则为枳"，并非所有权利都可以适应网络环境这块新生"土地"。如前文所述，公共领域具有相对性等特点，与传统环境相比，网络时代的众多差异对其产生了复杂、深刻、不尽相同的影响，就目前来看并不能直接断定这种影响是利大于弊还是弊大于利。而且，著作权法本身是包含作者、传播者、使用者、社会公众等多种权益主体的制度，各个主体、各种权利之间的影响不一，在逐一分析之前不能概而论之。

其次，传统环境处于相对静态的空间，而网络环境充满了未知的变量。从 Web1.0 时代发展至今，短短 20 年的时间，已经出现超链接、临时复制、3D 打印、快照、远程教学、直播等新型使用方式。著作权向网络环境的延伸除了考虑作者创作、交易成本，还应结合公共领域制度的初衷与网络环境的发展趋势、不同利益主体的习惯等。由此可见，已有研究是在大框架和广义角度上发现问题、解决问题，认为网络环境下著作权法中公共领域整体受到一定程度的压榨或扩张，但何种权利项下的公共领域被压榨、何种权利项下的公共领域被扩张

---

[1] 参见《著作权法》第 24 条。

[2] 参见《信息网络传播权保护条例》第 6、7 条。

[3] 冯晓青："网络环境下的著作权保护、限制及其利益平衡"，载《社会科学》2006 年第 11 期。

并没有阐明。因此，本文侧重于从更微观的角度入手，以具体权利进一步分析网络环境下特定公共领域的现状，进而提出有针对性的建议。

三、网络环境下著作权法中公共领域之具体构建

作者对具有独创性的作品自动享有著作财产权和著作人身权。网络空间中的权利人就著作权法保护的网络作品亦自动享有著作权。随着技术的不断发展，在日新月异的数字时代，对网络作品的使用方式逐渐增多，私人权利也随之发生变化。至于公共领域发展态势，要根据具体权利具体分析。特定权利应与特定权利限制、特定权利限制的反限制相结合，将一把权利束中的公共领域混为一谈，难以有效摸清病症，即使短暂稳住病痛，也可能随着日后权利的此起彼伏导致再度失衡。本文立足于公共领域相对性和最小单位行为，以人身权中的保护作品完整权和财产权中的复制权、信息网络传播权为例进行分析，在权利人、使用人、社会公众等三方乃至多方利益主体间寻求平衡对策。

（一）保护作品完整权与网络环境下著作权法中公共领域

在著作权保护方面，英美法系受重商主义等影响，更偏重保护著作财产权。相比之下，大陆法系国家将作品看成作者人格的进一步展现，赋予作者发表权等精神权利。[1]网络环境下的高度自由化、信息共享化使得人们开始质疑网络作品精神权利的必要性，甚至用"言论自由"等试图圈占精神权利项下的公共领域。在此暂且分析网络环境下的保护作品完整权与公共领域的现状。

调和不同国家冲突的《保护文学和艺术作品伯尔尼公约》对于保护作品完整权的保护标准较低。[2]版权法国家规定必须达到损害声誉的程度才构成侵权，而法国等作者权国家并不要求权利人对此举证。回归我国立法，《著作权法》并未通过文义限定保护作品完整权的权利边界，且未对关键词"歪曲""篡改"进行立法解释。若使用者对某作品的行为未达到"歪曲"或"篡改"程度，则不构成侵犯保护作品完整权，即"歪曲""篡改"程度以下的行为属于保护作品完整权项下的公共领域。[3]处于 Web1.0 时代的公众对网络作品只可读，但随着 Web2.0 时代的到来，网络技术飞速发展，使用方式不断更新，加之该权利

〔1〕《著作权法》第 10 条第 1 款。

〔2〕《保护文学和艺术作品伯尔尼公约》第 6 条之二第 1 款：作者的精神权利不受经济权利的影响，甚至在经济权利转让之后，作者仍有权反对任何歪曲（distortion）、损害（mutilation）或其他有损作者声誉的修改（modification）或其他任何与作品有关的贬低行为（derogatory action）。

〔3〕因公共领域具有相对性，在此姑且不论是否侵犯其他著作权。

较为抽象，该项下的私人领域与公共领域界限愈发难以确定，大有公共领域反噬私人领域的劲头。下文将以时下较为流行的虚拟歌手等用户生产内容为例，探讨传统著作权法保护作品完整权在网络环境下的现状，并结合网络的特点发现问题、解决问题。

1. 虚拟歌手与网络环境下著作权法中公共领域

虚拟歌手[1]是虚拟偶像在网络时代的又一流行形式，最初只活跃在 ACG[2]的圈子里。近年来随着消费者喜好、商业模式的转变，虚拟歌手也开始举办全息演唱会、与真人明星等同台演出、发行唱片，上千元的演唱会门票开售短短几分钟内便售罄，可谓商业前景大好。实际上，虚拟歌手的流行是"网络科技"与"粉丝文化"共同推动的，其实质只是 VOCALOID[3]、UTAU[4]等合成软件下的数据。以 VOCALOID 为例，消费者用此歌曲编辑器，从音源库内选择不同国家、不同声音的"歌手"，之后录入节拍、曲调和歌词，最后加以伴奏就可以生成一首音乐，但是这里的"歌手"并不是真实的自然人，而是机器数据。以日本的"初音未来"和中国的"洛天依"为主，在各大音乐视频网站上已有上万网友[5]投稿，《普通 DISCO》等歌曲点击量更是高达上千万。网友利用此软件不但可以"想唱就唱"（即利用该软件写歌写词），更可以"想听就听"（即通过技术实现指定"歌手"唱歌或表演等）。

可以说，虚拟歌手满足了当下网民不同的消费需求，网民可借此自由表达不同态度、审美等，符合网络时代个性化的特点。这里的"歌手"来源包括两大类：第一类是 VOCALOID 等软件自带的经过授权的音源库。由于正版经过授权，在此不做讨论。第二类是网民从网络作品如影视作品、音乐作品中抽离的声音素材，这些声音素材是原作品的表达构成。表演者在演唱一首歌曲或朗诵一段文字时，会依据不同场景将内心深处的情感糅合到声音、形态中，看似简单的感叹词"啊"都会因不同表演者自身理解差异而产生不同的表达。若将军

---

〔1〕 虚拟歌手是对通过绘画、动画、计算机动画等形式制作，在因特网等虚拟场景或现实场景进行歌手活动，但本体并不存在的架空形象的称呼。

〔2〕 Animation、Comic、Game 的缩写，是动画、漫画、游戏的简称。

〔3〕 VOCALOID：日文"ボーカロイド"，由 YAMAHA 集团发行的歌声合成器技术以及基于此项技术的应用程序。

〔4〕 UTAU：正式名称为"歌声合成工具 UTAU"，是一款由饴屋/菖蒲（あめや・あやめ）氏开发的免费的歌声合成软件，是在人力 VOCALOID 下诞生的产物。

〔5〕 又被称为 producer，指使用 VOCALOID 软件制作歌曲的用户。

旅歌唱家所唱的一首颂扬部队纪律的军歌声源抽离出来，用此类合成软件合成一首古惑仔歌曲，或将某些带有宗教、政治、文化色彩的影视作品中的特定声源抽离出来，合成某些网络流行歌曲，笔者认为已经达到了"歪曲"或"篡改"原表达的程度，应视为超出公共领域范围的侵权行为。公众在一定程度上将网络作品视为公共资源，这种"拷贝主义"正激烈地挑战传统著作权法。在保护作品完整权这一方面，权利人处于较弱地位，难以应对网络环境下网民对公共领域的攫取。

2. 用户创造内容对网络著作权法中公共领域的冲击

（1）现存问题

传统作品的传统使用方式已远远不能满足网络时代的使用需求。可读可写的 Web2.0 时代推动了用户创造内容的兴起。随着科技的发展，现有公共领域与私权间的界限正在受到越来越多的新型使用方式的挑战，虚拟歌手就是其中之一。网络环境下著作权法中公共领域如同公共利益的土壤滋养着多种多样的用户创造内容，包括人工字幕、同人小说、音视频编辑重混等。例如，时下较为流行的抖音，其特有的短视频孕育出音乐快餐的消费模式，网民可以迅速投身其中与该音乐产生互动。[1]公众开始借助诸如微信、微博等平台在"想当然的"公共领域中创造当下特有的文化潮流。

对于作者而言，作品一旦上网，作者便很难控制其被传播与利用的方式。尤其当传统主流文化与网络特有文化产生交融与冲突时，公共领域并不总能为每种行为提供庇护。网络不是法外之地，作者对各种用户创造内容的宽容并不代表著作人身权的灭失。如果一味放纵公共领域反噬私有权利，公共领域的正当性就会受到质疑，权利人也会逐渐丧失对网络环境的信心和创作网络作品的动力。

（2）解决现存问题的建议

以虚拟歌手为代表的用户创造内容极大地丰富了网络作品的表现形式，满足了大众多样的消费需求，展现了网络环境强大的生命力和创造力。但不可否认的是，当下网络环境中各种用户创造内容鱼龙混杂，对此必须把握一个"度"，即不可逾越公共领域的界限。对公共领域与私人领域界限的遵守不能仅

---

〔1〕 哎呀妞："盘点 2018 中国主流音乐圈五大怪现象"，载 https://zhuanlan.zhihu.com/p/54209806? utm_ source＝wechat_ session&utm_ medium＝social&utm_ oi＝44833355857920，最后访问时间：2022 年 6 月 25 日。

仅依靠公众的道德自觉性，从网络服务平台方面予以限制是更有效的方法。公众往往将用户创造内容发布在抖音、哔哩哔哩等平台，平台在收获广告费和知名度的同时应承担起一定的社会责任，如美国《用户创造内容规则》[1]倡导用户创造内容的服务商采取一定的内容过滤技术，以减少侵权行为的发生。[2]

　　随着网络技术的发展，我国监管机关也开始重视用户创造内容，并出台了相应政策法规。[3]《网络短视频平台管理规范》第二部分第 1 条[4]对审核义务的规定在一定程度上可以增加"越界者"的心理负担，同时方便权利人联系网络平台调取侵权者身份信息等证据材料，进一步明确网络环境下的私人领域不受侵犯。《网络短视频内容审核标准细则》将歪曲贬低民族优秀文化传统等短视频节目明确排除在网络环境之外，在一定程度上缓解了当下用户创造内容对著作权法的冲击，及时拨正了公共领域的走向。除此之外，我国现行《著作权法》第 24 条第 1 款通过限定合理使用的范围，并且引入"三步检验法"，对戏仿作品等用户创造内容进行限定。

　　总体来说，此次修法较为主动地回应了网络环境下著作权法中公共领域面临的困境，但仍存在维权成本高、侵权较隐蔽等问题，且随着技术发展，法律制度也将遭遇越来越多的挑战。用户创造内容这个社会问题的解决不能仅仅依靠修改法律。笔者认为，在较为滞后的政策法规之外，应着力增强网络用户的著作权意识，完善网络服务提供商的监测维权体系。首先，应明确个人言论自由不得侵害他人著作权，社会公众在享受网络带来的公共领域便利的同时应明晰网络环境并非著作权法的法外之地，为法律的施行提供一个民意通达的外部环境。其次，网络服务提供商可以通过技术措施从源头上监测用户创造内容的产生，诸如当用户用 iTunes[5]免费下载歌曲时，下载文件会自带 DRM[6]著作权

---

　　〔1〕　美国《用户创造内容规则》：由美国 CBC、NBS 等五个著作权人和 Dailymotion、Myspace 等四家用户创造网站于 2007 年 10 月 18 日合作建立。

　　〔2〕　张慧霞："美国 UGC 规则探讨——兼论网络自治与法治的关系"，载《电子知识产权》2008 年第 5 期。

　　〔3〕　2018 年 3 月，国家广电总局发布《关于进一步规范网络视听节目传播秩序的通知》。2019 年 1 月，中国网络视听节目服务协会发布《网络短视频平台管理规范》和《网络短视频内容审核标准细则》。

　　〔4〕　《网络短视频平台管理规范》第二部分第 1 条：……对个人注册账户上传节目的（简称 UGC），应当核实身份证等个人身份信息。

　　〔5〕　iTunes：苹果公司推出的一款供苹果电脑等设备使用的免费数字媒体播放应用程序。

　　〔6〕　DRM：Digital Rights Management，一种数字版权管理软件。

保护措施，不允许用户进行转格式、视频制作等行为。同时，在能力范围内加强对用户创造内容的监控，建立完备的用户信息库和投诉建议渠道，在权利人与用户之间建起良好的沟通桥梁。对权利人来说，矛盾宜疏不宜堵，应充分利用当下大好形势，通过网络平台，在作品商业链的前端及时介入，积极与网民、平台沟通。[1]总体上，需要修改法律、升级产业链和转变商业模式等多管齐下，维持网络环境下著作权人、网络服务提供商、社会公众之间的利益平衡，营造一个清朗的网络空间。

（二）复制权与网络环境下著作权法中公共领域

复制权[2]自著作权诞生以来就是权利人追求的核心财产权。在此前的印刷时代和模拟技术时代，权利人很大程度上是通过控制复制权来获取经济利益的。在传统环境下，复制权的本质即是作品复制载体的产生，烦琐的手抄等高成本为复制权提供了天然屏障。由于科学技术的发展，在网络环境下，以"0"和"1"的数字形式存在的作品已经不依赖于载体，很多时候网民只需要按动键盘和鼠标就可以生成与原作品几乎没有任何差异的复制件。复制件的生成除了人为行为之外，还包括网络环境因技术特性主动生成的临时复制件。网民可以直接跳过权利人去体验作品，网络环境下复制行为的普遍性和低成本性极大地挑战着复制权下私人领域与公共领域间的平衡点。下文将围绕时下热门的私人复制和临时复制行为进行探讨并进一步提出建议。

1. 私人复制行为与网络著作权公共领域

（1）概念与现存问题

私人复制通常指个人使用目的对他人享有著作权的作品进行复制的行为。在传统环境中一般认为，私人复制属于非商业性使用，使用作品的比例与数量比较有限，并不会给权利人造成实质性的利益损害，理应归为复制权项下的公共领域范畴。美国通过索尼案将非商业性、非营利性的复制行为排除在复制权之外。但自进入到Web2.0这种可读可写的网络环境之后，私人复制行为泛滥，在一定程度上已经改变了传统的消费观念，如前所述，按动手指即可得到的复制件几乎与原本无异，人们越来越多地习惯在网上看电影、听音乐、看小说，

---

[1]　刘颖、何天翔："著作权法修订中的'用户创造内容'问题——以中国内地与香港的比较为视角"，载《法学评论》2019年第1期。

[2]　《著作权法》第10条第1款第5项：复制权，即以印刷、复印、拓印、录音、录像、翻录、翻拍等方式将作品制作一份或者多份的权利。

甚至用虚拟现实（VR）技术观看画展。

在搜索引擎、网络视频等应用方面的网民规模日趋扩大。[1]在文化作品消费模式的选择方面，越来越多的人们在传统环境与网络环境之间倾向于后者，私人复制开始具有商业价值，逐渐影响权利人的潜在市场利益。量变引起质变，私人复制的消费方式对权利人的影响日渐加大，其继续存在于公共领域的合理性开始受到质疑。"个人使用行为的潜在影响逐步增加，个人而不是商业团体逐渐成为版权实施的监控对象。"[2]网络最初的免费意识已深深根植于网民心中，私人复制行为每分每秒都在世界各地上演。网络环境的开放性、交互性、去中心化特点使得网络作品处于更难以控制的境地。私人复制行为增加了控制作品传播流转的难度，其肆意泛滥大有侵害著作权的倾向。从公共领域最小单位行为说来看，私人复制行为究竟归属公共领域中的合理使用还是私人领域的侵权行为存在很大争议。

（2）解决现存问题的建议

针对私人复制对网络著作权的冲击，理应采取措施予以限制，不能任由该行为无限扩大，反噬私人利益。但完全禁止私人复制显然不符合著作权公共属性与网络环境的自由传播性等特点，并且在现实中几乎没有实操的可能。笔者认为，应坚持利益平衡原则，规定满足一定限度的私人复制应属于公共领域的合理使用，但对超出合理使用范围的私人复制行为征收补偿金，同时赋予权利人技术措施。

首先，私人复制行为在合理使用与侵权行为之间的正确划分是维持网络环境下私人复制正当性的前提。因此，应明确属于合理使用的私人复制行为必须满足以下三个条件：第一，复制行为的非商业性。值得注意的是，复制行为在不断累积的情况下会实质替代权利人的市场占有率，因此，重复下载、批量下载虽未盈利，但也应视为超出合理使用范围。第二，复制目的的非娱乐性。网络文学、音乐、影视作品的产业链在很大程度上都以娱乐为导向，欣赏作品理应"为知识付费"。正因如此，在我国《著作权法》第三次修改过程中，《著作

---

〔1〕　中国互联网络信息中心第 42 次《中国互联网络发展状况统计报告》：截至 2018 年 6 月 30 日，搜索引擎、网络视频、网络音乐、网络文学、网络直播等应用的网民规模依次为 65 688 万、60 906 万、55 482 万、40 595 万、42 503 万。

〔2〕　张今、宁静："技术变迁中的个人使用"，载《电子知识产权》2008 年第 Z1 期。

权法（修订草案送审稿）》第 43 条[1]明确将"基于欣赏目的的私人复制行为"排除在合理使用范围之外。第三，复制行为影响的非深刻性。著作权法的封闭式立法模式使得判断合理使用较为机械。现行《著作权法》第 24 条第 1 款将《著作权法实施条例》第 21 条[2]蕴含的"三步检验法"上升至法律层面，在一定程度上弥补了这一漏洞。在判断某私人复制行为是否属于合理使用时，除了从行为目的等角度考量，更要从长远角度考虑其是否会对权利人造成潜在影响，尤其是在网络环境中，一项新兴技术极有可能带动一整条产业链的兴起。因此，必须将私人复制行为的影响控制在合理范围之内。

其次，对于超出合理使用范围的私人复制行为，可以借鉴外国立法引入补偿金制度。实际上，早在 20 世纪 60 年代，德国就率先开始采用私人复制补偿金制度来弥补著作权人的损失。1965 年《德国著作权法》第 53 条、第 54 条规定为满足个人使用目的而复制作品的行为合法，但销售录音录像设备者需缴纳著作权补偿金，即由录音录像设备销售商转嫁于消费者的方式增加了私人复制行为的成本，其后通过扩大补偿金的征收范围进一步限制复制权项下的公共领域，以求利益平衡。[3]从 20 世纪 80 年代起，法国、比利时、美国、日本相继实行补偿金制度。笔者认为，我国当前传统领域中并未实施该制度，直接将其全方位地引入到数字环境中缺乏一定的实践经验和群众基础，很有可能由于贸然征收补偿金而导致一类交易行为和文化产业的消沉，且随着技术的发展，补偿金的征收对象、补偿金额标准等问题都值得结合日后科学技术的发展状况进行探讨。

最后，对于超出合理使用范围的私人复制行为，还应允许权利人利用技术措施自力救济，这是最直接且最高效的补救措施。但技术措施难以区分某种私人复制行为究竟是合理使用还是侵权行为，因此二者必然会存在一定冲突。关

---

[1] 《著作权法（修订草案送审稿）》第 43 条："在下列情况下使用作品，可以不经著作权人许可，不向其支付报酬，但应当指明作者姓名或者名称、作品名称、作品出处，并且不得侵犯著作权人依照本法享有的其他权利：（一）为个人学习、研究，复制他人已经发表的作品的片段……"

[2] 《著作权法实施条例》第 21 条：依照著作权法有关规定，使用可以不经著作权人许可的已经发表的作品的，不得影响该作品的正常使用，也不得不合理地损害著作权人的合法利益。

[3] 德国参议院通过的《规范信息社会著作权的第二部法律》规定，原则上私人复制在网络环境中也被允许，但所有通常被用来制作合法复制件的机器和储存介质都需要缴纳补偿金，该费用由集体管理组织和介质生产商协商确定。参见张今：《版权法中私人复制问题研究——从印刷机到互联网》，中国政法大学出版社 2009 年版，第 243 页。

于此问题将在下文探讨，故在此不予赘述。

2. 临时复制行为与网络著作权公共领域

（1）概念与现存问题

所谓临时复制（temporary reproduction 或 temporary copy）是指计算机在实际运行时对某种信息的暂时存储。"临时"指在内存中存储的信息随着计算机被关闭或执行其他新指令而消失。作为数字技术发展产物的临时复制是否应纳入复制权项下的公共领域，这个问题自步入网络时代以来就备受争议。国际互联网条约〔1〕并未对临时复制作出法律定性或最低程度要求。因此，国际立法层面对于临时复制性质的认定存在两大派别：一种以美国为代表，认为临时复制是复制权管控私人领域的行为，但同时又借助合理使用将其视为侵权例外，这也是较为主流的立法模式。〔2〕另一种以发展中国家为代表，认为临时复制因其临时性、技术自发性而不被视为著作权法规定的复制行为，即归属公共领域。〔3〕这种从源头不加区分地认定临时复制合法性的立法模式无疑为所有的临时复制打开了方便之门，但随着技术的发展和商业模式的转变，临时复制行为大举公共领域旗帜，颇有入侵私人领域的趋势。

近年来，网页转码行为常常与临时复制一并探讨。网络环境不仅包括电脑端，同时也包括手机、平板电脑等移动端，更多的时候，移动端因其便携、成本低的特点而受到网民的喜爱与追捧。在互联网上有适配于电脑端的 Web 类资源和适配移动端的 Wap〔4〕类资源。不同端口的浏览模式、消费习惯等差异使得转码行为应运而生。以手机百度为例，当我们使用手机或平板电脑等移动设备访问搜索引擎时，许多移动浏览器不能直接访问 Web 类网页，这个时候搜索引擎就会将原网页转成 Wap 类网页，以增强用户的体验感。但在被转码过程中，原有网页中所嵌入的商业广告、网站图标等特定信息会被删去，原有布局被破坏。从著作权法的角度来看，被转码的作品多为文字、图片、视频汇总而成的综合性网页。除此之外，还包括构成网页本身的代码，这两大类客体只要满足具有独创性、以一定形式表现等条件即可被视为作品；同时，对网页具有独创性

---

〔1〕《世界知识产权组织版权条约》和《世界知识产权组织表演和录音制品条约》的简称。

〔2〕如欧盟《版权指令》（Copyright Directive）第 2 条规定，任何"直接的、间接的、临时的、永久的"复制行为都是权利人的专有权利，同时第 5 条又将"临时的、必需的、无独立经济价值的"临时复制行为视为不侵犯复制权的行为。

〔3〕如我国《信息网络传播权保护条例》第 21 条。

〔4〕WAP：无线应用协议，是一项全球性的网络通信协议。

的编排布局本身也可作为客体受到著作权保护。手机百度等应用在对被链网页进行格式转化的过程中，必然会对网页作品进行数字载体上的复制。这种转码存在两种不同情形：第一种即搜索引擎将被转码后的作品存储于自身服务器；第二种即搜索引擎自身不存储作品，只是为浏览者提供即时的转化服务，在浏览完毕、退出页面后即删除被转码作品。第一种转码形式相当于实质性替代了原作品，无疑侵犯了信息网络传播权，情节严重者亦构成侵犯著作权罪，与公共领域无关，故在此不做探讨。引起较多争议的是第二种类似临时复制的即时转码行为，因为这种行为影响了原网页传播的商业模式，且剥夺了作品受众范围扩大所带来的市场利益。[1]

　　（2）解决现存问题的建议

　　对于临时复制的性质问题，学界有不同认识。目前我国《著作权法》和《著作权法实施条例》等法律法规并未做出明确规定。笔者认为，新兴技术的出现带给知识产权机遇与挑战，把握机遇、迎接挑战的关键就在于正确认识新技术的本质。与传统复制行为相比，临时复制自诞生之日起就充当着知识与网络用户之间的桥梁，是互联网架构的前提和技术基础。一项作品被上传至服务器时，会自动地先进入随机存储器[2]，不可避免地自动产生临时复制件。若将此纳入私人权益保护范围，则任何对互联网的利用都要考虑临时复制问题，这无疑是对网络技术本身宣告了死刑，与该技术高效便捷的追求背道而驰。而且，网民规模庞大，执法成本也将会大幅提升，届时互联网不仅不会促进知识的传播，反而会变成阻碍传播的藩篱。因此，应当明确临时复制行为本质上归属公共领域，公众在互联网这个虚拟社区中对知识享有一定程度的可接近的公共利益。但鉴于当前技术发展给著作权带来负面冲击，临时复制行为必须满足不能以营利为目的、不得长期存储或传播、不得对原作品实质性替代等条件。换言之，技术中立不能成为一切临时复制行为的挡箭牌，具有独立经济价值的临时复制行为应受到权利人的管控，即以是否产生独立经济价值作为复制权私人领域与公共领域的界限之一，[3]并以此进一步规范临时复制模式的转码行为。在实务中，北京市高级人民法院在北京某文化传媒有限公司与北京某网讯科技有限公

---

　　〔1〕　崔国斌："著作权法下移动网络内容聚合服务的重新定性"，载《电子知识产权》2014年第8期。

　　〔2〕　随机存储器：Random Access Memory，简称RAM，是与CPU直接交换数据的内部存储器，通常作为操作系统或其他正在运行中的程序的临时数据存储介质。

　　〔3〕　刘劭阳："论临时复制的法律性质"，载《电子知识产权》2013年第Z1期。

司侵害作品信息网络传播权纠纷案〔1〕中认定："WAP 搜索服务中涉及原网页的格式转换，通常会产生对原网页内容的临时存储，也就是说网络用户在浏览完毕后，搜索服务商并不保存临时存储的网页。在这种情况下，由于临时存储网页不具有独立的经济价值，不构成著作权法上的复制或者向公众提供作品，WAP 搜索服务商提供的服务仍然属于搜索、链接服务。但是，如果 WAP 搜索服务商在 WAP 搜索服务中并非临时存储网页，而是在其服务器中长久保存了相关网页，则仍可能构成对提供作品的直接侵权。"

由此可见，当转码行为并不会产生直接替代被转码作品的永久复制件时，由于临时复制网页不具有独立的经济价值，不构成著作权法上的复制或者向公众提供作品，其应归属于公共领域行为。在不同移动终端登录被转码方的服务平台搜索浏览相同作品时，所显示转码页面的完整 URL〔2〕地址并不相同，或出现了转码失败等状况，均可以证明该转码行为的"临时"性，未对权利人产生实质影响，不应被复制权限制。但当转码行为产生永久作品并保存在服务器或硬盘中，或转码方不能证明其仅提供搜索、链接及实时转码服务时，〔3〕转码后的网页已经实质替代了原网页，此时该转码行为便不再属于公共领域，而构成对原作品复制权或者信息网络传播权的侵害。由此及时扼杀临时复制的越权苗头，探寻复制权下私人领域与公共领域的正确界限，在二者之间重新树立利益平衡的藩篱，为新技术的发展保留生存空间的同时也维护了著作权人的利益。

（三）信息网络传播权、技术措施与网络环境下著作权法中公共领域

1. 信息网络传播权与技术措施概述

拥有交互性、去中心化等特点的网络技术好似一把双刃剑，在带给社会大众便利的同时，亦造成侵权行为隐蔽、传播范围广等一系列负面影响，对权利人造成了一定的冲击。在此种背景下，技术措施〔4〕应运而生，它是法律赋予权利人的一种私力救济手段，在国际立法层面被规定在《世界知识产权组织版权条约》

---

〔1〕　北京市高级人民法院（2016）京民终 247 号。

〔2〕　URL：uniform resource locator，统一资源定位符。互联网上的文件都有唯一的 URL 地址。

〔3〕　参见上海某信息技术有限公司与北京某网讯科技有限公司侵害作品信息网络传播权纠纷案，上海市浦东新区人民法院（2016）沪 0115 民初 22530 号。

〔4〕　在《著作权法》第三次修改过程中，曾使用"技术保护措施"这一术语。现行《著作权法》仍采用"技术措施"的表述。《世界知识产权组织版权条约》和《世界知识产权组织表演和录音制品条约》皆使用"Technological Measures"。本文一律采用"技术措施"。

第 11 条〔1〕和《世界知识产权组织表演和录音制品条约》第 18 条〔2〕。就技术措施的外延而言,《美国数字千年版权法》〔3〕将其分为控制接触的技术措施〔4〕和保护版权的技术措施〔5〕两大类。我国《信息网络传播权保护条例》〔6〕同时保护这两类技术措施。2020 年第三次修改的现行《著作权法》对技术措施保护制度更为重视,〔7〕但《信息网络传播权保护条例》存在的问题仍然在延续。

2. 技术措施对网络环境下著作权法中公共领域的侵蚀及解决对策

(1) 概念与现存问题

水印、付费阅读、禁止复印、软件绑定等商业模式充斥着如今的网络环境,使用者享用公共领域作品的自由正在逐步被限制,与信息网络传播权相对应的公共领域受到"数字锁"的挤压,这些"数字锁"相当于赋予权利人二次权利。此举固然可以直接有效地减少甚至杜绝网民对特定作品的接触、使用与传播,但任何权利若没有"天敌"的限制就会泛滥成灾,最终与立法初衷相悖。更有甚者,对于一些本不属于作品范围的表达、因超过保护期限等已经归于公共领域的作品,本应属于正当使用范围的行为也被安上了这把"锁"。从长远来看,这种完全没有节制、呈压倒性的技术措施已远远超出"保护"力度,大有"掠夺"趋势,本应"防御"侵权的技术措施反倒开始"吞噬"公共领域。当公共领域消失殆尽的时候,网民的消费习惯、交易模式被迫改变,信息网络传

〔1〕《世界知识产权组织版权条约》第 11 条:缔约方应规定适当的法律保护和有效的法律补救办法,制止规避由作者为行使本条约所规定的权利而使用的、对就其作品进行未经该有关作者许可或未由法律准许的行为加以约束的有效的技术措施。

〔2〕《世界知识产权组织表演和录音制品条约》第 18 条:缔约方应规定适当的法律保护和有效的法律补救方法,制止规避由表演者或录音制品制作者为行使本条约所规定的权利而使用的、对就其表演或录音制品进行未经该有关表演者或录音制品制作者许可或未由法律准许的行为加以约束的有效技术措施。

〔3〕《美国数字千年版权法》,Digital Millennium Copyright Act,下文简称 DMCA。

〔4〕控制接触的技术措施:用来阻止他人未经许可以阅读等方式接触作品内容的技术措施。

〔5〕保护版权的技术措施:用来阻止他人未经许可实施复制、发行、信息网络传播等行为从而防止著作权被侵害的技术措施。

〔6〕《信息网络传播权保护条例》第 26 条第 2 项规定:技术措施,是指用于防止、限制未经权利人许可浏览、欣赏作品、表演、录音录像制品的或者通过信息网络向公众提供作品、表演、录音录像制品的有效技术、装置或者部件。

〔7〕《著作权法》第 49 条第 3 款:本法所称的技术措施,是指用于防止、限制未经权利人许可浏览、欣赏作品、表演、录音录像制品或者通过信息网络向公众提供作品、表演、录音录像制品的有效技术、装置或者部件。

播权的私人领域也将面临枯竭。

（2）解决现存问题的建议

相较于美国 DMCA 从限制与反限制两个方面规定了技术措施的适用范围和适用例外，我国法律规定较为简单。当前引发冲突的根源之一便是对技术措施的规定过于宽泛、认识不够深刻。从著作权的法理角度看，任何权利都应有与之相对应的限制，才可满足著作权法利益平衡的立法宗旨和立法精神。当下网络环境的技术措施大有泛滥趋势，这要求我们正确认识技术措施，从立法者的初衷出发明确合法的技术措施必须满足的条件。只有这样，才能防止技术措施进一步侵蚀公共领域，维护技术措施存在的正当性。

第一，技术措施的适用对象并非仅作个人使用的消费者，而应该是同类竞争者。技术措施作为私力救济手段，在最大限度地保护权利人合法权益的同时，也应最小限度地影响公共利益。当公众出于个人使用等合理使用目的时，其行为具有非商业性，行为影响范围仅限于自己或有特定联系的家属等，因此不会实质替代权利人的市场或给其造成较大损害。当使用人以商业目的使用被技术措施保护的作品时，该使用人实际上应被视为权利人的同类竞争者。如将某影视作品复制后向公众传播，此行为会对权利人的市场造成冲击，技术措施的目标正是有效控制此类行为。技术措施的设置应遵循此立法导向，有区分地进行设置。

第二，技术措施不能用于追求商业营利，而应以维护著作权为技术目标。自进入 Web2.0 时代以来，网络环境中的每个人都可以方便快捷地上传、发布、分享网络内容，可以说任何人都是自媒体。公众接触到的作品很有可能流经多人之手，再加上网络中草根作品、孤儿作品盛行，使得网络作品的真正权利人往往不得而知。对此，技术措施的设置人应当是法律意义上的信息网络传播权人。私自破坏技术措施的行为系违法行为。同理，未经权利人同意私自在网络作品之上设置技术措施的行为亦有违原作者"无障碍"传播作品的主观意图，减少了作品被接触、利用的可能性，同时也侵犯了对应的公共领域，应同破坏技术措施行为一样纳入违法范畴。值得注意的是，在未被作者授权的情况下，对某作品设置技术措施并将其置于网络环境之中，这个行为本身即是侵权行为。倘若此时其他人破坏技术措施并再次传播作品，该非法传播行为对权利人造成的二次损害应由技术措施设置者承担还是由破坏者承担？这些理论问题还有待探讨与解决。

此外，如果某技术措施的设置目的并不在于维护著作权，而是意图通过技术手段谋求捆绑销售、限定交易对象或价格等其他商业利益，则其并非著作权法上的技术措施。对此，笔者认为，立法者引入技术措施旨在加强网络环境下对作品的保护。若权利人滥用技术措施，借其谋求其他商业利益，则不仅会歪曲立法宗旨，还会对公共利益造成损害，理应被排除在著作权法规定的技术措施之外。

第三，技术措施必须满足有效性标准。

《世界知识产权组织版权条约》、《世界知识产权组织表演和录音制品条约》、《美国数字千年版权法》在界定技术措施时都使用了"effectively"或"effective"的定语。遵循与国际条约相一致且不低于其最低要求的原则，我国现行《著作权法》及《信息网络传播权保护条例》对技术措施的规定为有效技术、装置或者部件，但对何为"有效"并未给出解释。

笔者认为，"有效性"包括形式和实质两个层面。形式上的有效性即显而易见性或非隐蔽性，可以通过文字说明、作品的状态（如显示只读或需要付费等）向公众表明该作品已经被设置了技术措施，使公众在意图接触、使用作品时明知或应知该作品正处于技术措施保护中。实质上的有效性指技术措施的效果可以防止一般公众接触或使用该作品。只有同时在两个层面都满足条件才可谓达到有效性标准。如果只声明某作品上已设置技术措施，但一般公众发现对该作品的复制等行为并不能被有效控制，则该技术措施的有效性应受到质疑。如某视频播放软件播放影视作品时，在片头显示"警告：您即将观赏的影片已经被进行了隐秘水印处理。未经授权，对影片进行的所有复制、发布行为均属侵权行为。任何盗版侵权操作，我们都可能会追踪到您本人，并依据相关法律法规，对您进行刑事诉讼或采取其它法律手段"。在不考虑该声明法律效力如何时，单纯告知且"隐秘"的手法虽然给予第一手接触影片的公众一种心理认知，但权利人在行使法律赋予的权利时必须明确其权利范围和权利效果。随着技术的发展和法律的变更，日益丰富、复杂的权利种类所对应的具体行为可能并不为所有公众知悉，所以权利人应以实际行为明示使用人权利的存在形式，尤其是在该"隐秘"的保护措施对当下网络时代作品的流转几乎不存在任何"预防"效果的情况下。当有使用者只截取影片片段而剪掉片头警告时，这种形式上的保护措施起不到任何作用，而权利人在作品的保护中亦存在一定过错。除此之外，"一些采用已过时的技术或轻易甚至无意间就可破坏的技术措施不应给予保护"。[1]实

---

[1] 王曦：《著作权权利配置研究——以权利人和利益相关者为视角》，中国民主法制出版社2017年版，第147页。

务中，对该有效性的证明，权利人应负举证责任，即"一般公众"不会轻易破解该技术措施。

之所以强调"一般公众"，是因为在整个知识产权法中，"一般公众"代表了利益平衡的主观判断标准，如《商标法》上用"相关公众的一般注意力"来判断是否构成类似商品或近似商标，《专利法》上用"本领域的普通技术人员"来判断是否构成等同特征。较高标准的主观判断不利于权利人利益保护，因为任何技术都并非不可破解，对有效性的过高要求会使得技术措施形同虚设，对著作权人不够公平。正如欧盟《版权指令》第 6 条第 3 项规定，只要意图使用者需经过权利人同意或技术处理等措施才可接触或使用作品，即证明该技术措施是有效的。[1] 较低标准的主观判断会导致使用者动辄得咎，无疑会损害公共利益。

第四，技术措施的适用客体仅限于非公共领域范畴。[2] 公共领域具有不可逆性，一旦进入公共领域，除法律规定外，不得通过人为形式将其再划归到私人领域，否则即构成对公共领域的侵占。通过技术措施圈占公共领域犹如一双"不洁之手"，[3] 有损利益平衡原则和诚实信用原则，增加了实现公共利益的成本，阻碍了文化的传承。因此，通过技术措施将本属于公共领域的公共利益封锁起来，本就属于侵占公共领域的行为，不应再受到法律的保护，权利人不能再以此要求破解技术措施的使用人承担法律责任。

（四）合理使用与网络环境下著作权法中公共领域

作为著作权法中公共领域的重头戏，合理使用制度的设立旨在权利人、使用者、社会公众之间谋求多种利益的平衡点。数字网络技术的应用和普及，使作品创作、传播、使用的形式与传统环境截然不同，作品可以在短时间、低成本、高保真的情况下被使用。再加上 Web2.0 时代社会公众身份的多变性和难以核查性，合理使用立法模式、判定标准等问题在网络技术的冲击下变得愈发复杂，其与技术措施间的矛盾尤为深刻。

自 2012 年我国《著作权法》第三次修改正式启动以来，国家版权局组织或参与了 20 余场征求意见专题会议，听取吸收了中国互联网协会、软件公司等利

---

〔1〕 张耕："略论版权的技术保护措施"，载《现代法学》2004 年第 2 期。

〔2〕 技术措施与合理使用制度存在一定冲突，将在下文详述。

〔3〕 "不洁之手"：普通法中的古老原则，指双手不洁之人不应得到法庭的保护，尤其在知识产权、隐私权纠纷中较为适用，其中"不洁"指诉争的知识产权权利来源不正当。

益相关主体和主管机关的不同意见。不同于前两次被动修改，这次修改是立法者为适应国际形势和数字时代特点而主动采取的行动，最终通过的现行《著作权法》关于合理使用制度的规定更是引起学界热议。本部分立足于网络环境，结合现行《著作权法》的规定，回归合理使用制度本质，探讨更适合当今数字时代的合理使用立法模式，积极回应合理使用制度与技术措施之间的冲突，试图为化解技术与立法间的矛盾提出些许建议，希望对网络环境下著作权法的发展有所裨益。

1. 网络环境下著作权合理使用[1]的行为导向与本质

现行《著作权法》第 24 条对合理使用制度作出了重要修改：在 2010 年《著作权法》规定 12 种具体行为的基础之上，增加了"法律、行政法规规定的其他情形"的兜底条款，将《著作权法实施条例》第 21 条吸收列为第 1 款的限制条件；同时对于具体的合理使用行为的范围进行部分调整，如针对学校课堂教学或者科学研究，增加了"改编、汇编、播放"行为等。

不难看出，当前立法者仍坚持公共领域最小单位行为说的主流思想，主要从行为导向的角度界定合理使用与侵权行为，即通过设定具体行为确定公共领域和私人领域间的一个利益平衡点。笔者认为，合理使用作为公共领域的重要组成部分，其最小单位亦是行为。在网络著作权法中坚持合理使用的行为导向可以更好地贴合其制度本质。如前所述，公共领域具有相对性。在特定时空下，对于特定行为人，某行为 A 在著作权制度中存在三种走向（见下图 3）：第一，合法走向。法不禁止即自由，如触摸书籍、点赞微博等行为。当法律并未明文将此行为纳入权利人的私人范围时，该行为即处于行为本身先天型公共领域。第二，非法走向。法律将此行为归于权利人管控范围，如未经权利人许可而实施法律规定的某种复制行为则构成侵权。第三，非法转合法走向，即该行为本已按照第二种非法走向属于侵权行为，如以个人使用为目的的复制行为，但出于利益平衡的考量，法律将该侵权行为从私人领域划拨至公共领域之中。这种走向即合理使用制度，按前文分类归为法律被动转化型公共领域。由此可知，在没有合理使用制度时，某行为在特定时空只存在合法与非法两种走向，合理使用即是在私人利益与公共利益间进行调和。因此，从立法初衷和产生过程来讲，合理使用的本质是"侵权抗辩事由"或"权利限制"，并非"使用者权利"。从

---

[1] 关于合理使用，我国现行法律的规定主要有《著作权法》第 24 条，《著作权法实施条例》第 21 条，《信息网络传播权保护条例》第 6、7 条。

霍菲尔德的法律关系结构来讲，合理使用是 privilege（特权），而非 claim（请求权）。霍菲尔德曾以小虾沙拉举例说明两者的区别：客人有吃小虾沙拉的特权（privilege），但不能要求（no-claim）主人将小虾沙拉从柜子里拿出来给客人。如在 Test Achats 诉 EMI 唱片公司等案、UFC Que Choisir 等诉华纳唱片公司案中，消费者主张被告因技术措施侵害了"私人复制权"，法院认为，消费者只可以在侵权之诉中以合理使用作为抗辩，而不能主动向权利人发起诉讼，因为合理使用仅作为对著作权的一种限制，而并非赋予使用人一种法定权利。这也是我国立法者将合理使用制度规定在《著作权法》第二章第四节"权利的限制"中的用意。

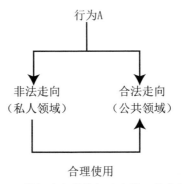

图 3　某行为在著作权法上的三种走向

2. 网络环境下著作权合理使用与技术措施的矛盾和化解

作为权利人自力维权的法宝，技术措施正在侵蚀网络环境下著作权法中公共领域。因技术措施"一刀切"的性质，导致合理使用行为连同侵权行为一起被隔断。正如小虾沙拉故事所讲，合理使用者可以未经许可以特定行为使用某作品，但不代表其有权要求作者无障碍地提供该作品。如某文字作品被采取禁止浏览、复制的技术措施，则以学习、研究为目的的公众也不能复制。正如前文所述，技术措施的滥用在一定程度上压榨了著作权法规定的合理使用制度。著作权法应回应以下两个问题：一是网络环境下公共领域中的公共利益，二是权利人私人领域中的私人利益。Test Achats 诉 EMI 唱片公司等案已暴露出合理使用制度与技术措施间深刻的矛盾。

关于如何化解二者间的矛盾，在立法方面，有学者从规避后果和法律实操的角度出发，主张合理使用行为可作为直接规避技术措施的例外，同时借鉴澳大利亚《数字议程法案》中的"声明制度"。[1]笔者认为，应坚持利益平衡原则和禁止权利滥用原则，借鉴美国 DMCA 和欧盟《版权指令》，明确技术措施的分类与限制。同时，在实操方面，将作品数字化时可生成两个版本的数字化作品，其一供合理使用，其二供市场交易，对于二者的技术措施应有所区别：用作合理使用的数字作品应当限制使用人进行复制或保存，仅可以浏览查看，避免被大量复制或转载。同时采用标注作者署名水印等方式，便于使用人在合理使用时保护作者署名权。另一用作市场交易的数字版本应当施以更加完全、严格的技术措施，如禁止复制并且完善金额、联系方式等交易信息。由权利人将二者一并投放于网络环境中，并注明二者区别。在保护合理使用的公共领域同时，用最小的成本维护权利人合法利益，谋求合理使用与技术措施和平共处的局面。

四、结论

著作权法自其诞生之日起就在不断调整以达到平衡状态。网络环境作为当今时代著作权法的又一重要发展空间，因其开放性、交互性、去中心化等特点，给著作权制度的可持续发展和空间移植带来了很多挑战。如何适应并且借助于网络时代的发展特点，找到一个既可以顺应网络新型技术的发展要求，又可以满足创作者、传播者、使用者的利益平衡点，是当下著作权法研究的重中之重。在网络环境下探讨著作权法中公共领域问题是时代的号召，众多学者正在积极研究这些交织着法律与技术的难题。分析当前著作权法中公共领域的发展现状和问题并对症下药，是回答这些难题的基础与前提。

在数字时代保留公共领域具有外在和内在的双重正当性，不仅是贯彻著作权法立法宗旨的要求，还是利益平衡的理论武器，同时也是对网络环境自身发展需求的回应。因数字时代充斥着日新月异的技术，不同利益集团的矛盾颇为尖锐，"大而泛"的研究方法并不能全面洞悉公共领域在网络环境发生的一系列变化。对此，相对于整体性、框架性的研究方法，从公共领域最小单位行为说入手，这种"小而深"的研究思路更能正确地认识公共领域相关问题。结合其相对性、独立性和流动性，对公共领域一系列的基础问题进行分析，使得原本"虚无缥缈"的公共领域在虚拟的网络空间有所具形。理论研究终需回归实践，立足于当下虚拟歌手、转码行为等网络热点，有针对性地对不同权利项下的公

---

[1]　使用者签署书面声明，说明规避技术措施符合法律对于权利限制的规定，同时提供身份信息。

共领域进行客观分析，充分认识到公共领域与私人领域在网络时代的轮番"较量"，据此对应地调整权利与权利限制的内容，"对症下药"，应对网络时代不同主体间的利益分配问题。

公共领域承担着维护公共利益的重任，是著作权法的核心与根基，对其判断万不可以偏概全或矫枉过正，否则将有违网络自由的意志、违背促进文化传播的原则。我国《著作权法》的进一步完善，需要主动回应新时代的变化，结合科技的特性与法律的追求，在实践中不断摸索"度"的把握与考量，正确分析网络环境下著作权法中的公共领域问题，使社会在享受科技带来的便利的同时，促进著作权保护与限制在网络环境中的利益平衡。

保留公共领域视野下网络著作权保护问题研究

黄丹青

著作权制度已经存在了几个世纪，而互联网才刚刚发展了几十年。但网络环境对著作权在不同的层面上产生了深远的影响：一开始互联网改变了作品的传播方式，降低了作品的复制成本，对著作权保护造成了冲击；后来为了加强网络环境下的著作权保护，著作权法采取了包括技术措施在内的手段，却造成了对作品的过度保护，甚至对公共领域造成了威胁，这似乎同样违背了著作权法的立法目的。本文将从保留公共领域着手，对当下我国网络著作权保护问题进行研究。

一、公共领域概述：从政治学领域到著作权法领域

公共领域作为本文的基本视角，其在不同的领域内有着不同的内涵。公共领域这个词语，不只属于私法的范畴，也有许多学者从公法意义上对其进行研究。著作权法意义上的公共领域是本文主要的研究对象。本部分将从"公"与"私"两个方向对公共领域进行综述，并且将从互联网发展的角度对公共领域问题进行论述。

（一）政治学意义上的公共领域与著作权法意义上的公共领域

本文所述的公共领域（Public Domain）主要指的是著作权法上的公共领域，但是其与政治学意义上的公共领域（Public Realm/Domain）并非毫无联系。

1. 政治学意义上的公共领域

在政治学的研究中，尤尔根·哈贝马斯将公共领域定义为："一个居于私人领域和公共领域之间的，以公共领域为媒介的，从市民社会分离出来的，用以调节国家和社会需求的领域。"[1]公共领域是社会的一个中间结构，一方面是针对国家政治权利的批判空间，与国家政治权力相对立；另一方面又跨越了个

---

〔1〕 熊威：《网络公共领域研究》，中国政法大学出版社 2016 年版，第 25 页。

人和家庭的藩篱，致力于公共事务，与私人领域相对立。[1]公共领域的特征可以概括为以下几点：以公共利益为目的，即公共领域在本质上以维护公共利益为目的；开放的结构，每一个人都可以加入这个领域，都可以成为社会公众一分子；公共舆论为手段，这是指公共领域以现代传媒为沟通工具，公众意见以公众舆论为形式出现；理性批判为主要内容，即公共领域中的公众舆论的主要内容，都是针对公共权威行为以及公共权威所指定的政策和行为所做出的自由理性的批判。[2]

公共领域的功能则包括：合法性供给功能，公共领域是民主参与、理性共识得以形成的重要渠道和基础；权利保障和民主监督功能，能使广大公众的权利诉求逐渐为国家决策机关所倾听和关注，并能形成国家权力的民主监督和控制，形成民主开放的公共意见；公共领域具有观念传播和整合的功能，构成了思想传播和公共精神培育的重要土壤，促进和谐社会和法治秩序的建立。[3]在最后一点"思想传播和公共精神培育"这个意义上，公法上的公共领域的功能和私法上的公共领域有异曲同工之处。

2. 著作权法意义上的公共领域

著作权法中的公共领域概念可以追溯到英国的《安娜女王法》，但其作为法律术语始于 19 世纪中期的法国。后来，它通过《保护文学和艺术作品伯尔尼公约》（以下简称《伯尔尼公约》）传播并在美国得到了进一步的发展。通说认为，公共领域在著作权法上的最初含义是"权利保护期限届满的那种状态"，即作品的著作权保护期限届满就进入了公共领域的范畴；[4]如果认为公共领域就是著作权不保护的客体所组成的领域，那么其至少包括了以下内容：著作权法实施前就已经存在的知识产品；因著作权保护期限届满而失效的作品；著作权人有意放入公共领域的作品；因欠缺著作权保护要件而不受保护的对象；有的国家规定作者死亡后无人继承的作品，其著作财产权进入公共领域；不受保护的外国人作品；应当由人类公有的作品及成分；基于合理使用产生的公共领域；除合理使用外，由强制许可、法定许可、默示许可、权利穷竭等形成的对著作

---

〔1〕　参见杨仁忠：《公共领域理论与和谐社会构建》，社会科学文献出版社 2013 年版，第 54 页。

〔2〕　熊威：《网络公共领域研究》，中国政法大学出版社 2016 年版，第 26 页。

〔3〕　马长山：《公共领域兴起与法治变革》，人民出版社 2016 年版，第 24—25 页。

〔4〕　参见黄汇：《版权法上的公共领域研究》，法律出版社 2014 年版，第 12 页。

权的限制，也属于公共领域的范畴。[1]

　　大多数学者都将公共领域作为著作权权利保护的对立面，但也有人像帕梅拉·萨缪尔森这样，认为公共领域与著作权保护之间存在一些模糊地带。他用一张图界定了公共领域，如图1，圆圈内为公共领域。

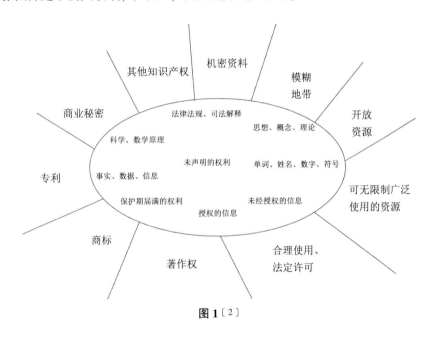

图 1[2]

　　自其后，对公共领域的界定有从正面论述的，如 L. R. 帕特森和斯坦利·W. 林伯格等认为"公共领域不是一个领地，而是一个概念，公共领域如同为人的生命所必需的阳光、空气和水等属于对每个人都是自由的东西"，[3]杰西卡·利特曼也认为"公共领域不应理解为不值得保护创作素材的范围，而应理解为保证作者得以有效运用这些素材，从而使著作权的其余部分得以良好运转的工具"。[4]

　　以二元公共领域观来解释，公共领域就是与专有领域相对应的概念，也即当研究视域限于著作权法时著作权根本不保护的作品。亦即，一个作品，不是

　　[1]　参见黄汇：《版权法上的公共领域研究》，法律出版社 2014 年版，第 13—15 页。

　　[2]　图 1 来源于 Pamela Samuelson, "Mapping the Digital Public Domain: Threats and Opportunities", 147 *Law & Contemp. Probs* 66 (2003).

　　[3]　黄汇：《版权法上的公共领域研究》，法律出版社 2014 年版，第 12 页。

　　[4]　黄汇：《版权法上的公共领域研究》，法律出版社 2014 年版，第 12 页。

处于公共领域内，就是属于著作权客体，非此即彼。但该种思路会造成人们对公共领域问题本身的忽视，并容易导致公共领域与著作权客体简单对立。[1] 因为正如萨缪尔森对公共领域的绘图，在专有权和公共领域之外是存在一些模糊地带的，许多著作权客体并非失去了著作权保护，如某一作品被合理使用或成为开放资源，并不意味着这个作品不再受著作权保护，这只是著作权法律制度为了平衡著作权人利益和公共利益所作出的例外规定，类似于一种许可。因此，严格地从二元公共领域观的视角上来说，合理使用、法定许可、开放资源都不能完全被划入公共领域的范畴。但是，这些制度和模式对丰富公共资源和拓展公共领域的贡献仍然显而易见且不容忽视。

黄汇教授将公共领域界定为"为保证作者得以有效运用创作素材从而使著作权的其余部分得以良好运转的工具，并且其不仅是一套制度，还是一种理论倾向和思维方法"。[2] 相较于萨缪尔森的"公共领域图"，本文认为，黄汇教授从功能性角度对公共领域的界定对于公共领域的保留最为有利，既避免了将合理使用、法定许可、开放资源等模糊地带不符合逻辑地归入公共领域，又能体现它们对作品的创作和传播的作用。

（二）网络环境下著作权法意义上公共领域与政治学意义上公共领域之关系

截至 2021 年 12 月，我国网民规模达达 10.32 亿，互联网普及率为 73.0%。[3] 网络对公众生活的影响达到了史无前例的水平，网络公共领域的发展和繁荣随之而来。结合前文黄汇教授对公共领域的界定，公共领域在网络环境下同样是保证作者得以有效运用创作素材，激励创作、促进传播，从而使著作权的功能有效发挥的工具。但不同的是，在网络环境下，公共领域既继承了传统公共领域的相关特性，又由于网络社会的特殊构成而具有如下特征：①匿名性。这种匿名的特性使得人们在网络公共领域能够畅所欲言。②开放性。相对于传统的公共领域，这种低门槛的便捷性与开放性让越来越多的人参与到公共领域的讨论中。③多元性。在网络公共领域的信息传播中，参与者能随时随地和不受教条主义影响地对自己感兴趣的话题发表意见。④非政治性。该领域内的所有活动的最终目标和宗旨都只限于社会公共服务和谋求社会公共体制的发展。⑤独

---

〔1〕 参见董皓："多元视角下的著作权法公共领域问题研究"，中国政法大学 2008 年博士学位论文。

〔2〕 黄汇：《版权法上的公共领域研究》，法律出版社 2014 年版，第 18 页。

〔3〕 "第 49 次中国互联网络发展状况统计报告"，载 http：//www.cnnic.net.cn/hlwfzyj/hlwxzbg/hlwtjbg/202202/P020220407403488048001.pdf，最后访问时间：2022 年 6 月 20 日。

立性。与传统媒体相比，网络空间使得传统意义上的传播者和接收者之间的界限变得模糊了。[1]这些特点决定了信息在网络公共领域下能够更加快速而广泛地传播，思想在这样的环境下变得更加多元，思想的碰撞更容易产生"化学反应"，进而产生更多新鲜的思想。

这里的公共领域是政治学研究的问题，属于公法范畴，而本文讨论的公共领域主要是指著作权法上的公共领域，属于私法范畴，两者虽不可相提并论，但在某种程度上是有所联系的，甚至可以看作事物的一体两面。公法意义上的公共领域以公共利益为目的，构成了思想传播的重要"土壤"，在此层面和私法上的公共领域是一致的，只是一个侧重于政治，另一个侧重于科学、艺术和文化。同样借助于互联网这个公共平台，著作权法上的公共领域在支持民主文化方面发挥着独特作用，其有利于促成公共话语和公民意见的形成，并最终达成数字民主和网络民主；[2]而公法上的公共领域所具有的观念传播和整合的功能，构成了思想传播和公共精神培育的重要土壤，对哺育著作权人、滋养其作品有着不可磨灭的功劳。因此，公法上的公共领域和私法上的公共领域并非毫不相关，而是殊途同归、相辅相成的。

二、著作权的性质及保留公共领域视野下著作权保护的正当性

在笔者看来，著作权的产生有一种类似"圈地"的效果——原来为公众所有的作品被划入了私权领域。当然，拥有对某件作品的著作权和拥有某块地的所有权在某种程度上是无法相提并论的。而且，公共领域与著作权之间并非非此即彼的二元关系，它们之间的关系处于动态变化中。本部分将从著作权法的立法目的、著作权的性质和著作权与公共领域的紧张关系等三方面对著作权保护的正当性进行讨论。

（一）著作权的性质

强调公共领域的保留，和著作权的性质有一定关系。有人认为著作权具有人身性，但人身权是一种具有绝对性和支配性的民事权利，过度强调著作权的人身性就会对著作权财产性的实现造成障碍，而且也不利于作品的传播；另外，如果把著作权看作一种自然权利，它就会理所当然地更具有垄断性，更不利于公共领域的保留。

〔1〕 熊威：《网络公共领域研究》，中国政法大学出版社 2016 年版，第 41—45 页。
〔2〕 参见黄汇：《版权法上的公共领域研究》，法律出版社 2014 年版，第 33 页。

1. 著作权法的立法目的

著作权制度的出现和发展经历了特许出版时期和现代著作权保护时期。在封建社会后期，造纸术、印刷术的普及和应用大大降低了图书出版的成本，并促进了出版业的繁荣。出版商在赚取丰厚利润的同时，社会地位也在不断提升，以至于政府在做决定时也不得不考虑他们的利益。这些利益集团自然也会向政府寻求更多保护，因此著作权制度最初的产生和出版商有紧密的联系。[1]当然，传播者对于著作权制度的发展一直起着不可或缺的作用。到了现代著作权保护时期，书商们为了进一步获得利益，转而争取使作者获得法律保护。《安娜女王法》就是英国议会于 1709 年通过的一部以保护作者利益为核心的法律，其将保护的重点从出版商转向作者，明确指出立法的目的是鼓励创作，并且确立了保护期限，确立了以作者为权利主体的现代著作权制度雏形。[2]

著作权客体作为一种资源，具有非竞争性的特点。"如果资源是非竞争性的，那么控制体系的唯一任务就是确保资源的生产——正如埃莉诺·奥斯特罗姆教授所述，这是一个资源供应的问题。一旦资源被生产出来，就不必担心会被耗尽。根据定义，非竞争性的资源是不会用尽的。"[3]这就是说，著作权法最重要的目标就是尽可能地使作品顺利地创作出来，因为作品作为非竞争性资源，是可以被无限利用且不会耗尽的。只要能保证创作的环境，保证公共领域的丰富性，作品就会源源不断地产出并快速广泛地传播，这样才能使作品中所蕴含的思想得到充分利用，从而使整个社会获得最大化的利益。从另一个角度来看，由于将著作权限定于市场，相对于权利的静态归属，著作权的动态利用具有更大的价值——作品本身具有商品的两个属性，只有在市场中流转，作品的社会效用才能得到最大程度的发挥。[4]

我国《著作权法》第 1 条规定："为保护文学、艺术和科学作品作者的著作权，以及与著作权有关的权益，鼓励有益于社会主义精神文明、物质文明建设的作品的创作和传播，促进社会主义文化和科学事业的发展与繁荣，根据宪法制定本法。"可见我国著作权制度是以保护为手段，以传播为目的，鼓励和保护优秀作品的创作与传播，最终协调作者利益和公共利益。另外，我国著作权制

---

〔1〕 参见王迁：《知识产权法教程》（第 5 版），中国人民大学出版社 2016 年版，第 20—22 页。

〔2〕 参见王迁：《知识产权法教程》（第 5 版），中国人民大学出版社 2016 年版，第 20—22 页。

〔3〕 ［美］劳伦斯·莱斯格：《思想的未来：网络时代公共知识领域的警世喻言》，李旭译，中信出版社 2004 年版，第 101 页。

〔4〕 参见冯晓青："著作权扩张及其缘由透视"，载《政法论坛》2006 年第 6 期。

度还通过思想表达二分法、有期限之保护、合理使用等制度对著作权的行使进行限制。可见，促进社会发展与进步是著作权制度的核心。促进作品的传播，促进社会发展与进步，最终实现公共利益，离不开对公共领域的保留。只有保留公共领域，才能给作品创作提供足够的"原料"和"养料"，实现激励创作的目的。

总之，著作权法通过对专有权利进行确认、保护，实现著作权保护的直接目的；通过保留公共领域，激励作品的创作和传播，促进社会发展与进步，实现最终目的——维护公共利益。因此，按照著作权法的立法宗旨，我国应当构建权利保护和权利限制相平衡的机制。

2. 人身性权利与财产性权利

目前对于著作权是否具有人身性这个问题，因法系的不同而存在不同观点。"著作权主义"的英美著作权法律制度主要对作者的财产权进行确认与保护，而"作者权主义"的欧陆著作权法体系对作者财产权与人格权均在著作权法中予以保障与确认。[1]大陆法系的著作权法理论首先将作品视为作者人格的体现，视为作者的"孩子"，因此大陆法系的著作权法首先要保护的是蕴藏在作品中的作者独特的人格利益，如在高度重视著作人身权的德国，甚至不允许著作财产权的转让。[2]我国《著作权法》第10条第1款规定了著作人身权："著作权包括下列人身权和财产权：（一）发表权，即决定作品是否公之于众的权利；（二）署名权，即表明作者身份，在作品上署名的权利；（三）修改权，即修改或者授权他人修改作品的权利；（四）保护作品完整权，即保护作品不受歪曲、篡改的权利……"

关于著作权的客体是否包含人格利益，有学者认为，"与物权的客体是同精神相分离的外在有体物不同，知识产权的客体是精神特有的、内在的产物"。[3]然而，反对者认为，这种观点是对著作权客体和人格权客体的混淆。人格权的对象为人格要素，"包括自由、尊严、情感及安全等，此类无形之物需要通过身体、肖像、名称、作品等特定有形的物理对象来外化，但这些有形或物质的东西不是人格要素本身，只是它们的载体"。[4]正因其"无体又无形"，较为抽

---

〔1〕　参见费安玲：《著作权权利体系之研究——以原始性利益人为主线的理论探讨》，华中科技大学出版社2011年版，第38—45页。

〔2〕　参见王迁：《知识产权法教程》（第5版），中国人民大学出版社2016年版，第107页。

〔3〕　卢纯昕："知识产权客体的概念之争与理论澄清——兼论知识产权的'入典'模式"，载《政法学刊》2017年第1期。

〔4〕　熊文聪："作者人格权：内在本质与功能构建的法理抉择"，载《法制与社会发展》2012年第6期。

象，法哲学家们在论证人格权之正当性时，才巧妙地将其拟制为"有体物"，从而更容易让人接受。由此可见，作品上虽然承载了作者的人格要素，但是人格要素不是作品本身。著作人身权的客体是人格要素，是作品所反映的作者的思想、情感，而不是作品；与此相对应，著作财产权的客体是作品本身，而作品自创作完成之时起就脱离了作者人身而独立存在的符号化表达——基于这一特性，对已发表作品的复制、传播并不会在本质上损害作者的情感或思想。[1] 由于著作权的客体即为作品，著作权只能是单纯的财产权，而不是财产与人格的一体权；虽然著作人身权被规定于著作权法之中，但事实上它并不是著作权，而是一种人格权。[2]

3. 自然权利与法定权利

关于著作权究竟是自然权利还是法定权利，学界也存在不同的声音，通常在自然法观念与功利主义学说之间取舍。从法哲学的角度看，如果认为著作财产权是一种自然权利，如大陆法系的著作权法理论将著作权视为一种"天赋"的权利，那么由作品产生的所有利益都天然地、理所应当地归属于著作权人。[3] 如果从功利主义出发，认为赋予作者著作权只是为了最大化社会福利，那么只需要给作者足够的经济利益，作为其为社会创作作品的奖励；若给予作者的奖励超出其创造的价值，则与功利主义的要求背道而驰。因此，有学者认为，所谓的自然权利仅仅是一套提高权利创设说服力的修辞术而已；和其他民事权利一样，知识产权也是经过长期实践和试错而产生的，虽然一开始有"特权"的痕迹，但最终人们认识到其本质是一项私有财产权，是鼓励创新、遏制抄袭，进而有利于市场公平竞争的重要制度保障。[4]

正如我国学者所考证的那样，"在制定知识产权法时，中国立法者就像当年美国国会那样选择了功利主义的立法思想。制定著作权法是创设了权利，而不是确认已经存在的权利；不是基于作者的自然权利，而是基于公共利益，促进

---

〔1〕　参见熊文聪："作者人格权：内在本质与功能构建的法理抉择"，载《法制与社会发展》2012 年第 6 期。

〔2〕　参见熊文聪："作者人格权：内在本质与功能构建的法理抉择"，载《法制与社会发展》2012 年第 6 期。

〔3〕　参见王文敏："著作财产权的类型化及其运用"，载《法律方法》2017 年第 1 期，第 749 页。

〔4〕　参见熊文聪："双重误读：知识产权特殊性反思"，载《中国知识产权法学研究会 2018 年年会论文集》，第 23 页。

科学技术的发展"。[1]由此也可以看出，我国著作权法在立法目的上并没有采取自然权利说的表述，而是采纳了激励说。

根据洛克的劳动自然权利学说，自然物经过人们的加工后，就可以转化为私有财产。但在这一点上，洛克并未将著作权当作永久的自然权利来看待，甚至还认为著作权应当具有时间限制，并且最终应当彻底归于公共领域供人们共享："当前时代学问都被认为是由过去时代的天才们贡献其才智和辛劳所组成的一个庞大的上层结构。如果允许永久文学财产权的存在，它必将限制对文学传统的使用与积累。并且同样的，它将抑制和压缩在研究和知识上的进步。"[2]不同于一般有体物通常不能供多人同时使用且一旦被据为己有就会影响他人再利用，作品属于非竞争性资源，因此著作权法上的公共领域比有体物更符合或更接近洛克理论中公共资源的观念。[3]将著作权视为永久性权利而不经考虑的做法显然不利于人类社会的发展。因此，著作权作为一种专有权，不能等同于物权等其他绝对的私权，其公共政策属性不容忽视。

对著作权的保护设立期限，正是立法对著作权法定权利性质的肯定。原本作品的保护期限届满，即进入公共领域，若把著作权界定为自然权利，则其将成为"作品应永远地被掌握在私人手中"的最佳论据。因此，将著作权视为法定权利，对私权与公共利益的平衡来说是非常重要的。

综上，至少在我国，著作权是一种法定权利，是国家通过立法赋予著作权人的权利的集合。

（二）保留公共领域视野下著作权保护的正当性

既然著作权不是"天赋"的，著作权保护的正当性从何而来？从功利主义的视角来说，如果著作权保护仅仅是为少部分人谋取利益的，而这部分人又并非弱势群体，则其正当性似乎是欠缺的。实际上，著作权保护的正当性来源于其对公共利益的贡献，而在著作权法中实现公共利益的重要机制是维护丰富的公共领域。这就涉及激励理论的提出及公共领域保留与著作权保护之间的平衡。

1. 著作权法之激励作用

保护著作权的激励理论在诸多国家的实证法中得到了确认，被当作一项"常识"而扎根于诸多法律人的脑海。但在现实中，似乎有诸多情形与之相悖。

---

[1]　崔国斌："知识产权法官造法批判"，载《中国法学》2006年第1期。

[2]　黄汇：《版权法上的公共领域研究》，法律出版社2014年版，第40—41页。

[3]　董皓："多元视角下的著作权法公共领域问题研究"，中国政法大学2008年博士学位论文。

不难发现，充分享受到著作权所带来福利的人往往选择急流勇退，就此封笔；相反，著作权意识淡薄甚至全然不知其为何物的广大"草根"却扎根于互联网，不断推陈出新。[1]

　　我国著作权法中是否必然存在激励人们不断创作的机制？通过发表作品而获利，某种程度上是市场对作者的认同。但自然人作者不同于法人等经济组织，其发表作品的动机往往是复杂的。对于"表达者"而言，表达并不是一个刻意的行为，而是一种自发的本能。尽管不能进行控制，但创新者仍然在创新；在得不到政府授予的垄断权时，仍有人会进行创新。[2]安卓是基于 Linux 平台的开源手机操作系统的名称，其开源的代码库、免费的开发软件、社区、第三方开源共享，给其他操作系统带来了巨大的竞争，号称首个为移动终端打造的真正开放和完整的移动操作系统。[3]它已经广泛地覆盖移动设备的中低端市场，甚至不仅适用于移动市场，还有电视、平板电脑、机顶盒、路由器、KTV 点唱机、车载导航、智能手表等，而基于 Unix 闭源的操作系统 iOS 扩张得慢得多。[4]

　　根据经济学中理性经济人的假定，人具有自利性，而且在面临两种以上选择时，会倾向于选择对自己更有利的方案。著作权人或潜在著作权人也是如此。虽然有些著作权人并不追求财产利益，但是如果可以通过法律赋予其对作品的专有权，使其能够获得一定的经济利益，其创作热情只会有增无减。在著作权法的这种激励机制中，作者实现其作品的商业化，从而获得潜在或现实的经济利益，这是刺激作者创作作品的主要手段。也就是说，著作权法的良好实施意味着作者在这种激励的驱使下投身于创作，而公众则从著作权法保障的接近权中获益。[5]另外，著作权的性质虽然为财产权，其主要激励手段也是作者通过控制作品而获得经济利益，但是在大陆法系著作权法理论的影响下，其在我国

---

　　[1]　参见汪源："敢问励在何方？——关于对著作权法创作激励理论的思考"，载《中国知识产权法学研究会 2018 年年会论文集》，第 1100 页。

　　[2]　参见［美］劳伦斯·莱斯格：《思想的未来：网络时代公共知识领域的警世喻言》，李旭译，中信出版社 2004 年版，第 74 页。

　　[3]　参见［美］劳伦斯·莱斯格：《思想的未来：网络时代公共知识领域的警世喻言》，李旭译，中信出版社 2004 年版，第 74 页。

　　[4]　参见［美］劳伦斯·莱斯格：《思想的未来：网络时代公共知识领域的警世喻言》，李旭译，中信出版社 2004 年版，第 74 页。

　　[5]　冯晓青："著作权法之激励理论研究——以经济学、社会福利理论与后现代主义为视角"，载《法律科学（西北政法学院学报）》2006 年第 6 期。

的著作权法中确实附带了一些精神权利，这使得著作权保护在我国可以一定程度上保障作者因创作作品而产生的人格利益和其他非经济上的精神利益。作者可以通过著作权来阻止他人传播自己的作品而获得非经济上的利益，如通过著作权中的发表权禁止他人在撰写传记体作品时泄露自己的隐私。[1]

关于著作权在网络时代下的作用，《思想的未来：网络时代公共知识领域的警世喻言》一书中提到，艾伦·考克斯为回应微软对开放代码价值的攻击，在一篇短文中写道："在计算机时代，对于大多数伟大的技术飞跃的实现，知识产权起着消极而非积极的作用。在因特网之前，私有的网络协议将客户隔离开来，使他们依附于提供商，并不得不通过磁带来进行大量的数据交换。网络能量的释放不是因为知识产权，而是因为为所有人共享的自由开放的创新。"[2]因此劳伦斯·莱斯格认为，在某一些发展方向已经明确的领域，著作权具有一定激励作用；但对于那些未来发展方向还不明确的领域，不应当让著作权成为它们自由发展的障碍。

综上，著作权法的激励效果主要作用于：作品的传播者；那些本身就具有逐利目的的自然人作者或者法人作者，尤其是那些需要投入很高经济成本的作品的作者，如电影、音乐等作品的制作者所投入的成本，与写文章相比就要"昂贵"得多。著作权不是以创作而是以传播为核心的，印刷术的兴起是著作权诞生的前提，而无论作者在著作权法体系中处于什么样重要的地位，传播商之间的博弈始终是著作权制度建立和变革的内在动力。[3]因此，著作权法除了在一定程度上激励著作权人创作外，还有一个重要目的，就是给予网络环境下产生的新型"传播商"——网络服务提供者——激励。随着社会的发展，人们对著作权正当性的认识也在不断发生改变，但都建立在激励创作者创作作品的前提和基础上——"激励论"为著作权提供了正当性。

2. 公共领域保留与著作权保护之平衡

如以二元视角将公共领域与著作权看作非此即彼的对立面，那么在公共领域保留与著作权保护之间显然存在着某种紧张关系：著作权越扩张，公共领域就越限缩。表面上看起来作者因著作权的扩张而受益，但事实上，作者和公众

---

〔1〕　冯晓青："著作权法之激励理论研究——以经济学、社会福利理论与后现代主义为视角"，载《法律科学（西北政法学院学报）》2006 年第 6 期。

〔2〕　[美]劳伦斯·莱斯格：《思想的未来：网络时代公共知识领域的警世喻言》，李旭译，中信出版社 2004 年版，第 59 页。

〔3〕　参见孙昊亮："网络著作权边界问题探析"，载《知识产权》2017 年第 3 期。

之间并没有绝对的界限。某一领域的作者可能是另一领域的公众，而公众中的非作者未必有朝一日不会成为作者。在网络时代，公众的利益在网络著作权立法的博弈过程中逐渐被边缘化。

莱斯格曾提到，创新的敌人就是所有那些旧体制下的成功者。唯独那些将在新体制下成功的人在支持着创新，然而并不热心。他们的冷淡部分是因为恐惧，部分是因为普遍心存疑虑。在得到经验证实之前，他们从不真正地信任新生事物。〔1〕这句话不仅道出了知识产权的真相，还揭示了法律背后的某种成因。著作权立法背后不同利益集团的博弈、斗争是著作权扩张的原动力，在网络时代也是一样。美国社会学家罗斯科·庞德曾经说过："法律的功能在于调和与调节各种错杂和冲突的利益……以便使各种利益中大部分或我们文化中最重要的利益得到满足，而使其他的利益最少地牺牲。"〔2〕正如上文对著作权性质的论述，著作权的财产权性质和法定权利性质决定了它并非一个"天赋"的权利，而应当是一个带有公共政策性质的专有权利，考虑到社会的发展，法律可以对其予以调整和取舍。

知识经济时代，著作权人的权利意识日渐增强，其为了保证自己的利益，联合线上、线下传播者等结成了庞大的利益集团，比如美国成立了电影协会，依靠其不断推进的反盗版维权而成为美国电影行业的守护神，并且还加入了万维网联盟，从而能够更多地运用数字著作权管理的技术手段来控制和限制数字化媒体内容的使用权。〔3〕又如我国成立了中国网络视频反盗版联盟，虽然它由搜狐视频、激动网和优朋普乐三家发起成立，但它实际上是一个视频著作权人、网络视频企业以及相关利益方联合组成的以维护视频作品各方权利人的合法权益的组织。〔4〕由此，以维护网络视频市场的正常秩序，推进网络视频正版化进程，抵制网络侵权盗版行为为使命的社会组织，可以通过统一、联合的法律行动来保证自身利益不被侵犯。然而，基于权利意识上的缺失等原因，公众无法

---

〔1〕 ［美］劳伦斯·莱斯格：《思想的未来：网络时代公共知识领域的警世喻言》，李旭译，中信出版社 2004 年版，第 7 页。

〔2〕 ［美］罗·庞德：《通过法律的社会控制——法律的任务》，沈宗灵等译，商务印书馆 1984 年版，第 41 页。

〔3〕 参见杨彩霞：《网络环境下中国著作权刑事保护研究》，中国社会科学出版社 2016 年版，第 59 页。

〔4〕 参见杨彩霞：《网络环境下中国著作权刑事保护研究》，中国社会科学出版社 2016 年版，第 59 页。

像这些著作权人和传播者一样，团结一致地采取行动来维护自己的利益。

基于此，当利益天平向著作权人倾斜时，著作权法就应当作出相应调整，让天平回归平衡。也许在下一个时代，利益天平又会向公共大众倾斜，但总体而言，公共领域保留与著作权保护之间的关系应该是动态平衡的——因为著作权法的最终目的还是促进社会发展，在保障公共利益的前提下保护著作权人的利益。只有公共领域保留与著作权保护之间达到平衡，著作权人利益和公共利益之间才能达到平衡。从这个角度来说，著作权保护的正当性来源于，它并不会妨碍公共领域的保留，反而会间接丰富公共领域的内容。

总之，从表面上看著作权保护和公共领域保留存在紧张关系，但当著作权的"控制"建立在促进传播和不妨碍创新的基础上时，著作权保护与公共领域保留并不矛盾，这也是著作权保护之正当性所在。

三、保留公共领域视野下网络著作权保护之现状与困境

前文从著作权法的立法目的和著作权的性质着手，阐述了著作权和公共领域之间的关系，包括现实中著作权保护与公共领域的紧张关系。网络环境对著作权在不同的层面上产生了巨大的影响。利益平衡不断被打破，从一开始降低了作品的复制成本，改变了作品的传播方式，对著作权保护造成了冲击，到后来技术措施的应用造成了对作品的过度保护，似乎同样违背了著作权法促进作品传播的宗旨。本部分将从网络著作权保护现状和困境两方面进行研究。本文所述的网络著作权保护皆为网络环境下的著作权保护，与传统的著作权保护之区别主要在于作品的传播渠道与方式。

（一）网络环境下著作权保护现状

技术与法律制度之间存在互动关系，特别是以著作权为重要内容的知识产权制度更为典型。世界各国立法也对网络技术的发展对著作权制度的影响作出了反映。1996 年通过的《世界知识产权组织版权条约》和《世界知识产权组织表演和录音制品条约》中包括了许多因特网相关的内容，因而有"因特网条约"之称。1998 年的《美国数字千年版权法》，对著作权法方面的许多条款进行了修正，以适应网络技术发展对著作权法的挑战，将"因特网条约"的主要内容纳入美国的著作权法体系中。

我国最高人民法院也于 2000 年出台了《关于审理涉及计算机网络著作权纠纷案件适用法律若干问题的解释》，就网络著作权纠纷问题进行了专门的规定；2001 年《著作权法》将信息网络传播权规定为著作权的一种类型，国务院于

2006 年公布《信息网络传播权保护条例》，其可以被视为《著作权法》的配套行政法规。"受国际立法大气候的影响，著作权的扩张注定是一条不归路，公众也日益成了权利人的附庸。著作权每扩张一次，就意味着公众学习成本被抬高了一次。"[1]也正基于此，在制度层面，每一次的权利扩张必须以等量的权利限制为对价。权利限制在很大程度上就可以被视为公共领域的保留。权利扩张与权利限制的平衡机制，可以实现著作权法对作品利益关系调整的动态平衡。本部分将以比较法为视野，在讨论国外制度的基础上，就我国的制度进行评价。

1. 国外网络著作权立法现状

（1）美国

作为英美法系国家，美国的判例法传统在网络著作权法律实践中具有更大的灵活性。美国著作权制度发展史就是著作权不断扩张的过程。这首先表现在客体类型的不断扩张上。最开始美国著作权法保护的对象仅包括"地图、表格和书籍"，很多作品类型都不在它的保护范围之内，如音乐或建筑作品等，然而现在这种权利集合涉及所有具有实体形式的创意作品，吸收了音乐、建筑、戏剧等作品类型。[2]到了 20 世纪 90 年代后期，受著作权法保护的对象还在扩张，甚至连由机器生成，具有实用性的计算机软件也开始获得保护。随着著作权法对"独创性"的要求降低，数据库乃至作者的笔迹、作者的创作风格、作品的背景等，都开始成为著作权保护的对象。总之，随着越来越多的客体被纳入美国著作权法的保护范围，公共资源越来越少，以至于当下已经很少有客体还被认为是公共领域的组成部分，这对网络环境下的著作权保护来说也不例外。[3]

但同时，考察美国有关数字出版的著作权法律规定可以发现，其十分注重在著作权保护与公共利益维护之间求得平衡，其中最主要的立法措施就是对公共领域的保留。具体体现在通过《美国数字千年版权法》、《在线著作权责任限制法》和《澄清数字化著作权与技术教育法》等立法限制了网络服务提供者（ISP）的责任，[4]设立了避风港原则，为互联网产业的创新和发展开拓出了一片空间。长达 7 年之久的维亚康姆（Viacom）诉谷歌（Google）及优兔（You-Tube）案，虽然最终解决方法是和解，但在此之前法院的态度一直都是支持被

〔1〕　黄汇：《版权法上的公共领域研究》，法律出版社 2014 年版，第 99 页。

〔2〕　参见［美］劳伦斯·莱斯格：《免费文化：创意产业的未来》，王师译，中信出版社 2009 年版，第 109—110 页。

〔3〕　参见黄汇：《版权法上的公共领域研究》，法律出版社 2014 年版，第 93 页。

〔4〕　参见黄先蓉、李晶晶："中外数字版权法律制度盘点"，载《科技与出版》2013 年第 1 期。

告主张其享受避风港原则保护的抗辩。美国以网络著作权立法试图构建一个既在网络之间充分保留私权，又不能因为太充分而影响网络正常的、健康的发展的平衡机制，为此，在为著作权人确立相应的权利后，还设置了诸多限制，如《美国数字千年版权法》第 512 条确立的几个避风港，目的在于平衡著作权人在互联网上的广泛侵权中获取有效救济的需求与网络服务提供者无须付出高昂的审查成本而开展主要为非侵权活动的业务的需求。[1]

（2）日本

日本为了避免在与欧美互联网等高新技术产业的竞争中失败，其立法机关在修改著作权法时将保护著作权人的利益作为立法目的，以此推动社会科学文化经济的发展。在网络著作权保护方面，为了平衡著作权人、网络服务提供者和网络用户之间的利益，日本完善了网络传播技术和网络管理的保护规则。日本还在其著作权法修改过程中明确规定了对规避技术措施行为的处置，并鼓励著作权人通过采取技术措施来防止盗版的出现。例如，其加强了数字技术的研究，并研发出了数字著作权加密保护技术，通过这种技术，可以判断出网络用户在播放视频、浏览电子图书时有没有使用盗版软件或盗版作品。[2]起初这一技术只应用于索尼公司出版发行的各类软件，但很快就被大范围使用于知识信息保护，甚至是在手机上也采用了非常严格的技术措施，通过协议的方式为手机安装防盗版的预装软件，当播放盗版作品时，预装软件便会阻止播放。[3]

日本 1992 年引入著作权补偿金制度，其征税对象是数字录音磁带、数字小型盒带和迷你唱片。[4]日本已经建立了一个政府补偿系统，适用于受著作权保护的数字作品。其著作权法规定，文化厅长官可以确定补偿金数额和征收对象。这一由政府介入的补偿金制度，使数字著作权授权模式相对公正和有说服力，有利于减少著作权纠纷。[5]这种权利限制相较于合理使用和法定许可制度，条件更严格，程序更复杂，但对著作权人的利益保护是最有利的。

著作权的扩张是一个世界范围内皆存在的趋势，但日本与美国相比，在对

---

〔1〕　参见孔祥俊：《网络著作权保护法律理念与裁判方法》，中国法制出版社 2015 年版，第 13 页。

〔2〕　参见张登杰："公共利益视野下的网络著作权保护问题研究"，山西财经大学 2016 年硕士学位论文。

〔3〕　参见张登杰："公共利益视野下的网络著作权保护问题研究"，山西财经大学 2016 年硕士学位论文。

〔4〕　参见姚鹤徽："网络环境下著作权保护的未来模式"，湘潭大学 2010 年硕士学位论文。

〔5〕　参见黄先蓉、李晶晶："中外数字著作权法律制度盘点"，载《科技与出版》2013 年第 1 期。

公共利益的平衡方面还是稍显不足。或许是因为日本主要依托动漫等内容产业来获得收益，而美国除了传统内容产业外，互联网产业也是一支新生的强大力量，著作权保护必须为互联网的创新和飞速发展留出空间，因此也更加注重公共利益的平衡和公共领域的保留。从这一方面来说，美国的做法比日本更值得我国借鉴。

2. 国内网络著作权立法现状

我国 2001 年修改《著作权法》时将信息网络传播权规定为著作权的一种类型：信息网络传播权，即以有线或者无线方式向公众提供作品，使公众可以在其个人选定的时间和地点获得作品的权利。[1]该规定在一定程度上弥补了我国信息网络传播权相关规定的立法空白，具有积极的作用，但同时其采取列举的模式，面对网络瞬息万变的信息传播方式显得有些力不从心。[2]另外，《信息网络传播权保护条例》还明确规定了著作权人在网络空间中的相应权利，尤其是信息网络传播权。同时，对此种权利的行使进行了多方面的限制，弥补了《著作权法》2001 年立法虽然增加了信息网络传播权但缺乏权利限制规定的遗憾。

（二）保留公共领域视野下我国网络著作权保护的困境

互联网的出现是著作权制度发展史上的一个变数。到了瞬息万变的互联网时代，信息传播的速度加快，不同于以往类型的著作权客体和主体层出不穷，著作权保护面临的最大问题就是立法赶不上变化。如前文所述，著作权法从英国起源，在美国发展，对于我国而言是舶来品。我国颁布第一部《著作权法》时，公众著作权意识总体上还不高，时至今日，"著作权"一词已经越来越多地被公众提起。著作权的权利观念扩张以及"著作权"概念的滥用会导致著作权的进一步扩张，互联网环境下特殊的著作权保护手段——技术措施——则出现了滥用的现象，公共领域范围进一步缩小，而各种新型的网络服务者的责任也有待立法明确。

1. 著作权的权利观念扩张和"著作权"概念的滥用对公共领域的影响

前文提到，著作权制度发展史就是著作权不断扩张的过程，在我国也出现了同样的现象，公共领域被进一步蚕食。公共领域原本就相对脆弱，著作权观念上的扩张为著作权立法上的扩张打下了基础。虽然我国现阶段立法与国际条

---

[1]《著作权法》第 10 条第 1 款第 12 项。

[2] 徐珊珊："论我国网络著作权合理使用制度"，中国政法大学 2009 年硕士学位论文。

约保持了一致，但是由于著作权法是舶来品，我国公众普遍对著作权保护缺乏了解。对于非创作者来说，如果认为作品是作者的私人财产，著作权保护就是理所当然的。如知识付费虽然可被视为合同行为，但其发展壮大与公众的著作权意识的增强有着紧密的联系。作品并不是作者的私人财产，这在立法上具体体现为著作权保护是一种有期限的保护。在实际情况中，存在许多为非著作权保护的客体被"抄袭"鸣不平的声音并伴随着道德谴责，这些谴责实际上仅仅是对劳动者劳动成果的肯定，只是披上了保护著作权人的外衣。然而，公众有必要了解著作权的性质和著作权法的立法目的吗？本文认为确有必要。著作权人、创作者本身并非弱势群体，作为表达者以及利益指向明确的团体，他们可以强势地表达自己的诉求。但是，当公共领域受到威胁的时候，少有力量能为公共利益或是公共领域发声。如果我国公众对著作权保护的观念发生改变，公共利益的平衡或是公共领域的保留也会有更大的可能性被立法者考虑。

如今，我国网络用户从不愿付费变得对显著高质量、服务更好的类似产品愿意付费；用户获取信息的方式也在发生变化，从漫无目的地接收信息变为主动获取信息，信息的选择行为更为成熟，从而推动了知识付费行业的爆发。[1]"知识付费可以视为网络技术发展带来的一种新型民事行为，遵从私法自治的原则，只要不违反国家强制性的法律规定，当事人自愿接受这种交易方式，完全可以作为一种合法的交易形式存在。"[2]但是，这种交易方式还涉及著作权保护问题。除了交易双方信息不对称外，知识付费在某种程度上阻碍了知识的传播。许多人把知识付费与为"著作权"付费简单地画上了等号。根据著作权法的规定，对一个主张权利的对象是否属于作品，首先要审视其"独创性"，并运用"思想表达二分法"进行判断。因此，知识付费的内容很有可能并非作品，但消费者认为自己在为"著作权"买单。同样的概念滥用还出现在电视节目模式上，就是人们常说的"节目著作权"，因为单纯的电视节目模式属于思想的范畴，并不是著作权客体。随着这些非著作权客体在事实上"被纳入"著作权的保护伞下，公共领域的内容变得越来越贫乏。

2. 技术措施对公共领域的影响

为应对数字时代著作权保护面临的威胁，著作权人与作品传播者通过采取

---

〔1〕　参见"中国知识付费行业发展白皮书2016"，载 https://mp.weixin.qq.com/s/b1wz9iHbblES
FFWf-xMnMw，最后访问时间：2022年6月25日。
〔2〕　范明志："'知识付费'是否需要新法律'保驾护航'"，载《人民论坛》2017年第7期。

技术措施来维护自己的利益。从法律性质上来看，技术措施是著作权人的一种私力救济措施。[1]民法为提高经济效益，允许私人进行私力救济，而不是只能一味地等待公权力机关的救济。但是，私力救济毕竟是一种自发的手段，在缺乏公正的第三方介入前，不可避免地带有利益的倾向性和随意性。

我国现行《著作权法》第 53 条第 6 项规定，"未经著作权人或者与著作权有关的权利人许可，故意避开或者破坏技术措施的，故意制造、进口或者向他人提供主要用于避开、破坏技术措施的装置或者部件的，或者故意为他人避开或者破坏技术措施提供技术服务的"，应当承担法律责任，但是法律、行政法规另有规定的除外。《信息网络传播权保护条例》第 4 条等多个条款中也出现了类似的规定。现行《著作权法》规定了非法规避或破坏技术措施等行为构成侵权，但对著作权人可以采取何种类型的技术措施、技术措施如何设置、有无期限限制以及设置技术措施的责任等问题并未明确规定，这导致技术措施的采用在部分地解决了网络环境下著作权保护难题的同时，有可能对著作权制度产生负面影响。如在网络环境下，当作品被数字化并采取技术措施后，本来因为著作权保护期限届满而可以被自由利用的作品不能得到自由使用，这使得有限保护变成了永久性保护，导致本已进入公共领域的、应当为全体公众自由使用的信息被技术措施的实施者不正当地占有。[2]因此，技术措施对公共领域的侵占比延长作品保护期限还要严重。[3]这些消极影响，最终决定了以技术措施为基础的著作权保护模式并不是网络环境下的理想选择。

技术措施受到著作权法保护的正当性在于：其是著作权人用于维护自己正当利益的手段，而不是阻止他人对作品进行著作权法所允许的使用的手段，否则就属于对技术措施的滥用。技术措施的滥用不仅会导致著作权人和公共利益之间的平衡状态遭到破坏，还会损害社会的创新能力。这从以下案件可见一斑：在北京某科技有限公司诉上海奈某电子科技有限公司侵害计算机软件著作权纠纷案中，原告开发了精雕 CNC 雕刻系统，该系统有包括精雕雕刻 CAD/CAM 软件（JDPaint 软件）在内的三大部分。原告诉称被告非法破译其对 Eng 格式文件的加密措施，开发、销售能够读取 Eng 格式文件的数控系统，属于故意避开或

---

〔1〕 参见姚鹤徽："网络环境下著作权保护的未来模式"，湘潭大学 2010 年硕士学位论文。

〔2〕 参见冯晓青："技术措施与著作权保护探讨"，载《法学杂志》2007 年第 4 期。

〔3〕 See Pamela Samuelson, "Mapping the Digital Public Domain: Threats and Opportunities", 66 *Law & Contemp. Probs* 155 (2003).

者破坏原告为保护软件著作权而采取的技术措施的行为，构成对原告软件著作权的侵犯。[1]本案中，Eng 格式文件是 JDPaint 软件在加工编程计算机上运行所生成的数据文件，其所使用的输出格式 Eng 是 JDPaint 软件的目标程序经计算机执行产生的结果。[2]该格式数据文件本身不是代码化指令序列、符号化指令序列、符号化语句序列，也无法通过计算机运行和执行，对 Eng 格式文件的破解行为本身也不会直接造成对 JDPaint 软件的非法复制。[3]至此，Eng 格式文件中包含的数据和文件格式既不属于 JDPaint 软件的组成部分，也不在计算机软件著作权的保护范围之内，但被设置了技术措施，以著作权之名受到保护。

由于技术措施具有私力救济性质，其只能站在著作权人的立场上，而不可能考虑自身与公共利益的平衡问题。在互联网横空出世之前，免费使用作品的私人空间一直存在，著作权人的专有权利不会过于强大。"如果数字时代处处充满技术保护措施，网络用户将面对完全封闭的作品保护体系，连接触作品的机会都没有，更不可能有'合理使用'的空间；同理，思想表达二分法、著作权的有期限保护等传统著作权法上的著作权限制制度在技术保护措施面前都一定程度上失去了原有的平衡功能。"[4]总之，技术措施的滥用会破坏著作权人利益与公共利益的平衡，导致使用信息的成本大大增加，阻碍公众自由获取和使用信息，不利于文化的传承和创新。

3. 网络服务提供者对公共领域的影响

最高人民法院《关于审理侵害信息网络传播权民事纠纷案件适用法律若干问题的规定》第 1 条开宗明义地指出："人民法院审理侵害信息网络传播权民事纠纷案件，在依法行使裁量权时，应当兼顾权利人、网络服务提供者和社会公众的利益。"这一规定充分体现了网络环境下著作权保护利益平衡的新格局和新

---

[1] 参见"指导案例 48 号：北京某科技有限公司诉上海奈某电子科技有限公司侵害计算机软件著作权纠纷案"，载 https://www.court.gov.cn/shenpan-xiangqing-14246.html，最后访问时间：2022 年 6 月 25 日。

[2] 参见"指导案例 48 号：北京某科技有限公司诉上海奈某电子科技有限公司侵害计算机软件著作权纠纷案"，载 https://www.court.gov.cn/shenpan-xiangqing-14246.html，最后访问时间：2022 年 6 月 25 日。

[3] 参见"指导案例 48 号：北京某科技有限公司诉上海奈某电子科技有限公司侵害计算机软件著作权纠纷案"，载 https://www.court.gov.cn/shenpan-xiangqing-14246.html，最后访问时间：2022 年 6 月 25 日。

[4] 姚鹤徽："网络环境下著作权保护的未来模式"，湘潭大学 2010 年硕士学位论文。

特点。网络服务提供者作为在互联网空间为公众提供内容的主体，是网络公共领域中信息流动的重要平台，因此对网络服务提供者责任的认定对网络公共领域内容的丰富和传播便利有重大的影响。

在我国网络著作权司法实践中，相关案例无不体现了著作权保护中的公共领域保留原则。如乐动卓越公司（以下简称"乐动"）诉阿里云公司（以下简称"阿里云"）案，其为我国第一起云服务提供商著作权侵权案。乐动是手机游戏软件"我叫 MT online"的著作权人，其发现某网站提供名为"我叫 MT 畅爽版"的手机游戏并通过运营该游戏获利，认为其非法复制游戏软件，数据包游戏存储于阿里云出租的云服务器中，并通过该服务器向用户提供游戏服务。[1]乐动曾两次致函阿里云，要求其删除涉嫌侵权内容，并提供服务器租用人的具体信息，但没有得到阿里云的积极回应。[2]乐动认为，阿里云的行为涉嫌构成共同侵权，于是诉请法院判令阿里云断开链接，停止为"我叫 MT 畅爽版"游戏继续提供服务器租赁服务，并将储存在其服务器上的"我叫 MT 畅爽版"游戏数据库信息提供给乐动，赔偿经济损失共计 100 万元。[3]

该案的争议焦点是阿里云作为云服务业务提供者是否应当承担著作权侵权责任。一审法院认为，《侵权责任法》第 36 条规定的网络服务提供者应当承担的侵权责任针对包括信息存储空间服务的提供者在内的所有的网络服务提供者，因此阿里云在他人重大利益因其提供的网络服务而受到损害的时候，应当采取必要、合理、适当的措施防止权利人的损失持续扩大。阿里云在上诉中提出一审法院将"网络服务提供者"扩大解释为所有网络服务提供者缺乏法律依据。[4]

笔者认为，云服务业务属于技术底层业务，并非增值电信业务中的信息服务业务，也非《信息网络传播权保护条例》第 22 条中所述的信息存储空间服务。云服务业务是将服务器租赁给他人使用，对租用人的商业秘密、隐私权需要严格保护。简单粗暴地适用"通知—删除"规则，将会影响服务效率和全社会的信息安全。如果认定阿里云应当关停服务器，不仅会导致阿里云及相关同行业经营者在接到通知后立即关停服务器，影响网络运行安全，还会导致权利人放弃对直接侵权人的维权，转而起诉技术服务提供者，最终阻碍技术服务行

---

〔1〕　北京知识产权法院（2017）京 73 民终 1194 号民事判决书。
〔2〕　北京知识产权法院（2017）京 73 民终 1194 号民事判决书。
〔3〕　北京知识产权法院（2017）京 73 民终 1194 号民事判决书。
〔4〕　北京知识产权法院（2017）京 73 民终 1194 号民事判决书。

业的发展。[1]

从该案中可以看出，由于网络环境下网络服务提供者的类型更新迅速，而立法难以及时跟进，因此不同种类的网络服务提供者是否应当承担同样的责任还不明确，并在实务中引起较大争议。网络服务提供者是网络环境下连接著作权人、用户及公众的媒介，在网络传输中具有重要作用。[2]我国立法在这一方面还需要进一步完善。

另外，我国著作权制度对网络服务提供者侵权责任的规定过于重视受害人权益保护而忽视受害人与网络服务提供者间的利益平衡。[3]由于认为网络侵权中直接加害人难以找到，为填补受害人的损失，在制定规则时规定了网络服务提供者在间接侵权时负有连带责任。[4]通过对所有分散的直接侵权者行使著作权来保护著作权人的权利几乎是不可能的，因此起诉客观上为大量分散用户的侵权行为提供便利的网络服务提供者，对著作权人来说是一种更为经济的诉讼机制，而且网络服务提供者可以从间接侵权中获取补偿。但网络服务提供者如承担过多的责任，将会限制互联网产业的创新和发展。[5]如上文提到的，网络服务提供者是网络公共领域的内容传播平台，如果因为大量分散用户的侵权行为而成为被追究责任的对象，影响其在信息网络传播中的中枢作用，对公共领域内的信息传播产生阻碍，最后承担责任的有可能是"公众"，损害的也许是公共利益。

四、保留公共领域视野下我国网络著作权保护的完善建议

上文对我国网络环境下著作权保护遇到的困境进行了研究，包括著作权观念在互联网时代的扩张和"著作权"概念的滥用，技术措施对著作权人和传播者的天然倾斜，以及网络服务提供者的责任认定问题。本部分将从这些问题出发，对公共领域视野下网络著作权保护的完善提出相关立法和制度上的建议。

（一）网络环境下著作权保护之公共领域保留法律理念的树立

公共领域获得正当性的基本前提是著作权人无权占有作品中其没有作出创

---

[1]　北京知识产权法院（2017）京73民终1194号民事判决书。

[2]　参见孔祥俊："论网络著作权保护中利益平衡的新机制"，载《人民司法》2011年第17期。

[3]　参见魏文圣："网络服务提供者侵权责任规则的法理思考——以《侵权责任法》36条为视角展开"，载《湖北函授大学学报》2014年第13期。

[4]　参见蔡唱："网络服务提供者侵权责任规则的反思与重构"，载《法商研究》2013年第2期。

[5]　参见孔祥俊：《网络著作权保护法律理念与裁判方法》，中国法制出版社2015年版，第10—13页。

造性贡献的部分。公共领域内的作品不仅是人类共同的知识财富，还是典型的知识共有物，它是著作权制度运行出现的必然结果，因为著作权制度在推动人类科学文化发展和文明进步的同时，离不开对知识共有物的充分获取、传播与利用，如著作权有期限之保护在本质上就是确立了作品最终成为社会公共财富的制度。[1]随着时间的推移，越来越多为著作权所保护的作品最终会进入公共领域，人类社会也会因此不断加快前进的步伐。公共领域是对抗著作权不合理扩张的旗帜和理论武器，也是解决反对著作权不合理扩张的社会力量的集体行动问题的必要手段，还是创造的前提和著作权制度正常运转的工具——其不仅成为著作权法的重要观念和范畴，还指导着人们的知识实践活动。[2]

　　不论是造纸术、印刷术的发明，还是互联网的诞生，人类社会的每一次信息技术革命都极大地改变了信息传播的方式和速度，同时进一步加快了人类社会本身的发展进程——知识传播越快、越广泛，被充分利用的可能性就越高。不同于物权，著作权客体——作品——的诞生并非完全独立于世，它们是人类社会文化的产物，是外界环境影响、公共领域滋养下的产物。公共领域最大的受益者就是潜在的作者和将要诞生的作品。公共领域内容的丰富性受损，将会阻碍未来更多作品的出现。

　　为了保持创作土壤的富饶，为了人类社会的进步发展，在网络著作权保护中应当注重对公共领域的保留。著作权保护的基本理念隐含着著作权制度之内在激励机制和平衡机制，以及权利保护与权利限制、专有权利与公共利益、专有范围与公共领域的对价与平衡。[3]因此，在网络环境下著作权保护中也要牢固树立保留公共领域的法律理念，在立法赋予著作权人专有权利的同时，给予相当的权利限制；在保护私权的同时，考虑公共利益。尤其是对于网络环境下特有的，如技术措施的滥用等问题，立法在肯定技术措施私权保护的情况下，也要予以相应的限制。

　　（二）公共领域之实体义务化

　　如果不将公共领域在立法上定义为著作权人的义务和公众的权利，那么著作权人和公众或许无法意识到自己有这样一种义务和权利，立法可以对社会发

────────

〔1〕 参见冯晓青："知识产权法的公共领域理论"，载《知识产权》2007 年第 3 期。

〔2〕 参见王太平、杨峰："知识产权法中的公共领域"，载《法学研究》2008 年第 1 期。

〔3〕 参见冯晓青、徐相昆："著作权法不适用对象研究——以著作权法第三次修改为视角"，载《武陵学刊》2018 年第 6 期。

展起到观念和价值上的引导作用。"它有助于我们进入到一个价值判断和关系范畴的认知体系中，得以摆脱长期以来对公共领域低层次的事实认知状态，就像民法对物权的认识一样"，[1]"物权不仅是人与自然界之间的事实支配关系，更是人与人之间，人与社会和国家之间的法益关系"。[2]这种认知转换的意义就在于，它有效避免了传统法律思维"见物不见人"的缺陷。[3]

因此，笔者认为，可将保留公共领域的义务明确写进立法之中。现行《著作权法》第4条规定："著作权人和与著作权有关的权利人行使权利，不得违反宪法和法律，不得损害公共利益。国家对作品的出版、传播依法进行监督管理。"保留公共领域的义务条款同样涉及著作权人的义务，因此可以续接在这之后规定："著作权人和与著作权有关的权利人行使权利，不得侵害公共领域。公共领域，是指没有纳入到著作权法中的作品、保护期限已经届满的作品、因权利人放弃而成为公共财富的作品，以及他人对著作权在法定范围内可以不支付报酬、自由使用的领域。"这样对著作权人和公众都能起到一种观念和价值上的引导作用，并且能让著作权人和公众意识到自己有这样一种义务和权利。尤其是对于公众而言，只有真正意识到对公共资源的接触和对公共领域的利用是自身的权利，才能有机会和著作权人进行权利的抗衡。

（三）作品自由使用声明制

我国现行《著作权法》第2条第1款规定："中国公民、法人或者非法人组织的作品，不论是否发表，依照本法享有著作权。"这是我国著作权法的一项基本原则，即自动保护原则，源于《保护文学和艺术作品伯尔尼公约》五项原则中的第二项：享有和行使这些权利不需要履行任何手续，也不论作品起源国是否存在保护。该原则假定所有著作权人都需要著作权，使得著作权被默认覆盖到了所有作品，即便是作者可能根本就不需要著作权，在某种程度上对这类作品的传播造成了阻碍。

美国1790年的著作权法曾经把作品的登记作为取得著作权的重要条件。从美国历史的前10年来看，其95%的作品实际上也都申请了著作权登记。[4]著作权的登记取得制度事实上对公共领域的保留非常友好，其能够将不受著作权法

---

〔1〕 黄汇："版权法上公共领域的衰落与兴起"，载《现代法学》2010年第4期。

〔2〕 黄汇："版权法上公共领域的衰落与兴起"，载《现代法学》2010年第4期。

〔3〕 黄汇："版权法上公共领域的衰落与兴起"，载《现代法学》2010年第4期。

〔4〕 参见黄汇：《版权法上的公共领域研究》，法律出版社2014年版，第93—94页。

保护的对象过滤出去——作品如果不登记，就视为作者放弃了全部或部分的著作权，由此进入了公共领域，所有人就可以在第一时间，发挥自己的想象力，运用自己的知识对这些作品进行衍生性利用与改造。[1]

不过，这种制度改变因为我国参加了国际条约而不具有发生的可能性。但是，目前全球掀起了一股知识共享的热潮，出现了知识共享许可协议，其来自于非营利性组织知识共享（Creative Commons），是一种可供作品使用的协议。[2]有数种模式的知识共享许可协议供著作权人选择，且与著作权的登记取得制度不同，在作品上使用知识共享许可协议，并不意味着放弃著作权，而是在特定条件下将部分权利许可给公共领域内的其他使用者。

知识共享许可协议文本	
(i)(S)(=)	署名-非商业性使用-禁止演绎（BY-NC-ND）
(i)(S)(O)	署名-非商业性使用-相同方式共享（BY-NC-SA）
(i)(S)	署名-非商业性使用（BY-NC）
(i)(=)	署名-禁止演绎（BY-ND）
(i)(O)	署名-相同方式共享（BY-SA）
(i)	署名（BY）

图 2 [3]

在网络环境下，我国可以借鉴这种知识共享模式，在立法中设计一个作品自由使用声明机制，事实上就是一种面向公众的许可。知识共享模式下提供的数种许可协议表述非常精简，著作权人无须花费过多的精力便可以通过在作品上声明其对作品著作权的许可程度，让自己的作品在更便利且不放弃著作权的前提下广泛传播，这在某些情况下对于著作权人和其他网络用户是双赢的选择。

---

〔1〕 参见黄汇：《版权法上的公共领域研究》，法律出版社2014年版，第93—94页。

〔2〕 参见"CC许可协议详解"，载 https://blog.csdn.net/chroming/article/details/77104869，最后访问时间：202年6月25日。

〔3〕 参见"知识共享许可协议文本"，载 http://creativecommons.net.cn/licenses/meet-the-licenses/，最后访问时间：2022年6月25日。

正如有学者指出的："即便我们接受经济人、理性人的假定，认为人的行为总是寻求自利，也不应把利益限于财产利益。创造所带来的巨大的快感，也构成一种回报。即便我们认为创造需要财产利益的刺激，也不能证明，一定要把创造结果直接作为财产权的对象。"[1]不论是作品的著作权登记取得制度，还是作品自由使用声明机制，都建立在这样的假定上：大多数作者实际上并不需要著作权，或者说著作财产权。如果说在中国互联网发展的前几年，公众的著作权意识和法律维权意识普遍较弱，需要有自动保护制度的帮助，那么到当今公众著作权意识较强的时代，为了平衡著作权人利益与公共利益，作者可以在发表作品的同时，对作品进行附条件或不附条件的自由使用声明。这样对那些不追求著作财产权、不希望通过作品盈利的著作权人来说，其作品就可以更加快速地传播。另外，与知识共享模式不同的是，通过立法来确立作品自由使用声明机制能够使其在公众当中获得更广泛的认识和认可，并且起到观念和价值上的引导作用。更重要的是，作品自由使用声明机制具有丰富和保护公共领域的功能，是使著作权人和公众双赢之选择。

（四）网络环境下著作权保护期限问题

著作权的设立旨在鼓励创作，但作品作为文化传承的重要载体，不能凌驾于公共利益之上。为在维护权利人利益的同时，向社会公众提供接触作品的机会，法律为著作权设置了一定的保护期限。著作权的正当性主要在于：它是一种激励创作的手段，给予保护并不是著作权存在的终极原因，促进社会发展与保护公共利益才是最终目的。这决定了著作权不能是一个永恒的权利，而应当在它完成"激励"的任务后，让其保护的客体汇入公共领域的海洋，继续滋养新的作品的生成。

然而，著作权的保护期限不断被延长，美国的《松尼·波诺版权期限延长法案》甚至将其扩展到了作者死后70年。如此一来，作为后来者的公众已不再是"学徒"，而是成为现有作者的"奴隶"；公共领域也不再被认为是作者有所"义务"的领域，而是被视为作者可以从中掠夺自由的无主空间。[2]

不同时期、不同类型作品的保护期限应当结合作品的性质和社会发展情况作出调整。在网络环境下，信息传播的速度加快，那么，作品的保护期限就不应当和网络时代前相同，否则著作权保护反而会成为产业发展的"绊脚石"。如

---

〔1〕 李琛：《著作权基本理论批判》，知识产权出版社2013年版，第15页。

〔2〕 黄汇：《版权法上的公共领域研究》，法律出版社2014年版，第115页。

网络游戏参照电影作品，游戏界面的保护期限应为 50 年，但在网络游戏迅猛发展的态势之下，其更新速度加快，生命周期缩短。互联网消费调研中心数据显示，寿命在一年以上的网络游戏不足总数的三分之一，三成玩家在一个月内放弃某款网络游戏，拥有较长生命周期的网络游戏仅占很少一部分，可见网络游戏因行业竞争激烈，新旧更替频繁，生命周期远不及传统电影作品。[1]过长的、与社会发展不匹配的保护期限会限制公众对游戏作品的接触，影响行业发展速度。针对保护期限，各国纷纷进行了尝试和实践，如韩国采用独立保护模式对网络游戏限定了 10 年至 15 年的保护期限，日本也在立法建议稿中提出了 15 年保护期限的设想，可见各国均认识到了网络游戏生命周期的特殊性。[2]因此，对于网络环境下一些更新和传播速度较快的作品类型，应当适当缩短保护期限，这样更有利于公共领域的保留，也可以避免妨碍产业的发展。

（五）技术措施制度之完善

2020 年第三次修改后的现行《著作权法》从技术措施保护与限制两方面完善了技术措施制度。技术措施反规避条款不宜被归入权利行使的章节，因为规避或破坏技术措施并不属于著作权的权利内容所控制的行为，从逻辑上来说并不属于对著作权的直接侵权或间接侵权，对技术措施的侵害也不等同于对著作权的侵害。

除此之外，本文认为还可以增加两部分内容：

首先是进一步完善对避开技术措施的责任认定，以缓解技术措施与合理使用之间的冲突。由于当前技术措施与合理使用制度等存在冲突，应当进一步完善对避开技术措施的责任认定。我国《信息网络传播权保护条例》提到了四种例外情况。[3]有观点认为，在此四种例外的基础上，应该增加更多的例外情形，

---

〔1〕 参见 "网游作品仅 27% 寿命超 1 年，呼唤可持续发展"，载 http://www.gameres.com/183698.html，最后访问时间：2022 年 6 月 25 日。

〔2〕 参见李昕玥："网络游戏界面著作权保护——以著作权法修订为契机"，载《中国知识产权法学研究会 2018 年年会论文集》，第 1199 页。

〔3〕《信息网络传播权保护条例》第 12 条："属于下列情形的，可以避开技术措施，但不得向他人提供避开技术措施的技术、装置或者部件，不得侵犯权利人依法享有的其他权利：（一）为学校课堂教学或者科学研究，通过信息网络向少数教学、科研人员提供已经发表的作品、表演、录音录像制品，而该作品、表演、录音录像制品只能通过信息网络获取；（二）不以营利为目的，通过信息网络以盲人能够感知的独特方式向盲人提供已经发表的文字作品，而该作品只能通过信息网络获取；（三）国家机关依照行政、司法程序执行公务；（四）在信息网络上对计算机及其系统或者网络的安全性能进行测试。"

如"出于对未成年人权益保护的考虑，为保护未成年人而规避技术保护措施应作为侵权的例外；允许反向工程研究作为例外；为了个人隐私保护可以破解技术保护措施"[1]等。王迁教授认为，与其选择先禁止规避，再规定例外的做法，不如选择不禁止直接规避，仅在原则上禁止提供规避手段的简单做法。理由在于，他人在直接规避保护措施之后无非会实施以下两种行为："一是对作品实施未经许可的复制和传播等行为，且不属于合理使用，从而构成对专有权利的侵权，此种行为受著作权法的直接规制，权利人在发现后可直接起诉行为人侵权；二是对作品实施未经许可的复制和传播等行为，但属于合理使用，因此并不构成侵权，此时直接规避行为是后续侵权行为的准备行为，如果两个行为由同一人实施，前一行为可被后一行为吸收。"[2]值得注意的是，现行《著作权法》第50条吸收了《信息网络传播权保护条例》上述规定，在进行适当修改的基础上，还增加了"进行加密研究或者计算机软件反向工程研究"这一类行为。

其次是规定权利人对技术措施的滥用责任和解除责任。技术措施的出现对公共领域是一个巨大的威胁，若对其不加限制，必然会影响公共领域的繁荣。我国现行《著作权法》还没有对采用技术措施的著作权人的法律责任进行明确规定，仅单边地规定了非法规避、破坏者等的法律责任。这样的立法是对著作权人利益保护的倾斜，有悖于立法目的。这种立法模式会造成权利人滥用技术措施，进而打破著作权人和公众之间的利益平衡，损害公共利益。因此，在立法肯定著作权人使用技术措施来维护自身利益的同时，应当设定相应的限制，具体规定滥用技术措施损害公共利益时的责任以及及时解除技术措施的责任。

在网络环境下，虽然技术措施的采用确实改变了利益格局，但著作权法的存在不仅是为了保护著作权人的利益，鼓励著作权人继续创造，还是为了满足社会公众对知识财富的合理接触需求，鼓励公众进行进一步创造，以增加社会知识财富的总量，促进科学和文化事业的发展。

（六）以合理使用为核心的权利限制制度之完善

随着著作权延伸至网络空间，"在网络环境下必然引起著作权主体之间的利益争夺，因此著作权的扩张与限制在网络环境下展开新的博弈，最终使各方利益

---

[1] 参见刘楠："技术措施的滥用和规制"，华东政法大学2008年硕士学位论文。

[2] 王迁："技术措施保护与合理使用的冲突及法律对策"，载《法学》2017年第11期。

实现动态的平衡"。[1]对于网络环境下的合理使用面临的新问题，现行立法还不能妥善处理，对网络服务提供者的责任认定的规定也不足以面对互联网的飞速发展，这使得保留公共领域变得更加困难。为此，《著作权法》修改之时应当予以回应，以便更好地平衡网络环境下著作权人、网络服务提供者与网络用户之间的利益。

如前文所述，网络环境下技术措施等手段的采用给合理使用制度带来了前所未有的冲击，但是这一改变没有动摇合理使用制度存在的理论基础，有关著作权的限制制度的立法是否适当关系着著作权制度目标的实现。著作权的合理使用就是著作权限制制度的一种，其目的在于防止著作权人权利的滥用——损害他人学习、欣赏、创作的自由，妨碍著作权制度促进社会科学文化技术进步目标的实现。合理使用制度在防止著作权人权利滥用的过程中发挥的作用主要体现在其保障了社会公众的创作自由："创作活动是一个持续的过程，需要建立在前人智慧的基础之上，没有前人作品的启示和借鉴，创作就如无源之水，无土之木。对于他人作品的利用得益于合理使用制度的存在，它从法律上规定了著作权人放弃其享有的一部分权利，这不但使借鉴前人作品成为可能，而且使得创作的时间成本、物质成本大幅度降低，激励了创作活动的发展。"[2]但遗憾的是，从现行《著作权法》的规定来看，其对合理使用"三步检验法"的引入遗漏了第一步。因此，应明确规定第一步"仅限于某些特殊情况"，以完整的"三步检验法"作为我国《著作权法》规定的合理使用行为的裁判准则，实现其附加保证功能和新设例外功能，以应对未来新技术发展对公共领域和著作权制度带来的冲击。[3]另外，还应该列举更多"权利限制"或者"法定许可"情形，以追求网络环境下著作权人和社会公众的利益平衡。

适当减轻网络服务提供者的事前审查义务从某种程度上来说也是对著作权人的一种权利限制。对于网络服务提供者，在《信息网络传播权保护条例》中已经有相关的规定，即所谓"避风港原则"。这不仅是在网络环境下著作权人利益和传播者利益权衡的结果，更是著作权人利益与公共利益权衡的结果。网络

---

〔1〕 杨加明："网络著作权的立法保护及其完善——以《著作权法》第三次修订为视角"，载《四川理工学院学报（社会科学版）》2017 年第 3 期。

〔2〕 于玉："著作权合理使用制度研究——应对数字网络环境挑战"，山东大学 2007 年博士学位论文。

〔3〕 参见杨加明："网络著作权的立法保护及其完善——以《著作权法》第三次修订为视角"，载《四川理工学院学报（社会科学版）》2017 年第 3 期。

服务提供者承担过错责任，意味着其必须承担注意义务，这符合侵权损害赔偿责任的一般原则。而且，这一规定也符合现实，因为以目前的技术水平仍难以要求网络服务提供者审查网络中的具体内容。有反对者认为，因为网络著作权侵权人通常难以确定，这一制度将使得著作权人难以进行维权，导致著作权人对创作原创作品失去热情。但如笔者所述，著作权法必须尽可能实现各方利益的动态平衡，而不是仅考虑某一群体的利益。为了公共领域的保留以及著作权法立法目的的实现，著作权应在适当的范围内受到限制。因此，笔者认为，确有必要将这些内容增加至《著作权法》中。

五、结论

与在网络时代前不同，著作权在网络环境下有了更多的新特点。为了确保公共利益的实现，著作权制度不仅要保护著作权人的现有利益，还要考虑如何保障公共利益。由于互联网中的著作权主体、客体都处于快速变化之中，维持利益平衡相当困难，立法只能尽可能地探索如何适应当下网络环境，在保护专有权利的同时，保障公众最快、最广泛地接触作品。这就离不开对著作权的权利限制制度。我国著作权法的目的便是促进作品创作与传播，这体现在思想表达二分法、有期限之保护、合理使用等制度上。这些权利限制制度都为促进公共领域的繁荣作出了贡献——只有保留公共领域，才能给作品创作提供足够的"原料"和"养分"，实现激励创作的目的。

人类社会的发展并非一蹴而就，每一代人都站在了"巨人肩膀"上，才成就了今日的辉煌，而公共领域便是"巨人肩膀"的重要组成部分。作品的创作固然需要成本，但是基于人类自利的本性，若不对私权给予合理的限制，私权必然会无限扩张，最终损害公共利益。著作权制度承载着促进人类社会繁荣发展的重要使命，在立法、执法、司法的过程中，都应当紧紧围绕这个使命，尽可能做到平衡各方利益，推动社会发展。

版权立法宗旨下的我国版权司法政策

王莹娴

最高人民法院在 2016 年将知识产权司法保护总纲要概括为"司法主导、严格保护、分类施策、比例协调"四项司法政策。2017 年发布的《中国知识产权司法保护纲要 (2016—2020)》明确提出建立知识产权司法保护政策体系。虽然自 20 世纪 80 年代末起就陆续有版权司法政策颁布，但一直散布于各类政策性文件中，缺乏系统性梳理，且关于版权司法政策的正当性之争一直未曾消弭，进一步制约了其发挥应有的价值与功能。知识产权司法保护总纲要是对近年来司法保护政策精神和主旨的高度汇总与凝练，起到了统领全局、指引方向的作用。但高度宏观概括性的表述产生了两类适用上的困难：一是，宏观表述很容易引起理解上的分歧；二是，将高度抽象的内容对应到具体审判内容具有一定的困难，缺乏可操作性。因此，有必要深入研究版权司法政策，以期发挥版权司法政策回应司法疑难、统一司法尺度、弥补法律漏洞的重要功能。

本文通过学理、历史与比较研究，论证版权立法宗旨中几项保护内容存在逻辑上的逐级递进关系，并通过对我国版权司法政策的历史梳理与总结，分析当前版权司法政策解读中容易存在的误区及误区产生的历史背景，结合司法实践，探讨如何根据版权立法宗旨中蕴含的位阶关系，实现版权司法政策四位阶保护。

一、版权司法政策之内涵解读

要理解版权司法政策的概念，首先需要对政策的概念进行解读。在本文中，笔者将尝试对政策与法律的关系进行新解读，澄清长期以来存在的误区，提出在法律语境下的政策概念以及法律所包含的三个层次，在此基础上对司法政策之内涵与价值进行阐述。最后立足版权，基于对版权本质的分析与版权司法政策四位阶内容之提炼，尝试建立我国版权司法政策四位阶保护的基本框架。

（一）政策的概念及其与法律的关系

1. 政策的概念

从制定主体来看，政策是指国家机关或政党为实现特定的政治、经济、文化等目标，在某一阶段针对某一特定主体而制定的行为准则或者方针政策。从实质内容来看，公共政策往往涉及利益的分配和调整，因此又可以被理解为依据特定时期的目标，在聆听多元利益主体之诉求的基础上协调各方矛盾，确定的既有助于提高社会效率，又相对公平的利益分配准则。

（1）公共政策与党的政策

从政策的定义来看，可以把政策分为政党政策和国家机关制定的公共政策。通常一个主权国家只有一种公共政策，在多党制国家，每个政党都有自己的政策，执政党只有在执政期间才能经由国家机关将本党的政策合法地转化成一国的公共政策。我国的特殊政党制度导致党的政策实质上是公共政策的主要来源。法学学科可能受此影响，长期以来将公共政策与法律作为一组分裂的概念来理解，将二者界定为党的政策和国家立法机关的制定法，法理学研究更是直接将党的政策归为我国法律的渊源。将政策等同于党的政策无疑是对政策概念的极大限缩。作为最为广泛的社会规范，公共政策在某种意义上甚至囊括法律，只是基于法律的重要社会意义与价值，我们强调法律在社会治理上的优位性和独立性。笔者在下文所提及的版权政策、版权司法政策实质上都是直接对应公共政策的，而不直接涉及党的相关政策分析。但是，基于党的大多数政策与公共政策之间存在紧密的联系，党的政策最终也会体现于版权政策及版权司法政策中。

（2）公共政策与党的政策的关系

党的政策实质上除了包括在党和国家政治生活中所提出的代表本党意志的政治意见与主张，还包括仅约束其内部成员行为之规范。这显然非属公共政策的关注领域。笔者认为公共政策与党的政策之间的关系是指两者之间的转化与认可，且"不是单方的转化，而是相互转化、相互认可"。[1]在新中国成立初期，公共政策主要由党的政策转化而来；随着国家机关的建立并完善，党政职责逐渐分开，党把主要力量集中在对国家总的方针政策的把握上，而将有关社会生活方方面面的具体政策部署交由国家机关完成。在此过程中，公共政策需

---

[1] 参见蔡守秋："国家政策与国家法律、党的政策的关系"，载《武汉大学学报（社会科学版）》1986年第5期。

要部分吸收党的政策，以更科学地指导社会发展，党的政策也需要根据公共政策实施情况适时调整。

2. 法律语境下的政策：法律实施之宗旨

苏联学者给法律下过一个经典的定义：法律是由国家制定或认可的，以国家强制力为保障，具有普遍适用效力的行为规范总和，其目的在于维护以统治阶级利益为主导的社会秩序。对比法律的概念与政策的概念可以发现，二者既相互区别，又存在重叠。政策调节的领域涉及社会的方方面面，法律只是经由国家立法程序确立并保障实施的社会规范。立法和执法成本的存在决定了法律的调节范围有限，法律只能体现政策的一部分内容。我国有学者将体现在法律中的部分政策称为政策法律。[1]政策法律经由立法机关的慎重选择而成为法律，以国家强制力保障实施。政策的其余内容经由法律之外的社会规范贯彻实施。亦有美国学者提出，法律实际上由三个层次构成：政策、法律原则与法律规则。政策代表着法律实施的目标与宗旨，法律原则有助于落实政策，法律规则用来执行法律原则。[2]笔者认为，美国学者所指的法律三个层次中的政策对应的正是我国学者提出的政策法律。我国《著作权法》第 1 条规定了立法宗旨与目标，也将整个版权政策中最重要的内容以立法的形式确定下来。笔者将版权立法宗旨中所包含的四项具有位阶关系的政策特称为四位阶版权政策。本文在随后进行详细分析的版权司法政策四位阶保护就特指按照版权立法宗旨中所包含的四项版权政策之间的位阶关系实行司法保护。由于已通过立法程序上升成为国家法律，四位阶版权政策可以具体指导司法审判中对法律原则、法律规则的选择与适用。

由于对政策概念存在长期误读，政策对司法的影响被视为行政力量对"司法独立性"的不当干扰。但正如政策法学派所言，"当政策成为利益分配的决定性考量因素时，每一个处理法律问题的人都不可无视政策"。[3]当我们进一步限缩政策范围，在法律语境下考量政策时，政策对法律实施的影响更加显而易见：政策是法律的实施宗旨，法律原则是对政策的进一步落实，法律原则再细化成具体的法律规则。可见，法律构成要素的"三梯队"中，政策的概念最大，适用范围最广，因而数量最少；法律规则的概念最小，适用范围最小，因而数

---

〔1〕　参见肖金明："为全面法治重构政策与法律关系"，载《中国行政管理》2013 年第 5 期。

〔2〕　[美] 莱曼·雷·帕特森、斯坦利·W. 林德伯格：《版权的本质：保护使用者权利的法律》，郑重译，法律出版社 2015 年版，第 48 页。

〔3〕　肖金明："为全面法治重构政策与法律关系"，载《中国行政管理》2013 年第 5 期。

量最多。法律规则可以解决大多数的社会纠纷，但在法律规则缺失或适用现行法律规则将会严重损害社会公平正义时，法官不仅需要依据法律原则审判，还需要确保裁判结果不会违背法律政策。

（二）司法政策的概念与功能

法治的运行不只依靠完备的"良法"，法律的适用最终都会具体到特定的法律原则与法律规则。但是，要找到最恰当的法律原则与法律规则，解读具体的法律条文，往往需要一种更为宏观的方向性指引。特定法律的宏观精神是蕴含在立法宗旨、法律原则和法律规则之中的，在法律适用中要善于抽取和提炼，并以此指导具体的法律适用活动。司法政策就是司法审判的宏观指导和导向，尽管不能直接作为个案的是非评判标准，但可以紧密结合个案具体情况在法律标准的基础上发挥补充、调适和指引作用。[1]

1. 司法政策的概念

司法政策是政策的一个下位概念。根据最高人民法院发布的文件，"司法政策就是公共政策理念在司法领域内的具体表现，是司法机关总结司法审判经验制定的指导、协调和管理司法活动的方针策略、重点和原则，是一个时期司法工作的宏观导向和具体指引"。[2] 笔者认为还需要特别强调：司法政策并不是任何一项公共政策的简单平移，而是与立法宗旨、政策相呼应，与法律精神相一致，从而指导法律适用。我国的四位阶版权政策是由《著作权法》第1条确立的，司法政策只是在法律允许的范围内制定的，这种政策通常是为了正确和统一地行使自由裁量权而制定的裁量性政策，不可任意扩张或者限缩现行法律原则与法律规则。在我国，最高人民法院主要承担制定司法政策的职责。最高人民法院通过制定司法政策指导全国法院的审判活动，维护法律适用的统一。"人民法院知识产权审判网"将知识产权司法政策分为三类：①知识产权司法政策性文件，其中包括会议纪要、意见两种形式；②领导讲话，大部分是最高人民法院的主要领导在全国法院审判工作座谈会、研讨会、表彰会议、颁奖会上的发言和讲话；③访谈及其他，主要是最高人民法院的工作总结及其任职人员的媒体访问等。"司法解释和指导性文件"则是分栏并列，笔者认为这类文件亦

---

〔1〕 参见"最高人民法院知识产权审判庭庭长孔祥俊在全国法院知识产权审判工作座谈会上的总结讲话"，载 http://zscq.court.gov.cn/dcyj/201205/t201205 09_ 176775.html，最后访问时间：2022年6月25日。

〔2〕 参见刘武俊："司法政策的基本理论初探"，载《中国司法》2012年第3期。

是司法政策的重要组成部分。

2. 司法政策的功能

司法政策用于指导法律适用和正确裁判，但并不可直接成为裁量标准。司法裁判结果的产生与数学公式运算不同，法律规则的选择与适用是一个复杂的利益平衡过程，司法政策的产生就是为了引导法官找到最恰当的裁判依据或者对法律规则作出最恰当的解释，确保司法实践不偏离立法目标。对司法政策理解不透、把握不准，就会导致在司法上对法律的偏离。为准确把握司法政策，笔者认为需要着重把握价值内涵。

（1）司法政策是对司法审判的一种方向性指引

遵循政策的路径进行裁判，乃是由审判的特点和规律决定的，并非我国独有，实际上中外皆然。正如美国法官理查德·波斯纳所说："当法官忽略政策时，就会胡说八道。"[1]有一些法律规则已经特别规定对政策的适用，因此，引用这些法律规则的时候就必然运用政策。在版权法律中，法律对其本身所囊括的基本政策的落实就要依靠司法政策引导司法审判的利益衡量。例如，在审理新型案件时，司法政策要求"准确把握技术中立的精神"[2]，实现促进创新与保护版权的平衡。又如，"依法加大赔偿力度"这一原则性规定体现了司法政策对司法审判实践的一种方向性指引。

（2）司法政策指导法律适用、弥补法律漏洞

在公众看来，裁判只能依据特定的法律条文作出，司法只是一种搜寻法律条文并对号入座的工作。但从裁判与法律条文的关系看，大致可以区分为三种情形：一是，特定案件可以精准无误地对应既有法律条文；二是，存在数个可适用的法律条文，需要结合法律条文以外的情况进行进一步解释，最终确定所适用的法律条文；三是，现行立法并无规定，只能依据法律原则或者司法政策进行裁判。后两种情形或多或少需要司法政策发挥填补作用。法律看似解决了所有问题，实际上问题还是要靠具体司法适用中的选择与解释来解决。

第一，回应司法疑难、统一司法尺度。在对原则性、抽象性法律的适用出现分歧时，司法政策可用司法解释或者批复等形式及时作出回应，为具体的法

---

〔1〕　[美]理查德·波斯纳：《法官如何思考》，苏力译，北京大学出版社 2009 年版，第 173 页。

〔2〕　参见最高人民法院《关于充分发挥知识产权审判职能作用推动社会主义文化大发展大繁荣和促进经济自主协调发展若干问题的意见》第 7 条："在审理涉及网络著作权、'三网融合'等新兴产业著作权案件时，尤其要准确把握技术中立的精神，既有利于促进科技和商业创新，又防止以技术中立为名行侵权之实。"

律适用提供"操作性规范依据"。[1]这种司法尺度来源于政策精神，也得益于司法审判经验。司法政策通过发挥其规范性作用避免出现司法裁判标准的不统一，损害司法的权威性和法治的统一性；也通过审理过程和裁判文书的公开提供更为明确的具体行为指导，使得政策与法律更好地贯彻落实。

第二，在法律政策的指引下适度弥补法律漏洞。高速发展的社会与相对稳定的法律规则必然产生法律规则适用上的缝隙，需要根据法律政策以及法律原则在个案中进行具体的价值选择。司法政策就是在法律适用中抽取、提炼特定法律的宏观精神并使之具体化，指引法官处理各类具体纠纷。司法政策来源于法律政策决定其不可超脱特定的法律政策，它依托于法律是为了更好地依据经济社会发展情况来解读法律政策。司法政策"在法律领域内兼顾法律效果与社会效果"[2]，绝不是一个法律之外的、与法律平行的裁判依据。

（三）版权司法政策的四位阶保护架构：基于版权本质与立法宗旨分析

版权司法政策是版权政策在司法适用中的宏观导向，因此其制定与适用必须结合版权的本质以及版权政策目标来综合考量。一项有违版权本质、与版权政策位阶设计背道而驰的司法政策势必难以起到回应司法疑难、统一司法尺度、指引法官正确理解与适用版权法律的作用。因此，笔者关于版权司法政策的架构将建立在对版权本质与立法宗旨的分析之上，以求实现司法对法律精神的精准把握，促进各位阶版权政策目标的协调发展。

1. 版权本质——高度规范的法定有限授权

版权本质之争一直存在两大派别：一是以自然权利理论为支撑的普通法版权理念，其以作者为中心，且最早只存在自然人意义上的作者，追求作者权利的充分实现，主张版权应当扩展至任何可能具有经济价值的领域。这种理念在大陆法系的"作者权"体系中更为盛行。二是英美法系的法定有限授权理念，主张版权是一项法定的有限垄断授权理念，协调版权人垄断权利与公众自由使

---

〔1〕　参见最高人民法院《关于贯彻实施国家知识产权战略若干问题的意见》第6条："及时发布司法解释，统一司法尺度，为确保法律正确适用和有效保护知识产权及时提供操作性规范依据。"第31条："及时制定知识产权司法解释。按照《纲要》要求，增强司法解释的针对性和及时性，针对审判实践存在的比较普遍和突出的法律适用问题，及时制定司法解释，明确司法原则和政策，统一司法标准，规范并细化自由裁量权的行使，完善知识产权诉讼制度。强化司法解释的科学性和实效性，深入开展调查研究，广泛听取和征求各方面的意见，注意发挥学术团体、研究机构以及中介组织的参与作用，共同为完善知识产权司法保护制度提供智力支持。"

〔2〕　参见龙宗智："转型期的法治与司法政策"，载《法商研究》2007年第2期。

用的关系的理念是出于一种功利主义的考量。该理念反对以普通法版权理念无限扩展版权，对作者权利的保障不是出于普通法中的公平正义，而是以对作者物质的补偿和奖励来激励更多创作行为。最早的版权并不包含作者的人身权利，且为了方便权利的转让，英美法系最早拟制出了雇佣作品原则。随着版权国际化的推进，两大法系之间的版权区别逐渐缩小，但笔者更认同英美法系的法定有限授权理念。因此，笔者在本文中虽抛去法系之别，以普通法版权和法定有限授权之辩来阐明版权的本质，但全文仍采取"版权"之称开展分析。

版权的高度规范属性主要体现在两个方面：第一个方面是版权的多元价值属性。版权主要通过市场运作，但其不仅关涉经济利益，还与民主自由、民族文化息息相关。经济利益是作者权和传播者权的重要组成部分，而民主自由与民族文化层面的价值则代表着以使用者为主体的公共利益。由此，版权虽具有私权属性，但也不可完全等同于普通法上的财产权。这也是其规范属性的第二个方面——三方权利主体。财产权本质上是财产所有人与其他人之间的一种双边概念，而从版权法诞生伊始，版权就有一个不稳定的"三边结构"，作者、使用者和传播者的利益既相互依存，又相互冲突。有人由此将其称为"高度规范性的专有权"，[1] 因为只有通过立法规范确定政策、利益分配格局，且司法上对法律的解释符合版权政策内容，才能实现协调目标。只不过由于作者享有法律明文规定的特权，传播者权依附于作者权分享市场利益，只有使用者权更像来源于"不成文法"，无论是在法律规范的制定还是司法运作中，似乎都未受到应有之重视，仅仅是因对作者权和传播者权的限制而产生的"副产品"。比如合理使用正是许多使用者尚未意识到的他们所拥有的权利中最重要的组成部分。

制定法的缺失并不意味着可以忽视版权法中的使用者的权益。版权法是一项私人利益与公共利益紧密相连的特殊规范体系，制度设计体现了其维持各方利益平衡的规范属性。在强调严格保护版权的背景下，也应当防止因过度保护作者而挤占公共利益，防止违背版权法的立法目标。以下笔者就版权与市场经济、民主文化、非物质文化遗产三方面的紧密联系展开论述，论证只有将版权视为一种高度规范的法定有限授权，将版权的使用与作品的使用区别开来，才能实现版权制度中的私人利益与公共利益之平衡。

---

〔1〕 〔美〕莱曼·雷·帕特森、斯坦利·W. 林德伯格：《版权的本质：保护使用者权利的法律》，郑重译，法律出版社 2015 年版，第 9 页。

（1）版权与市场经济：有限垄断与自由竞争之平衡

版权法最早就是作为一项打破出版商市场垄断的贸易监管规则诞生的，版权这种法定的有限垄断授权并不是完全和绝对的。完全的垄断将会阻碍市场要素的自由流动，难以发挥市场对资源要素的有效配置作用，所以需要保证版权市场有效竞争的存在。版权法在法定范围内人为限制特定作品的市场竞争以促进更大范围内的版权市场的兴旺，从而实现了不同作品之间的自由竞争。可见，版权法是特定垄断与自由竞争的平衡机制，兼具限制竞争和促进竞争的属性。因此，尽管在形式上以限制竞争的方式呈现，但版权法在文化市场上仍与以维护市场自由竞争为宗旨的反不正当竞争法存在共同的目标：实现有效的自由竞争，以促进创新，满足消费者更加丰富多元的精神文化需求。二者时有冲突的根源是个人利益与公共利益之冲突，版权人滥用权利，或不当扩张权利行使的边界而产生实质上的完全垄断，间接损害消费者的整体福利。此时，版权就"从法定的有限垄断授权转变成非法市场垄断"。[1]

（2）版权与民主文化：版权控制与公众接触之平衡

思想的自由传播伴随着完全竞争出版市场的产生。在《安娜女王法》诞生之前，集权统治者们借助对文化产品出版、印刷、销售的垄断控制，实现对思想传播的政治控制。18世纪的社会变革以及印刷技术的进步，带来的不仅是文化产品交易市场的开放，还有政治表达自由的全面解禁。版权法在其中起到了中介的作用：通过给予作者在文化产品交易市场上的专有权利，保障作者民主意见的公共表达不受政治统治者的意志干扰，同时拥有经济上的回报作为后续政治意见表达的基础。版权为冲破政治专制与市场垄断而生，但相比其对文化和经济的激励功能，如今版权在政治自由上的价值显然日渐湮没在前两项功能之下。产生这种现象的原因可能是，在《安娜女王法》率先打破政治的禁锢之后，历经数百年的历史发展，政治审查垄断话语权的局面已经不复存在，因而版权中的民主文化因素逐渐被人淡忘。

版权对民主文化之追逐与宪法对言论自由之维护并行不悖。版权对自由表达之鼓励是对宪法中言论自由的重要补充：言论自由是保障公众"输出"信息的权利（即"说"），既包括口头上的"说"，也包括文字出版上的"说"；版权对这一权利之补充在于保障公众"接收"、利用信息的权利（即"看、听、用"）。版权与言论自由之重合在于保障公众接触并使用作品的权利。"版权法

---

〔1〕　冯晓青：《知识产权法利益平衡理论》，中国政法大学出版社2006年版，第500页。

极为重要的目标不是分配效率，而是在民主自治规则中的市民参与。"[1]有学者将版权对民主文化的提升称为版权的"宪法进路"。[2]一方面，承认在公有领域内传播各类与民主文化相关的创造性表达的自由不受干扰；信息和思想借助作品的物质载体在市场上自由流通，传递给消费者，使其接受民主文化的熏陶。另一方面，对每一类符合版权授权条件的表达给予法律保护。公众有关民主文化的创造性表达进一步受到鼓励，如对各类民主观点的批评性意见表达以及戏谑小说、歌曲的创作与改编。版权在保障公众接触并使用作品的权利和维持特定表达的市场独占之间的平衡促进更广泛的政治参与："过于狭窄的版权范围将损害对自治性的创造性表达的激励，而过宽的版权范围将损害表达的多样性和公民在市民社会的参与程度。"[3]

版权民主文化功能的实现以保障公众对观点、思想的接触为前提。早期版权的获得以出版为要件，保障了公众的接触可能性，但随后版权"自动取得原则"的确立、科技发展、版权制定法中复制权的独立和扩张以及雇佣原则的出现，给予了信息提供者（尤其是出版者）控制越来越多的信息传播的法定垄断权。互联网的出现本应是为了保障思想更便利、更广泛地传播，但对互联网版权的扩张性保护，尤其是承认互联网技术加密措施的正当性，使得公众接触信息的可能性越来越取决于版权人的技术操作。应当意识到，这是一个危险的信号：私人财产权观念支配下不断扩张的版权正在挤占公有领域，威胁公众对文化载体的接触权。消除这种危险需要我们重新认识到版权本质上是法定有限授权。承认作者对版权的控制性使用不等于限制公众使用作品，作者行使版权，收取经济利益，需要与公众使用作品的权利相平衡，以实现民主文化的持续繁荣。

（3）版权与非物质文化遗产：版权保护与公有领域保留之平衡

当代版权制度不仅面临来自创新科技的挑战，还肩负保护传统知识与民间文学艺术的重任。非物质文化遗产的重大价值已经得到国际社会公认，世界知识产权组织成立专门委员会，[4]探索建立传统知识保护机制。保护机制的选择

---

〔1〕　冯晓青：《知识产权法利益平衡理论》，中国政法大学出版社 2006 年版，第 106 页。

〔2〕　参见李雨峰："版权、市民社会与国家"，载《知识产权》2006 年第 3 期。

〔3〕　冯晓青：《知识产权法利益平衡理论》，中国政法大学出版社 2006 年版，第 105 页。

〔4〕　2000 年，世界知识产权组织成立了知识产权与遗传资源、传统知识和民间文学艺术政府间委员会，着手探索有别于现代知识产权的传统知识保护问题。

不仅是一国的国内文化发展问题，还事关国际文化资源分配格局。发达国家以其在主体归属和客体内容上的特殊性为由，否认传统文化资源的可版权性，因而完全属于公有领域的文化要素可被任意取用。有学者将其称为发达国家对发展中国家的"第二次殖民掠夺"。[1]伴随着近年不断上升的"中华文化热"，由我国民间传说改编而成的好莱坞电影在全球大卖，我国作为民间传说的起源地毫无报酬，且需支付高额的版权费用。这一不合理现象反映的是版权法并不保护智力源泉。非物质文化遗产保护的紧迫性毋庸置疑，但对具体保护模式的选择一直存在争议。

目前对非物质文化遗产主要有两种保护模式：一种是采用专门立法进行保护，类似于给予传统文化一种近似于版权的私权保护。这一保护模式虽然最能实现完全保护，但也会带来文化交流和利用之间的冲突，阻碍文化的创新。另一种则是依据现行版权法进行版权保护。由于非物质文化遗产与版权保护客体存在较大的差距，全部依托现行版权法给予保护不具有理论和实践操作上的可行性。笔者认为，非物质文化遗产虽不能获得版权法的全面保护，但其仍有相当一部分与版权客体具有同质性。因此，尽管非物质文化遗产与现行版权法存在诸多不相容之处，但可以通过司法上的调整，将一部分符合作品要求的非物质文化遗产纳入版权保护范畴。

此外，这些非物质文化遗产并非完全属于公有领域，因为其并非从诞生之日起就一成不变，而是随着特定群体的生活变迁而不断创新。而且，这些文化成果不是在世界范围内公开，甚至不在一国领域内公开，往往只是限定在特定的生活区域。因此，"即使一项传统知识在创造它的传统群体中人尽皆知，或者同时被两个或者两个以上的传统群体所知晓，我们仍不能断言其处于任何公有领域"。[2]司法应当充分把握版权政策目标中所体现的公共利益保护原则，大胆先行，不能因为传统知识的特殊性，如缺乏首创性，难以找到具体的权利对应人等，就放弃维护国家的文化财富。应当"综合运用多种法律手段，积极推动非物质文化遗产的保护、传承和开发利用……鼓励知情同意和惠益分享，非

---

〔1〕 ヴァンダナ.シヴァ「生物多様性の保護か、生命の収奪か、グローバリズムと知的財産権」奥田暁子訳。转引自田村善之："传统知识、遗传资源保护的根据和知识产权制度"，李扬译，载 https://www.doc88.com/p-689404024674.html，最后访问时间：2022年6月25日。

〔2〕 WIPO, Traditional Knowledge and the Need to Give It Adequate Intellectual Property Protection, WIPO/GRTKF/IC/5. 转引自冯晓青：《知识产权法利益平衡理论》，中国政法大学出版社2006年版，第534页。

物质文化遗产利用者应尽可能取得保存者、提供者、持有者或者相关保护部门的知情同意，并以适当方式与其分享使用利益"。[1]

2. 版权立法宗旨中所含的四位阶版权政策

诚如美国学者劳伦斯·莱斯格所言："知识产权乃最重要之公共政策问题。"[2]通过对版权本质的分析，我们可以感受到版权的公共政策属性。版权是私人利益与公共利益广泛交织的地带，在一起版权侵权诉讼中，可能不仅涉及双方私利交锋，还存在私利与公利之矛盾。对版权政策精神的深度把握有助于我们全面认识版权的多元利益与政策位阶，从而在司法政策的制定和实施过程中避免出现显著的利益失衡。

我国的版权政策内容体现在《著作权法》第 1 条。[3]版权政策在法律语境下可被理解为版权立法宗旨。除此之外，《宪法》中亦有鼓励文化创造的规定。[4]《著作权法》第 1 条虽明确规定保障作者、传播者与公众权益，但对于这三方的权益保护位阶并没有排序，由于对作者权益的保护规定位于条文的开端，很容易给人以该法以保护作者权益为首要目标，其他相关权益次之的错觉。关于版权政策位阶的模糊规定最终导致法律适用的分歧。

尽管国与国之间存在立法和执法方面的差异，但历史的轨迹证明，无论出于什么原因而背离了为国际社会所接受的法律精神，只要经济条件排除了其他解决方案，这种差异就肯定会被消除。版权法也不例外，不论国与国之间的经济文化发展差异有多大，都希望促进国家文化进步、民族素质提高。关于版权政策的表述，最为经典的是美国宪法中的"3P 政策"：国会应当有权……促进科学和实用技术的发展，在有限期间保护作者和发明人对其作品和发明创造的独占权。[5]在当时的语境下，科学是版权的对象，实用技术是专利的对象。

---

〔1〕 参见最高人民法院《关于充分发挥知识产权审判职能作用推动社会主义文化大发展大繁荣和促进经济自主协调发展若干问题的意见》第 9 条。

〔2〕 ［美］威廉·M. 兰德斯、理查德·A. 波纳斯：《知识产权法的经济结构》（中译本第二版），金海军译，北京大学出版社 2005 年版，第 528 页。

〔3〕 《著作权法》第 1 条："为保护文学、艺术和科学作品作者的著作权，以及与著作权有关的权益，鼓励有益于社会主义精神文明、物质文明建设的作品的创作和传播，促进社会主义文化和科学事业的发展与繁荣，根据宪法制定本法。"

〔4〕 《宪法》第 47 条规定："中华人民共和国公民有进行科学研究、文学艺术创作和其他文化活动的自由。国家对于从事教育、科学、技术、文学、艺术和其他文化事业的公民的有益于人民的创造性工作，给以鼓励和帮助。"

〔5〕 参见张宗任："职务发明的权利归属和报酬问题研究"，载《知识产权》2014 年第 10 期。

"3P 政策"涉及促进学习、公有领域保留和保护作者。美国版权法正是依据宪法的授权制定的，在版权被认为只涉及为数不多的出版者和作者利益的情况下，一个立国宪法中出现了一条专门的版权条款，似乎有些令人匪夷所思，但历史验证了美国制宪者们的高瞻远瞩。美国国会虽根据本国利益需求不断调整版权立法和司法导向，但宪法同时通过对版权政策位阶之设定限制了国会的权力，保证最终版权法不过分偏离版权政策。可见，美国宪法关于版权政策的位阶设计是符合文化领域发展规律的。笔者认为，除了这三项政策，版权法还包括一项重要的政策目标：鼓励作品创作传播以保障公众对作品的接触。下面笔者将立足于我国《著作权法》第 1 条，参照美国 "3P 政策"的内容，分析我国的四位阶版权政策及其体现的几项版权保护原则。

(1) 繁荣科学文化事业与促进学习

"促进社会主义文化和科学事业的发展与繁荣"，[1]笔者结合美国 "3P 政策"将我国版权立法宗旨中的这一政策目标表述为 "繁荣科学文化事业与促进学习"（以下简称 "促进学习"）。尽管该规定处于立法宗旨条款的末端，但笔者认为这才是我国版权立法宗旨所含的核心政策目标。下文提到的其余几项政策都服务并服从于该项政策。美国版权政策中的促进学习来源于美国宪法，从其表述的顺序而言，首先是促进学习，其次是公有领域保留，最后才是保护作者。版权政策之间是逻辑递进关系：保护作者的目的是鼓励作者创作并出版作品。这是因为，作者的特定思想只有被固定在某种载体上才成为作品而受到版权保护；作者的思想被固定为特定的表达后，版权有效期保证了作品最终会进入公有领域；不论作品在版权保护期内还是已经进入公有领域，都应保障公众对作品的接触，才能起到促进学习、激励创新的作用。我国《著作权法》中的 "促进社会主义文化和科学事业的发展与繁荣"也是为了满足公众的文化需求，促进民族科学文化素质的提升。1988 年美国国会针对《〈伯尔尼公约〉实行法》发表的报告也提到了这一目标："我们版权法的主要目标不是给予作者创作的奖励，而是保护美国民众能够分享由作者的作品创作带来的收益。"[2]实际上，整个版权制度都建立在服务公众对版权作品的学习使用上，版权人在一定期限内被赋予独占性市场份额，有权通过复制、发行、表演、展览、信息网络传播

---

〔1〕　参见《著作权法》第 1 条。

〔2〕　Berne Convention Implementation Act of 1988, H. R. Rep. No. 609, 100 Cong., 2d Sess. 23, 1988. 转引自冯晓青：《知识产权法利益平衡理论》，中国政法大学出版社 2006 年版，第 41 页。

等进行使用，这些行为所指向的终点都是保障公众能够在事实上使用版权材料。我国《著作权法》第 24 条第 1 款规定的 13 种使用方式就包括了个人学习与教学科研目的的使用。

总体而言，促进学习这一政策目标是版权立法宗旨的核心内容，对作者的保护必须控制在法定的授权范围内。在司法实践中，当几大政策目标相互冲突，尤其是作者权利和公共利益发生冲突时，应当尽量协调，实现共同发展。但在一方利益之实现必然以另一方利益之损失为代价时，司法秉持公共利益保护原则与比例原则，维护版权政策最高位阶的利益，同时避免对版权人施加过重的限制。

（2）公有领域保留

文化产品的非竞争性和非消耗性决定了在版权制度产生之前，人类的文化产品皆处于公有领域，一产生便可任人取阅。在版权制度产生以前，这种取用是没有经济利益上的影响的。但是，版权制度划定了版权人的私权范围，从而在文化领域存在公有领域与私权范围之分。公有领域保留是基于一项事实：所有新作品的创作者也是在先文化资源的使用人，世界上没有任何一个人是完全意义上的"绝对创造者"。人是社会动物，不论是文学艺术创作还是科学技术创新，基石均是个人从出生开始，通过学校、社会等外部环境不断交换信息所积累的知识成果。正如一句外国格言所说，"诗只能出自于其他诗中；小说亦出于其他小说"。[1]这些知识成果皆来源于公有领域，或称为公共领域。作者既是新的知识成果的创造者，又是公有领域的受益人。作者与使用者的关系其实并非绝对固定的，随着每一次新的创作活动的进行，作品被不断"再生"，使用者和作者的身份在历史中也可能不断更迭。知识的公共性决定了对这种客体授予私权应当是有限制、有条件的。版权的核心理念仍然是"以公有领域的保护为基本原则，以版权保护为例外"。[2]

第一，版权的期限性。作品版权到期后即不受版权保护。当前版权保护期限相较于版权制度诞生之时的 28 年已有了较大幅度的延长，并存在进一步的延长趋向。这严重挤占了版权公有领域的空间。从表面上看，版权保护期限的延

---

〔1〕 Northrop Frey, Anatomy of Criticism: Four Essays 97 (1957). 转引自［美］威廉·M. 兰德斯、理查德·A. 波纳斯：《知识产权法的经济结构》（中译本第二版），金海军译，北京大学出版社 2016 年版，第 71 页。

〔2〕 参见王太平："知识产权的基本理念与反不正当竞争扩展保护之限度——兼评'金庸诉江南'案"，载《知识产权》2018 年第 10 期。

长是为了保障作者的利益，但是实际上额外的利润更多地落入了传播者之手。传播者依附于作者权，要求对邻接权（即传播作品之权）给予更多强保护。版权一开始保障作者获利的"可能性"转变成了保障作者及传播者获利的"必然性"。

第二，创作新作品。初期的版权制度对作品的创作性要求并不高，简单汇编等也可作为一项新作品得到版权保护，即便在今天看来不甚合理，也有着重要的历史意义：打破了出版者对一切文学材料的垄断权。在这项规则产生之前，不论是首次出版新作品还是再版旧作品，出版者权都是永久的。只有创作新作品才能获得版权保护则意味着诸如莎士比亚剧作之类的经典作品将进入公有领域，成为自由贸易的对象。

尽管版权公有领域的正常扩张因版权保护期限延长而受阻，但总的来说法律规定还是确保了公有领域的范围不断扩大，最终服务于促进学习政策目标之实现，亦秉持公共利益原则。

（3）保护作者及传播者的权利

"保护文学、艺术和科学作品作者的著作权，以及与著作权有关的权益"，[1]该部分之表述体现版权法保护作者权及由作者权产生的相关利益——主要是指以出版者为代表的邻接权人利益。现代版权法中不仅创设邻接权，还以雇佣作品原则或法人作品之规定实现对传播者权的多途径保护。不论是普通法版权还是法定有限授权理念，都未否认保护作者权的正当性，传播者权依靠作者权得到立法与司法上的长久保障。只是版权制度产生之前作者权的内容更多是人身性质的，较少涉及经济利益。印刷机的产生极大地提高了作品的经济价值，尽管这项利益在很长一段时间内继续被出版者占有。版权制度最初就是作为一项反对出版者完全垄断的经济调控政策而诞生的：作者权开始与出版者权相分离，作者基于其创作性劳动与出版者分享作品复制件销售收益。但不论是作者权还是传播者权，版权法给予的保护范围与强度均体现有限保护原则。对有限的理解需结合公共利益原则，这还催生出另外两项版权保护原则：市场原则与合理使用原则。

第一，版权法尊重作者在作品中体现的人身利益。笔者认为，版权中的人身权部分亦应置于促进学习等体现公共利益保护的版权政策下考量，即作者不得以维护作者人身权为由妨碍使用者对作品的个人学习或利用公有领域进行转换性使用，否则即违背版权最高位阶政策。但在司法实践中，由于缺乏对版权

---

[1] 参见《著作权法》第1条。

政策的整体性考量，不乏权利人以维护作者人身权之名行滥用权利之实。

第二，对作者权及传播者权的有限保护的理解应当特别强调市场原则与合理使用原则。版权给予权利人市场垄断权与公众的接触使用看似存在冲突，但这一冲突源自混淆了版权的使用与作品的使用。

其一，市场原则对应版权法的实施范围，即版权法只控制以市场销售为目标的复制作品行为，允许作者有限地独占作品复制件的市场销售权以获取经济补偿。市场原则决定了复制作为一个"谓语性动词"不能被视为一个独立的"主语性权利"：使用者对其拥有的作品复制件进行不以公开销售为目的的再复制不侵犯版权人的市场独占权，只有在市场上销售复制件的行为才受作者权规制。当然，这里还牵涉许多对复制的理解，笔者将在后文的环球公司诉索尼公司案（Universal v. Sony）中予以分析。

其二，合理使用原则是对公众在作品中所享有的政治文化权益的回应。由于版权作品在经济利益之外还涉及公众的政治文化权益，应当允许公众非以市场销售为目的接触或者合理使用作品的内容。有效解决版权制度中私权与公共利益的冲突，要求我们坚持有限保护原则、市场原则、合理使用原则。

（4）鼓励作品创作传播以保障公众对作品的接触

"鼓励有益于社会主义精神文明、物质文明建设的作品的创作和传播"。[1] 对版权政策的功能与地位的分析体现了版权法的运作机制：版权法鼓励创作性作品的传播以促进学习，激励目的的实现靠的是利诱而非威逼，因为版权法并不强制作者为了促进学习而公开所有作品并使其进入公有领域，作者可以选择不公开自身创作的作品以避免被公众接触，但要获得对市场交易的有限垄断权利，则需以保障公众接触并使用作品为对价。有限垄断权利的保护期限届满后，作品即成为社会共有的文化财富，进一步丰富以公有领域为代表的公共利益。这一运作机制也被称为"接触与激励"。

为了防止版权人滥用权利，限制公众接触，版权法设计了许多限制版权不当行使的"安全阀"，如个人使用、强制许可、思想与表达二分法等。但随着作品传播利用方式的多元化，技术措施的出现使得这类权利限制失去了实际上的效能。在传统版权模式下，作品的私人复制与使用因其对相应销售市场的影响几乎可以忽略而得到版权法的豁免，即便是家用复制器材的普及也没有从根本上推翻个人使用的合理性。但数字技术是一种完全超越传统的新型复制与传播

---

[1] 参见《著作权法》第 1 条。

方式，版权客体的无形性与数字化复制的便捷性使得数字化作品的复制变得前所未有之容易，而且开放性的互联网空间增加了作品被公共物品化和不付费使用的风险，版权的"垄断"权能的实现愈发困难且成本高昂。[1]网络环境对传统版权保护模式构成了颠覆性的挑战。版权人面临两难处境：一方面，作品数字化很容易使作品脱离版权人的控制；另一方面，作品数字化又为版权人带来互联网领域巨大的版权经济利益。版权人需要一个传统版权法之外的措施来保障网络环境下的权利。于是，技术措施作为传统版权保护方式的延伸被用来控制作品的使用，但技术措施的使用又因可能阻碍合理使用而面临违背版权本质与版权政策四位阶设计的质疑。

在科技革命背景下，需要利用"接触与激励"机制，既妥善应对网络技术环境下的作品保护，保障版权人的正当利益，又避免版权制度对新技术和新产业的阻碍损害社会公共利益。鼓励作品创作传播以保障公众对作品的接触，这一政策需要在立法和司法上进行更进一步的理解与贯彻。

3. 四位阶视角下我国版权司法政策的基本框架

版权本质上是一项高度规范的法定有限授权，通过多元利益平衡来实现社会福利的总体提升。四位阶版权政策即依据版权本质而形成的版权立法宗旨。四项政策之间虽有主次，但相互联系，最终服务于促进学习这一政策目标之实现。版权司法政策是版权立法宗旨包含的几项政策在司法领域的集中体现，是在综合考虑立法与社会现实之后提出的司法要求、司法保护的发展方向与宏观精神。版权司法政策的制定与解读必须紧扣版权政策、法律原则和法律规则，才能正确指导司法实践，确保版权法的正确实施。近年来，最高人民法院通过各种形式逐渐形成一系列知识产权司法政策，其中既有囊括整个知识产权体系的总政策，也有单独针对版权的具体司法政策以及司法解释。本文将结合四位阶版权政策解读现已实施的几项重要司法政策，并尝试构建版权司法政策四位阶保护的基本框架。笔者认为，版权司法政策四位阶保护的建构离不开以下几点。

（1）强化利益平衡理念

最高人民法院有关司法政策指出：要"依法合理界定著作权保护与合理使用、法定许可的关系，平衡处理创作者、传播者和利用者之间的利益关系，确保私人权利和公共利益的平衡，保障人民基本文化权益"。[2]利益平衡是法律

---

〔1〕　徐文燕："交易费用理论综合分析"，载《黑龙江财专学报》1998年第6期。

〔2〕　参见最高人民法院《关于贯彻实施国家知识产权战略若干问题的意见》第11条。

制定和实施中的重要理念。在现实中存在多元利益主体和多样化的利益内容，利益冲突是纠纷的直接来源。法律的重要功能就是进行利益的选择与平衡，将最重要的社会利益以法律的形式确定下来加以保障。版权法通过高度规范的法定有限授权实现各方利益的平衡。不论是版权保护的范围还是保护的强度，都存在弹性的法律空间，这也是笔者特别强调将利益平衡作为司法政策指导思想的原因。

当然，司法与立法过程中的利益平衡是两个层级的概念。在制定法国家，立法是司法的前提，在司法审判中运用利益平衡方法必须建立在领会版权政策精神的基础上，而不是超越法律已经确定的利益分配格局，重新分配社会利益。在版权政策已确定价值位阶之后，司法应当按照四位阶政策进行个案中的版权利益再分配。版权政策存在四位阶，作者权利的保护是实现公共利益的手段和途径，也就决定了在私人利益与公共利益发生冲突时，公共利益应当被优先保护。在私人利益发生冲突时，也需依据政策位阶确定版权保护范围和强度。司法政策中的利益平衡确保具体争议中的利益分配格局符合立法宗旨中的版权政策位阶。尤其是在现行法律规则没有明确规定的情况下，更要依据版权法中的四位阶政策，进行利益平衡，重新把握发展变化的利益分配格局，妥善运用版权的限制和例外规定，正确划定私权保护和公共利益保障的边界。

近年来版权司法政策中存在诸多利益平衡之规定，例如既要严格保护版权，又要恰当认定合理使用与法定许可等权利限制[1]；既要坚持技术中立，又要严厉打击技术侵权[2]；既要促进互联网信息传播，又要完善网络版权保护规则[3]。在强调有利于促进产业发展的技术中立的同时，也要适当地为技术的创新和运用附加必要的义务，兼顾有利于保护权利的技术创新，有效地平衡冲突各方的

---

〔1〕　最高人民法院《关于充分发挥知识产权审判职能作用推动社会主义文化大发展大繁荣和促进经济自主协调发展若干问题的意见》第 8 条："如果该使用行为既不与作品的正常使用相冲突，也不至于不合理地损害作者的正当利益，可以认定为合理使用。对设置或者陈列在室外社会公共场所的艺术作品进行临摹、绘画、摄影或者录像，并对其成果以合理的方式和范围再行使用，无论该使用行为是否具有商业目的，均可认定为合理使用。"

〔2〕　最高人民法院《关于充分发挥知识产权审判职能作用推动社会主义文化大发展大繁荣和促进经济自主协调发展若干问题的意见》第 7 条："在审理涉及网络著作权、'三网融合'等新兴产业著作权案件时，尤其要准确把握技术中立的精神，既有利于促进科技和商业创新，又防止以技术中立为名行侵权之实。"

〔3〕　参见最高人民法院《关于贯彻实施国家知识产权战略若干问题的意见》第 11 条。

利益。

总之，利益平衡是司法政策的总思维，这是一种重要的裁判思路和审判理念，决定着法官的态度和行动。司法政策的制定目的在于引导法官正确平衡作品中的经济、政治、文化利益，平衡多元利益主体中的作者、传播者与使用者的利益，同时正确处理国际保护与国家权益维护之间的冲突。在司法政策制定和实施中正确把握利益平衡理念至关重要。

（2）保护现有创新成果，鼓励后续创新

版权保护不是为了保护而保护，而是为了创新才保护。版权政策的核心在于以保护私人智力成果促进社会科技文化的永续繁荣。如何在司法审判中既实现对现有创新成果的妥善保护，又避免保护强度与范围过大，使得权利行使边界超过法定授权范围而破坏创新机制，是一个挑战法官经验和智慧的重大课题。严格保护创新成果与防止滥用版权破坏创新机制在本质上并不冲突。严格保护是指严格按照法定授权的范围保护版权，滥用版权即超越法定授权界限行使权利，影响使用者的后续创造性利用。如何正确划定个案中的权利行使边界是审判的关键，也是审判难点。这个边界实质上依旧来源于对版权涉及的三方主体利益的平衡。现实中往往是版权人一方的权利行使超过了合法的限度而损害公众的学习权利和接触创新的空间。不当行使权利导致正常的市场自由竞争受损、利益平衡失调。为保护创新成果与维系创新机制，在司法政策中需要强调以下几点：

第一，保护强度与独创高度相协调。[1]这一点亦被现行司法政策强调。独创性是作品获得版权保护的核心条件。独创性有两方面的要求：源自本人的独立创作和独创高度。后者因缺乏具体的衡量标准而成为司法实践中的难点。早期版权法对独创性的要求较低，尤其是英美法系中的"额头流汗原则"体现了当时版权法的低授权门槛：只要是自己独立完成的，且付出了一定的劳动，便符合版权法上的独创性要求。但是，过低的授权标准会挤占公有领域，压缩创新资源，长此以往只会造成社会文化的原地踏步或者缓慢发展。后世版权法对独创性的要求逐渐提高，但具体高度的描述似乎也不甚明确。对这个

---

[1] 参见最高人民法院《关于充分发挥知识产权审判职能推动社会主义文化大发展大繁荣和促进经济自主协调发展若干问题的意见》第5条："要妥善处理作品的独创性与独创高度的关系，既维护给予作品著作权保护的基本标准的统一性，又注意把握各类作品的特点和适应相关保护领域的特殊需求，使保护强度与独创高度相协调。"

"创"的理解，德国版权法上的"小硬币规则"较为形象：相比专利权的要求，版权的独创性要求显然低得多，但也不是完全没有，"至少要达到'一枚小硬币'的高度"。[1]司法政策之所以强调二者之协调，是为了防止因给予独创性较低的作品较强的版权保护而阻碍创新机制的运作。这一点对于指导对文学作品、艺术作品和技术性作品区别保护具有重要意义。对文学作品、艺术作品的独创性要求往往低于技术性作品，原因就在于技术性作品往往与产业发展联系紧密，对独创性的要求过低可能会导致版权人垄断市场而损害公共利益。

　　第二，正确认识版权法与反不正当竞争法之间的"补充保护"[2]关系。当前司法政策提出反不正当竞争法对版权进行"有限性补充保护"的观点，但对这一司法政策的理解常常发生偏差。就保护的客体以及保护方式而言，两部法律似乎存在冲突：版权法授予版权人一种有限私权，是对有效竞争的抑制。准确地说，版权人只是独占了市场的一端：主宰特定作品发行市场，但不能保证这一作品必然畅销，消费选择权依旧掌握在使用者手中，无数种作品在共同竞争市场份额。健全的版权制度通过给予版权人一定的市场优势鼓励文化创作，同时更多的文化产品的出现必然会带来整个版权市场的竞争升级，公众在选择性地接触文化产品的过程中将消费喜好传递给创作者们，引导创作方向。版权法正是通过授予有限私权鼓励文化创新成果的充分涌流，同时通过私权限制保障作品被充分接触，以公众的自由、多样选择实现更加充分的市场竞争。分析版权法与自由竞争市场的关系要着眼于版权法运行的全过程而非其初始步骤。通过平衡授予有限私权和限制权利行使，版权法将限制竞争与促进竞争融为一体。版权法已兼具反不正当竞争功能，通过权利的有限保护和限制实现版权市场有序竞争，反不正当竞争法原则上不应当干涉文化市场的竞争秩序。但是，版权法的反不正当竞争功能是不全面的，主要表现为版权人容易滥用权利，将法律上的有限垄断发展成实质上的完全垄断。当所保护的版权利益不具有实质性权利依据时，这一问题更加值得关注。比如权利人根据版权合同限制合同相对人

---

[1]　参见吴宏毅："数字作品的'小硬币标准'"，载《法学杂志》2009 年第 1 期。

[2]　参见最高人民法院《关于当前经济形势下知识产权审判服务大局若干问题的意见》第 11 条："凡反不正当竞争法已在特别规定中作穷尽性保护的行为，一般不再按照原则规定扩展其保护范围；对于其未作特别规定的竞争行为，只有按照公认的商业标准和普遍认识能够认定违反原则规定时，才可以认定构成不正当竞争行为，防止因不适当地扩大不正当竞争范围而妨碍自由、公平竞争。"

对作品的合理使用或者使用版权作品中本属于公共领域的要素，[1]在版权法难以发挥规制作用的领域，就需要发挥其他部门法尤其是反不正当竞争法的"补充保护"作用。但"补充保护"也应当严格依据特定部门法的判定标准进行，而不能随意以"占用他人劳动成果"为由将处于公有领域的文化要素统统纳入反不正当竞争法保护范围，否则将使得版权法的政策位阶与特殊平衡机制形同虚设。

第三，技术措施之规制。如前所述，技术措施的应用虽然实现了网络环境下版权人继续维系对其作品的排他性控制，但也可能违背版权法的基本原理。版权法授予权利人对市场的独占权，但这种授权不等于普通法上的财产所有权，版权的行使受到诸多限制而不具备所有权的对世性。通过权利限制的制度设定，版权法的整体政策目标得以实现。但技术措施的出现使得版权人得以控制公众对作品的接触和使用，在事实上逃脱权利的限制，打破了原有的版权政策四位阶布局。我国立法和司法政策都有关于技术措施的规定，[2]但都未涉及对技术措施与版权政策之间的根本性冲突的回应或调整。现实中有关技术措施与版权侵权认定存在密切的关系，笔者认为司法政策有必要在立法之前填补这一空白。在司法政策上，必须考虑技术措施与版权限制制度的协调，不能无条件地认定为侵犯信息网络传播权，否则将造成网络环境中的利益失衡，有违四位阶版权政策。

（3）创作者权益保护和文化传播产业的发展

近年来网络版权纠纷数量逐年上升，主要是因为网络技术的应用对作品传播利益的影响。网络文化传播产业是作者、传播者、使用者三方利益的集聚之地，一方面，新的文化传播渠道的产生带来了新的传播利益，增加了使用者对版权作品的接触机会；另一方面，可能减损传统文化传播产业利益，例如电子书产业的发展可能会挤占一部分纸质出版物的市场份额，网络影院的设置将会分流一部分原属于实体电影院的票房收入。围绕作品的创作、传播和使用而产生的传统版权利益分配格局被打破，在围绕新的利益分配格局产生的拉锯战中出现了新的版权纠纷。司法无法拒绝裁判，立法又难以立即修改以确定新的利

---

[1]　冯晓青：《知识产权法利益平衡理论》，中国政法大学出版社2006年版，第494页。

[2]　最高人民法院《关于审理侵害信息网络传播权民事纠纷案件适用法律若干问题的规定》第8条第3款："网络服务提供者能够证明已采取合理、有效的技术措施，仍难以发现网络用户侵害信息网络传播权行为的，人民法院应当认定其不具有过错。"

益分配格局，司法政策的作用由此显现：根据我国版权法蕴含的四位阶政策与保护原则正确解释并适用法律，界定哪些基于作品传播新技术的新利益应当归属于作者，哪些应当划归作品的传播者以促进文化传播产业的健康发展，使用者的公共利益应当如何保障。在网络环境下，需要平衡三方的利益，司法政策也需要正确界定技术中立与网络侵权，适度分配网络服务提供者的注意义务与审查责任。

第一，合理分配网络服务提供者的注意义务与审查责任。法律不强人所难，面对网络环境下爆炸式增长的信息，要求对网络环境中的作品传播者逐一进行筛查，排除侵权，不具有现实可行性。对网络服务提供者施加过高的注意义务也会阻碍网络文化传播产业的正常运营。为此，司法政策提出通知与移除、避风港等规则，避免网络文化传播产业承受过多不可预见的侵权风险，避免过多的侵权纠纷阻碍该产业的快速发展。对产业管制的态度直接影响网络文化传播产业发展速度，美国和欧盟的网络文化传播产业发展现状正验证了产业管制的巨大影响力：美国数字版权立法[1]中设计了通知与移除、避风港等规则，降低了产业发展的侵权风险，为产业发展营造了较为宽松的环境，实现了网络文化传播产业的快速发展。反观欧盟相关立法，由于对网络文化传播产业经营者施加了较重的注意义务，其发展谨小慎微，对侵权责任的规避注意超过了对技术创新、商业模式更新的关注，最终导致这一产业落后于人。有此前车之鉴，我国版权司法政策的制定与适用中应当合理分配网络侵权举证责任，维护通知与移除[2]规则以及红旗标准等，防止网络服务提供者负担过重的注意义务与审查责任。当然，考虑到网络侵权的隐蔽性、多发性和维权的困难性，对网络文化传播产业经营者的侵权认定标准不可过高，否则将难以实现版权的有效保护。

第二，"妥善处理好技术中立与侵权行为认定的关系"。[3]这一点在司法政策文件中被明确提出。技术作为产业发展的一项工具，具有"价值中立性与多用途性"，[4]既可能具有侵权用途，也可能具有非侵权用途。技术最终由人来支配，

---

〔1〕 《美国数字千年版权法》。

〔2〕 参见最高人民法院《关于充分发挥知识产权审判职能作用推动社会主义文化大发展大繁荣和促进经济自主协调发展若干问题的意见》第 6 条。

〔3〕 参见最高人民法院《关于充分发挥知识产权审判职能作用推动社会主义文化大发展大繁荣和促进经济自主协调发展若干问题的意见》第 7 条。

〔4〕 参见最高人民法院《关于充分发挥知识产权审判职能作用推动社会主义文化大发展大繁荣和促进经济自主协调发展若干问题的意见》第 7 条。

对技术侵权应当结合使用者的行为与目的来认定。我国《著作权法》和《信息网络传播权保护条例》规定作品提供行为属于直接侵权行为，而网络服务提供行为则需要根据技术中立原则判定是否构成间接侵权。《信息网络传播权保护条例》对网络服务提供行为并未进行穷尽式列举，而技术的发展必然会催生新的网络服务提供方式，对新的网络服务提供方式侵权成立与否的认定仍应结合版权政策目标，考虑网络环境下特殊的利益平衡需求。在侵权认定中剥离出技术的侵权用途与非侵权用途的要素，在技术确实只具备唯一的侵权用途的情况下，可以考虑适用辅助侵权理论。对于"具有实质性非侵权商业用途的技术"，[1]则应严格控制要求技术提供者承担替代责任或者连带侵权责任的司法适用，防止网络服务提供者动辄得咎，阻碍技术创新和网络文化传播产业成长。

（4）非物质文化遗产的适度版权化

由于我国的版权立法受到版权国际条约的推动，版权法的内容与版权国际条约存在诸多相似之处，但是地域性仍是国际条约的基本原则，版权保护必须以国家利益为出发点和归宿。我国是传统文化大国，非物质文化遗产是民族文化创新的源泉，是国家文化竞争力的重要组成部分。笔者在上文已强调过版权之于非物质文化遗产保护的重要性。以版权立法和司法手段保护民族文化瑰宝时不我待，版权保护的根本目的在于维护公共利益的政策本质，大胆先行，不能因为传统知识的特殊性，如缺乏首创性、难以找到具体的权利人等，就放弃维护国家的文化财富，而应当"综合运用多种法律手段"[2]对符合版权授权条件的非物质文化遗产给予版权保护。但同时不能否认非物质文化遗产是公有领域的重要组成部分，不能因为强调保护、鼓励传承创新而侵害公众对处于公有领域的文化资源的使用权益。当前非物质文化遗产保护与公有领域的冲突主要体现为基于传统文化的再创造行为的版权保护问题。此冲突的解决，笔者认为可以根据对独创高度的灵活认定来实现：司法实践中独创高度认定不能一概而论，而应当结合具体的创新空间，根据不同的创新难度灵活认定，并给予相应强度的版权保护。

---

〔1〕 参见最高人民法院《关于充分发挥知识产权审判职能作用推动社会主义文化大发展大繁荣和促进经济自主协调发展若干问题的意见》第7条。

〔2〕 参见最高人民法院《关于充分发挥知识产权审判职能作用推动社会主义文化大发展大繁荣和促进经济自主协调发展若干问题的意见》9条："综合运用多种法律手段，积极推动非物质文化遗产的保护……"

（5）严厉打击侵权与教育引导公众相结合

第一，对具体侵权行为分类打击，加强司法救济的有效性。[1]打击侵权，重在源头。侵权责任与侵权行为相适应，即针对不同市场环节的侵权人进行分类认定，使侵权责任与其主观恶性、客观损害后果相适应，"有区分性地认定民事赔偿或者刑事责任"。[2]同时，笔者认为，鉴于版权的私权属性，应当审慎给予刑事惩罚。刑事惩罚主要发挥震慑犯罪的作用，"屡教不改的反复侵权或者涉案人数众多的大规模群体性侵权行为"或者明显以"侵犯公共利益为目的的行为"才考虑追究刑事责任，一般以惩罚性赔偿兼"收缴侵权工具或者销毁侵权产品"的行政措施来降低侵权行为的再发可能性。

第二，通过司法公开引导公众树立正确的版权保护意识。[3]当下之所以会出现越来越多的版权侵权案件，一方面是因为现代技术尤其是网络技术的迅猛发展，为侵权行为的实施提供了越来越多的便利；另一方面是因为公众缺乏道德意识和版权保护意识，对版权的边界尚无清晰的认知。以网络歌曲的传输为例，大多数公众可以清晰地认识到"盗版与正版"书籍、光碟、电影之间的区别，但是要求一个普通人认识到将别的网站的链接复制到自己的网站上是一种侵权行为或者不正当竞争行为，似乎有些强人所难。司法审判既要严格遵循现行法律规定，也要适度考虑社会公众的认知。正如美国奥利弗·温德尔·霍姆斯大法官所言，回应人民对一个法律现象的真实感受和要求是一个健全的法律体系首先要面对的，无论这种感受和要求是对还是错。[4]司法政策指引法官在司法判决中填补法律和社会生活之间的沟壑，通过裁判过程的公开以及尽量结合

---

〔1〕 参见最高人民法院《关于贯彻实施国家知识产权战略若干问题的意见》8 条："既要加大知识产权司法保护力度，严厉打击假冒、盗版等严重侵权行为，大力降低维权成本，大幅提高侵权代价，有效遏制侵权行为，切实保护权利人和消费者的合法权益，维护公平竞争的市场秩序……"

〔2〕 参见宋晓明："当前我国知识产权司法保护的政策导向与着力点"，载《人民司法》2015 年第 13 期。

〔3〕 参见最高人民法院《关于充分发挥知识产权审判职能作用推动社会主义文化大发展大繁荣和促进经济自主协调发展若干问题的意见》第 3 条："要更加重视裁判的引领和导向功能，在裁判中重视弘扬社会主义核心价值体系，注意把法律评价与道德评价有机结合起来，引领社会主流价值观，把维护公共道德作为司法保护的重要价值追求，提升全社会尊重知识、崇尚创新、诚信守法的知识产权法治文化。"

〔4〕 参见 OLiver Wendell Holmes Jr., *The Common Law*, *in The Mind and Faith of Justice Holmes：His Speeches, Essays, Letters and Judicial Opinions*, The Modern Library, 1943, p. 57. 转引自苏力：《送法下乡：中国基层司法制度研究》，中国政法大学出版社 2000 年版，第 285 页。

公众的认识做到裁判文书说理透彻，引导公众树立正确的版权保护意识，自觉抵制版权侵权行为。

二、历史视野下版权司法政策的比较研究

版权是技术之子，版权法一直随着技术的发展而更新，司法审判中利益平衡也处于一个摇摆过程。版权法的发展史就是一部周期性打破出版者垄断，争取政治自由的抗争史，"时间的流逝既未改变版权的功能，也未改变不加约束的垄断的罪恶"。[1]面对日趋频繁的技术冲击，或许可以从版权法的发展历史中找寻灵感，完善我国版权司法政策，为司法审判具体调整变动中的版权利益分配格局提供正确的指引。

司法政策是我国的特有词语，在英美立法中并无对应的用语，但就司法政策对审判的宏观或者具体指导功能而言，可以从英美法系"先例"的诞生过程中提炼出法官对版权政策本质的解读和对版权政策位阶的理解，为我国司法政策依据版权本质指导具体审判工作提供借鉴。因此，笔者将以时间为线索开展论述：从18世纪英国司法保护理念上对版权本质存在的分歧，到19世纪美国宪法和版权法确立的版权司法四位阶保护理念，再到20世纪美国对版权司法四位阶保护理念的适度调整。根据版权保护的不同政策导向，将新中国成立以来版权保护的发展历史划分成四个阶段，分阶段归纳我国版权政策目标，并结合典型案例分析现阶段我国司法机关对司法政策四位阶保护的理解。前事不忘，后事之师，历史的回顾有助于我们展望未来的发展，为我国完善司法政策四位阶保护提供宝贵经验。

（一）18世纪英国司法保护理念中的版权本质之争

《安娜女王法》废除了出版特许制度，书籍的印刷出版不再被视为政治审查的工具而被出版者垄断。版权制度作为一种贸易规则促进了自由竞争市场的形成；同时，复制技术与传播技术有了历史性的飞跃，这使得一个活跃的文化作品出版与传播市场形成。作者权开始与出版者权相分离，并受到法律上的保护；使用者的权利随着公有领域的划分、有限保护期的设立、版权的限价条款和首次销售原则的确立而得到承认。版权制度中三方利益分配格局的初步形成体现了版权作为一种法定有限授权的规范性色彩，也奠定了之后美国宪法明确确立

---

〔1〕 ［美］莱曼·雷·帕特森、斯坦利·W. 林德伯格：《版权的本质：保护使用者权利的法律》，郑重译，法律出版社2015年版，第6页。

四位阶版权政策的基础。

如果完全依照四位阶版权政策，后世的许多纠纷都不会产生。但是，巨大的经济利益使得出版行业显然不会轻易放弃垄断市场，在被立法机关拒绝恢复制定法上的永久垄断权后，出版者试图通过创设实际上具有对抗法定版权效力的承认作者永久性权利的普通法版权，继续维持实际上的出版者垄断地位。出版者的这场抗争直指版权的核心：版权是一种法定有限授权还是普通法上的永久性权利？这期间有两大案例具有典型意义：米勒诉泰勒案（Millar v. Taylor）与唐纳森诉贝克特案（Donaldson v. Becket），前者确立了普通法上的永久性权利，后者则推翻了前者，维护了版权作为一种法定有限授权的本质。

1. 普通法上的永久性权利的确立

《安娜女王法》的颁布在制定法层面结束了出版者的永久垄断权。但出版者并未就此放弃，为获得普通法上的永久垄断权，出版者鼓吹一种符合道德理念的"普通法上的永久性天然权利"。他们认为，即便《安娜女王法》规定了版权的期限，也不影响普通法上的永久性权利的存在。1767 年，出版者的目标在一场诉讼中实现了，即米勒诉泰勒案。

《四季》这部史诗的作者于 1729 年将其版权出售给伦敦书商米勒。1767 年，按照《安娜女王法》的规定，《四季》在制定法上的版权已经到期，一位出版者工会之外的书商——泰勒——发行了一个更便宜的竞争版本，于是米勒向英国王座法院起诉，称其享有的普通法上的权利遭到了侵害。

法院内部观点发生了分歧。曼斯菲尔德伯爵是当时的首席法官，他同意代表出版者工会观点的自然权利理论，即普通法中存在着一种永久性权利。"作者应当获取其自身之天才与劳动上的金钱利益，这是正当的。应当由他来判断是否出版、何时出版、出版方式与内容等。"[1]这种财产权属性不因出版而有所改变，普通法也不因《安娜女王法》的颁布而有所改变。反对派法官耶茨则对作为有形财产理论基础的自然权利理论适用于版权提出了质疑，因为版权来源于制定法，而非普通法。耶茨法官的观点实际上暗含着作品所有权和版权所有权之间的区别。作品是有形的原始手稿，但是版权一开始就是控制作品复制件在市场出售的权利。版权客体作品内容的表达没有切实的物质范围，无法借助普通法上对财产客体的占有而禁止他人对复制件进行再复制，这样就不能获得

---

〔1〕［美］保罗·戈斯汀：《著作权之道——从谷登堡到数字点播机》，金海军译，北京大学出版社 2008 年版，第 38—39 页。

有形财产在普通法上所能获得的保障。"原告所能主张的只是书本中所交流的思想。当这些思想被出版，作者就再不能独享它们……出版这一行为推翻了所有特权，使作品成为给公众的馈赠。"〔1〕当然，作者享有普通法上的权利，即基于对手稿的创作而产生的权利。这也在《安娜女王法》中得到了承认。《安娜女王法》给予了作者 28 年的垄断权，使其可以获得经济效益，因此在作者享受了 28 年的垄断权，并且手稿仍然属于其财产的情况下，就没有什么理由再来抱怨不公正了。耶茨法官接下来以公众亦享有自然权利为由推翻了曼斯菲尔德伯爵的自然权利主张："从事一个合法的行业来养家糊口，这是任何人的自然权利。图书的印刷和销售就是合法行业。因此，任何侵害这些合法行业的垄断，就是对国民的自由施加一种负担。"〔2〕

但耶茨法官的反对意见并没有被衡平法院采纳。1770 年，衡平法院遵循王座法院作出的支持米勒的判决，判令泰勒停止出版行为，由此在《四季》上确立了版权人的永久性权利。根据当时的版权法，版权的获得仍需以登记或者公示为要件，但是若承认作者的普通法版权，则意味着不论是否出版，作者对其作品都享有财产利益。这一结果使得版权有了双重理论基础：既是法律赋予的有限垄断权利，又是作者的自然权利。这直接导致了后世司法实践中对版权性质的混淆，因为前一理论认为版权源于作品的创作，后一理论则认为版权只能来源于制定法的规定。

2. 制定法上有限垄断权利的确立

米勒诉泰勒案确定的普通法上的版权理念势必引发版权人垄断范围的再度扩张，过度的垄断将打破市场自由竞争的平衡，从而引起新一轮的市场反对。最终唐纳森诉贝克特案推翻了米勒诉泰勒案的判决，结束了普通法上的永久性权利。

按照当时版权法确定的版权保护期限，《四季》的版权于 1757 年到期。于是在 1772 年，市场上一位叫唐纳森的出版者就出版了这本书的非授权版本，当时《四季》的版权属于一位叫贝克特的出版者。毫无疑问，贝克特依据米勒诉泰勒案确立的普通法版权将唐纳森告上法院，衡平法院依据普通法颁布了一项禁止令。唐纳森向上议院提起上诉，并得到了支持。作出米勒诉泰勒案判决的

---

〔1〕 ［美］马克·罗斯：《版权的起源》，杨明译，商务印书馆 2018 年版，第 93 页。

〔2〕 ［美］保罗·戈斯汀：《著作权之道——从谷登堡到数字点播机》，金海军译，北京大学出版社 2008 年版，第 39 页。

曼斯菲尔德伯爵，此时思想已经发生了一种微妙的转变，他后来表示天才创作者们的脑力劳动应当得到承认，这种智慧创造成果除了为创作者带来经济效益，也应当服务于促进文学艺术的发展。极端保护私人权利与过分强调公共利益都是有害的。这段评述[1]暗示曾经的普通法版权拥护者已经转向了承认个人权利不能无限侵占公共利益。1774 年，英国上议院主张，作品一旦出版，作者对其作品就丧失了除法律授予的权利以外的所有普通法权利。尽管上议院作出了反对永久性文学产权的决议，但这些权利实际上仍然通过协议在作者和出版者之间存在。可以说，英国在 18 世纪没有关于版权本质的一致的司法政策理念，事实上两种版权理论依旧在同一部作品上并存：基于创作事实的普通法版权在作品出版前保护作品，而作品出版后则由制定法版权保护，这从表面上看是提供了双重保护，实际上却是相互掣肘，因为每一方的发展都可能会受到另一方的阻碍，使用作品本身与使用版权本属于两个概念，却因双重理论基础而常常被混淆，以致版权保护范围不当扩张。

不论是支持还是反对普通法版权，这两起案件都回避了真正的问题：普通法版权与法定版权是否存在重要区别？笔者认为两起案件虽然判决结果不同，但都建立在混淆作品所有权和版权所有权基础之上，即忽视了作者权益与出版者权益的区别。实际上，这两起案件中所有诉讼当事人都是出版者，所以没有任何一方向法院提出这个问题，因为这样的回答可能有利于作者，而不利于出版者。英国的出版方式是出版者完全购买作者的"副本"，这一交易显然是基于作品所有权包含了版权所有权，因此，如果作品和版权被裁决为两回事，作者基于其对作品的所有权，将会获得重要的权利。而对于出版者，不论是原告还是被告，这样的权利推论都是不利的：对于原告，这意味着即便其拥有版权，也受制于作者对作品出版的控制；对于被告，这意味着版权期限届满后，即便不对原告负侵权责任，也可能对作者负有责任。因此双方当事人都乐于将作品所有权与版权所有权当成一体的。真正从立法上对作品所有权与版权所有权进行区分的是 1976 年美国版权法，下面笔者将进入对美国版权司法四位阶保护理念的分析。

---

[1]　"我们必须注意，应当对以下两种同样有害的极端保持警惕：其一，那些富有才识之人，耗时费力为社会服务，因此不应当剥夺他们的正当价值以及因其才智与劳动而获得的回报；其二，世界不应当被剥夺发展的机会，艺术的进步也不应当受到阻碍。"转引自［美］马克·罗斯：《版权的起源》，杨明译，商务印书馆 2018 年版，第 124 页。

（二）19 世纪与 20 世纪美国的版权司法四位阶保护理念

18 世纪的英国版权法是为了打破出版者的垄断而提出的，虽然出版者混淆了作品所有权与版权所有权以制造作者权利和出版者权利的一致性，但英国版权法对私人权利与公共利益的分配体现了版权本质上规范性多于专有性。美国版权法的制定参照了英国版权法。如果说英国版权法实现了市场利益初步分配，为版权政策位阶之形成奠定了基础，美国宪法则确立了版权司法四位阶保护理念。从美国宪法中关于科学艺术保护的规定，到第一部美国版权法的诞生，始终坚持这样的信念：版权法是一部涉及公共利益与私人经济利益的法律。1790年，美国国会运用宪法条款的授权，通过《鼓励学习之法》。美国版权法在发展过程中虽不断调整作者、使用者、出版者三方利益分配格局，版权司法四位阶保护亦随着立法变动而适度调整，但没有任何一部美国版权法彻底放弃四位阶版权政策，司法审判过程中从未排除公共利益考量，这得益于美国宪法对版权政策位阶的规定。

1. 19 世纪美国的版权司法四位阶保护理念：版权的严格解释

在 19 世纪，人们对版权材料在形式和技术上有了新的利用方式，例如作者和出版者不再采取完全翻印方式，而是制作特定作品的精简本或者翻译本。这种使用方式的确产生了在内容上与在先作品完全不一样的"新作品"，但是这种使用方式是否会产生版权法上的"新作品"，制定法未明确规定。此外，利用新技术，例如摄影技术和录音录像技术，是否会产生受保护的"新作品"，也成了困扰法官们的一个难题：究竟应当遵循制定法，将立法尚未规定的权利客体排除在版权保护范围之外，还是依照自然权利理论对版权保护范围作出扩张解释，从而将新技术产生的"新作品"纳入版权控制范围？

通过惠顿诉彼得斯案（Wheaton v. Peters）与史密斯公司诉阿波罗公司案（White Smith Music Publishing Co v. Apollo Co.），笔者认为，在 19 世纪，美国法院倾向于将版权视为一种有限垄断权利而非普通法上的财产权，采取严格解释方法实现版权的有限保护。

（1）制定法上有限垄断权利的首次胜利

标志这一胜利的是 1834 年的惠顿诉彼得斯案。本案的原告惠顿是美国联邦最高法院的第三任案件判决报告人，被告彼得斯是第四任案件判决报告人。惠顿在任期间，历经 12 年整理联邦最高法院的判决并写出摘要和添加自己的学术性注释，制成一本判例汇编。彼得斯在惠顿的汇编作品基础上制成一本精简本，惠顿以彼得斯构成版权侵权为由提起诉讼。

联邦最高法院判定，图书一经出版，成文版权法即成为已出版作品的唯一权利来源。在代表多数派撰写的判决书中，麦克莱恩法官采纳耶茨法官在米勒诉泰勒案中的意见，认为作者的确有权以其智力创作成果收获经济利益，但这种利益的实现是转让作品的手稿或仅在首次出版时出售作品。

惠顿诉彼得斯案最终以一个技术性细节而完结。初审法院认为，版权法有关交存版本的条件是强制性的，惠顿未能及时向当地的地区法院交存其判例报告，就丧失了该作品的版权。这似乎宣示了制定法版权相对于普通法版权的胜利，但实际上，普通法版权并没有就此退出历史舞台，这起案件更多的是宣示了联邦权利对州权利的一种胜利。在英国，虽然普通法版权与制定法版权源于不同法律体系，但两者是相同管辖权的产物；而在美国，这两种法律体系是两种不同管辖权的产物——州政府与联邦政府，作品所有权按照州法基于创作而归属于作者，但是一旦作者将作品出版，将丧失州法下的所有权利，从而遵循联邦法（版权法）以获得版权。版权法授权国会仅仅在"有限时间内"（14 年）给予版权，这看起来似乎否定了作者享有的一种普通法上的永久性权利，但是由于美国的联邦体制，宪法条款只对国会有约束力，并非针对各州。同样，普通法也并非适用于全国，各州政府适用普通法，而联邦政府并不适用。英国版权法上关于普通法版权在制定法颁布之后是否继续存在的问题在美国就演变成州政府和联邦政府之间的关系。惠顿诉彼得斯案宣示了联邦权利的胜利，但未彻底否认普通法版权的存在。

（2）对新技术的谨慎接纳：严格字面解释版权保护范围

笔者认为史密斯公司诉阿波罗公司案最核心地反映了 19 世纪美国法院严格遵循制定法上的有限授权来理解版权本质，贯彻版权司法四位阶保护理念。阿波罗公司是一家自动钢琴与钢琴纸卷的生产厂家，其利用原告的版权音乐作品制作了自动钢琴的穿孔乐谱纸卷，因而被原告以侵犯版权为由提起诉讼。阿波罗公司根据前面两个案件的判决提出答辩意见：根据惠顿诉彼得斯案关于美国的版权从严格意义上讲是制定法产物的判决，否定原告将版权视为作者的自然权利的观点；又引用"汤姆叔叔的小屋（Uncle Tom's Cabin）案"，[1]主张法院

---

〔1〕 1853 年，美国著名小说《汤姆叔叔的小屋》的版权人斯托夫人起诉未经允许将其小说翻译成德文的翻译者，认为其侵犯了自己的版权。该案适用的 1831 年美国版权法缺少对翻译件是否属于复制件的规定，法院选择严格按照美国版权法的规定，对"复制件"做限缩解释，即该法保护的仅仅是那些传递斯托夫人思想的"文字表达"，而不涉及将文字转化成其他语言的稿件，因而拒绝承认将翻译文本理解成原始作品的复制件。

必须严格按照字面含义理解复制件。阿波罗公司提出，法律规定的音乐作品的复制件是指"对作曲家在纸上所写的乐谱符号以清晰易读的方式呈现出来"，不能任意扩张在此定义之外的复制件的保护范围。"既然钢琴纸卷所表现的，仅仅是一组难以读懂的凌乱布列细孔，那么它就不是一个'复制件'。"[1]最终法院支持了阿波罗公司的答辩意见，认为或许打孔的一张纸能与乐谱以同样的方式被演唱或者演奏，但是用乐器演奏乐谱在视觉效果上与演奏带有音乐机理的穿孔板截然不同。[2]

这两个判决都体现了美国法院在 19 世纪严格贯彻制定法上的有限保护原则，同时也反映了美国司法机关在应对新技术带来的版权挑战时的司法克制原则：相比法院的某一项具体的禁令，处理社会层面的利益再分配问题更需要一部细化协调的法律。对成文法缺失的案件，更需要依据版权政策划定版权的垄断范围，绝不可以对新技术报以无限接纳的态度，否则有违版权的法定有限授权本质。美国属于判例法国家，但在版权问题上仍旧严格按照制定法对具体案件进行审理。可见，版权本质不因法系之别而存在根本差别。但司法政策的科学性不在于一味固守司法克制原则，在史密斯公司诉阿波罗公司案中，法官忽视了随着技术的发展，当时的四位阶版权政策处于严重失衡状态：数以百万计的钢琴纸卷被生产出来，却没有一份向作者支付了授权许可费用。在 1909 年美国版权法的修改中，机械复制权终于被纳入了版权人享有的权利范围。

2. 20 世纪美国的版权司法四位阶保护理念：版权的扩张解释

美国版权法在 1909 年和 1976 年进行了两次重要修改。这两次修改体现了立法上对版权本质认识的转变：从 19 世纪的法定有限授权到 20 世纪并延续至今的私人专有权认识。立法上对版权本质认识的转变直接促成了司法政策利益倾向的变化，因此在分析 20 世纪美国的版权司法四位阶保护理念之前，笔者先简单介绍下这两次版权法的重要修改内容。

1909 年美国版权法的修改使得版权保护有了三项重大的扩张：录音制品的强制许可、复制权的独立以及雇佣作品的产生。版权法从诞生之初就面临着一

----

〔1〕 209 U. S. at 13-14, quoting Boosey v. whight（1899），1 Ch. 122；81 L. T. R. 265（1900）. 转引自［美］莱曼·雷·帕特森、斯坦利·W. 林德伯格：《版权的本质：保护使用者权利的法律》，郑重译，法律出版社 2015 年版，第 63 页。

〔2〕 209 U. S. at 13-14, quoting Boosey v. whight（1899），1 Ch. 122；81 L. T. R. 265（1900）. 转引自［美］莱曼·雷·帕特森、斯坦利·W. 林德伯格：《版权的本质：保护使用者权利的法律》，郑重译，法律出版社 2015 年版，第 63 页。

个恒久的命题：如何给予作者充分的利益保障以激励创作，同时防止作者的市场独占权发展成为完全的市场垄断。事实上，尽管《安娜女王法》提出了作者权利保护，但出版者长期通过作者的权利转让把持实际上的垄断利益。既然市场垄断的威胁来自于出版者，那么破解这一困局的关键即在于彻底区分作者权利和出版者权利。为此，1909 年版权法规定了录音制品的强制许可，这项制度只保护音乐的作曲者，不保护扮演出版者角色的录制者，以兼顾保护作者利益与削弱出版者市场垄断威胁。遗憾的是，这种思维并未有在整部版权法中一以贯之。除了给予录音制品强制许可，1909 年美国版权法创设了雇佣作品概念，将公司拟制为作者，对版权法上复制权的争议也是自该法的歧义性表达开始的。

1976 年美国版权法则有三项主要变化：①独创性表达一经固定即可获得版权保护，出版不再是获得版权的前提，从而废除了版权的双重理论基础，制定法的授权成为唯一的版权权利来源。这一规定澄清了之前常被忽视的作品版权保护与作品内容的版权保护之间的重大差异，例如汇编作品整体受到版权保护并不否认汇编作品中存在部分处于公有领域的内容，自由使用部分不受版权保护的内容不构成版权侵权。②创设电子版权，给予出版者邻接权：确认对电影、录像等新的传播方式的保护。这部分实际上更多体现的是对出版者利益的保护，其保护方式在于法律拟制：将传输信号拟制成作品，并以雇佣作品原则使得出版者成为作者；文化产品的开发逐渐成为一个产业，需要给予出版者一定的市场利益以吸引投资和促进文化传播技术的升级，这也是版权制度利益平衡的体现。然而，电子版权的发展可能再次形成出版者市场垄断，近些年来对互联网产业垄断的反对浪潮也验证了可能存在对出版者权利的过度保护。③合理使用原则法典化。1976 年美国版权法第 107 条首次以立法的形式将合理使用原则作为对版权的限制确定下来。1976 年美国版权法的修改具有版权指导思想的根本性变革意义，版权的保护范围扩大、强度增加，其中尤以出版者利益扩张为甚。这一指导思想的变革直接导致了司法政策中对作者权利保护的加强，即从 19 世纪的限缩性解释版权范围转为扩张性解释以延伸保护。

笔者认为美国法院在两个典型案例中对版权政策的理解对我国司法审判人员处理新时期版权司法疑难问题有着启发性意义。这两个案件都关涉经济学上的两类主体：竞争者和使用者。

（1）扩张版权保护表现之一：创设不正当侵占理论以延伸保护

这一规则产生于 1918 年美联社诉国际新闻社案（Associated Press v. International News Service）。在之前，国际新闻社因为违反了法律上的强制性规定而被禁止进入一战前线获得战况，因此国际新闻社在其报道中使用了美联社的新闻报道。美联社以自身版权被侵犯为由将国际新闻社告上法庭。但是，按照当时美国版权法的规定，事实性新闻不能成为版权保护的对象，因为这将危害公众的知情权。这里也不存在"窃取商业秘密"或者构成"假冒行为"。由于当时的不正当竞争主要指"假冒行为"，法院创设了不正当竞争的非法挪用（misappropriation）来代替版权保护，理由是若允许国际新闻联社"搭便车"，则会减少对美联社承担获取新闻的成本的激励。"这项普通法原则为事实创设了一种有限的财产权利"：[1]美联社的新闻是由其员工付出实际劳动，从一战前线发回的，如果竞争者没有付出任何劳动和风险就拿走了劳动者的劳动成果，则与"侵占"他人财产无异。笔者认为这种结论还是来自于普通法上的"谁付出谁收获"的道德性理论。同样基于一种道德性的主张，为什么工人就不能如作者一般被保证充分获得每一份劳动的回报？"一般来说，我们并不仅仅依据所付出的劳动而产生或者改变财产权利，甚至并不因此获得报偿……既然由工人创造的价值与他所获得的工资之间的差额，以一种较低的产品价格传递给了消费者，那么，这里就不存在任何天然不道德的东西。"[2]

事实上，法院的判决可能来自于立法对加强出版者权利保护的引导，但违背了版权司法四位阶保护理念。不正当侵占理论在版权法领域的适用被后来的判决修正。正如美国法院在1997年拒绝以非法挪用之名对一档广播电视节目中的事实性内容给予概括式保护时所述："联邦版权法已经被解释为拒绝保护思想、事实以及其他嵌入表达性作品中的非表达性材料，这样的规定并非由于一时疏忽，而是一项有意作出的联邦政策，目的是保留一个并不受版权控制的公共领域。"[3]正如笔者在第一部分所述，版权政策的位阶设计本身就兼具反不正当竞争之功能，其不仅反对版权人以外的竞争者不当侵占版权人的利益，也反对版权人按照普通法上的财产权理论去扩张自身权利并侵占社会公共利益。

此外，法院拒绝给予反不正当竞争法保护，并非否定非法挪用他人作品中

---

〔1〕［美］威廉·M.兰德斯、理查德·A.波纳斯：《知识产权法的经济结构》（中译本第二版），金海军译，北京大学出版社2016年版，第125页。

〔2〕［美］保罗·戈斯汀：《著作权之道——从谷登堡到数字点播机》，金海军译，北京大学出版社2008年版，第18页。

〔3〕National Basketball Association v . Motorola ，Inc. 105F. 3d 841 （2d Cir. 1997）. 转引自［美］威廉·M.兰德斯、理查德·A.波纳斯：《知识产权法的经济结构》（中译本第二版），金海军译，北京大学出版社2016年版，第128页。

公有领域要素的可诉性，只是特别强调若要依托反不正当竞争法进行保护，需要另行考虑是否符合起诉的条件。其中最重要的两点是：双方构成市场竞争关系，以及被告行为将极大阻碍原告生产该产品或者服务，从而存在产品生产减少或者质量下降的风险。

无论如何，此后美国版权法开始支持普通法上将版权视为一种专属财产权的理念，版权制度从诞生之初就具备的反不正当竞争功能反而逐渐被人淡忘。

（2）扩张版权保护表现之二：版权控制向私人复制领域的扩张

版权史上体现这一扩张的最著名的案件是环球公司诉索尼公司案。一般而言，版权人的利益主要体现在防止竞争者挤占其经济利益，使用者的利益体现在享有文化科学繁荣进步带来的利好。在私人复制技术出现之前，版权人和使用者由于版权法上已有的政策位阶设计得以协调共存。但在私人复制技术出现和普及后，在使用者复制的权利问题上，促进学习和保护作者这两大版权政策发生了冲突。因为若允许版权人以享有复制权为由控制私人复制行为，则促进学习政策目标的实现可能受阻。但若允许日渐普及的私人复制技术免受规制，亦可能影响版权复制件的市场份额，从而减少对作者创作的激励，最终影响促进学习政策目标的实现。对作者和使用者之间因私人复制技术的推广而愈加紧张的关系，美国法院在涉及家用录像机的案件中的态度及处理方式对今天我国司法政策的走向仍具有十分重要的借鉴意义。

索尼公司在当时生产一款家用录像机，它可以被用来复制某些自己想要永久保存或者当时不方便观看的电视节目。前者是收藏目的，后者则是时间转换目的。环球公司提起诉讼，控诉索尼公司销售家用录像机构成对环球公司在电视上所播放电影版权的辅助侵权。判定是否构成侵权的关键在于消费者出于收藏或时间转换目的而复制是否构成合理使用。初审法官驳回了环球公司的诉讼请求，其给出了四项反对理由：一是，不论出于这两个目的中的哪一个，版权法赋予的专有权都不能扩展到私人的非商业性的复制行为；二是，即便允许法律作此扩张，合理使用抗辩亦可使家庭录制行为免于被认定构成侵权；三是，根据辅助侵权理论，只有设备不具有非侵权性的实质用途时才需承担侵权责任；四是，出于公共利益和录像机产业发展的考量，一旦判定侵权成立，给公共利益和录像机造成的损失将远远超出因拒绝颁发禁止令而给电影公司造成的损失。[1]

---

〔1〕 ［美］保罗·戈斯汀：《著作权之道——从谷登堡到数字点播机》，金海军译，北京大学出版社 2008 年版，第 120 页。

但联邦巡回上诉法院推翻了这一判决，理由在于："家庭用户有能力控制他们对享有版权的作品的使用，从而就为这种能力赋予了经济价值，版权法应当给予版权人开发这一市场的机会。"[1]由此，联邦巡回上诉法院否定了合理使用，并以判决支付损害赔偿金或者连续支付使用费替代禁止令，以避免录像机产业的巨大损失。但是联邦最高法院的法官们最后还是支持了该行为构成合理使用，理由在于：首先，私人对录像机的时间转换性使用不是一种商业性使用；其次，按照传统上关于损失的证明责任分配规则，对作品潜在市场的损失的举证责任应当由原告承担，即版权人必须表明存在着一种潜在的损失，但是环球公司也承认他们并没有受到损失。

案件的判决理由并没有正面回答私人复制行为是否具有正当性。私人复制行为是否免责，取决于版权人是否享有独立且不受任何限制的复制权。回顾版权法的发展历史，关于复制权的争议可能源于 1909 年美国版权法修改时的无意疏忽所造成的歧义。最初，版权的客体仅限文学作品，而随后版权法上的作品类型还囊括了诸如雕塑、雕刻等艺术作品，对这类作品的复制件生产行为，显然难以用"印刷"来描述，因此，立法上出现了"复制"这一词语。美国 1802 年到 1909 年之间的所有版权法对文学作品和艺术作品的作者权是分开规定的，复制权仅适用于艺术作品。但不论是有意还是无意，1909 年美国版权法出现了模糊之处，合并了文学作品和艺术作品的作者权内容，统一表述为"印刷、重印、出版、复制和出售版权作品"，[2]似乎开始承认复制权从仅属于艺术作品版权人扩展到所有版权人。但 1909 年美国版权法又明确区分了侵犯图书的行为和侵犯其他类型作品的行为：将对图书的侵权行为界定为未经许可"印刷、出版或进口"[3]图书；将对其他作品的侵权行为界定为未经许可"雕刻、蚀刻、操作、复制、印刷、出版或进口"[4]作品。可见，即便 1909 年美国版权法的语言造成了歧义，对作者权的正确理解仍应是"对作品复制件的市场销售的

〔1〕［美］保罗·戈斯汀：《著作权之道——从谷登堡到数字点播机》，金海军译，北京大学出版社 2008 年版，第 121 页。

〔2〕［美］莱曼·雷·帕特森、斯坦利·W. 林德伯格：《版权的本质：保护使用者权利的法律》，郑重译，法律出版社 2015 年版，第 42 页。

〔3〕［美］莱曼·雷·帕特森、斯坦利·W. 林德伯格：《版权的本质：保护使用者权利的法律》，郑重译，法律出版社 2015 年版，第 42 页。

〔4〕［美］莱曼·雷·帕特森、斯坦利·W. 林德伯格：《版权的本质：保护使用者权利的法律》，郑重译，法律出版社 2015 年版，第 42 页。

独占权"。复制限定为一种制作艺术作品复制件的行为而非通用的复制文学作品的行为，且作为一个"谓语性动词"而不能被视为一项独立的"主语性权利"。

对于在私人复制领域出现的使用者和版权人的权益交叉，需要认识到：复制可能是为了使用版权，也可能只是为了使用作品的内容，而版权人受保护的权利在于版权，但不得干涉作品出售后的使用，这也是版权法中"初次销售原则"的设置目的。消费者支付订购电视节目的费用，相当于为在电视节目上观看作品支付了使用费，因此，不论是出于收藏目的还是时间转换目的，都属于对作品的使用而非对版权之使用，不受版权的控制。但是，信息技术的确便利了私人复制，也许确有一部分消费者在私人复制之后进行市场销售或者为了盈利而进行公开表演或者展览。"法律的制定不是单纯用于阻止卑劣小人的行径，却以牺牲更广泛的社会利益为代价。"[1]版权政策的核心在于通过法定有限授权换取科学文化事业的进一步繁荣。将私人复制行为纳入版权控制范围，不仅是对公众个体隐私权的入侵，也与版权政策相悖。因此，如果复制一部电影作品不是为了在市场上公开出售、表演、展览，则应推定为个人使用或者合理使用。

实际上，从 19 世纪开始，尽管在某些情况下司法给予作者更多的保护，但总体上出于对版权本质以及版权政策四位阶的考量，美国法院反复拒绝对版权的保护范围进行扩张解释。在美国国会对版权市场的利益分配格局变动进行新的评估并作出立法修改之前，法院严格遵循已有版权立法进行解释，将重新建立市场利益分配格局的任务交给了美国国会：假如联邦最高法院的判决并没有对录像机的生产商施加法律责任，国会就可以面对这一问题，就像它面临和解决了关于有线电视对享有版权的作品的转播问题那样。如果维持原审判决，我担心各法院在今后必须负起责任，详细拟定一系列具体的法律救济措施，而这些事情若交由立法机关来处理，效果反倒会更好。[2]

（三）我国版权司法政策的产生与发展

我国版权专门立法起步较晚，《著作权法》颁布于 1990 年，但版权相关政

---

〔1〕［美］莱曼·雷·帕特森、斯坦利·W. 林德伯格：《版权的本质：保护使用者权利的法律》，郑重译，法律出版社 2015 年版，第 172 页。

〔2〕［美］保罗·戈斯汀：《著作权之道——从谷登堡到数字点播机》，金海军译，北京大学出版社 2008 年版，第 124 页。

策性文件早已有之。笔者将我国版权司法政策的产生与发展分为四个阶段：第一阶段是新中国成立后到改革开放前；第二阶段是改革开放后到1990年《著作权法》颁布；第三阶段是1990年到2001年《著作权法》第一次修改；第四阶段是2001年至今。笔者提炼四个阶段司法政策的主旨和特点，结合分析缘何部分司法审判中会出现对版权政策位阶和版权本质理解的偏离，以期未来版权司法政策的制定和修改能够更好地适应司法审判需要，回应司法疑难、统一司法尺度并适度弥补法律漏洞，指引法官作出兼具法律效果和社会效果的高质量判决。

1. 我国版权司法政策的发展演变史

在我国《著作权法》颁布之前，对版权的保护规定多以政府的各类政策性文件为主。司法政策是对具体法律适用的宏观指导，因此在1990年之前，并没有版权司法政策颁布。笔者对1990年以前历史的梳理更多是以政府的政策性文件为主。但是通过对版权保护状况的历史分析，可以窥探当前我国部分版权司法审判人员对版权司法政策四位阶保护认识不到位甚至偏离的历史根源之所在。扭转历史发展形成的惯性思维，指导司法审判人员正确认识版权的本质以及版权政策的内容，才能正确发挥司法政策对司法审判的指导作用。

（1）新中国成立后到改革开放前：版权保护的虚无状态

这一时期的法制尚不健全，版权政策的特点是政治色彩浓厚，强调出版事业不能单纯以盈利为目的。新中国成立以后颁布的第一个版权政策性文件是1950年《关于改进和发展出版工作的决议》，其确立了我国计划经济体制下出版业的任务、体制结构及发展方向，明确提出"为人民群众利益服务是人民出版事业的基本方针"。[1]这个政策性文件重在保护出版行业的利益，仅在第12条、第17条[2]涉及稿酬协商、尊重版权的原则性规定。原国家出版总署规定翻译作品应刊载原本版权说明，[3]对"擅自翻印侵害出版者及著作者版权"的

---

〔1〕　参见1950年第一届全国出版会议通过的《关于改进和发展出版工作的决议》第1条。

〔2〕　1950年第一届全国出版会议通过的《关于改进和发展出版工作的决议》第12条："稿酬办法应在兼顾著作家、读者及出版家三方面利益的原则下与著作家协商决定；为尊重著作家的权益，原则上应不采取卖绝著作权的办法。计算稿酬的标准，原则上应根据著作物的性质、质量、字数及印数。"第17条："出版业应尊重著作权及出版权，不得有翻版、抄袭、篡改等行为。"

〔3〕　参见原国家出版总署《为出版翻译书籍应刊载原本版权说明的通知》。

行为进行禁止，尽管目的仍为防止"造成政治错误"[1]。1957 年，原文化部出版局效仿苏联版权法，制定《保障出版物著作权暂行规定（草案）》，明确提出保障版权人权利的宗旨，给予几类出版物以版权保护，确定版权归属，允许权利转让以及对版权侵权行为的救济。

（2）改革开放后到 1990 年《著作权法》颁布：版权立法准备与司法政策初现

版权与自由竞争市场紧密相连，改革开放带来市场经济的信息，意味着版权事业迎来新生。改革开放后，版权制度的建立与经济全球化趋势密不可分。1979 年中美两国签署的两份协议（定）[2]均有专门的知识产权保护原则性条款。随后，中美之间就贸易中的知识产权保护问题多次协商，在美国推动下，中国抓紧恢复版权保护工作。随后，针对创作者权利及邻接权人保护的政策性文件[3]相继出台，这些文件在版权法颁布之前起着重要的规范作用。这一时期的版权保护水平有了极大的提升。尽管在现在看来，当时的版权客体范围十分有限，且诸多条款的规定不甚具体，但创作者的正当权益重新得到了国家的认可，保护范围不仅包括经济利益，还包括精神权利，并允许首次在我国出版的国外作品获得我国版权法保护，甚至邻接权人的利益也得到了保障。这是个人权益第一次成为版权立法的目标，社会版权保护意识开始产生。

但这一时期的版权立法仍体现了集体利益高于个人利益，[4]这一特点延续到了立法中。1990 年《著作权法》第 4 条规定："依法禁止出版、传播的作品，不受本法保护。著作权人行使著作权，不得违反宪法和法律，不得损害公共利益。"版权的授予以该作品符合国内法律规定为前提。

这一时期，版权司法政策性文件也开始出现，与立法上的集体主义倾向一

---

〔1〕　参见原国家出版总署《关于纠正任意翻印图书现象的规定》："我署屡次收到……来函，报告各地机关团体任意翻印各出版社所出的书籍，侵害出版者及著作者版权，妨碍对出版工作的有效的处理和计划发行，引起版本混乱情事……我们认为这种现象弊害甚多，不但打乱出版发行计划，造成很大的浪费，而且版本混乱。容易造成政治错误，应加以纠正。"

〔2〕　参见《中华人民共和国国家科学技术委员会和美利坚合众国能源部在高能物理领域进行合作的执行协议》和《中华人民共和国和美利坚合众国贸易关系协定》。

〔3〕　如 1980 年原国家出版局《关于书籍稿酬的暂行规定》，1982 年《录音录像制品管理暂行规定》，1984 年《图书、期刊版权保护试行条例》《美术出版物稿酬试行办法》等。

〔4〕　如《图书、期刊版权保护试行条例》第 14 条："为了国家利益，文化部可将某些作品的版权收归国有并延长其有效期限"。

致，对创作者个人权利的保护意识尚未完全树立。[1]1990 年最高人民法院发布《关于认真学习、宣传和贯彻执行著作权法的通知》，这是版权专门立法颁布以后第一个综合性的版权司法政策性文件，强调各级法院要加强对版权立法精神和法律条文的理解，并规定停止执行最高人民法院过去制定的与现行立法相抵触的一切规定与解释。版权司法保护意识随着立法工作的开展而强化，但司法政策中存在倡导以行政执法手段代替司法裁判的倾向。

（3）1990 年到 2001 年《著作权法》第一次修改：与国际接轨，强化版权保护

这一时期是改革开放的探索起步时期，也是版权立法积极与国际接轨时期。[2]由于当时我国没有参加相关的国际条约，1990 年《著作权法》更多考虑到我国有限的科技文化发展水平，因此在版权保护的规定上并没有完全与国际条约保护水平保持一致。但为加入世界贸易组织，我国版权立法须与《与贸易有关的知识产权协议》的规定一致。这一阶段美国的贸易施压同样是我国加速版权修法的重要推动力。1992 年中美签署《关于保护知识产权的谅解备忘录》后，我国以国务院规定的形式承认，我国参与的任何国际条约，除参加时声明保留的条款外，均自动成为我国版权法律体系的一部分。[3]这对我国司法实践的影响无异于事实上的修法。我国于 2001 年对《著作权法》作出了修改，一是为了解决版权立法与《与贸易有关的知识产权协议》接轨的问题，二是增加信息网络传播权的内容。值得注意的是，在《著作权法》修改后，司法机关可以针对版权侵权案件采取临时保护措施，关于侵权损害赔偿额度和侵权人举证责任的规定也第一次出现在版权立法中，体现出版权司法保护力量的进一步增强。

---

〔1〕 如 1987 年最高人民法院对云南省高级人民法院相关版权案件请示的批复称，对于单位作品，合作作者中的一人未经其他合作者的同意修改原作不构成侵犯版权的行为。最高人民法院的批复体现了创作者对单位作品甚至不享有署名权。但 1990 年对四川省高级人民法院的批复又体现了对创作行为的正确划定，体现了对个人权利的恰当保护。参见最高人民法院《关于著作权（版权）归主办单位所有的作品是否侵犯个人版权问题的批复》、最高人民法院《关于刘品础诉叶毓山著作权一案的复函》。

〔2〕 参见 1981 年原国家出版局《加强对外合作出版管理的暂行规定》。

〔3〕 郑成思：《世界贸易组织与贸易有关的知识产权》，中国人民大学出版社 1996 年版，第 7 页。

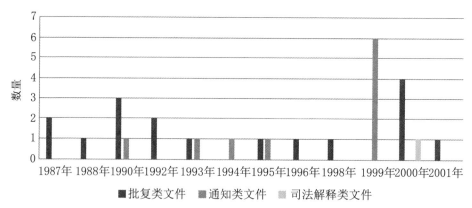

图 1　1987 年至 2001 年历年版权司法政策性文件数量统计 [1]

这一时期版权司法政策主要有以下几点内容：一是，审理涉外版权案件时优先适用国际条约的规定；[2] 二是，司法保护意识开始增强；[3] 三是，对部分版权侵权行为进行刑法规制；[4] 四是，关于网络版权纠纷审理的司法解释陆续发布。[5]

（4）2001 年至今：探索立法与执法的协调

在第一次修法以后，我国版权保护的强度与范围有了"较大的提升"，[6] 版权司法政策性文件逐年增加，尤以 2014 年至 2018 年为甚。版权司法政策的内容从实质性规定扩展到程序性规定，对各级地方法院版权案件的管辖作出了安

---

〔1〕　表格数据统计方法及来源：登录北大法宝，依次点击"法律法规"、"发布部门：最高人民法院"、"法规类别：知识产权–著作权"和"效力级别：司法解释"。图中未显示的年份没有相关文件发布。

〔2〕　参见最高人民法院《关于深入贯彻执行〈中华人民共和国著作权法〉几个问题的通知》。

〔3〕　参见 1994 年最高人民法院《关于进一步加强知识产权司法保护的通知》。根据最高人民法院《关于深入贯彻执行〈中华人民共和国著作权法〉几个问题的通知》的规定，符合起诉条件的软件版权纠纷案件，无论是否经过有关部门登记，人民法院均予受理。

〔4〕　最高人民法院《关于适用〈惩治侵犯著作权的犯罪的决定〉若干问题的解释》。

〔5〕　参见最高人民法院《关于审理涉及计算机网络著作权纠纷案件适用法律若干问题的解释》。

〔6〕　例如，自 2001 年加入世界贸易组织（并因此加入《与贸易有关的知识产权协议》）以来，这些规范在中国就可以直接适用于保护文学和艺术作品，一如它们在美国、欧洲以及伯尔尼–世界贸易组织体系的其他国家所适用的那样。并且，中国于 2007 年加入了世界知识产权组织的两个条约——《世界知识产权组织版权条约》和《世界知识产权组织表演与录音制品条约》，从而迈入了在数字时代为创造性作品和制品提供最先进之保护标准的国家行列。

排并开始设立知识产权法庭以及专门法院。版权侵权案件的量刑开始提高，尤其是关于刑事犯罪的规定对侵权行为构成了更强的威慑。司法保护力度的加强并没有带来预期的版权侵权案件显著减少，司法和行政执法中开始出现打击越来越严而侵权却越来越多的怪现象。有学者认为，"与其说是立法的不健全导致了侵权行为的频发，不如说这种侵害来自于制度深层的缺陷"。[1]司法机关显然亦注意到立法与现实之间的不协调和不适应，调整版权立法在司法中的适用以符合国情发展所需势在必行。最高人民法院（有时与最高人民检察院及公安部联合发布）对司法政策四位阶保护作出了宏观性的引导，但由于政策内容的高度概括性和原则性，在司法审判人员理解过程中可能产生歧义，部分版权案件的审判结果出现了明显偏离甚至违背版权政策位阶和版权本质的情况。比如2018年的金庸诉江南案，是否属于典型的对版权政策位阶认识不到位，对"严格保护""以反不正当竞争法对版权补充保护"等政策宗旨产生理解偏差，就值得研究。

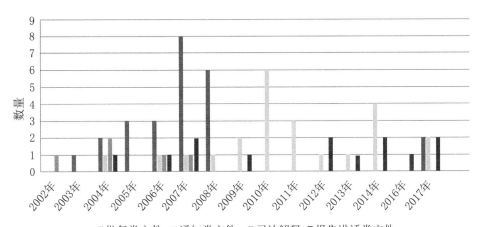

图 2　2002 年至 2017 年历年版权司法政策性文件数量统计[2]

---

〔1〕　李雨峰："思想控制与权利保护——中国版权法的历史演变"，西南政法大学 2003 年博士学位论文。

〔2〕　表格数据统计方法及来源：登录北大法宝，依次点击"法律法规"、"发布部门：最高人民法院"、"法规类别：知识产权－著作权"和"效力级别：司法解释"。图中未显示的年份没有相关文件发布。

2. 现阶段司法机关对司法政策四位阶保护的解读——基于对金庸诉江南案的评述

现阶段对版权人利益的严格保护在审判实践中得到了充分的体现。但是，版权人利益的严格保护并非版权司法政策的全部内容，司法审判所要实现的是版权立法的整体目标，尤其是"促进学习"这一根本政策目标。从外部情况看，以美国为首的西方国家是推动我国提升版权立法保护的重要力量。自 20 世纪末开始，西方学者也在逐步纠正"盗版危害论"。美国作家对版权适度保护曾有过一个精彩的比喻："与其认为版权是一种绝对的所有权，不如以税收制度作类比，税收要保护，但不是赋税越重后续收入就越多；版权保护要严格，但严格过度同样有害无益。"〔1〕我国目前的司法实践中存在的一个明显倾向就是将版权司法政策的目标片面理解为对版权人利益的严格保护，而忽视了对版权立法宗旨中所含四项政策内容与价值位阶的全面认识，对合理使用等行为进行过于严格的认定，从而使司法保护的天平倾向版权人一侧。笔者以 2018 年的金庸诉江南案〔2〕为例，尝试分析当前司法审判人员对司法政策四位阶保护容易出现的解读误区。

该案一审法院认定被告的创作行为不构成版权侵权行为，但以构成不正当竞争为依据判决被告停止侵权并销毁未出售书籍。笔者认为这样的裁判结果源于审判人员对司法政策中关于正确处理反不正当竞争法与版权法关系之指导意见的误读。正如前文所述，版权立法宗旨中四位阶政策的设计潜藏协调各级政策冲突的考量，冲突协调机制通过权利的授予与权利的限制来运作，后者的存在即为防止版权人权利不当扩张。当前之所以出现反不正当竞争法过度渗入版权诉讼的现象，原因就在于司法实践中对版权利益平衡功能有意或者无意的忽视。在金庸诉江南案中，被告本可以合理使用进行抗辩，制止版权人滥用权利。最终法院通过适用反不正当竞争法，在实质上实现了扩张保护的效果，可能在一定程度上阻碍相关作品的创作。

我国《著作权法》对合理使用进行限定，规定了合理使用的适用情形，无法满足多样化的司法实践需求，在法律尚未拓展列举的情形下往往减轻版权的限制，造成使用者与权利人之间利益的失衡。最高人民法院 2011 年颁布的司法

---

〔1〕　程明霞："英国'知识产权委员会'（CIPR）报告摘要　《整合知识产权与发展政策》"，载《信息空间》2004 年第 4 期。

〔2〕　广东省广州市天河区人民法院（2016）粤 0106 民初 12068 号。

政策借鉴美国版权法上的四要素分析法，对我国的合理使用原则作适当的扩张性解释。[1]当前，部分审判人员缺乏对合理使用重要功能的认识，对合理使用四要素的解读更多从权利限制的角度出发。限制权利不是取消权利，而是为了更好地行使权利，这在版权制度中尤为凸显。笔者在下文将结合版权政策与司法政策中的四要素分析法，论述江南对金庸小说的转换性创作行为符合合理使用标准。

（1）使用的性质与目的：不应绝对排除商业性使用

这一点也是合理使用认定过程中较具争议的因素。各国立法和司法上都倾向于认为非商业性使用更有可能构成合理使用，比如我国立法上列举的 13 种使用情形均属于非商业性使用。本案法院亦以江南的后续发行行为属于商业性使用为由，否认其构成合理使用。但笔者认为不宜以非商业性使用为合理使用的决定性考量因素。

这一误导性倾向源于对两个概念的混淆：一是，将合理使用抗辩与个人使用豁免相混淆。合理使用原则不仅适用于个人使用者，还适用于竞争者。版权侵权纠纷往往发生在市场竞争者之间，因此多是竞争者以此作为侵权抗辩，这也就可以解释缘何非商业性使用成为合理使用的首要考量因素。二是，将"对版权的整体使用"与"对作品内容的使用"相混淆。使用版权必然会涉及对作品内容的使用，但使用作品的部分内容不一定会使用版权，比如对作品中的公有领域因素进行使用，就不受版权人的私权规制。合理使用制度作为一项权利限制，约束的是版权使用行为，而不是对作品内容的使用，只有版权才存在被侵犯之虞。合理使用制度允许竞争者或使用人有限制地使用作品中不构成版权客体的部分内容，但不允许使用权利人的整体版权，也就不存在版权所保护的市场利益被侵害之说。因此，商业性使用并不必然排除合理使用成立的可能性。江南利用金庸小说中的部分要素创作一部全新的作品，在使用性质和目的上符合合理使用的要求。鉴于司法实践中绝对排除商业性使用存在合理使用可能性的错误倾向，笔者认为司法政策有必要进一步强调为了促进学习和激励创新，合理使用既包括非商业性使用，也包括商业性使用。

----

[1]　最高人民法院《关于充分发挥知识产权审判职能作用推动社会主义文化大发展大繁荣和促进经济自主协调发展若干问题的意见》第 8 条："在促进技术创新和商业发展确有必要的特殊情形下，考虑作品使用行为的性质和目的、被使用作品的性质、被使用部分的数量和质量、使用对作品潜在市场或价值的影响等因素，如果该使用行为既不与作品的正常使用相冲突，也不至于不合理地损害作者的正当利益，可以认定为合理使用。"

（2）使用行为对作品价值或潜在市场的影响

竞争关系影响作品的市场份额或者潜在市场，尽管江南的行为不构成版权侵权，但也不排除由于存在不正当竞争关系而适用反不正当竞争法规制。法院认为江南的行为成立不正当竞争的理由在于：[1]江南利用金庸小说中的人物已有的市场知名度与号召力增强了自己的竞争优势，却挤占了金庸小说的潜在市场空间或市场份额。笔者对此提出不同意见：一是，法官的审理思路显然是不自觉受到了普通法版权理念的影响，在没有明确法律规制的情况下，习惯于依据劳动财产权理论认为作者对其智力劳动成果享有类似有形财产权的所有权。对此理论，笔者在美联社诉国际新闻社案中已予反驳，在此不赘述。竞争关系需要结合二者的实际销售市场来认定。江南创作的同人小说明显是对金庸小说的戏谑，一般情况下不会有人因为小说人物名称上的重合而产生混淆，比如误以为《此间的少年》是金庸的小说而购买，或者因诋毁而导致原作品社会声誉受损、销量下降。笔者认为，涉案作品与金庸小说并不构成竞争产品，而是属于互补产品。涉案作品在写作风格、创作主体、目标销售群体与市场地位上都不存在重合关系，反而可能由于涉案作品的出版而吸引之前从未接触过金庸小说的新群体，使其出于对《此间的少年》中人物的好奇而去阅读金庸小说，不仅提高了原著的市场知名度，还可能扩大潜在销售市场。当然，盈利增加只是推论，具体还需举证，但不应认定成立竞争关系。二是，关于被告的行为属于不当夺走原告可预期收益，[2]法院并没有详细说明，原告也未举证，原告经济损失部分的主张也仅仅以被告一方的获利作为依据，对自己因被告侵权行为所受的损害并未具体举证。笔者认为，首先，如果版权人对潜在市场的主张如此轻松，那么按照字面解释，任何商品都有其潜在市场，任何使用行为都会侵占其预期收益，从而可以凭借这一条彻底否定合理使用制度，但是这显然构成了

---

〔1〕　广东省广州市天河区人民法院（2016）粤 0106 民初 12068 号民事判决书："被告利用这些元素创作新的作品《此间的少年》，借助原告作品整体已经形成的市场号召力与吸引力提高新作的声誉，可以轻而易举地获得经济利益，客观上增强了自己的竞争优势，同时挤占了原告使用其作品元素发展新作品的市场空间，夺取了本该由原告享有的商业利益……属于以不正当的手段攫取原告可以合理预期获得的商业利益，在损害原告利益的前提下追求自身利益的最大化，对此被告并非善意。"

〔2〕　广东省广州市天河区人民法院（2016）粤 0106 民初 12068 号民事判决书："在利用读者对原告作品中武侠人物的喜爱提升自身作品的关注度后，以营利为目的多次出版且发行量巨大，其行为已超出了必要的限度，属于以不正当的手段攫取原告可以合理预期获得的商业利益，在损害原告利益的前提下追求自身利益的最大化。"

版权滥用。笔者认为对潜在市场的司法认定应当严格把握，例如版权人可以举证已经有明确的潜在市场的创作行为或者准备，不能默认"版权人可以贪婪地对尚未规划且无确定日期的市场主张权利，从而继续控制版权作品"。[1]其次，即便的确存在潜在市场，根据民事诉讼法上的举证规则，亦应由原告举证证明。

（3）对作品的使用量与作品的性质

笔者认为，使用量是一个变化的概念，必须综合考量被使用作品的规模与新作品的规模，以及被使用作品与公共利益的关联度。一般作品与公共利益的关联度越高，成立合理使用的可能性就越大。这是由于版权政策的根本目标在于促进学习，对与公共利益密切相关的作品，更需要确保公众接触的可能性，合理使用制度就是在版权保护范围内为公众接触打开的一个缺口。作品与公共利益的关联度很大程度上影响合理使用的成立可能性。但是，使用的数量依然是重要的考量因素，不能以公共利益之名否认特定作品的可版权性。这也可用下面这组概念来解释：受版权保护的独创性表达与处于公有领域的文化因素。但由于两者很多时候互相交织而难以完全剥离，使用作品内容的数量占整个版权表达的比例就成为一个重要的参考标准。另外，根据版权政策的公共利益原则，可以根据作品与公共利益的关联度适当调整使用量标准。由此笔者主张对被使用作品内容的数量和质量综合考量。

在本案中，《此间的少年》借鉴的皆是金庸小说中独具特色的人物，给无数读者留下了深刻的印象，这也是法院在判决中认定江南的创作行为是不当"搭便车"的重要原因。笔者并不否认这些小说人物的独创高度，但正如美国法院在那桩著名的滑稽模仿案件判决书中所写的："滑稽模仿应当获得足够的空间，这不仅因为滑稽模仿艺术需要对原作品进行某种程度的复制，而且因为它服务于一个更高层次的文化目的——打破文化偶像。"[2]

《此间的少年》建立起与金庸小说对应关系的必由之路就是部分复制原作中最为读者所熟悉的部分。其他要素的适用都不与版权人的利益相冲突，即便是使用了版权人的部分独创性元素，也不应当以此为由全然否定合理使用的可能

---

〔1〕［美］莱曼·雷·帕特森、斯坦利·W. 林德伯格：《版权的本质：保护使用者权利的法律》，郑重译，法律出版社 2015 年版，第 165 页。

〔2〕《哦，漂亮女人》（O, Pretty Woman）版权人诉 2. Live Crew 乐队版权侵权案。转引自［美］保罗·戈斯汀：《著作权之道——从谷登堡到数字点播机》，金海军译，北京大学出版社 2008 年版，第 3 页。

性，因为版权的本质决定了其不是毫无限制的绝对权利。

综上，以合理使用等权利限制为界，版权政策可以利用内在的利益平衡机制，通过有限的限制竞争促进更高层次的自由竞争；只有版权调节机制难以触及的情况，才需要借助反不正当竞争法加以规制。版权法与反不正当竞争法在维护市场自由竞争上殊途同归，反不正当竞争法延伸保护反而会降低市场活跃度，这也是司法政策中相关规定[1]的应有之意。

当前阶段我国司法实践过度倾向于保护版权人与英美法系国家存在的版权司法政策四位阶保护认识误区类似，皆产生于对版权本质与版权政策位阶关系的模糊认知，过多地以一种普通法上的劳动财产权理论去拓展版权的保护边界。正如有学者所言，"自然权利学说有着道德本能上的感召力"，[2]英美法系国家及我国的司法人员都深受这一学说的影响。英美法系国家是版权制度的起源地，素来有普通法财产理论的传统，但我国并没有以著书立说为私人财产的历史传统，千百年来，士子大夫、文人墨客希望借由著书立说来实现自己的安邦定国之志、扬名立万之愿，可能在他们的价值观中，"名"更胜于"利"。这种重义轻利的观点直到现在还有着深厚的文化基础。新中国成立后直到第一部版权法诞生，我国版权保护政策的价值导向一直都是集体主义至上，知识分子的劳动价值在于以文学艺术创作服务于集体利益。现行版权法在很大程度上源自改革开放的现实需要，而不是主要源于民族文化血脉里对个人就其文化创作成果享有自然权利的重视。[3]

目前，我国版权立法已经符合相关国际公约的最低保护标准，因此，完善版权保护的重点在于协调版权立法与现实国情之所需。要实现版权立法与市场经济、民主文化、民族文化的协调，就必须根据版权立法宗旨中所含的政策位阶指导执法工作的开展，过分强调保护版权人只能导致揠苗助长的悲剧。事实上，在发达国家，已经出现限制版权保护范围的主张，其认为过于宽泛的版权

---

〔1〕 参见最高人民法院《关于当前经济形势下知识产权审判服务大局若干问题的意见》第 11 条："妥善处理专利、商标、著作权等知识产权专门法与反不正当竞争法的关系，反不正当竞争法补充性保护不能抵触专门法的立法政策，凡专门法已作穷尽规定的，原则上不再以反不正当竞争法作扩展保护。凡反不正当竞争法已在特别规定中作穷尽性保护的行为，一般不再按照原则规定扩展其保护范围；对于其未作特别规定的竞争行为，只有按照公认的商业标准和普遍认识能够认定违反原则规定时，才可以认定构成不正当竞争行为，防止因不适当地扩大不正当竞争范围而妨碍自由、公平竞争。"

〔2〕 参见崔国斌："知识产权法官造法批判"，载《中国法学》2006 年第 1 期。

〔3〕 参见沈仁干、钟颖科：《著作权法概论》（修订版），商务印书馆 2003 年版，第 21 页。

保护将抑制有效竞争。

3. 当前我国版权司法政策的任务与定位：深化对版权本质与立法宗旨的认识，实施四位阶保护

"版权作为一种财产权的产生是英国阶级革命前后政治、经济、意识形态三大结构发生功能耦合的结果；反过来，其也为新兴资本主义社会的发展提供了一种重要的制度保障。"[1]美国版权法在继承英国版权法的基础上发展而来，相比英国版权法有了更明确的版权政策，版权价值的逻辑链条也更为明晰，版权政策中无论是保护作者还是促进学习，都是对文化作品中"人"的价值的确认，保障文化作品的传播是为了保护其中蕴含的个人权利。不论是普通法版权理念还是法定有限授权理念，都不会反对这个核心价值。

正是因为对版权保护范围与程度的理解不同，普通法版权经常与制定法版权发生司法审判上的冲突，并且对版权本质的认识混淆一直延续到了今天，在我国司法审判人员的思维中亦可以找到普通法版权理念的痕迹。司法审判人员要正确认识版权政策的位阶设计，强化司法政策四位阶保护。不是为了保护而保护，而是为了增进人的价值而保护，这个保护过程也是进行利益平衡的过程。

同时，司法审判是一个复杂的过程，其受到法律的目的、价值和功能等基本问题的影响，而且法官与司法体系的价值观也会对具体审判中的利益衡量产生影响。正如美国法官所言："法律的产生、法律的成长以及法律的制度设计与目的看似高度抽象，与审判过程中的事实细节把握相去甚远。但正是这些原则性与抽象性，指导审判进程，影响法官思维，最终主导争议解决。"[2]同时，司法只能在现行法律框架内，在版权法中蕴含的四位阶政策的指引下进行利益平衡。英美版权司法实践的一个显著特点是针对新型权利客体涌现而采取司法克制原则。尽管判例法国家的法院实际上也拥有"立法权"，但版权本质上的制定法权利属性要求法院将版权立法工作留给立法机关。这一点对本就属成文法系的中国更具启示意义：不论是宏观的司法政策制定还是微观的司法案件审理，都不能背离法治精神。司法政策并非要在制定法之外成立一个特别法，否则可能有违司法权威和法治统一。

---

〔1〕 金海军：《知识产权私权论》，中国人民大学出版社 2004 年版，第 89 页。

〔2〕 [美]本杰明·N.卡多佐：《法律的成长 法律科学的悖论》，董炯、彭冰译，中国法制出版社 2002 年版，第 17 页。

三、版权立法宗旨下我国版权司法政策的解读与完善

司法政策的作用体现在对司法实践的宏观指引与对司法疑难的具体回应，以统一司法尺度、弥补法律漏洞。在 2016 年全国法院知识产权审判工作座谈会上，最高人民法院副院长陶凯元提出了"司法主导、严格保护、分类施策、比例协调"〔1〕四项司法政策，确定了版权保护的执行主体、实践标准以及协调政策间冲突的方法与限度。但司法政策内容的高度概括性使其在司法实践中存在被多样解读的可能性，如不当限缩或者扩张版权保护范围，以致审判结果有违版权本质，偏离版权立法宗旨。笔者将依据立法宗旨中的四位阶版权政策，对知识产权司法保护总纲要在版权领域的贯彻实施进行细化解读，提出完善建议，以期能够对司法实践有所启发，更好地发挥版权司法政策回应司法疑难、统一司法尺度、弥补法律漏洞的作用，引领审判实践实现版权司法政策四位阶保护。

（一）版权保护执行主体：强司法保护

对于任一位阶的版权政策而言，司法程序都是最有效的贯彻和维护的渠道。当前我国版权保护的鲜明特点是行政和司法两条途径、协调处理。以司法程序解决版权纠纷是国际通行的，且审判人员相较于行政执法人员具有更高的法学专业素养，对版权法律和版权政策有着更为精准和恰当的理解。区别于行政程序的主动性、不对等性，司法程序在可预期性、规范性和中立性方面具有明显优势，由当事人主动提起的诉讼也契合版权的经济功能和利益平衡规范；在处理结果的公信力方面，司法程序凭借更加规范的审判依据和公开透明的完备说理，更有利于使处理结果获得良好的社会效果。因此，由司法机关担任版权保护的执行主体是必然选择。然而，目前我国司法审判力量不足，且版权领域对审判人员的专业素养有着更高的要求。同时，版权领域产业竞争异常激烈，由此引发的大量版权纠纷亟需通过司法途径得到快速而高效的解决。"迟来的正义非正义"，文化产业的快速发展对争议解决的及时性、便利性和有效性提出了更高的要求。相比于复杂冗长的司法程序，灵活、高效的行政程序无疑更能快速定分止争。对此，笔者认为，在未来一段时间内，司法主导需要强调两个方面

---

〔1〕 参见陶凯元："知识产权司法保护要努力践行'司法主导、严格保护、分类施策、比例协调'四项司法政策"，载 http://www.360doc.com/content/16/0707/23/26437691_5738 96524.shtml，最后访问时间：2022 年 6 月 25 日。

的内容：一方面，提高司法救济的及时性与全面性，实现对立法宗旨中四位阶版权政策的全方位贯彻与有效落实，以程序的有效性与救济的全面性强化公众的司法主导观念；另一方面，改革行政程序，在司法机关之外，构建版权保护中的另一"准司法机关"。以司法与行政衔接过程中对行政程序的前置增强公众的司法终局意识，使得行政成为司法的辅助性力量和配套措施。两条途径互相协调，优势互补，共同致力于在立法宗旨指导下实现司法政策四位阶保护。具体而言，可以分为以下几个要点。

1. 完善司法程序，实现司法政策四位阶保护的全面贯彻

司法保护的有效性和权威性决定了在司法和行政两条保护途径中，司法占据主导地位。但是，目前司法制度设计尚未完善，确保权利救济的及时性是司法保护的主要改进方向之一。版权法上公共利益受侵害时的司法救济程序有待完善，对目前司法保护存在的部分偏离版权政策位阶的情况应予重视。在对司法程序的完善方面，应当从提高司法救济的及时性和建立公共利益司法救济程序两个角度切入，具体改进内容又可进一步细分为以下四点。

（1）培养、壮大高素质法官队伍，推广版权审判简易程序

实现司法主导的前提是司法能够实现对权利的有效救济，这需要对现行司法程序的设置进行适当调整，在提高审判效率的同时实现政策目标，确保不因程序上的精简而损害实质正义。设立简易程序是提高司法审判效率的重要路径。早在2000年，北京市高级人民法院就曾提出对部分知识产权案件适用简易程序进行审理。但民事诉讼法修改中对版权领域的简易程序未有明确规定，因此各级人民法院适用简易程序的依据仍以各地区高级人民法院发布的地方司法政策为主。除北京市外，浙江省、上海市、江苏省高级人民法院相继发布关于部分知识产权案件适用简易程序进行审理[1]的规定。但根据目前相关高级人民法院的规定，对简易程序适用之规定主要体现于管辖法院、审判资格要求以及审判标准方面，版权审判简易程序适用的重点在于原被告集中或者统一的批量维权案件，并特别规定排除涉及在先行政行为的案件。总体而言，司法改革的步伐尚未完全放开，简易程序在版权诉讼领域的适用相较于民事诉讼法上的适用范围更显严格控制、谨慎把关的态度。当然，这也与版权纠纷案情复杂和符合

---

〔1〕 浙江省高级人民法院《关于适用简易程序审理部分知识产权民事纠纷案件的规定》、北京市高级人民法院《关于部分知识产权案件适用简易程序进行审理的规定（试行）》、上海市高级人民法院《关于部分知识产权案件适用简易程序进行审理的意见（试行）》。

资质的审判人员有限有关。例如，北京市高级人民法院规定，只有"具有三年以上知识产权案件审判经验"[1]的法官才可以独任审判。进一步推广简易程序，需要加强版权审理专业人才的培养，因为人才的缺乏是阻碍制度推广的重要因素。最高人民法院响应中共中央出台的相关政策，[2]发布公告面向社会公开吸纳相关领域优秀人才担任审判人员。[3]这一选拔虽非为基层人民法院遴选专业人才，但是地方各级人民法院未必不可尝试。未来，随着最高人民法院这一制度运行逐渐成熟，可以期待其以司法政策的形式推广专家学者担任审判人员的模式。

除了外部人才引进，通过规范管理、业务培训常态化和制度化，提高审判人员审判素养，亦是壮大高素质审判队伍的重要渠道。例如，加强新类型案件研讨，提倡"一案一钻研"，鼓励法官主动参与新型版权纠纷案件的研究与讨论。又如，注重类型化分析，尝试"一类一总结"，定期归纳法院对同类型案件的审判经验并开展经验交流，群策群力，减轻法官个人学习负担，提高对处理新案件的新思维、新方式的吸纳效率。

（2）建立版权审判庭前 ADR 制度

"健全知识产权多元纠纷解决机制"[4]是目前司法政策提出的关于提升版权司法保护有效性和及时性的重要举措之一。相比传统的法院调解制度，建立版权审判庭前 ADR 制度更有助于纠纷的彻底解决，也是一条较为缓和的解决途径，有利于缓解版权政策各位阶利益的冲突，实现整体协调发展。ADR 制度的全称是替代性纠纷解决机制（Alternation Dispute Resolution），其由美国首创，现已成为各国非诉讼纠纷解决方式的统称。但该制度并非我国传统意义上的法院

---

[1]　参见北京市高级人民法院《关于部分知识产权案件适用简易程序进行审理的规定（试行）》第 2 条。

[2]　参见中共中央办公厅《从律师和法学专家中公开选拔立法工作者、法官、检察官办法》。

[3]　参见"最高人民法院面向社会公开选拔知识产权法庭高级法官公告"，载 http://www.court. gov.cn/zixun-xiangqing-136421.html，最后访问时间：2022 年 6 月 25 日。

[4]　参见最高人民法院《关于贯彻实施国家知识产权战略若干问题的意见》28 条："健全知识产权多元纠纷解决机制。坚持'调解优先、调判结合'原则和'定纷止争、案结事了'要求，加大知识产权调解力度，将调解贯穿于案件审理的全过程。高度重视在诉前临时措施案件和刑事自诉案件中的调解以及在知识产权行政案件中的协调，加强审判工作与人民调解、行政调解、仲裁等纠纷解决方式的衔接，积极支持调解和仲裁机构以及知识产权援助中心等发挥处理知识产权纠纷的作用，注意发挥行业协会、专业部门和专业人士等的沟通协商、参与调解的作用，扩大邀请协助调解的案件范围，努力提高诉讼调解率、和解撤诉率。"

调解制度，确切地说，我国民间调解制度更贴合 ADR 制度的内涵。针对中外调解制度的差异，笔者认为在法院现有基础上，可借鉴国外模式对当前的调解制度进行以下改进。

第一，进一步贯彻调审分离，聘任外部专业人士或者内部审判人员担任专职调解员。美国 ADR 制度强调调解过程保密，而我国法院调解制度有着浓厚的审调合一色彩，调解不成直接进入审判程序，调解保密难以得到制度保障；在我国，调解法官与审判法官往往是同一人，当事人在调解过程中为达成调解协议而作出的妥协和让步，不自觉地影响法官在后续审判中的裁判倾向。因此，我国法院可以聘请版权律师、学者、退休版权行政执法人员等担任专职调解员，或者指派专门的审判法官负责庭前调解，调解不成进入审判程序后，必须指派他人负责审判工作。保密工作的制度保障也使得当事人免去后顾之忧，同时专家学者的调解意见也更容易获得双方的认可，有利于调解协议的达成。

第二，在不违背版权政策位阶设计的前提下进一步保障双方意思自治。ADR 制度有一个形象的描述，即"在法律影子下进行的讨价还价"。[1]这强调除非违反强制性的法律规范，否则当事人意愿胜过具体法律规范。四位阶版权政策本就是为了确定利益分配格局，只不过为了维护社会秩序，事先以版权立法的形式确定下来。但这并不妨碍个案中双方当事人对自身的利益进行支配。尤其是对文化产业发展过程中的版权纠纷，调解工作更应重视双方冲突关系的修复，而非拘泥于侵权责任的认定，以调解协议的达成实现版权纠纷的快速解决。司法实践中法院也开始注意到在版权侵权纠纷中恰当运用调解机制修复双方关系，实现互利共赢的重要性。例如在一起学校和网络出版公司的信息网络传播权纠纷[2]中，二审通过法院调解，双方最终达成调解协议，被告自愿向原告支付版权使用费，从而解决了这起长达两年的纠纷。

（3）版权公益诉讼制度之构建

有别于版权法，专利法和商标法都为相关公共利益提供了救济途径，比如《商标法》第 49 条关于注册商标撤销的规定和《专利法》第 45 条至第 47 条关于专利权无效宣告的规定。在实践中，也确有社会个人或团体针对注册商标和

---

〔1〕 参见范登峰、李江："从美国法院附设 ADR 调解制度探索中国法院调解的改革之路"，载《西南政法大学学报》2013 年第 5 期。

〔2〕 2016 年度浙江法院十大知识产权调解案件之八：北京中文在线数字出版股份有限公司与台州市第一中学侵害作品信息网络传播权纠纷案。

专利权提起无效宣告申请的众多司法实践，例如 2005 年数名学者申请宣告飞利浦公司专利权无效的案件被称为"中国知识产权公益诉讼第一案"。目前版权立法上尚未有类似于注册商标与专利权无效宣告制度之公共利益保护设计，我国三大诉讼法亦未有针对版权公共利益之制度建构。但通过上文对英美版权法的发展历史的梳理，可知版权扩张的一个重要原因就是公众在立法和司法中的"缺席"或"失声"，这使得出版者以作者权之名获得实质上的垄断利益。我国司法审判中也有部分审判人员的版权公共利益保护意识较为薄弱，导致案件判决偏离版权政策位阶设计。因此，笔者认为除了被动地在个案裁判中考虑公共利益，也应回应司法政策中关于建立健全知识产权相关诉讼制度[1]的规定，建立版权公益诉讼制度，允许特定主体主动提起公益诉讼。相比民间团体或者个人，检察机关是保障公共利益的最佳公权力代表。2017 年《民事诉讼法》与《行政诉讼法》正式将公益诉讼责任主体确定为检察机关，但未将版权公共利益保护纳入诉讼范围。在实体和程序立法双重缺乏，司法实践中又确有保护之需的情况下，司法政策就是一个可行的"缓兵之计"。因此，笔者建议在未来制定司法政策的过程中，效仿现有的公益诉讼制度设计，规定版权公益诉讼责任主体及实施依据等内容。

（4）完善版权诉讼保全、执行程序，进一步强化司法救济的有效性

最高人民法院关于知识产权诉讼保全的司法政策已于 2019 年正式施行，这是对版权司法保护有效性和及时性的一次重大提升。由于版权客体的无形性，权利人无法实现独占性的控制，因此以国家强制力为保障的司法保护对于版权权利救济意义重大，可以有效地阻止版权人损失的发生或者扩大。令人欣慰的是，在法院对保全申请的审查考量因素中，最高人民法院明确提出了保全措施的采取应将公共利益纳入考量范围。[2]这是对版权立法宗旨之政策位阶认识的一次重大提升，有利于审判人员重视对版权政策中公共利益保护因素的考量。此外，针对保全的适用条件，在国外司法实践中曾提出一个四要素检验法：侵权认定成立的可能性、是否会造成难以挽回的损失、双方利益上的平衡和是否会对公共利益造成损害。[3]关于四要素之间的关系，美国司法判例中曾提出了

---

〔1〕　参见最高人民法院《关于贯彻实施国家知识产权战略若干问题的意见》第 32 条。

〔2〕　最高人民法院《关于审查知识产权纠纷行为保全案件适用法律若干问题的规定》第 7 条。

〔3〕　参见宋鱼水等："知识产权行为保全制度研究"，载《知识产权》2014 年第 11 期。

一个公式，〔1〕这项公式明确将公共利益作为受保护的考量因素。这一更为具体的利益衡量也可以成为我国法院具体裁量时的参考。

2. 版权行政执法改革目标：司法先行，行政辅助

（1）案件移交的程序化与制度化

案件移交程序是司法和行政保护衔接的重点制度建设方向。最高人民法院和最高人民检察院在 2004 年曾专门发布关于侵犯知识产权刑事案件的司法解释，〔2〕这项司法解释的发布对行政部门在执法过程中辨别侵权行为的性质有着重要的指导价值。2011 年，最高人民法院、最高人民检察院联合公安部发布的司法政策性文件〔3〕规定，行政机关执法过程中收集的证据经司法程序审核，可以作为证据使用。司法政策亦强调加强司法与行政部门之间的衔接与良性互动。〔4〕据此要求，2016 年 7 月，国家版权局等四部门联合开展打击网络侵权专项行动，将其中涉及犯罪的案件依法向司法机关移交。如南宁"皮皮小说网"涉嫌侵权案，〔5〕版权行政执法部门根据权利人的投诉对涉案网站进行调查，在查明案件事实后，移送检察机关审查起诉。行政执法部门凭借其专业性与执法监督的广泛性可以有效地制止侵权，快速保护版权人利益。尽管取得喜人的执法成绩，但也应注意到在实践中尚未建立起关于行政案件移交司法的具体程序法规定，案件移交具有任意性，程序衔接上的不畅导致了许多案件需要重新调查取证，既造成了司法、行政资源的双重浪费，又降低了司法程序的效率。因此，笔者

〔1〕 P×Hp>（1-p）×Hd，其中 P 是胜诉可能性、Hp 和 Hd 分别是申请人损失和被申请人损失，其中第三人损失或社会公共利益损失并没有严格的角色限制，而是根据具体案件纳入申请人或者被申请人的损失部分。转引自宋鱼水等："知识产权行为保全制度研究"，载《知识产权》2014 年第 11 期。

〔2〕 最高人民法院、最高人民检察院《关于办理侵犯知识产权刑事案件具体应用法律若干问题的解释》，最高人民法院、最高人民检察院《关于办理侵犯知识产权刑事案件具体应用法律若干问题的解释（二）》。

〔3〕 最高人民法院、最高人民检察院、公安部《关于办理侵犯知识产权刑事案件适用法律若干问题的意见》第 2 条 "关于办理侵犯知识产权刑事案件中行政执法部门收集、调取证据的效力问题"的第 1 款规定："行政执法部门依法收集、调取、制作的物证、书证、视听资料、检验报告、鉴定结论、勘验笔录、现场笔录，经公安机关、人民检察院审查，人民法院庭审质证确认，可以作为刑事证据使用。"除此之外，2012 年《刑事诉讼法》第 52 条第 2 款规定："行政机关在行政执法和查办案件过程中收集的物证、书证、视听资料、电子数据等证据材料，在刑事诉讼中可以作为证据使用。"

〔4〕 参见最高人民法院《关于贯彻实施国家知识产权战略若干问题的意见》。

〔5〕 参见 "国家版权局等四部门通报 21 起 '剑网 2016'专项行动典型网络侵权盗版案件"，载 http://www.ncac.gov.cn/chinacopyright/contents/504/313059.html，最后访问时间：2022 年 6 月 25 日。

建议最高人民法院和最高人民检察院联合制定关于涉及版权刑事犯罪的行政案件强制移交的规定，细化移交的条件和方式，明确各部门不依法移交或者接受案件的法律责任。

（2）司法通报制度与联合执法中心之构建：先立案、后查证

从行政部门与司法部门联合开展的专项行动的情况来看，目前司法并非权利人维权的首选渠道，"先行政后司法"的维权思维体现了司法政策中提出的"司法主导"目标的实现任重道远。司法解释对加强行政与司法程序的衔接，强化"司法主导"政策，具有一定的启发意义。"公益诉讼通报制度"[1]规定了法院先行立案，再通知行政部门或者由行政和司法部门组成的联合执法中心的处理方式。笔者认为，也可以建立由立案法院通报行政部门的司法通报制度。这虽然只是司法程序的适度迁移，但对于司法主导和司法终局意识的树立至关重要。司法机关凭借其更为专业的法律素养先行把关，过滤一部分明显不构成版权侵权的案件，也避免了行政执法资源的浪费，能更好地实现两条途径、协调处理、高效保护的目标。

同时，针对行政执法过程中有法不依、执法不严的问题，司法政策提出既要加强行政司法保护，又要司法监督行政。[2]对这一政策的具体贯彻，江苏省南通市中级人民法院与南通市版权局的几个合作方式值得推广：[3]一是，双方定期交流研讨，互通有无。版权局凭借及时的市场信息收集优势，为法院提供侵权行为的新方式、新变化的信息，方便法院开展事前的预案研究。二是，法院就证据搜集等程序性法律规范对版权局的执法人员开展业务培训，提升执法人员的法律意识与执法水平。三是，双方合作开展针对市场经营者的普法宣传讲座，从源头上降低侵权行为发生率。三方面的合作实现了行政与司法的双

---

〔1〕　参见杨涛："论知识产权公益诉讼中的若干问题"，载《经济研究导刊》2018 年第 19 期。最高人民法院《关于适用〈中华人民共和国民事诉讼法〉的解释》第 284 条："人民法院受理公益诉讼案件后，应当在十日内书面告知相关行政主管部门。"

〔2〕　参见最高人民法院《关于贯彻实施国家知识产权战略若干问题的意见》20 条："加强知识产权行政司法保护，依法监督行政行为，支持依法行政。依法审理各类知识产权行政案件，在合法性审查中既要保护知识产权行政相对人的合法权益，又要维护知识产权行政管理秩序，依法支持行政机关制裁侵权行为，促进知识产权行政保护。行政机关申请强制执行行政处理决定，经审查符合执行条件的，应及时裁定并予以强制执行。"

〔3〕　吕芳："知识产权司法保护之地方经验 以江苏省部分中级法院为例"，载《法律适用》2006 年第 7 期。

赢——既降低了行政执法负担，又提升了公众的司法主导意识。

（二）版权保护的实践标准：三分法严格保护

对严格保护这一司法政策在版权领域的理解，需要特别强调司法审判人员不可简单将严格保护视同仅针对版权人的保护。四位阶版权政策决定了应当实现司法上的四位阶保护，严格保护应当是结合个案，依据立法宗旨的政策位阶之设定衡量各位阶版权政策的司法保护的强度和范围。由于促进学习这一最高位阶的版权政策需要经由其他三项政策的具体贯彻来实现，笔者认为，四位阶司法保护的实践标准可以由版权保护、公有领域保留以及保障公众接触权的三分法严格保护组成。

1. 民刑并用保护版权

目前版权司法保护主要有民事和刑事两种程序，因此，加强保护也可以从这两类分别展开。

（1）根据市场价值适度提高侵权损害赔偿额度，加强民事救济

第一，作者的法定利益保护主要通过与相应的市场价值相适应、加大损害赔偿力度、完善诉讼保全和强制执行措施来实现。应在法律规定范围内根据经济发展水平的变化，因时顺势提高侵权损害赔偿额度。笔者以"司法政策"作为关键词在北大法宝进行搜索，发现在近些年来的版权判决"本院认为"部分，"司法政策"虽然不是直接作为裁判的依据，但是法院往往依据对司法政策文件和司法解释的指导性意见对现行法律条文进行理解，或者是根据最高人民法院司法政策中提出的严格保护精神，在法律规定范围内，根据涉案作品的现实市场价值确定侵权损害赔偿额度。

第二，在责令停止使用行为将损害社会公共利益的情况下，以支付适当的损害赔偿金换取被告的继续使用不失为一个两全的协调方法。例如，针对一起出版社出版的教材涉嫌版权侵权案件[1]，法院在判决书中明确指出：虽然被告行为构成侵权，但是由于涉案侵权作品属常用教科书，判令停止出版发行将不利于基于教育目的实现促进学习政策，因而根据利益平衡精神与司法政策的宏观指引，以更充分的赔偿或者经济补偿平息冲突。[2]

---

〔1〕　参见纪某诉某大学出版社有限责任公司等公司著作权侵权纠纷案，杭州铁路运输法院（2017）浙 8601 民初 2270 号。

〔2〕　参见最高人民法院《关于当前经济形势下知识产权审判服务大局若干问题的意见》第 15条："不判决停止被诉侵权行为，而采取更充分的赔偿或者经济补偿等替代性措施了断纠纷。"

　　另外，为确保赔偿额度统一，司法政策有必要根据不同区域经济发展水平的差异，对各地版权损害赔偿额度划定一个建议性的区间。实践中，各地高级人民法院也发布了有关赔偿额度的规范性文件，但在司法适用效力上存在质疑，因此需要司法政策提出一项具有权威性的指导意见。

　　（2）适度强化刑事威慑，对严重危害公共利益的版权侵权行为采取刑事制裁措施

　　从版权的私权属性角度而言，对版权侵权行为的处理一般不宜动用刑事制裁措施，这也是国际社会的共识。但是，鉴于版权与公共利益之间存在的密切联系，有必要对严重危害公共利益，或者进行源头性的大规模盗版生产活动以及屡教不改的版权侵权行为人追究刑事责任，以实现对版权各位阶价值尤其是公共利益的严格保护。同时，版权侵权责任入刑也将提高侵权犯罪成本，可以通过版权刑事法律规范的公布及版权刑事案件审判过程和诉讼文书的公开，强化刑事制裁对潜在的版权侵权行为实施人的震慑作用。2016 年至 2017 年，有关部门相继开展打击版权侵权专项行动，数个部门联合成立督导检查组，对全国数十个省市开展专项督导检查，有力地打击了严重版权侵权行为，并通过处理结果的公示强化刑事威慑。[1]

　　2. 强化公有领域保留

　　公有领域的保护不仅涉及纯粹意义上的文化产品"消费者"的利益，还与版权作者的再创作能力息息相关。因为文化不是由单个人平白产生的，而是前后相继的。有学者形象地将作品创作过程中新旧元素的交融称为代际作者之间的"连带债务"，[2]公有领域就是公平免除这些错综复杂的连带债务的关键。公共领域保留是版权政策的重要内容，亦是实现版权司法政策四位阶保护的应有之意。

　　（1）以独创高度确定保护范围与程度，防止司法不当裁量侵占公有领域

　　对作品保护期限的确定在司法审判中并不存在疑义，但对独创性的把握一直是较具主观性和争议性的司法难点。独创高度直接影响一项智力劳动成果能否被认定为作品，从而受到版权法的保护。如果独创高度较低，将会导致公有领域范围缩小。1994 年的电视节目预告表案是否涉及因不当行使自由裁量权导致侵占公有领域文化要素，值得探讨。二审法院虽然承认电视节目预告表不具

------

〔1〕　参见国家知识产权局《2016 年中国知识产权保护状况》《2017 年中国知识产权保护状况》。

〔2〕　冯晓青：《知识产权法利益平衡理论》，中国政法大学出版社 2006 年版，第 734 页。

有著作权意义上的独创性，却认为被告之行为已构成对他人民事权益的故意侵犯，应依照《民法通则》承担民事责任。这一判决得到了以梁慧星教授为代表的学者认可，其曾以"版权法所要求的独创性很低，只要并非源自抄袭而是自身脑力劳动就符合要求"[1]驳斥该案法院关于独创性的认定。这不免让人想起了版权保护最早施行的"额头流汗原则"。笔者赞成王迁教授对独创性的二分法解读。因此，从创作的难度上而言，电视节目预告表之类的简单数据汇编属于公有领域的信息，给予法律保护将会产生事实上的信息垄断后果，损害大众的信息自由权利。版权法的初衷就是以有限的垄断换取更大程度上的信息自由和文化市场繁荣，若允许超越版权法通过扩张性解释民事权利范围，额外保护缺乏法律明确规定的利益，将会导致特定信息市场完全垄断的产生，是对版权立法宗旨政策位阶之颠覆，也是私人权利和公共利益的彻底失衡。

（2）合理界定版权作品中的公有领域因素——完善合理使用制度

作为权利限制的重要组成部分，合理使用制度保障公众对版权作品的接触使用，与版权有限保护期限一道，起着维系公有领域稳定增长、促进科学文化事业繁荣的重要作用。合理使用制度是协调版权政策位阶间的冲突关系，实现私人利益与公共利益平衡的重要通道。但通过近年来对司法政策文件的分析和审判实践的考察，笔者认为，合理使用制度的重要价值尚未被司法审判人员充分认识，合理使用政策性规定被认为不利于版权严格保护目标的实现而受到部分误读。因此，有必要在司法政策中澄清合理使用的理解误区，增强这一制度的可操作性，以实现对版权人滥用权利侵占公有领域的有效规制。笔者在金庸诉江南案中的"四要素三步骤分析"正是针对当前司法审判人员由于对立法宗旨中的法律政策，尤其是对政策位阶关系缺乏整体认识，导致合理使用认定中倾向于对商业性使用方式绝对排除，对使用行为的性质认定以及影响作过分倾向权利人保护的思考，导致个案中出现了版权人借助司法保护不当扩展权利适用范围，损害既有权利授予与限制的利益平衡格局，违背版权政策位阶设计，最终损害促进学习这一最高位阶政策目标。

另外，技术措施的出现对现有版权立法宗旨政策位阶设计的冲击是颠覆性的。版权法是一个利益平衡的规范性概念，而技术措施只强化了版权人权利一端，从而可能带来整个政策位阶的颠覆。技术措施固然可以强化版权人对其版权作品的使用控制，但问题在于这是预先设定在作品之上阻止一切他人实施某

---

[1] 参见梁慧星："电视节目预告表的法律保护与利益衡量"，载《法学研究》1995年第2期。

种行为的手段，这也就意味着即便构成合理使用，也可能被认为阻断使用的可能性。因此，技术措施的设立也被人称为实现了版权人的"私人立法"。笔者赞成以合理使用制度对其进行法律调整："传统版权法关于合理使用的规定与新技术条件下关于技术措施的保护与限制相结合，是版权人在版权法框架下采取自力救济措施、维护权益的较好模式。"[1]我国立法和司法政策都有关于技术措施的规定，但都未正面回应或调整技术措施与版权政策位阶之间的本质冲突。现实中有关技术措施与版权侵权认定存在密切的联系，笔者认为司法政策有必要填补这一块空白，可以仿效《美国数字千年版权法》[2]将合理使用制度等权利限制手段引入技术措施，防止其可能导致的现实制度运作违背立法宗旨中的政策位阶设定。

3. 规制版权滥用，保障公众接触权

版权滥用是指超越权利保护范围而行使权利的行为。司法实践中，既要严格保护版权，又要防止版权的行使超过法定的授权范围而损害公共利益。严格保护版权与防止版权滥用在本质上并不冲突。严格保护是指严格按照法定授权范围保护版权，而限制版权滥用也是为了防止版权行使超过法定的边界。这个边界的确定依旧来源于对版权涉及的公私利益的平衡，现实中往往是版权人一方的权利行使超过了合法的限度而妨碍公众学习权和接触权的实现。对版权滥用的规制可从以下两方面展开。

（1）规制版权法中对人身权利的滥用行为

笔者采用"版权"之称强调区分作品所有权和版权所有权，主要是为了强调版权的"市场原则"，以确保公众接触目标的充分实现。笔者亦明确赞同作者对其作品享有人身权利。作品所有权由人身权和财产权组成，不可让渡的人身权具有对世性，可让渡的财产权则用以控制作品市场销售。作品所有权与版权所有权的区分是作者权利法能够且应当进一步发展的关键。人身权长期以来在版权法体系中不受重视是导致版权的本质属性是财产权这一片面认识的主

---

〔1〕 李扬主编：《知识产权的合理性、危机及其未来模式》，法律出版社 2003 年版，第 270 页。

〔2〕 1998 年公布的《美国数字千年版权法》承认对技术措施给予法律保护，将版权人与为作品提供技术措施保护的网络服务提供者均纳入技术措施权的主体范围，同时禁止三类技术措施，最为重要的是规定对禁止装置的制度补充：①非营利性图书馆、档案馆和教育机构免责；②公务活动的例外；③为合法获得他人计算机程序复制件进行的反向工程；④加密解密研究与安全测试；⑤保护私人信息的例外；⑥保护未成年人的例外。参见李扬主编：《知识产权的合理性、危机及其未来模式》，法律出版社 2003 年版，第 270 页。

要原因。由于没有人身权的限制，版权可以完全转让给出版商，出版商正是利用这一点长期借作者之名行垄断市场之实。尽管版权法在历史上一直为了调整作者相对于出版商的不利局面而扩大作者的权利控制范围，但最终凭借作者权的"打包"转让而造成了事实上的版权扩张，出版商垄断局势有死灰复燃之势。本质上，人身权才是完完全全属于作者的专属性权利。只有确立版权法中的人身权原则，才能"全面保护"作者对其作品的"所有权"。人身权原则的缺失误导法官只从作品的经济属性去认识版权的属性，从而缺失对版权所具有的其他社会价值，尤其是立法宗旨中最重要的促进学习政策目标的认识。

不过，笔者认为版权法中的人身权原则应当服务于公共利益。通过保障作者署名权，公众得以识别创作人；通过保障保护作品完整权，公众可以从作者的努力结果中受益。这里似乎存在一个矛盾：既然上文说作品的所有权中包含人身权，为何版权法中的人身权原则不是服务于作者？这就需要我们再次认识版权使用与作品使用、版权所有权与作品所有权的区别。版权的使用主要是对作品复制件的销售使用而非对作品原件（除了绘画作品之类的特殊艺术作品）的使用，版权被转让不代表作品也被同时转让，包含在作品所有权概念中的作者人身权自然只能限定于创作者，不随版权而转让。将版权所有权和作品所有权视为一体可能会产生一种矛盾现象：由于承认作品所有权中的人身权，基于人身权不可转让而阻止版权的转让，无法产生版权的经济效益；或者基于人身权中的保护作品完整权，作者可以任意阻止他人对作品的合理使用，或者以损害作者名誉权和隐私权为由阻止滑稽模仿、恶搞和讽刺体裁的创作，甚至阻挠历史学家和传记作家的合法行为，这无疑会使版权从反对竞争者对版权的使用演化为反对一般意义上的使用者对作品的使用，从而阻碍使用者接触使用作品，无可避免地抑制促进学习这一版权法政策目标的实现。

（2）恰当适用反不正当竞争法规制版权滥用行为

正如笔者在金庸诉江南案中所言，版权法自身虽然兼具反垄断与反不正当竞争功能，但其保护具有不彻底性，尤其体现于版权人不享有实质意义上的权利却利用版权合同限制相对人接触使用版权作品。但是当这种"有条件接触"或者"禁止接触"的对象，尤其是处于公有领域中的文化要素，本就符合版权立法宗旨中促进学习的政策目标时，这种行为就构成了滥用版权。当版权人的行为构成滥用版权，但是不属于版权法的授权内容时，也无法通过版权制度上关于权利限制的规定加以规制。反不正当竞争法发挥的补充作用有利于维护文化市场竞争秩序，促进文化创新源远流长。但需特别指明的是，这种保护应当是穷尽了版权法上的救济可能性时方得使用，否则可能导致反不正当竞争法过度介入从而架空版权位阶政策所具有的利益平衡功能。文化市场具有区别于有形商品市场的特殊规律，版权法通过立法宗旨之政策位阶设计，以对版权人的有限垄断授权换取更高层次的自由竞争，而反不正当竞争法可能缺乏这种精妙的平衡设计。司法政策对其"补充保护"的定位并无不当，只是需要进一步阐明版权本质与版权立法宗旨的政策位阶设计，才能让忙碌的司法审判人员快速领悟司法政策四位阶保护的深刻内涵。

（三）司法政策的特殊冲突调和：区分性保护

在版权立法宗旨中，另三项版权政策虽然最终服务于促进学习这一最高位阶的政策目标，但在制度运行过程中，四位阶政策之间仍会偶尔发生利益保护上的冲突。版权纠纷的复杂性与多样性决定了版权司法保护不可一刀切，分类施策实行区分性保护是有效调和四项版权政策、实现各方协调发展的基本方法。司法程序中只有对不同类型和不同领域的版权客体进行区别对待，才能做到精准调和。同时，国内经济文化发展水平与其他国家的发展状况之间的差异也要求在符合版权国际保护的最低保护原则的情况下，根据现阶段国内发展所需提供区别于他国的版权保护力度。笔者认为，"分类施策"这一政策要求可以从以下两方面把握。

1. 恰当分配网络版权相关利益，分类保护三方主体

网络环境下的版权作品使用与传播方式具有区别于传统方式的鲜明特点，笔者认为当前司法审判的一个重要误区是"简单套用传统领域的竞争性分析思路"，[1]过分倾向互联网服务经营者的权利保护。例如，司法政策判断是否构成对信息网络传播权的侵犯时主要采用"服务器标准"，[2]但也规定了豁免情

---

〔1〕 参见宋晓明："当前我国知识产权司法保护的政策导向与着力点"，载《人民司法》2015年第13期。

〔2〕 参见最高人民法院《关于审理侵害信息网络传播权民事纠纷案件适用法律若干问题的规定》第3条第2款："通过上传到网络服务器、设置共享文件或者利用文件分享软件等方式，将作品、表演、录音录像制品置于信息网络中，使公众能够在个人选定的时间和地点以下载、浏览或者其他方式获得的，人民法院应当认定其实施了前款规定的提供行为。"北京市高级人民法院《关于审理涉及网络环境下著作权纠纷案件若干问题的指导意见（一）（试行）》第4条第1款："网络服务提供者的行为是否构成信息网络传播行为，通常应以传播的作品、表演、录音录像制品是否由网络服务提供者上传或以其它方式置于向公众开放的网络服务器上为标准。"

形，如对 P2P（点对点）等服务规定"不构成直接的信息网络传播行为"[1]，但对这一行为具体如何界定，最高人民法院没有给出更进一步的回答。北京市高级人民法院规定了一项更具有争议性的条款，规定对网络环境下的版权侵权行为，反不正当竞争法可以适用。[2]笔者在前文已论及版权法的反不正当竞争功能，若在司法政策中规定反不正当竞争法可以作为反垄断的额外兜底保护，无疑会向公众和司法审判人员传达这样一个错误信息——"版权人可以得到法律的无限保护"，这显然会违反版权立法宗旨的政策位阶之设定。因此，司法政策强调，在网络版权纠纷的处理中，应当避免简单平移套用传统版权客体保护的思路，在网络环境下的版权保护中，需要协调版权保护、信息网络产业发展与信息传播保障，[3]多方法、多角度评价新型竞争行为。

版权制度与市场活动密不可分，网络环境下的作品传播是实现版权人经济利益的重要一步。虽然版权制度是为了打破出版商的绝对市场垄断而产生，但数百年的版权制度发展史也证明了创作者与传播者利益一直紧密相连。作品传播是联系创作者与使用者的桥梁，除了作者经济利益的实现，保障公众接触、实施促进学习政策皆需保证作品传播渠道的畅通与自由。因此，版权立法宗旨中四位阶政策目标之实现需要正确分配作品网络传播者与经营者的利益。笔者认为，司法审判中实现三方利益的恰当分配需要注重运用以下规则与原则：①维护"通知与移除"规则之功能；②注意把握间接侵权责任的基本定位；③既要秉持技术中立原则，又要防止以此为由逃避侵权责任。当然，版权法的发展历史也验证了出版商利益的易扩张性，空前广阔的开放平台极大增加了作品在网络环境下被公共物品化的风险，增加了版权交易的成本。在网络环境下，既要分配给网

---

[1] 北京市高级人民法院《关于网络著作权纠纷案件若干问题的指导意见（一）（试行）》第4条第2款："原告主张网络服务提供者所提供服务的形式使用户误认为系网络服务提供者传播作品、表演、录音录像制品，但网络服务提供者能够提供证据证明其提供的仅是自动接入、自动传输、信息存储空间、搜索、链接、P2P（点对点）等服务的，不应认为网络服务提供者的行为构成信息网络传播行为。"

[2] 北京市高级人民法院《关于网络著作权纠纷案件若干问题的指导意见（一）（试行）》第7条："提供搜索、链接服务的网络服务提供者所提供服务的形式使用户误认为系其提供作品、表演、录音录像制品，被链网站服务经营者主张其构成侵权的，可以依据反不正当竞争法予以调整。"

[3] 参见最高人民法院《关于贯彻实施国家知识产权战略若干问题的意见》第11条："有效应对互联网等新技术发展对著作权保护的挑战，准确把握网络环境下著作权司法保护的尺度，妥善处理保护著作权与保障信息传播的关系，既要有利于网络新技术和新商业模式的开发和运用，促进信息传播，又要充分考虑网络侵权的特点和维权的困难，完善网络环境下的证据规则，有效保障著作权。"

络传播者恰当的利益，也需要让其承担与版权人风险增加相应的责任。从某种程度上来看，这也是倒逼网络传播者加快技术升级与产业发展：不但允许网络传播者依据其技术贡献享受回报，也要注重形成倒逼其不断改进技术的动态激励机制。"如果仅看中既有技术创新和产业价值之分配，可能会降低利益平衡的考量高度，看待创新发展的眼界稍显狭窄。"[1]

2. 尊重国际规则，坚守本国立场，分别应对两类保护

有学者曾对我国目前的版权保护任务有过一个精彩的概括："外抗强权，内打侵权。"[2]随着经济全球化的深入，版权国际贸易进一步发展，因此，当前我国版权保护问题不限于国内保护，还有着相当一部分国际保护问题。"外抗强权"的提出即是针对外国版权利益集团通过政治施压的方式迫使中国政府再一次拔高版权保护水平，从而实现在中国收取高额版权使用费的经济目的。在科技文化发展差距仍显悬殊的背景下，我国立法和司法部门要坚守本国立场，从版权本质及版权政策四位阶目标出发，不可过分强调版权保护范围和强度与发达国家一致或者尽量看齐。最为明显的一个表现就是目前在学界和司法界提出出版权侵权损害赔偿额度向发达国家看齐以实现对版权的严格保护，起到除刑事威慑以外的在侵权成本方面的威慑作用。版权立法终归服务于国内发展和人民精神文化需求。当一国的民间传说成了别国的文化产品，本民族的传统图腾成了他国的艺术设计素材，其后再次有偿输入本国，在国家间经济文化发展的不平衡之下实施强行统一的版权保护标准，受害的只能是发展中国家。因此在社会转型发展阶段，发展中国家的司法制度需要以国家、社会利益为考量，抵抗住外界的政治压力以支撑模仿自由的边界，加快国内的科技创新文化发展步伐。但我国的现实是制度层面的法律和司法适用中的法律差距甚大，这就决定了要想使得现实司法尽快赶上立法的脚步，就必须协调二者的节奏。既然我国版权立法已在入世时做了郑重的承诺，短期内无法修改，也不可频繁修改，就需要制度内的别的力量来承担这份职责。版权司法政策，处于政策和司法程序的交汇点上，灵活解读版权立法中的政策目标，在维护法律权威和适应现实方面具有独到的优势。司法实践中应当深刻领会司法政策中提出的司法保护应适

---

〔1〕　参见孔祥俊：《知识产权法律适用的基本问题——司法哲学、司法政策与裁判方法》，中国法制出版社 2013 年版，第 256 页。

〔2〕　参见吴汉东、锁福涛："中国知识产权司法保护的理念与政策"，载《当代法学》2013 年第 6 期。

应现实国情所需〔1〕的精神，防止版权保护水平过高，在版权侵权认定标准、损害赔偿标准等方面要符合我国文化产业的发展现状。尤其在处理对外贸易关系中的版权问题时，司法政策强调，既要尊重国际保护标准，实现平等保护，也要注重维护国家利益。〔2〕

（四）司法政策的协调发展：比例原则

比例原则是实现司法保护政策纲要的总方法，也是贯彻版权立法宗旨中四位阶政策的总原则。它有三个子原则：①恰当性原则，即通过恰当的司法运作实现版权政策目标协调发展；②必要性原则，是指如果有多类途径、多重选择都可以实现特定的目标，则应尽可能择取对冲突双方皆具有较小损害的手段；③狭义比例原则，是指为实现版权政策较高位阶的目标而必须限制作者权之行使时，必须确保对权利人收益之影响小于或等于较高位阶政策所能带来的社会福祉的整体提升。版权立法宗旨中的四位阶政策本就是相互依存、互相协调的关系，最终服务于促进学习的根本宗旨。笔者认为应对这一原则分两方面进行解读：协调原则与狭义比例原则。协调原则是恰当性原则和必要性原则的综合，是指版权纠纷的处理要以各方利益之间的最小冲突为目标，实现利益最大化。比例原则是指为实现某类版权政策目标而必然损害另一政策目标实现时，必须将损害降到最低，保证版权政策实施的代价最小化。如果说协调原则强调各方利益的最大化，狭义比例原则就是强调在协调原则难以实现的情况下，追求对一方利益损害的最小化。对这两类原则的把握，可以从以下几点着手。

1. 协调原则：保护强度与独创高度相协调

实现立法宗旨中四位阶政策的实施利益最大化，即要求这四项政策目标得到最大程度的实现。作者权利保护与公有领域保留是版权政策中最难协调的一对冲突政策，对作者权利保护范围的认定是实现各方政策协调发展的关键。司法政策中提出的恰当认定作者权利范围，实现版权政策协调发展的一项重要原

<hr>

〔1〕　参见最高人民法院《关于充分发挥知识产权审判职能作用推动社会主义文化大繁荣和促进经济自主协调发展若干问题的意见》第2条："在知识产权司法保护中注意适应各类知识产权的属性和特点，符合各类不同知识产权的功能和保护需求，使知识产权司法保护更加适应我国所处的国际国内发展环境，更加符合我国经济社会文化发展新的阶段性特征，更加符合我国文化发展和科技创新的新要求。"

〔2〕　参见最高人民法院《关于贯彻实施国家知识产权战略若干问题的意见》第24条："……始终坚持依法公正审判和平等保护原则，维护和提升我国司法良好的国际形象，优化经济发展外部环境……既确保遵循相关国际公约及国际惯例，也始终维护国家利益和经济安全。"

则是版权司法保护强度与作品独创高度相适应。[1]独创性是文学、艺术和科学领域智力成果是否构成作品的最重要的判断标准之一。笔者认为，在司法实践中，有必要再次澄清与强调版权法中的独创性与专利法所要求的新颖性的区别。首先，独创性不等于新颖性，版权法最初规定只对新创作的作品赋予有限垄断权是为了防止已出版的作品因为出版商的无数次再版行为而很难进入公有领域。其次，笔者在上文中提到，为保留公有领域，独创性的认定标准不可过低。但"小硬币"标准的提出是为了正确界定思想与表达，版权法上的独创性要求远低于专利法对创造性的要求，原因就在于后者的保护客体包括技术思想，如专利方法，因此专利权人完全有可能借由对技术思想之控制而实现完全的市场垄断，而版权客体涉及政治、文化、经济等多元利益，版权的本质决定其保护表达形式而不能保护思想。在版权法体系内部强调独创性的认定标准不可过低和专利法的创造性要求远高于版权法上的独创性，是由于两种知识产权的特点不同、功能不同，由此授权标准不可等量齐观。最后，技术方案中的新颖性要求体现在技术思想"前无古人"上，而作品的独创性是指思想以外的表达形式与内容之创新，对作品表达所体现的思想并不要求"首创性"，但对思想之表达，需要在形式上或者内容上做到"独立创作、源于本人"、兼具一定的创新性。对创新空间狭窄的成熟开发领域，由于表达内容有限，创新点主要由表达形式体现，因此创新的总量往往不及未开发文学艺术领域。对这部分难以再开辟出新的"表达内容"的创作领域，创新激励功能的实现需要以版权法上更广的保护范围与更高的保护程度为交换。否则，一片广阔的待开发领域和一片表达内容基本被占用的领域，却需要在表达形式上达到相同的创作高度才能获得保护，显然是一场"不公平的龟兔赛跑"，必然阻却相当一部分创作者去开发此类领域，这与版权政策之位阶设计亦不相符。

　　非物质文化遗产就是这样一块难以开垦的创新土壤，其表达的创新难度与未利用空间成反比。由于历史悠久，在长期的发展演变过程中已经形成较为固定的表达，且绝大部分已经进入公有领域，公有领域与再创新要素的认定本就存在一定的争议。因此，在一个创新表达内容十分有限的领域再创作，创新高度的上升需要付出比一般文学艺术领域更为艰难的创造劳动，但因长期以来被

---

〔1〕 参见陶凯元："知识产权司法保护要努力践行'司法主导、严格保护、分类施策、比例协调'四项司法政策"，载 http://www.360doc.com/content/16/0707/23/26437691_57389 6524.shtml，最后访问时间：2022 年 6 月 25 日。

视为公有领域的文化因素，最终能否收获版权经济利益还未可知。这使得相当一部分创作者望而却步。投入与收获的不成比例是造成目前非物质文化遗产传承凋敝、创新艰难的重要原因之一。

对非物质文化遗产给予适度的版权保护也为当前司法政策[1]所强调。保留历史留存的丰富公有领域，实现民族文化历史继承，同时鼓励创作者对这一文化资源开发性传承，促进其创新发展与弘扬，是民族共同文化财富和创作者个人版权保护之间的利益平衡问题，需要较高的司法审判技巧，对法官的文书说理能力也是一项挑战。浙江省高级人民法院在一起基于"孙悟空"形象再创作作品版权纠纷的判决说理部分，依据版权政策基本理念和司法政策宏观指引，十分到位地阐述了基于版权立法宗旨之位阶实现司法上的四位阶保护，协调好传承与创新的平衡发展的关系。案件的主要争议在于基于"孙悟空"这样的角色形象，再创作的"Q版孙悟空"形象能否构成版权作品，对版权作品的认定是否会侵占公有领域的非物质文化遗产。法院在说理部分指出，在传统角色形象已较为定型成熟的情况下，表达内容再创作空间十分狭窄，此时应当遵循版权利益平衡原则，给予在较窄创作空间内形成的独创性较高的作品以较强的保护。[2]本案中的"Q版孙悟空"形象是经现代圆萌化艺术处理手法而来，法院认定已与公有领域形成区别，故可以对此部分给予版权保护。法院通过区分保护新增独创性表达与公有领域要素，实现公有领域文化要素与可版权部分协调保护，保护强度与独创高度相适应。该案呈现的审判思路和政策位阶的协调对非物质文化遗产版权化保护具有极强的启发意义，也可加深司法实践对版权司法政策四位阶保护的理解。

将版权保护逐步延伸到非物质文化领域不仅具有可行性，还具有必要性。如果说是历史造成了发展中国家在现代科技领域的落后，那么同样也是历史为发展中国家积淀了庞大的传统文化资源宝库。这意味着一个巨大的文化产业发展机遇，抓住了这个机遇就可能使包括我国在内的发展中国家成为版权国际竞

---

[1] "要根据我国的历史、国情和产业发展需求，独立思考和判断，弄清成果价值和我国的产业利益所在……要结合非物质文化遗产的特质以及公私法兼具的保护模式，根据主体确定程度、内容创新程度、利用行为的性质及其效果等因素，正确确定其保护范围和保护程度。"参见陶凯元："知识产权司法保护要努力践行'司法主导、严格保护、分类施策、比例协调'四项司法政策"，http://www.360doc.com/content/16/0707/23/26437691_573896524.shtml，最后访问时间：2022年6月25日。

[2] 参见某美术电影制片厂有限公司与杭州某文化创意股份有限公司著作权侵权纠纷案，浙江省高级人民法院（2016）浙民终590号。

争中的后起之秀。版权保护始终与全球化相关联，国内立法与国际条约密切相关，版权国际条约推动了各国版权保护标准趋于一致。我国已经跻身版权国际规则体系，国际条约中的"最低保护标准"使得一味强调降低国内版权保护规则来对非物质文化遗产进行版权保护几无可能。除了利用国际协商对话机制争夺新一轮的关于传统文化资源分配的规则制定权，也要充分运用现有的版权运作机制，完善相关版权立法框架，强化传统文化资源可版权部分的司法保护，充分发挥并维护我国拥有的传统文化资源优势，承继传统，创新未来。

2. 狭义比例原则：四位阶政策贯彻的代价最小化

版权的规范属性与立法宗旨所含的四位阶政策目标要求对各方利益的保护和限制需要遵循一定的比例才能达到最大程度的协调，促进版权立法宗旨的实现。除需恰当确定版权人的司法保护范围，也要在认定使用人侵权成立后，恰当选择司法制裁措施。由于在上文已经重点论述过如何确定版权保护范围和强度，本部分笔者主要围绕依据狭义比例原则确定侵权责任与司法裁判加以研究。

（1）根据主客观因素恰当确定侵权责任

司法政策中关于恰当确定侵权责任的规定正是比例原则的体现：应当根据侵权人的主观恶性、行为性质、损害后果确定适当的侵权损害赔偿数额，使侵权责任与其侵权损害相适应。司法政策[1]强调：对源头性侵权行为要加大打击力度；处于市场末端的使用者与部分经营者，应当根据个案情节承担相应的赔偿责任；对过失侵权行为，应当综合考量主客观因素，公平合理地解决纠纷。根据笔者在裁判文书网站上检索得到的相关案例，目前司法实践中并没有一味按照对严格保护政策的片面理解而过分拔高赔偿数额，总体实现了侵权责任与侵权行为造成的损害相匹配。如在一起网吧涉嫌侵犯信息网络传播权的案件中，[2]法院

---

[1] "对于生产商、制造商等侵权源头领域的侵权行为，要加大打击力度，根据被侵害知识产权的市场价值及其对侵权行为人营利的贡献度，提高赔偿数额。对于销售商、网吧经营者、终端使用者，则要根据具体情节合理确定其是否应承担侵权责任及所应承担的赔偿数额。专利侵权产品使用者能够证明合法来源且已支付产品合理对价的，可不停止相应使用行为，以维护善意使用者的市场交易安全。对于因客观原因导致的侵权纠纷，要充分考虑被诉侵权行为的历史成因，被告的主观过错程度、使用现状等因素，根据保护在先权利、维护诚实信用和尊重客观现实的处理原则，公平合理地解决纠纷。"参见陶凯元："知识产权司法保护要努力践行'司法主导、严格保护、分类施策、比例协调'四项司法政策"，载 http://www.360doc.com/content/16/0707/23/26437691_ 573896524. sh-tml，最后访问时间：2022 年 6 月 25 日。

[2] 参见北京某文化传播有限公司与珠海某网吧侵犯信息网络传播权纠纷上诉案，广东省高级人民法院（2011）粤高法民三终字第 4 号。

根据法律规定及案件事实，领会关于网吧版权纠纷处理之司法政策精神，[1]在综合考量涉案网吧不当上传特定版权作品的行为对权利人市场利益的损害程度后，驳回上诉人关于提高侵权损害赔偿数额的请求，实现了在严格保护版权人利益的前提下，合理确定侵权人的侵权责任的目的。

此外，停止使用也是常见的责任承担方式。但这一制裁措施的滥用可能会造成社会资源的浪费，也将阻碍社会公众学习目标的实现。因此，对这一责任承担方式的适用不应绝对化。司法实践中也越来越多地出现了对特定的版权无权使用行为，法院认定侵权但不判决停止使用的折中处理方式。如上文提及的两个教材出版或者学校教育性使用的案例，均以补偿或者赔偿经济损失的方式维持了被控侵权人的使用。

（2）司法裁判应具有惩戒违法与教育公众双重功能

公众主要以法律文本和司法裁判来了解版权规范，但通过版权司法政策的发展历史可以看到，我国版权法是在公众的个人权利意识尚未充分发育情况下的西方舶来品，正如学者所言："一部法律可以人为根据国家发展的现实需要而快速变更，但千百年绵延不断的民族思维惯性、文化信仰、个体权利意识不可能在短时间内全盘更迭。"[2]在民族国家内部个权利意识尚未完全成型的前提下，一部法律的简明易懂是使其能被快速接纳奉行的关键。反观目前的版权法体系，法条的专有词汇数不胜数，理解难度越来越大。法律文本的制定权掌握在立法者手中，但法律效果的实现需要公众的参与。当版权法、司法解释和各类政策文件层出不穷，版权法体系日渐成为一个庞然大物时，被理解的门槛就会逐步提高。当公众无法从法律文本中了解版权规范时，他们就只能依靠司法审判中专职裁判人员的态度来判断私人权利和公有领域的边界。之所以在司法政策中强调"司法主导"，也正是由于司法裁判的公开性与说理的完整性及规范

---

〔1〕　参见最高人民法院《关于做好涉及网吧著作权纠纷案件审判工作的通知》第1条："要注意处理好依法保护与适度保护的关系，既要依法保护当事人的著作权，有效制止侵权行为，又要正确确定网吧经营者和相关影视作品提供者的责任承担，注意把握司法导向和利益平衡，积极促进信息传播和规范传播秩序，推动相关互联网文化产业健康发展。"第3条第1款："赔偿数额的确定要合理和适度，要符合网吧经营活动的特点和实际，除应考虑涉案影视作品的市场影响、知名度、上映档期、合理的许可使用费外，还应重点考虑网吧的服务价格、规模、主观过错程度以及侵权行为的性质、持续时间、对侵权作品的点击或下载数量、当地经济文化发展状况等因素。"

〔2〕　［法］勒内·达维德：《当代主要法律体系》，漆竹生译，上海译文出版社1984年版，第467页。

性，使其具有优于行政执法的公信力与权威性。司法因其权威性而被公众信赖，也就决定了裁判结果的影响可能超出特定个案范围，对文学艺术创作和文化产业的发展具有导向作用。正是认识到司法裁判的这一功能，司法政策强调，要以司法保护之宣传提升公众的版权保护意识。[1]

法律不是制定之后自然生效的，其需要建立在对一个民族传统意识的基础之上，而不能短时间内强行扭转一个国家的文化惯性。如今中国的司法活动不仅要通过国家强制力打击侵权行为，还要注重通过对个人权利的保护培养公众的个体权利意识，在全社会自觉树立尊重版权、维护版权的意识。法律不是为了制裁而产生，法治的更高目标在于法律被自觉遵守。

四、结论

曾有学者将司法政策比作"司法审判中'仰望星空'与'脚踏实地'的重要结合点"。[2]在本文语境下，笔者认为可将其更具体地理解为理论与实践之关联。版权司法政策来源于实践，又高于实践，指导实践。我国版权立法宗旨所涵盖的四大法律政策便是版权司法政策需要仰望的"星空"，一切司法政策的制定和实施必须紧紧围绕版权立法宗旨的四位阶政策展开，致力于将版权立法宗旨的位阶关系与基本内容诠释到位，构建司法政策四位阶保护，以各位阶政策的协调保护服务于促进学习这一最高宗旨。"实地"即具体个案审判。司法的功能在于弘扬法律精神，实现法律目标。个案的直接审理依据是法律规则，间接依据是法律原则，最终指导力量乃是立法宗旨所含的法律政策。这也是本文在前面提出的法律体系框架的三层次。版权司法政策不是公共政策和党的政策的简单平移，它既来源于国情世情，又承继自法律政策、原则与规则；它来源于过往审判经验总结，又致力于服务今后审判之所需。一方面，司法政策是既定利益格局被扰乱，出现法律规定漏洞时的宏观政策导向；版权是技术发展之子，在数百年的历史发展中，每一次新旧技术之更迭都会扰乱原有版权制度确

---

[1] 参见最高人民法院《关于贯彻实施国家知识产权战略若干问题的意见》第 29 条："加强知识产权司法保护宣传。采取各种形式大力宣传知识产权司法保护，提高全社会知识产权意识，推进知识产权文化建设。结合人民法院新闻发布制度，适时发布知识产权审判中的重要新闻和典型案例，努力做到'4·26'世界知识产权日司法保护宣传常态化。坚持审判公开和透明原则，严格按照有关规定和要求，将生效知识产权裁判文书及时上网公开。"

[2] 孔祥俊：《知识产权法律适用的基本问题：司法哲学、司法政策与裁判方法》，中国法制出版社 2013 年版，第 7 页。

定的利益格局，在立法难以及时回应的时候，只能依据版权本质以及版权宗旨的位阶去调和冲突，实现协调发展。另一方面，即便未曾出现法律漏洞，出于语言文字的博大精深及立法上"宜粗不宜细"的指导理念，法律实施过程中总会出现或多或少的法条适用上的争议。

　　本文强调以立法宗旨所含的四位阶政策指导面临法律漏洞或者歧义时的裁判思维选择，但不意味着对版权人个人权利的无限抑制与压榨，"如果个体的幸福是除其本身之外的所有人类共同追求的价值，却禁止其本人去实现这一幸福，这将是一种矛盾的表述。"[1]因此，版权司法政策四位阶保护不是放弃实现某一层级的政策目标，而是强调以各位阶比例之协调使各项政策均得以实现。授予版权人一定的市场垄断权利，但权利授予同时亦需限制，以保留公有领域与保障公众接触。权利的限制不是取消权利，而是减少各类利益冲突，为更好地行使权利创造和谐有序的外部环境，平衡私人与公众之利益，最终实现社会文化福祉之最大增进。其中，尤其需要着重理解对版权人私权保护的范围与程度，需要理解私有财产制是利己主义在法律上的确认，是对千百年来湮没在集体主义强权之下的个人权利意识的唤醒。版权的严格保护是实现民族文化继往开来，推陈出新的起源与根基。然而，司法亦需谨防矫枉过正。人类的本性并不仅仅是完全利己的，在思想的传播领域尤其如此。版权法创设了私人权利，但是它必须被表达成一种"剔除了野蛮行径的利己主义"，[2]必须给那些在特定时空条件下形成的民族惯性与思维特点保留缓冲余地，为人性中合理的利他主义保留施展空间。版权司法过程中的种种困难虽有部分技术发展所带来的挑战，但也与快速移植一项外来制度与本民族文化理念产生的激烈冲突不无关系。如何实现法律制度的适度超前以引领现世国情的发展，促进民族版权保护意识提升，将是司法审判在今后一段时间的重要任务。

　　最后，虽然本文的立足点主要在于完善司法保护程序，强化权利事后救济，但一项制度或者政策的运转与贯彻并非单靠公力救济就能完成，更多的是依靠社会成员内心遵从，实现规范自觉运转。数字技术是版权漫长发展轨迹中的下一阶段，它实现了版权立法的创设宗旨与目标，使作者与使用者在版权市场传

---

〔1〕 ［美］本杰明·N. 卡多佐：《法律的成长 法律科学的悖论》，董炯、彭冰译，中国法制出版社 2002 年版，第 180 页。

〔2〕 ［美］本杰明·N. 卡多佐：《法律的成长 法律科学的悖论》，董炯、彭冰译，中国法制出版社 2002 年版，第 181 页。

播过程中直接联系，从而排除政治力量或者传播行业赞助者意志的干扰，实现了个人权利的自由伸张。这也是未来版权制度发展的目标。司法应当守护数字技术在文化传播领域的功能，"确保有各种丰富的声音，并且让每一种声音都有机会被人听到"。[1]借助技术之翼，可以实现个人自由的更高层面，个人发展需求也能够更好地满足。

---

〔1〕〔美〕保罗·戈斯汀：《著作权之道——从谷登堡到数字点播机》，金海军译，北京大学出版社 2008 年版，第 215 页。

专利法与公共领域问题

专利法上公共领域问题研究

刘蒋西子

《与贸易有关的知识产权协议》的签订进一步推动了专利权的扩张，公共领域随之被变相压缩。创造行为是站在巨人肩膀上的行为，任何创造都以既有的知识为基础。公共领域资源占据了既有知识的绝大部分，过度压缩公共领域资源实际是对创造源头的破坏，与专利制度激励创新的初衷相悖。

本文以公共领域保留为基本理念和研究内容，结合专利法上保护专利权这一专有权利与维护公共利益平衡需要保留公共领域的基本认识，从理论构架、实践透视、比较考察及对策研究方面，层层递进，试图揭示专利法上公共领域之面貌，旨在提升对专利法基本价值构造和保护精神的认识，更好地运用、理解和完善我国专利制度。

一、专利法上公共领域基本问题

公共领域与专有领域相伴而生，此进则彼退。确定专利法上公共领域与专有领域的内涵，划清二者的界限，是本文进一步展开的逻辑前提。分析公共领域保留的学理基础，从多学科视角论证专利法上公共领域存在的正当性，则是本文的研究意义所在。

（一）专利法上公共领域概述

知识产权制度是以激励创造为宗旨的制度，而公共领域作为公共创造素材的集中地，在知识产权制度中具有独特的存在价值。知识产权制度所保护的权利可统称为专有权，而以专有权为核心所形成的领域即专有领域，专有领域之外的知识产品则落入公共领域的范畴。因此，至少从知识产权制度层面来看，公共领域是与专有领域相对的概念，二者是相辅相成，缺一不可的。研究公共领域的过程必然需要对专有领域进行同步研究，明晰二者的关系，进而定义公共领域并划定其范围。

1. 专有领域与公共领域

（1）专有领域与公共领域的概念

从思想起源来看，公共领域的思想基础可追溯至罗马法中的公有物及共有物。[1] 就词语本身而言，公共领域一词属舶来品，始自西方不动产领域，在不同学术语境中含义略有区别。其虽统一翻译为"公共领域"或"公有领域"，但对应的英文表述有所区别，包括政治学领域的 Public Realm 及 Public Sphere，经济学领域的 Public Domain，公私二元语境下的 Public Sector 以及法学领域的 Public Domain。[2] 但四种领域的概念互相联系且存在重合，并不完全独立。具言之，在法学领域，公共领域当是指权利不为个人专有，而由社会成员自由利用的法律状态，其在知识产权法领域也表现出不同内容。

知识产权法意义上的公共领域出现较早，尽管未直接以公共领域一词现身于法律条文之中，但早在 1623 年英国制定的《垄断法》中已出现公共领域的相关规定。《垄断法》中有两方面涉及相关内容：一是有关垄断期结束后的规定，即在垄断期结束后任何人均有权使用该发明或从事相关贸易；二是有关专利权范围的规定，即任何人均可从事专利权保护客体之外的发明或贸易。[3] 最早正式引入公共领域一词的是法国著作权法，《保护文学和艺术作品伯尔尼公约》[4] 和《世界版权公约》中也出现了公共领域一词。[5]

相较于公共领域一词，专有领域从未正式进入法律条文之中。知识产权是知识产权人对知识产品特别是智力成果享有的专有权，[6] 专有领域在实践中则指代知识产权所覆盖的部分，可理解为专有权所及范围，这一范围内的知识产品通过产权界定的方式私有化，其占有、使用、收益、处分的权利均属于权利人。在专有领域内，知识产权人能够充分地行使自己的权利，他人未经许可或者没有法律的特殊规定而进入该范围，将构成对知识产权人专有权的侵犯。[7] 因此，专有领域之产生时间与知识产权一致，皆起始至封建时代公权力推动下所形成的特权。这种具有恩赐色彩的特权来自于封建社会统治者通过公文等形

〔1〕　参见曹新明："知识产权与公有领域之关系研究"，载《法治研究》2013 年第 3 期。

〔2〕　参见董皓："多元视角下的著作权法公共领域问题研究"，中国政法大学 2008 年博士学位论文。

〔3〕　See Tyler T. Ochoa, "Origins and Meanings of the Public Domain", 28 *U. Dayton L. Rev.* 222 （2002）.

〔4〕　参见《保护文学和艺术作品伯尔尼公约》（1971 年 7 月 24 日文本）第 18 条。

〔5〕　参见《世界版权公约》第 7 条。

〔6〕　冯晓青：《知识产权法利益平衡理论》，中国政法大学出版社 2006 年版，第 197 页。

〔7〕　冯晓青：《知识产权法利益平衡理论》，中国政法大学出版社 2006 年版，第 38 页。

式对发明创造者、图书出版者的授权，是一种有期限限制的专有权或专营权。自此，在封建社会君权的支撑下，知识产品首次被独占，权利人的专有领域也随之建立。后来知识产权制度经历了由特权向私权的转化，专有领域也随着知识产权制度的发展而不断变化。具言之，1967 年所缔结的《建立世界知识产权组织公约》第 2 条对知识产权进行了详细列举，且其中第 8 项属于兜底条款。据此，可认为此条基本已囊括知识产权的具体类型，确定了具体的、公认的知识产权的专有领域范围。

（2）专有领域与公共领域的关系

知识产权法所保护的客体知识产品本身即具有公共物品与私人物品的双重属性，其产生过程也与创造者对公共领域知识资源的理解、吸收紧密相关。因此，知识产权法意义上的专有领域与公共领域联系紧密。要理解公共领域的内涵，首先需理清专有领域与公共领域的关系：一是，二者之间是否属于非此即彼的关系？跳出专有领域之外是否即进入公共领域，二者中间是否存在一定的灰色地带？二是，二者是否可以相互转换？处于专有领域与公共领域的客体，是否一旦进入某一领域便不可变更？鉴于知识产权的保护时间有限，专有领域的客体固然将随时间推移进入公共领域，然则公共领域之客体是否有重回专有领域之可能？这些皆为我们所需思考的问题。

到目前为止，关于专有领域与公共领域的关系主要有如下几种观点：

第一，传统的二元对立观认为专有领域与公共领域是非此即彼的关系，即将公共领域定义为专有领域之外的所有。[1] 在此类观点中，公共领域即指非为专有权所覆盖的，可为公众所自由使用的知识。凡受到知识产权保护的即为专有领域，凡不受知识产权保护的即落入公共领域，知识产品定然处于二者范围内，或为专有，或为公共，不存在中间状态。此种观点简明、清晰，只要把握住专有领域的定义即可划出二者界限，推导出公共领域的范围。但这一观点的弊端在于：一方面，未包含那些虽受知识产权法保护与调整，但由于权利的内部限制而在满足一定条件时可由公众使用的客体。另一方面，未揭示诸如非物质文化遗产等原属于公共领域后纳入知识产权制度保护范围内的客体，以及由于知识产权保护期限届满而进入公共领域的客体的独特之处。此外，简单的非此即彼关系也不能表现专有领域与公共领域之间的流动可能性。

第二，主张专有领域与公共领域之间并非绝对泾渭分明，而是存在着辩证

---

[1] 参见郑成思："传统知识与两类知识产权的保护"，载《知识产权》2002 年第 4 期。

关系。[1]一是，专有领域与公共领域之间存在灰色地带，并且二者之间在一定
程度上可相互转化。在不同的纠纷中，权利的边界也会有所不同。二是，处于
专有领域的客体亦可能为公众所使用。合理使用制度正是如此，即出于公共利益
的考量，允许公众在特定情况下使用作品而无须承担侵权责任，也无须向权利人
支付报酬。三是，原处于公共领域的客体也可能为知识产权法所保护，非物质文
化遗产逐渐纳入法律的保护范畴即为适例。四是，专有领域与公共领域之间还存
在相互促进的关系。知识产品均具有一定的公共物品属性，且创造的前提在于模
仿，知识产品的创造需要丰富的公共领域资源作为支撑，公共领域之所在即是创
造的自由空间之所在，公共领域作为创造行为的素材库而被保留，有利于更多的
知识产品产生，相应地促进了专有领域的扩张。同时，专有领域的内容超过知识
产权保护期限时，也将自然进入公共领域的范畴，进而扩充公共领域的内容。

　　学界也确有诸多类似观点，如聚焦于著作权领域，将公共领域划分为规范
意义的公共领域与事实意义的公共领域，其中规范意义的公共领域从法律规定
层面进行划分，而事实意义的公共领域则以客体的特征为依据。[2]

　　（3）专有领域与公共领域的边界

　　事实上，固定的、绝对的专有领域与公共领域的边界并不存在，专有领域
与公共领域并非绝对对立，不可简单地认为专有领域之外就是公共领域。在正
确认识专有领域与公共领域辩证关系的基础上，方能对公有领域的内涵有更为
深入的理解。笔者主张，不宜将公共领域简单地理解为一个特征统一的整体，
而应从多个层面与角度，对其内部进行再划分，对专有领域及公共领域之间的
灰色地带进行深入剖析。

　　部分知识产品处于知识产权的保护范围之外，这些知识产品不受知识产权
制度影响，不为知识产权法所调整，完全由公众自由使用，此谓最狭义的公共
领域。从这一层面而言，专有领域与公共领域可谓泾渭分明，非此即彼。但即
使是最狭义的公共领域与专有领域，在一定程度上仍可相互转换。原本处于公
共领域的客体可能随着时间的推移、技术的发展而进入专有领域之中，之前处
于专有领域的客体也将因知识产权保护期限届满、权利人主动放弃等原因而进

---

　　[1]　参见曹阳："论公有领域——以知识产权与公有领域关系为视角"，载《苏州大学学报（哲
学社会科学版）》2011 年第 3 期；曹新明："知识产权与公有领域之关系研究"，载《法治研究》2013
年第 3 期。
　　[2]　参见董皓："多元视角下的著作权法公共领域问题研究"，中国政法大学 2008 年博士学位论文。

入公共领域。知识产权保护范围的界限，实乃知识产权的外在权利边界，权利边界确定了专有权范围，权利边界以外的知识产品均可自由使用，毫无疑问属于公共领域。因此，狭义的公共领域与专有领域的边界实际即是知识产权的权利边界，在确定权利边界时需要考虑的主要因素有知识产权保护的客体、知识产权授权的要件、知识产权保护期限等。例如，从保护的客体来看，历法、通用数表、通用表格及公式即不受著作权法保护，自然落入公共领域的范畴内，从授权要件来看，不满足专利法上授予专利权的新颖性、创造性及实用性要件的客体也处于公共领域，从知识产权保护期限来看，商标法上商标专用权保护期限届满而未能获得续展的商标即进入公共领域。

处于知识产权保护范围以内的公共领域实则已经进入了专有权的范围，此类公共领域主要基于知识产权内部的权利限制而产生，具体表现为不受知识产权这一专有权控制的行为，此谓广义的公共领域。知识产权权利限制的产生原本就是私人利益与公共利益博弈的结果，是知识产权制度平衡私人利益与公共利益的典型，因而权利限制的所在地，多半有公共利益的身影，有公共领域的存在。专有权中受到限制的部分，在符合一定条件时，要么可为全体公众所使用，要么可为部分非权利人所使用。著作权法上的合理使用制度、商标权法以及专利法上的权利穷竭，均是知识产权内部权利限制的体现，属于广义的公共领域范畴。

综上所述，不在知识产权保护范围内的公共领域，公众可以不受限制地以任何不违背公序良俗的方式使用其资源，使用者的自由度最高，可将之理解为最狭义的公共领域；因权利限制而产生的公共领域，由于其本身处于知识产权保护范围内，可理解为自专有权之内将符合某些条件的行为又纳入公共领域，因而对该部分的公共领域而言，其对应的使用主体、使用方式、使用时间乃至于使用地点均受到不同程度的限制，属广义的公共领域。

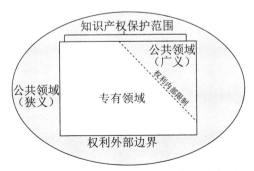

图 1 知识产权法上的专有领域与公共领域

2. 专利法上专有领域与公共领域

专利法作为知识产权制度的一部分，其核心自然与整个知识产权制度一致——激励创新。相较于著作权法、商标法等其他知识产权制度，专利法所保护的客体与生产力紧密相连，是推动社会进步的关键所在。因此，进入 21 世纪，专利法的地位早已超越简单的法律制度，上升为国家层面的为推动经济发展、提升国家竞争力所必须制定并完善的法律制度。正因如此，专利法的保护客体不断增加，保护期限不断延长，专有领域的范围也不断扩张，利益的杠杆日渐向私人倾斜，私权甚至呈现出过分膨胀的趋势。然而在专利法中，专有领域与公共领域相辅相成，共同对创造产生激励作用，若私权一味地扩张，会背离专利法激励创新的初衷。因而，划分专利法上的专有领域与公共领域，重视公共领域研究，实有必要。

如前所述，知识产权法上的专有领域与公共领域并非泾渭分明，专利法上亦是如此。专利法上的公共领域同样由两部分构成：一部分是由不在专利权保护范围之内的客体所组成的公共领域；另一部分则是由专利权保护范围以内因专利权内部限制而产生，不受专利权这一专有权利控制的行为所组成的公共领域。前者不为专利权所保护，与专有领域的界限较为明显，属狭义的公共领域；后者则与专有领域关系密切，属广义的公共领域。

第一，不在专利权保护范围内的客体所构成的公共领域主要可分为四部分。一是，不受专利权保护的客体，其主要分为两方面：一方面是不符合专利权实质授权要件的客体，较为典型的当属科学发现，其因不具有实用性而不属于专利权保护的客体；另一方面是不符合其他要素的客体，典型的如疾病的诊断和治疗方法，即出于维护社会公共利益的考量，法律直接规定将其纳入公共领域。二是，保护期限届满的专利，这一部分客体曾属于专利权保护范围，后由于保护期限届满，自动进入公共领域而成为公共资源。三是专利权人主动放弃权利的专利。值得注意的是，在我国当前制度下，不允许部分放弃专利权。四是被宣告无效的专利。自专利公告授权后，任何人认为该专利不符合专利授权条件的，均可提出专利无效宣告请求，最终被宣告无效的专利也将进入公共领域。

第二，因专利权限制而产生的，由实际上处于专有权范围之内，但不受专利权控制的行为集合而成的公共领域主要包括四部分，分别为专利权穷竭、先用权人的使用、出于非商业目的对专利进行的合理使用以及博拉（Bolar）例外。但值得注意的是，并非所有对专利权的限制均属于公共领域。强制许可也属于对专利权的一种特殊限制，但相较于其他对专利权的限制，强制许可对专利权的限制相对较少，其限制主要表现为许可主体的变更，即需由专利权人决定并授予的许可，改由政府公权力机关决定并进行授予，而不再考虑专利权人的意见。但强制许可的限制并未对专利权人的利益造成过多影响，获得强制许可的被许可人仍然需按照一定价格支付给专利权人使用费，因此强制许可不宜被纳入公共领域的范畴。

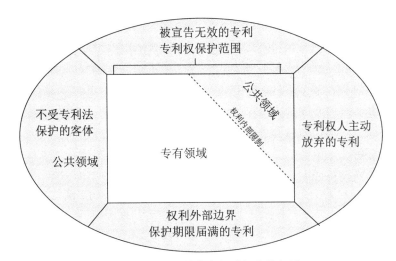

图2　专利法上的专有领域与公共领域

（二）专利法上公共领域的正当性

专利权的客体作为一种知识形态的智力劳动产品，任何有形之形态仅为其载体，其本身是无形的，也正因如此，要使无形的知识产品私权化，必须且只能通过系统的法律进行规定。任何法律制度的构建均需具备足够的正当性，不仅需要与其他相关制度进行协调、统一，也需具备相应的法学、社会学、经济学等理论及学术观点的支撑。唯有具备正当性的法律制度才能获得人们的自觉遵守与敬畏，因而在对公共领域进行分析研究之前，首先应明确其存在的正当性。笔者拟从法哲学、经济学及社会学视角入手，分析公共领域存在的正当性。

1. 法哲学视角

（1）洛克的财产权理论

一直以来，洛克的财产权理论都是知识产权制度正当性论证的经典理论之一。洛克认为，最初全人类共有大自然的一切，但出于生存目的，个体需要将共有物转变为私有物，这一转变的关键在于劳动，也即人类可通过在尚未被他人单独所有的共有物之上附加劳动的行为将原本处于共有状态的资源私有化，在其上建立起相应的财产权。"既然劳动是劳动者的无可争议的所有物，那么对于这一有所增益的东西，除他以外就没有人能够享有权利，至少在还留有足够的同样好的东西给其他人所共有的情况下，事情就是如此。"[1]洛克的年代固然未有无形财产的概念，但该理论依然可为无形财产的正当性提供理论基础：人类通过脑力劳动生产出脑力劳动产品，即知识产品，随之对知识产品享有相应的财产权利，即知识产权。[2]

值得注意的是，洛克的财产权理论在为知识产权正当性提供理论基础的同时，实际也为知识产权法中公共领域的存在作出了合理解释——因为洛克认为财产权的获得存在着先决条件的限制，即必须为他人留下了足够而良好的部分。但遗憾的是，目前我国运用洛克的财产权理论对知识产权正当性进行论证的成果较多，对于该理论与公共领域的讨论却寥寥无几。相较之下，国外对此方面的关注则较早。威恩蒂·戈登教授便对该理论中的先决条件——至少为踏入社会之人在公有物中留下足够而良好的部分——给予了高度关注。[3]

洛克认为个体通过劳动获得的私有财产权并非完全无限制，而是应以不损害他人获得且以自身实际所需为前提。"不损害他人获得"这一前提源自于自然法中的一项重要的非损害原则——他人之境遇不应因个体获得财产权而恶化。如前所述，最初人类对于自然的一切均是共有，因而所有的劳动物品实际皆脱胎自公共物品，是行为人在其上附加了个体劳动之后，方将这些公共物品转化为私有。但相应地，随着私有化的完成，他人对公共物品的利用也将减少或受到限制。出于避免损害的目的，洛克在其财产权理论中提出了先决条件，即前文所述的行为人在获得所有权之时应为其他人留下足够而良好的部分。根据洛克的财产权理论论证知识产权的正当性，自然也应满足该理论设置的先决条件，即创造者在知识产品之上建立起相应财产权的同时也应为公众预留足够而良好的部分，以保证公众仍拥有丰富的创造素材与自由的创造空间。基于此，保留专利法上的公共领域实有必要。

就"自身实际所需"这一前提而言，如果个体建立财产权的劳动物品超出

〔1〕［英］洛克：《政府论》（下篇），叶启芳、瞿菊农译，商务印书馆1964年版，第45页。

〔2〕刘丽霞、蔡永刚："知识产权保护之法理学检视——基于洛克劳动财产权理论视域的研究"，载《人民论坛》2014年第19期。

〔3〕冯晓青："知识产权法的公共领域理论"，载张玉敏主编：《西南知识产权评论》（第一辑），知识产权出版社2010年版，第264页。

了自身实际所需，并不一定就等同于违背了自然法。洛克认为若财产权人将超出"自身实际所需"的劳动物品与他人进行交换，则意味着这些"超出"的劳动物品并未产生损害；相应地，财产权人的行为也未违背自然法。"超过他的正当财产的范围与否，不在于他占有多少，而在于是否有什么东西在他手里一无用处地毁坏掉。"[1] 这一前提强调的是私有化物品的有效利用，这也解释了为何专利法规定了不受专利权这一专有权控制的公共领域。以专利权穷竭制度为例，专利产品一旦售出，专利权人所拥有的在该产品之上的独占性的权利即用尽。[2] 在专利产品进入市场流通、相关交易宣告完成之后，为保证后续获得该专利产品的消费者能够不受干扰地行使包括占有、使用、收益、处分在内的完整权能，专利法规定了专利权穷竭这一制度，适当地限制专利权人的权利。基于此，专利产品可不受限制地在市场中顺利流通，交易相对方也可充分而有效地利用专利产品。此即广义的公共领域：自专有领域中取走部分归还公共领域，将原本因私人权利过宽而倾斜的利益杠杆进行再平衡。

（2）利益平衡理论

"为天才之火增添利益之油"，百年前林肯对专利制度的阐述已揭示了专利制度乃至于知识产权制度与"利益"一词的密切关系。知识产品的生产、使用、传播等过程中涉及的利益主体繁多，知识产权制度的功能之一就是对此间所涉及的各种利益进行协调，以期达成平衡的最佳状态，利益平衡理论也已作为知识产权领域的基本理论而得到广泛承认。

在知识产权制度对各方利益的协调过程中，知识产品的创造者与使用者（社会公众）堪称最为重要的利益主体，前者在专利法上体现为发明创造的创造者。实际上，发明创造的创造者与使用者之间既存在天然的矛盾，又具有一致性。创造者所指向的是私人利益，发明创造者的创造者若想通过该发明创造获得相应利益，最为直接有效的方法即是将发明创造私有化，在其上建立起具有一定排他性的权利，进而在市场经济的运行中通过对权利的行使获取相应利益。发明创造的使用者通常代表公共利益，即社会公众的利益诉求在专利法上直接表现为对发明创造的使用诉求，使用者的使用成本越低，社会福利则越多。一方面，私人利益与公共利益具有天然矛盾，此消则彼长，使用者以低成本使用发明创造所得到的公共利益实际上是由创造者让渡的私人利益，而创造者利益

---

〔1〕 ［英］洛克：《政府论》（下篇），叶启芳、瞿菊农译，商务印书馆1964年版，第57页。

〔2〕 参见《专利法》第69条第1项。

的获取则多是向社会公众收取使用费用，知识独占与知识共享之间的冲突是显而易见的。但另一方面，二者在本质上具有一致性，没有公共利益的保护，个人利益的保护终将难以实现，同时，公共利益又以个人利益为基础，它在内容上除了包含可供全体社会成员共同享有的个人利益，也包含分配给社会成员的个人利益。[1] 具言之，在专利法中，若不对公共利益加以保护，尽管专利权人的私人利益一时会有所增长，但社会总体福利难以增进，最终私人所分得的利益也将随之减少。但过度保护公共利益则会有牺牲私人利益之嫌，个体创造发明的热情遭到打击，发明创造的数量随之减少，无益于使用者，最终也有损公共利益。通过专利法对权利义务进行分配实际上是对有关的知识资源进行合理配置，以期实现社会福利的最大化，进而促进社会进步。因此，专利制度一方面需要保护创造者的利益，以激励其继续进行创造，另一方面亦需保护使用者的利益，通过保障公众对发明创造的使用、接近的权利来确保公共领域资源的不断更新，从而促进社会的进步，实现专利权人所代表的私人利益与使用者所代表的一般社会公众的公共利益之间的平衡。因此，无论是私人利益还是公共利益，于专利制度而言都十分重要，在制度设置上应尽量实现发明创造相关利益的合理分配，以协调相关方利益，实现利益平衡。

尽管专利制度以专利权这一私权为核心构建而成，对私权的保护是专利制度的题中之意，但发明创造本身具有公共物品属性，公共利益的实现同样是专利制度的重要目标。保护公共利益，就需要对私人利益进行一定程度的限制，在专利制度上最终体现为对专利权的限制，[2] 包括外部限制与内部限制。对专利权的外部限制，即将一定的客体拒之于专利制度门外，最终形成狭义上的公共领域。对专利权的内部限制，体现为一系列不受专利权控制的行为的集合，最终形成广义的公共领域。由此可见，公共领域与公共利益、专有领域与私人利益实际是一个问题的两面，只是因切入的角度不同而表现出不同的形态。专有领域对应着专利权人的专有权利所覆盖的范围，保护专有领域即是保护专利权人的私人利益不被侵犯。同样地，公共领域则对应着一般公众自由使用相关知识产品的范围，保留公共领域即是保护公共利益。一方面，公共领域是公共利益的具体体现，较之宏观而抽象的公共利益，公共领域在专利法中可进行类型化划分，体现为不在专利权保护范围之内的客体与不受专利权这一专有权控

---

〔1〕　冯晓青：《知识产权法利益平衡理论》，中国政法大学出版社 2006 年版，第 28 页。

〔2〕　参见韦景竹："我国专利领域的公共利益研究"，载《科技进步与对策》2008 年第 11 期。

制的行为，二者又可进行进一步分解，如行为部分包括专利权穷竭、专利的合理使用等。另一方面，保留专利法上的公共领域，也是保护公共利益的具体途径，公共领域的存在保障了一般公众的公共利益不被侵犯，公共领域的边界即是公共利益的防线，防止公共领域因专利权的过度扩张而为专有领域所侵蚀，是保护公众使用相关知识产品的自由、保护公共利益的必然要求。

（3）专利法的制度精神

任何法律制度的存在均有其特定的宗旨及目的，该宗旨或目的往下具体体现为制度的功能及作用，往上则反映出制度的精神实质。良好的制度要求所有规则协调一致，均符合制度的内在精神，最终通过制度的运行实现相应目的。因此，公共领域保留作为专利法上的问题，也应与专利法的其他规则协调一致、与专利法的制度精神相契合，方能实现专利法的追求。尽管各国专利保护水平存在区别，但在保护专利权人的专有权利以及确保社会公众对发明创造的需求得到满足之间实现平衡，激励科技创新与技术进步，最终实现社会发展，是所有国家专利法的一致追求。

我国《专利法》第1条即点明了立法目的，包括"保护专利权人的合法权益，鼓励发明创造，推动发明创造的应用"与"提高创新能力，促进科学技术进步和经济社会发展"，体现了保护创造者私人利益与促进科学技术进步和经济社会发展的公共利益并重。美国有关专利法立法目的的条款规定在其宪法之中，即通过赋予创造者"有限的专有权"来"促进科学和实用技艺的进步"，亦体现了通过私人利益保护，激励知识创造，促进社会进步的目的。在经典判例马泽尔诉斯坦因案（Mazer v. Stein 案）中，美国联邦最高法院亦对宪法中的专利法条款进行了经典阐释："国会可以赋予专利权和版权的条款背后的经济学原理是，深信它是通过科学和有用技术领域的作者和发明家的才智提高公共福利的最佳方式。"[1]

从历史来看，第一部现代意义上的专利法诞生于英国，即前述《垄断法》，其针对发明创造权利的授予进行规定，肯定了发明人的私人利益，体现了专利法对于创新的激励。同时，该法亦体现了对公共利益的维护，如对垄断权的授予进行了限制，否认了以往以"钦赐"形式确定的垄断权，防止了垄断权的泛滥。此后各国制定的专利法中除了对专利权人利益的保护条款，也无一例外地加入了对专利权的限制。例如，各国几乎无一例外地在专利法制定之初即规定

---

〔1〕 ［美］罗伯特·P. 墨本斯等：《新技术时代的知识产权法》，齐筠等译，中国政法大学出版社2003年版，第11页。

了不受专利权保护的客体，将部分知识保留在了公共领域，在专利权的行使方面，各国也纷纷在制度中预留了相关例外。截至 2010 年，包括合理使用、先用权人的使用、专利权穷竭、博拉例外在内的专利权的例外及限制，每一项都有超过 20 个国家在其专利法中进行了规定。[1]

公共领域是公共利益在专利法上的具体体现，而公共领域保留正是专利法制度精神的体现。专利法为促进科学技术进步及社会发展，最终维护总体的社会利益，一方面赋予发明创造的创造者以独占性的专有权，以利益的形式对创造者进行直接激励；另一方面通过公共领域保留的形式，预留公众接近发明创造的通道，从而保证公众利用公共领域素材进行创造的权利，可谓保护了创造的源头。不仅如此，根据《世界人权宣言》，公众的文化权利是基本人权，也是公共利益的基本表现形式，公共领域的保留是公众分享科学进步及其产生的福利的途径之一，是保障公众基本人权的表现，是维护社会总体利益的要求。[2]

2. 经济学视角

英国经济学家哈丁所提出的"公地悲剧"理论同洛克的财产权理论一样，长期以来也被视为知识产权制度正当性的理论来源。在"公地悲剧"理论模型中，哈丁以牧场为例，指出人们出于自身利益最大化的考量，不断加大对具有非竞争性、非排他性的公共资源的消耗，并且随着使用者的增加，使用者可以使用的公共资源也随之减少。[3]这一理论成为知识产权制度合理性的经济分析的基础，即知识产权制度将具有公共物品属性的知识产品产权化，以防止"公地悲剧"的产生。实际上，在正当性的论证上，知识产权制度与"公地悲剧"理论尽管有逻辑一致之处，但并非完美适配。

一方面，在传统的、有形的公共资源领域，解决"公地悲剧"的路径都是进行产权界定，将公共资源私有化，以促进相关资源的有效利用。知识产权制度的构建思路也与此一致：对知识产品进行产权界定，通过法律的规定围绕知识产品建立起稳定的法律关系，针对该知识产品，权利人享有一系列独占性的权利，并合法地垄断其相关利益。产权界定即"为天才之火增添利益之油"的典

---

〔1〕　See WIPO Standing Committee on the Law of Patents, Exclusions from Patentability and Exceptions and Limitations to Patentees' Rights. SCP /15 /3.

〔2〕　参见《世界人权宣言》第 27 条。

〔3〕　参见阳晓伟、杨春学："'公地悲剧'与'反公地悲剧'的比较研究"，载《浙江社会科学》2019 年第 3 期。

型，可对人们的智力创造活动产生激励效果。

但另一方面，知识产品具有无形性，相较于诸多以有形形态存在的公共资源而言，知识产品本身具有诸多独特之处。作为纯粹的公共物品，知识产品具有完全的非竞争性，一旦产生，无论使用的人数、时间或方式如何变化，均不会对其产生任何损耗，使用者彼此也不会影响，不存在拥堵现象。因此，知识产品留在公共领域，继续作为公共资源存在，也并不会发生使用者可分得的使用量降低、公共资源分配不均的悲剧。

知识产品具有社会性，在创造的过程中，公共领域的资源为创造行为提供了素材，知识产品从某种意义上来看可谓社会知识的积累成果。因此，知识产品作为公共资源被使用并不会造成其枯竭，而是会随着使用人数的增多，为知识的创造提供生产力，降低知识创造的成本。

随着专利权的不断扩张，专利法上的公共领域被不断压缩，知识创造的生产成本也随之提升。公共领域的宽广意味着人们自由、低成本创造空间的宽广。如前所述，知识产品的产权界定本身无益于"公地悲剧"问题的解决。甚至知识产品虽然具有公共物品属性，但其无形性等特征使其不会出现"公地悲剧"理论中所提及的"过度使用"问题。因此，知识产品与"公地悲剧"问题中所涉公共资源的一致之处仅在于：二者最终的制度走向均是产权明晰化。

专利权的不断扩张意味着专有领域的不断拓展。尽管对专利权人而言，垄断性地享有以知识产品为核心的相关利益确实对其创造行为有所激励，但对于处于公共领域的广大知识创造者而言，知识创造需越过一块又一块的专有领域并缴纳不菲的"关税"，创造的成本大幅提升，反而会阻碍人们对于知识产品的利用，不利于知识产品的产生。学界将此现象称之为"反公地悲剧"，即资源或产权过度分割以致破碎化，导致资源排他性过强，进而造成资源使用不足的悲剧。[1]"反公地悲剧"理论的提出者赫勒认为"反公地的论题是简单的：当太多人拥有某物的部件（pieces）时，就会导致没人能够使用它的局面。通常，产权私有化能够创造财富，但是过多的产权却会产生相反的效果——导致浪费性的使用不足"。[2]

因此，"公地悲剧"理论难以作为知识产权制度合理化的理论基础，但与之

---

〔1〕　参见阳晓伟、庞磊、闭明雄："'反公地悲剧'问题研究进展"，载《经济学动态》2016年第9期。

〔2〕　〔美〕迈克尔·赫勒：《困局经济学》，闫佳译，机械工业出版社2009年版，第89页。

相关的"反公地悲剧"理论能解释专利法上公共领域的正当性：为防止发明创造产权化后知识资源排他性过强，最终导致知识资源利用率不足，反而影响知识的创造，需对专利法上的公共领域进行保留，为公众低成本利用相关知识资源留下空间。

3. 社会学视角

纵观人类社会的发展历程，每一项社会制度的建立初衷都源自于社会发展过程中产生的对某一事物进行规范、控制的要求，因此每一项制度的建立都有其社会基础，专利法上公共领域作为对专利权的限制必然也建立在一定的社会基础之上。发明创造本身内含的社会性因素要求对专利权进行限制，这是专利法上公共领域存在的重要原因。

首先，从权利本身来看，专利权具有社会性。专利权的客体——发明创造——存在的历史几乎与人类发展的历史一致，其诞生远早于专利制度的设立。然而此前在发明创造不断涌现的历史长河中，社会从未构建相关制度对其进行规范，根本原因在于彼时社会对发明创造的需求并不强烈。从社会整体的发展来看，此前即使不对创造行为进行专门激励，自然涌现的发明创造也能满足社会公众的需求。但随着时代发展，社会对发明创造的需求增大，每一次颠覆性的发明创造的诞生均会引起社会剧变。例如，18 世纪蒸汽机的发明开启了第一次科技革命，生产力突飞猛进，完成了质的飞跃；20 世纪互联网的诞生引发了信息的全面爆炸，改变了人们生活的方方面面。随着发明创造对社会的影响力上升，社会对发明创造的需求持续增长，赋予创造者独占性权利、激励发明创造产生的专利制度应运而生。

其次，从权利客体来看，发明创造具有社会性。20 世纪的发明社会学理论即认为，发明创造并非完全取决于发明者先天智力，而是依赖于现存文化，且是先前发明创造的积累。[1]发明创造过程是创造者充分发挥主观能动性的过程，发明创造成果凝聚了创造者相当程度的脑力劳动及体力劳动，因此在其上建立独占性的专有权——专利权——具有正当性。然而，发明创造的过程也具有社会性。尽管发明创造的过程仅由创造者完成，但从一定程度上来说，任何发明创造的产生，都有社会的参与。一方面，创造者在发明创造过程中利用了社会各方面的物质资源，包括创造所需的基础设施、工作环境等。另一方面，创造

---

〔1〕　参见吴红："论社会建构主义技术发明创造观"，载《东北大学学报（社会科学版）》2011年第 5 期。

者进行发明创造的知识基础来自于社会中的既有知识，不只是专有领域的知识，更多是公共领域的知识，创造者利用社会知识资源完成了必需的知识积累，方有最终发明创造的诞生。尽管发明创造是创造者一人的劳动成果，但其也无法脱离社会而产生，创造的整个过程充满了社会因素。影响发明创造的社会因素繁多，主要包括社会需求、社会经济、技术政策、科技文化水平、教育水平、价值观念等。[1]

无论是专利权本身还是专利权的客体，都具有社会性，专利制度自始至终都在社会的支撑下运行。在设计专利制度之时，必须重视公共利益，而公共领域保留正是社会公共利益的独特表达，是作为社会公共政策的专利制度建立的前提。

二、专利法上公共领域问题类型化

从权利授予、权利行使、权利保护到权利消亡，专利权的每一阶段均有公共领域的身影闪现。但每一阶段所涉及的公共领域问题呈现出不同形态，如在权利授予阶段，公共领域得到了最鲜明、具体的呈现，直接表现为科学发现、智力活动的规则与方法等。在权利保护阶段，公共领域并不以具体的形态出现，而是影响侵权认定的相关规则，在侵权认定的过程中体现公共领域保留理念。因此，本部分主要探讨公共领域在专利法上的具体形态，对权利授予、权利行使阶段的公共领域进行系统化梳理，并对随时代发展而涌现的公共领域相关的特殊问题进行探讨。

（一）专利法上公共领域的基本形态

1. 不在专利权保护范围之内的客体

如前所述，专利权保护范围外的公共领域不受专利法保护，也不为专利法所调整，与专有领域呈泾渭分明之势。但二者亦并非绝对不变，仍可能因权利保护期限届满等原因相互转换。

（1）不受专利权保护的客体

是否受专利权保护的核心是授予专利权的条件问题，即哪些客体可以受到专利权的保护、哪些客体需要划归到公共领域之中。专利权是整个专利制度的核心，专利权的授予条件理应是整个专利权构建的基础。严格设置专利权的授予条件，不仅可防止"问题专利"的产生，使专利制度激励真正的发明创造者，

---

[1]　傅平："技术发明的社会学模式"，载《科学技术与辩证法》1989 年第 3 期。

还可防止专利法上公共领域被过度压缩，公共创造资源被错误地私人化，防止专利权人的私人利益与公众的公共利益间的平衡被打破。

首先是不符合专利权授予的实质条件。发明创造必须符合授予专利权的实质条件，方可被授予专利权。我国专利包含发明专利、实用新型专利及外观设计专利三大种类，此三类专利所要求的实质条件有所区别。其中，发明专利要求最高，新颖性、创造性、实用性三者缺一不可，且创造性必须达到"突出的实质性特点和显著的进步"的高度。实用新型专利则次之，尽管也要求具备上述"三性"，但在创造性方面仅需达到"实质性特点和进步"的水平即可。[1]外观设计专利的授权条件最为宽松，只需具备新颖性，不属于现有设计即可。[2]

从法律规定来看，不符合专利权授予的实质条件的有两种情形，即科学发现与智力活动的规则和方法。

其一，科学发现。学界普遍认为，创造性的关键在于发明创造者利用科学规律及现有条件创造出此前自然界不存在的对象。科学发现的对象此前已经存在于自然界，发现者只是揭示了该种现象或规律，不具有专利法意义上的创造性，因而不属于专利权保护的客体。除此之外，科学发现所指向、揭示的基础性现象或规律具有普适性，是发明创造的理论基础，若赋予科学发现以垄断性的权利，就会阻碍利用该类现象或规律的发明的产生。

其二，智力活动的规则和方法。智力活动即人的思维活动，相应的规则和方法主要是指导人们进行推理、演绎、判断、记忆等思维活动的规则和方法，多具有提升思维效率的效果。但智力活动的规则和方法难以直接投入生产与制造中，因而不符合实用性的要求。当然，除此原因以外，同科学发现类似，智力活动的规则和方法涉及人们的思想活动，若对思想活动的规则和方法进行专利权保护，授予相应的发明人以垄断性权利，无疑与专利法鼓励创新的初衷相悖，反而会阻碍科学技术发展。

不符合专利权授予实质条件的公共领域在司法实践中最为典型的运用，当属专利侵权案件中的现有技术/设计抗辩制度。现有技术/设计抗辩的法律依据是我国《专利法》第 67 条的相关规定，而其学理依据则是若被控侵权人可以证明其使用的技术/设计属于现有技术/设计，由于现有技术/设计缺乏新颖性，属于公共领域范围内的公共资源，任何人均可使用，自然不成立侵权。

---

〔1〕 参见《专利法》第 22 条。
〔2〕 参见《专利法》第 23 条。

　　国外现有设计抗辩的典型案例当属 2011 年苹果公司与三星公司的专利大战。2011 年 4 月，苹果公司正式对三星公司提起专利诉讼，认为其旗下的 Galaxy 系列手机及平板电脑侵犯了苹果公司所拥有的 D504889 号等专利。三星公司则以其平板电脑的曲线设计等属于现有设计为由进行抗辩。法院最终认定三星公司侵犯了苹果公司的六项设计，但认可了三星公司提出的现有设计抗辩，认为涉及该部分的设计并未侵犯苹果公司的 D504889 号专利权。

　　国内亦存在不少现有设计抗辩的案例，如"张叶芬案"中，时仲波认为张叶芬所售广告夹侵犯了其所有的外观设计专利，而张叶芬则主张被控侵权产品所实施的设计早在 2011 年就已在微博上被公布，该设计属于现有设计。二审法院最终支持了张叶芬的观点，认定侵权不成立。[1]

　　由此可见，权利授予阶段以具体形态出现的公共领域，实际贯穿了专利制度运行的始终，如因不符合新颖性要求而形成相关公共领域，最终又以现有技术/设计抗辩制度的形态出现在专利侵权的认定过程中。

　　其次是出于其他目的的考量。即使符合专利权授予的实质条件，也不等同于必然获得专利权，除了需符合"三性"以外，立法者对于授予专利权的客体还有其他目的的考量，包括不得违反其他法律，不得违反公序良俗，不得损害公共利益等。典型的因不符合其他考量因素而被专利权拒之门外的即疾病的诊断和治疗方法。疾病的诊断和治疗方法关系到人们的身体健康，若医生无法自由地根据患者的身体状况选择相应方法，而在每次诊断、治疗之前均需请求专利权人的许可，无疑会极大地降低诊断、治疗的效率，延误病人的最佳治疗时机。这无疑有悖公序良俗，损害公共利益，因此更宜将其保留在公共领域。

　　值得一提的还有原子核变换方法，用原子核变换方法获得的物质，以及动植物品种，它们均不在专利权的保护范围内，但并不属于公共领域。将原子核变换方法以及用该方法所获物质纳入不授予专利权的范畴，主要是因为该方法以及用该方法获得的物质涉及具有放射性的元素，破坏力、杀伤力极大，涉及国家安全利益。不过，这并不意味着其进入了公共领域，因为该部分仍由其他法律进行调整，受其他法律保护。动植物品种可谓畜牧业、种植业的核心，若将其划入专有领域，作为私人专利权的对象，则不大符合社会发展要求。但是，鉴于其作为智力成果的特性，以及基于激励相关领域创新的需要，包括我国在内的很多国家都建立了植物新品种权保护制度。至于动物新品种权的相关规定，

---

[1]　参见广东省高级人民法院（2018）粤民终 849 号民事判决书。

还有待立法完善。

综上所述，客体无法获得专利权保护而被保留在公共领域主要有两方面的原因：其一是不符合专利授权的实质条件，尤其对发明专利而言，新颖性、创造性及实用性任一条件不满足即无法获得专利权的保护；其二则是立法者出于公共利益、公序良俗等目的的考量，将相关对象排除在专利权所限定的专有领域之外，实际考量的过程也是公共利益与私人利益博弈的过程。

（2）保护期限届满的专利

物权与知识产权均具有财产权属性，其内在逻辑一致，但在权利保护期限的设置上则各有侧重。建立于有形物之上的物权，物损耗消失时权利也随之消失，因此无须专门设置权利的存续期间。专利权所对应的客体则是无形的知识产品，任何形式的使用均无法对其造成损耗，专利权的客体可永久存在。因此，若不明确规定包括专利权在内的知识产权的存在时间，按照一般逻辑，专利权便可永久存续。此举无疑不符合创造行为的规律，存在诸多方面的弊端。从公共领域的角度亦可很好地理解知识产权保护期限设置的正当性。创造行为的起点在于模仿，从某种意义上来说，任何知识产品均是社会知识的延续，公共领域的存在有其正当性及必要性。专利权保护的本就是达到了一定创造高度的发明创造，可谓智慧之结晶。若专利权永久存续，此类知识产品将永远无法进入公共领域而成为他人创造的素材，这将使得人类最有价值的智力成果无法进入公共领域而为公众所使用，最终将损害全社会的福利。

不仅如此，专利权永久存续意味着现存于世的专利将只增不减，这意味着我们的身边将产生越来越多以专利权为核心建立的禁区，稍有不慎便会触碰雷池，这将极大地抑制创造者的创造热情。在此情况下，专有领域日益扩张，公共领域则相应被限缩，自由创造的空间日益狭窄，后来者创造出具备一定创造高度的发明创造以获得专利权的可能性也随之减少，社会进步的脚步将会越来越慢乃至停滞。因此，设置合适的保护期限，在此期限内专利权人可通过积极地行使专利权，获得相应的垄断性利益，保障了专利制度激励人们创新目的的实现。一旦保护期限届满，专利权保护的客体即进入公共领域，为公共领域带来新的活力，源源不断的资源的进入充实着公共领域，创造者可利用的素材不断扩充，也将从另一方面激励创造行为。包括专利权在内的知识产权保护期限的设置正是私人利益与公共利益相平衡，利用专有领域与公共领域的并存共同激励创造行为的制度设计的典范。

（3）专利权人主动放弃权利的专利

专利的申请流程烦琐且漫长，但一旦申请成功也将带来巨大的利益，因此申请人获得专利权，成功晋升为专利权人后，多会积极行使并费心维护其专利权。但也会有专利权人出于种种原因，选择主动放弃自己的专利权。[1]放弃的原因包括专利已不再适应时代需求，不再具有实施价值，或者将专利的实施费用、所获利益与逐年上涨的专利维护费相比较，放弃专利权更为经济等。

就著作权而言，权利人可选择放弃部分权能，如著作权人可通过知识共享许可协议转让著作权的部分权能。专利权则不同，在我国现行制度下，专利权人不得放弃部分专利权。[2]专利权人要放弃专利权，可在保护期限内向国家知识产权局提交放弃专利权的声明，[3]且放弃声明不得附加任何条件。被放弃权利的专利将进入公共领域，不再为专利法所调整。放弃专利权的行为一般是不可逆的，一经放弃则不可撤销，不仅不得为原权利人所恢复，也不得为他人所再次申请。

（4）被宣告无效的专利

在专利公告授权之后，相关专利已然进入了专有领域之中。而从专有领域回归公共领域，主要存在三种途径：除前文所述的保护期限届满、专利权人主动放弃专利权之外，专利也可因他人申请启动的无效宣告程序而最终被宣告无效，进而回归公共领域，再次为公众所自由使用。

专利的无效宣告即法院或者专利行政机构依请求宣告有缺陷的专利无效的制度。[4]在我国，专利公告授权之后，任何人认为该专利不符合专利法要求的，均可申请启动专利无效宣告程序，专利行政部门依申请对所涉专利进行审查，若认定相关专利确实不符合专利法规定的授予专利权的条件，则宣告其无效。无效宣告既包括全部专利无效，亦包括部分专利无效。申请专利无效宣告的理由即该专利不符合专利法相关要求，具体又可分为程序不符与实体不符两方面。程序不符，如该专利的授权违反了先申请原则，将本应授予在先申请人的专利权错误授予给了在后申请人，又或者该专利的技术方案未得到充分公开。实体

[1] 参见《专利法》第44条。

[2] 目前德国、日本、美国等国家均允许放弃部分专利权。

[3] 根据《专利审查指南》的规定，符合规定的放弃专利权声明应予批准，审查员应当发出手续合格通知书，并将有关事项分别在专利登记簿和专利公报上登记和公告。放弃专利权声明的生效日为手续合格通知书的发文日，放弃的专利权自该日起终止。

[4] 邹瑜、顾明总主编：《法学大辞典》，中国政法大学出版社1991年版，第116页。

不符则包括该专利不符合专利授权的实质条件、违反了公序良俗、有损公共利益等。

专利无效宣告实质是对专利授权制度的监督与纠错程序。一方面，国家投入专利审查授权环节的人力、物力等相关资源均有限；另一方面，行政程序的效率要求也限制了专利审查的时间、范围、深度，导致专利审查过程中难免存在疏漏，可能将原本不符合专利权保护条件的公共领域的资源错误地划入专有领域中，侵蚀公共领域，阻碍公众对该资源的自由使用，最终损害公共利益。专利无效宣告制度实际是借助了专利行政部门以外的社会力量，对公共领域资源向专有领域的转移过程进行监督、把关。专利法对于提出专利无效宣告申请的主体并无要求，任何个体均可提出申请，这也是为了通过降低申请主体的门槛来提高此纠错机制的运行效率，尽可能地弥补专利审查、授权环节可能出现的错误。

由于被宣告无效的专利自始至终就不符合专利法的保护条件，其进入专有领域完全是专利审查制度的天然缺陷所引发的错误，因此一经无效宣告，则该专利视为自始不存在，此前建立在相关专利产品上的一切法律关系均不再延续。因此，除专利权人恶意损害他人利益、专利权人若不返还被许可人或受让人的费用则显失公平以外，此前就该专利所签订的合同、作出的判决等法律文件均不具有追溯力。

2. 不受专利权控制的行为

专利权是一种垄断性极强的权利，权利人基于该权利，除可以自己利用、许可他人利用专利并获得相应利益以外，一般而言也可排除他人以相同的方式使用其专利。但在一定情况下，他人使用专利具有合理性，若此时依然给予专利权人无限制的排他性权利，不仅可能反过来制约专利的实施，还可能抑制社会创新，产生巨大的社会成本。因而，对已成立的专利权进行相应的权利限制确有必要，也由此产生了专利权保护范围内的公共领域。

专利权保护范围内的公共领域的设定主要是针对履行了一定义务的公众而言，通过权利限制制度给予其一定的接近专利方法和专利产品的机会。此类被划归为公共领域的相关行为原本属于侵犯专利权的行为，是法律通过明文规定对其进行了合理化，因此，此种权利限制又被称为专利侵权的例外，其具体包括专利权穷竭、先用权人的使用、合理使用等。专利权保护范围外的公共领域任何人均可自由使用，而处于专利权保护范围内的公共领域的资源则对相应的使用方式、使用主体、使用时间等均有一定要求，因此，较之于专利权保护范围外的狭义的公共领域，此类因权利限制而产生的公共领域属于广义的公共领域。以先用权人的使用为例，此处的使用主体仅限于发明创造的在先研发者或在先使用者，而非所有公众，继续制造、使用行为也被限定在"原有范围"内。

（1）专利权穷竭

与商标法相同，专利法上同样存在权利用尽制度，即专利权人或获得专利权人许可之人在售出专利产品之后，便同时失去了对该专利产品的后续控制权利，非权利人可对该专利产品进行使用、二次销售、进出口等。但专利权所保护的核心是技术方案，专利权人对技术方案的控制权不会因承载该技术方案的产品的流通而消失，因而基于专利权穷竭制度而进入公共领域的仅是依照技术方案制造的、承载了该技术方案的相关专利产品，而绝非该技术方案本身。一方面，基于物权法的相关原理，消费者在购买专利产品后应获得以该专利产品为客体的包括占有、使用、收益、处分等权能在内的完整的物权。若在支付相应对价后消费者无法获得完整物权，则将打击消费者的购买热情，专利制度中通过保护专利权人基于专利所获利益而激励专利权人进一步创新的逻辑链条将受到极大震荡，直接影响到专利制度的正常运行。另一方面，专利制度属于知识产权制度的一部分，同样遵循知识产权制度所秉持的私人利益与公共利益的平衡法则，专利权人所应得的利益在专利产品售出的那一刻已经获得，若进一步赋予专利权人对已处于流通领域的专利产品的控制权，则在现实操作层面上难度极大，也打破了私人利益与公共利益的平衡，使专有领域过分扩张以至侵占了公共领域的相关资源。

（2）先用权人的使用

先用权制度也即在先使用权制度，指在专利申请日前已经制造相同产品、使用相同方法或者已经作好制造、使用的必要准备，并且仅在原有范围内继续制造、使用的，不视为侵犯专利权。[1]事实上，先用权制度的设置与先申请原则并不存在必然关系，此前一直采用先发明原则的美国也存在先用权制度，其主要目的是保护采用商业秘密形式对自身知识产品进行保护的在先使用人。

但当下的先用权制度一般被认为属于专利法上先申请原则的弥补制度。为鼓励发明创造者尽早申请专利，专利法上建立了先申请原则，将专利权授予最先申请的合格申请人。但在现实生活中，最先申请人不一定是发明创造的最早研发者，更不一定是发明创造的最早实施者，而一旦将具有垄断性质的专利权

---

[1]　参见《专利法》第75条第2项。

授予最先申请人，由于某些正当原因错过申请的最早研发者或最早实施者对专利的使用将构成侵权，这无疑有悖于专利法激励创新的初衷，且不合常理。通过先用权制度弥补先申请原则下可能存在的在先研发人、在先使用人，实现矫正的正义，有利于保障专利制度的有效运行，维护市场经济的稳定和谐。

（3）专利的合理使用

专利法上也存在合理使用制度，即在法定的情形下非专利权人不经过专利权人的许可，且无须支付相应费用而直接使用专利的制度。目前专利法上的合理使用主要包括如下两种情形。

首先是实验使用例外。根据《专利法》的规定，"专为科学研究和实验而使用有关专利的"不视为侵犯专利权，此即实验使用例外。[1]实验使用例外起源于美国惠特莫尔诉卡特尔案（Whittemore v. Cutter 案），[2]并逐渐发展为专利法上的典型例外而为世界各国所接受。该例外的合理性，可以从以下论述加以理解：知识产品之所以具有公共物品属性，原因在于知识产品的产生"是站在巨人肩膀上"的结果。创造的本质是在既有知识的基础上进一步的创新，对于科学研究而言更是如此，科学研究的对象多是相关领域内最前沿的课题，时常需要利用在先专利进行进一步研究。而此时，专利权人若行使禁止权，则将直接影响科学研究的进程，这无疑会违背专利法激励创新的宗旨。专利权人的专利横亘在科学研究的进程中，研究者若无法使用该专利，必然会影响后续技术的开发，或直接阻碍乃至于终止该研究，或大幅增加该研究的成本。因此，有必要建立实验使用例外制度，为科学研究提供便利。实验使用例外制度的建立还有利于实现更充分的专利信息的公开。专利制度是以公开换垄断的制度，即以充分公开技术方案为前提换取具有垄断性质的专利权，而实验使用例外制度允许科研人员合理使用、研究该专利，有利于专利信息的充分公开。

一般而言，实验使用例外是否成立存在两种判断标准：一是，以使用方式为判断标准。科学研究和实验中将该专利作为研究对象而非研究工具，方可成立实验使用例外。以专利为研究对象的实验，是纯粹学术意义上的研究，对于专利权人的商业利益影响甚小，进入公共领域可谓顺理成章。[3]在科学研究和实验中将专利作为研究工具，则被大部分国家尤其是欧洲国家排除，原因在于

---

〔1〕　参见《专利法》第 75 条第 4 项。

〔2〕　See Whittemore v. Cutter. 29 F. Cas. 1120（C. C. D. Mass. 1813）.

〔3〕　参见范晓波、孟凡星："专利实验使用侵权例外研究"，载《知识产权》2011 年第 2 期。

若将以专利作为研究工具的使用也列入实验使用例外的情形，则可能影响专利权人的利益，这种情形下研究者可作为普通消费者向专利权人支付许可使用费，从而正当使用该专利。二是，以是否具有营利目的为判断标准。以美国为代表，持此标准的国家认为，若科学研究、实验具有营利目的，则不应适用实验使用例外制度。但当下对该标准的批判声音较多，尤其在著名的梅蒂诉杜克大学案（Madoy v. Duke University 案）中，法院对具有营利目的的商业性使用进行了扩大解释，学界多认为此举对专利权人给予了过多的保护，不利于公共利益的保护，压缩了研究机构研发的自由空间。[1]

其次是临时过境的例外。随着全球化进程的加快，世界各地沟通日益密切，各国之间的公共交通也逐渐建立与完善，来往于各国之间的交通运输工具承载了交通领域最先进的技术，且大多是尚处于各国专利保护期限内的技术方案。基于知识产权的地域性，同一发明创造在各国可能存在不同的专利权人，而尽管交通工具制造时取得了制造地专利权人的许可，却难以同时取得世界范围内所有专利权人的许可，甚至即便专利权人均为一人，也难以取得世界范围内所有国家对该专利权的许可。而交通工具穿梭于世界范围内，若不将其在某一国家的临时过境纳入公共领域的范围内，交通工具的使用者需要付出的成本过于高昂，就会极大地阻碍全球范围内公共交通运输事业的发展，不利于各国文化沟通、经济交往。

（4）博拉例外

博拉例外是指对药品专利到期前非专利权人（也称仿制药商）未经专利权人的同意，以获取相关行政管理部门所要求的数据信息为目的进口、制造、使用专利药品进行实验的行为不视为侵犯专利权。从博拉例外的来源可知，该例外脱胎自实验室使用例外。我国《专利法》第三次修改时引入了博拉例外，也称之为药品和医疗器械的实验例外。博拉例外起源于罗氏公司诉博拉制药公司案（Roche Products, Inc. v. BOLAR Pharmaceutical Co. 案）。仿制药生产商博拉制药公司为在罗氏公司所持有的药品专利保护期限届满后，尽早通过美国食品药品监督管理局的审核并完成仿制药的上市，而自国外购买该专利药品进行药物分析。专利权人罗氏公司认为这一行为侵犯了其专利权而起诉博拉制药公司，法院最终认为博拉制药公司仅是为缩短行政审批时间而分析专利药品，不具有商业目的，不构成侵权。[2]

---

〔1〕　See Madey v. Duke University. 307 F. 3d 1351 (Fed. Cir. 2002).

〔2〕　See Roche Products, Inc. v. BOLAR Pharmaceutical Co. 733 F. 2d 858 (Fed. Cir. 1984).

博拉例外是典型的私人利益与公共利益平衡的工具制度。尽管该制度涉及三方主体，即专利权人、仿制药生产商以及社会公众，但实际该制度的诞生是私人利益与公共利益双方博弈的结果。该制度的正当性也源自于对公共利益的保护：仿制药生产商与社会公众的利益具有一致性，其一定程度上代表了公共利益，因此保护仿制药生产商的利益从某种意义上来说便保护了公共利益。该制度承认专利保护期限内仿制药生产商为获得行政审批而进行实验的正当性，保证了在专利保护期限届满后仿制药生产商可以在最短的时间内准备好行政审批所需材料，直接缩短了仿制药的上市时间，有效地消除了由于他人研发时间过长而产生的专利权到期后的实质垄断，保证了公众能够尽快获得相对低价的仿制药，维护了公共利益。

（二）专利法上公共领域的特殊问题

法律制度出于稳定性与权威性的考量，往往略微滞后于社会生活的发展，专利法亦是如此。因此，除了已经在专利法上固定的公共领域的基本形态以外，随着社会生活的发展也涌现出一些与公共领域密切相关的特殊问题。虽然这些问题可能仍处于学界讨论阶段，尚未提上立法规制的议程，但仍然值得关注。

1. 药品专利保护期限延长问题

如前文所述，专利保护期限届满之后将不再受专利法的保护，而自动进入公共领域，成为公共资源。实践中却存在反其道而行之的药品专利保护期限延长制度。药品由于涉及人类的生命健康，任何国家对其研发都持十分谨慎的态度，体现为相关监管体系十分严格，行政程序较为复杂。药品研发通常需要耗费数年时间，且历经临床实验、行政审批等烦琐流程，成本较高。由于新研发的药品获得专利后还需经历相关行政部门的审批流程，专利保护的有效期也相应被缩短。除此之外，专利药品多售价高昂，而一旦保护期限届满，便将有大量的低价仿制药涌入市场，专利药品此前形成的市场随之崩塌。因而药品的研发者普遍认为，相较于研发者所投入的如此高昂的人力、物力及时间成本而言，20 年的专利保护期限过短，无法收回相应成本并获得足够回报。

出于公共健康考量，药品专利的行政审批制度不宜简化，美、日等国最终选择通过延长药品专利保护期限来弥补漫长行政审批所造成的专利权人预期利益的损失。1984 年，美国正式通过哈奇-韦克斯曼（Hatch-Waxman）法案，成为首个建立药品专利保护期限延长制度的国家。根据该法案的规定，药品专利保护期限最多可延长 5 年，但自批准上市之日起算，额外延长的专利保护期限与剩余的专利保护期限总计须以 14 年为限。我国现行《专利法》第 42 条第 3

款也建立了药品专利权期限延长制度。该款规定："为补偿新药上市审评审批占用的时间，对在中国获得上市许可的新药相关发明专利，国务院专利行政部门应专利权人的请求给予专利权期限补偿。补偿期限不超过五年，新药批准上市后总有效专利权期限不超过十四年。"

（1）药品专利保护期限延长的影响

药品专利保护期限延长制度带来的好处是显而易见的。专利制度赋予了专利权人一定期限的垄断保护，在此期间未经专利权人许可的任何生产、制造、销售专利药品的行为均属于对专利权的侵犯，因此在这一时间段内专利权人可独占整个相关市场，借此收回研发成本并进一步获利。但由于药品研发的诸多特殊性，药品专利保护的实际有效期并不能保证研发者获取足够的利益，因此在医药生产领域，专利制度的创新激励功能打了折扣。药品专利保护期限的延长，激励了研发者研发新药品的积极性，同时也意味着延长了研发者对市场的垄断期限，使其有更多的时间获得丰厚回报。不仅如此，保护期限的延长还有利于促进相关市场投资，从而活跃市场，推动整个医药行业的进步。药品市场的潜在利益是巨大的，延长专利保护期限即使只有 1 年，所获利润也相当丰厚，无疑将进一步吸引国内外企业投资药品研发。如美国利来公司的"百忧解"于 1986 年上市，其专利在 1995 年初到期后又延长了保护期限，而该药约有 80% 的销售额是在专利延长期内获得的。[1]

但同时，延长药品专利保护期限，也将推迟仿制药的上市时间，增加公众医药负担。为弥补研发成本并获取相应利益，专利药品价格普遍较高。药品专利保护期限届满，进入公共领域，且进入的是非由专利法调整的狭义的公共领域，所有人均可自由使用，其他厂商利用该技术方案生产仿制药，直接省去了漫长的研发过程，所推出的仿制药的综合成本大大降低，价格也相对低廉，减轻了公众的医药负担。一般而言，专利药品与仿制药总体存在约 40% 的价格差异。极端情况下，仿制药的价格甚至可达到专利药品价格的几十分之一。[2]延长药品专利保护期限，实际是药品专利权的进一步扩张，相应的公共领域的空间由此缩小，实质是公共利益向私人利益的妥协。药品专利保护期限一旦延长，仿制药的上市

---

[1] 丁锦希："美国药品专利期延长制度浅析——Hatch-Waxman 法案对我国医药工业的启示"，载《中国医药工业杂志》2006 年第 9 期。

[2] 参见张崖冰等："国内专利后原研药及其仿制药的现状研究"，载《中国卫生经济》2013 年第 6 期。

时间也将随之延后，公众不得不继续花高价购买专利药品，经济负担也随之加重。

（2）药品专利保护期限延长与博拉例外的对立与统一

博拉例外属于因专利权的限制而生但不受专利权控制的行为构成的广义公共领域的范畴。尽管与博拉例外直接相关的主体是非专利权人，即仿制药商，但如前所述，仿制药的上市将大幅降低普通公众的医药负担，因此普通公众的利益也与博拉例外息息相关。

从表面上来看，药品专利保护期限延长代表的是药品研发者即专利权人的利益，而博拉例外则代表广大仿制药商的利益，但二者本质上是专有领域与公共领域的对立，药品专利制度的不断变革正是私人利益与公共利益的博弈结果。一方面，唯有保障药品研发者的利益，方可激励其研发出更多新药品，从源头推动公共健康事业发展；另一方面，发展中国家普遍面临的公共健康危机也亟待解决，仿制药的尽快上市实乃必须。而且，我国药品行业自主研发能力较弱，国内相关制药企业主要以仿制药的生产为主要获利来源，当下建立药品专利保护期限延长制度于我国药品研发企业而言直接激励意义并不明显，反而可能使我国众多仿制药企业利益受损，最终影响公共利益。

因此，应优先保障博拉例外的落地实施，制定具体配套规范，在时机成熟的情况下再构建药品专利保护期限延长制度。我国药品专利制度的构建可谓正当其时，药品专利保护期限延长制度与博拉例外均为该制度的一部分，二者在制度内达成了私人利益与公共利益的平衡。

2. 基因技术的知识产权开源模式

（1）基因技术专利保护模式的缺陷

基因技术，"又称遗传技术或者重组 DNA 技术，是指按照人们的需要，改变生物个体或细胞基因组的方法和技术，它是分子遗传学和工程技术相结合的产物，其基础来自于生物体内的 DNA"。[1]

基因技术属于生物技术领域一项至关重要的技术，人类利用基因技术可以改造身边一切生命体。正是由于基因技术潜在的巨大价值，基因技术的可专利性曾存在较大争议。一方面，尽管随着时代的发展，应用科学研究与基础科学研究的边界逐渐模糊，但一般认为基因技术属于基础科学研究领域的关键技术。基础科学研究通常以揭示科学规律为内容，属于科学发现的一种，传统上多将

---

[1] 韩威威："基因专利，何去何从？"，载《提升知识产权服务能力　促进创新驱动发展战略 2014 年中华全国专利代理人协会年会第五届知识产权论坛优秀论文集》，第 154 页。

其纳入公共领域的范畴，且基础科学研究成果是后续研发的重要基础，在公共领域资源中占据尤为重要的地位。另一方面，基因技术涉及生物基因的改造，威力巨大，运用基因技术可依照特定目的改造一切生命体，因此基因技术的运用直接涉及生物伦理道德以及公共秩序的维护问题。除此之外，基因技术专利的重要材料来源是生物的基因，有关人体的基因专利的材料来源即公众基因。因此，人体基因专利被实施时即产生了基因提供者的隐私问题，甚至基因的提供者反而需要向基因专利权人付费。正因如此，各国曾一度对基因技术尤其是人体基因技术的可专利性持比较保守的态度，即使是始终走在知识产权保护最前沿的美国，也是直到 20 世纪 80 年代方逐渐认可基因技术的可专利性。目前看来，各国逐渐建立起基因技术专利保护制度，通过授予专利权激励相关研发者进行技术创新。以我国为例，我国《专利审查指南》中对基因技术专利进行了规定，[1]"明确了在我国满足新颖性、创造性和实用性，首次从自然界分离或提取出的基因或 DNA 片段属于可专利保护的客体"。[2]

基因技术专利固然已获得世界范围内大多数国家的承认，但其仍有一定的局限性。基于基因技术本身的特性，其研究注定是一个综合各方努力，集结多项技术的过程。在基因技术具备可专利性的当下，大部分基础性基因技术已获得专利权的保护，成为虽然公开却无法由研发者使用的基因技术专利，也在一定程度上成为后续研究的阻碍。一项基因技术的研发可能涉及数以千计的基因技术专利，这些专利分散于各个权利人手中，由此形成的"专利丛林"令每一位行走其间的研究者举步维艰，"反公地悲剧"在基因技术专利领域彰显无遗。针对基因技术专利的局限性，亦有学者提出建立基因技术专利池的构想。基因技术专利池的构建有助于消除基因技术研究过程中的授权障碍，降低交易成本，但也可能更容易导致垄断及不正当竞争。[3]

（2）基因技术领域的开源模式

基因技术专利制度所引发的研发困境促使麻省理工学院将开源模式引入基因技术领域。"开源"一词起源于计算机领域，最初仅指称源代码的开放，后逐渐拓展至其他领域，形成一种由公共协议指导、以开源社区为核心、众多开发

---

〔1〕　参见中华人民共和国国家知识产权局：《专利审查指南 2010》，知识产权出版社 2010 年版，第 23 页。

〔2〕　曹丽荣："我国基因专利保护范围界定的思考"，载《河北法学》2010 年第 12 期。

〔3〕　参见周莳文等："构建我国基因专利池的设想"，载《华南理工大学学报（社会科学版）》2012 年第 1 期。

者自行加入研发过程的一种技术开发模式。基因技术领域的开源模式，与计算机领域的开源模式理念一致，即在尊重既有知识产权的基础上，通过签订公共协议实现相关专利的开放。在开源模式下，不再存在因诸多基因技术专利横亘而产生的授权障碍，降低了研发所需成本，并且开源模式实质仍是商业模式的一种，其运行能够为基因技术专利权人带来利益。在开源模式之下，基因技术的研发成本被大幅降低，而开源模式所推崇的"知识共享"理念也吸引了后续研发产生的基因技术继续加入其中。在此基础上，基因技术能够得到更充分的开发与利用。

开源模式并不否定专利制度，其更多地是以专利制度的补充制度而存在，完全尊重已获得专利权的发明创造。在开源模式下，以签订公共协议的方式实现对基因技术专利的共享。此公共协议的本质实际是专利许可协议，是众多基因技术专利权人与使用者之间签订的契约。因此，开源模式正是一种在专利制度的基础上，由专利权人以协议方式人为建立公共领域的模式，是公共领域在基因技术开发过程中的全新呈现。开源模式并非专利权人对专利权的放弃，而是在承认并保护上游研发者专利权的基础之上免去授权行为，使相关基因技术构成集合，下游研发者可自由地自该集合中获取上游基因技术成果。因此，在一定程度上，可将基因技术的专利权开源模式认定为人为构建的一种广义的公共领域，属于基于专利权限制而产生的专利权保护范围内的公共领域，是一种并非法律明文规定，而以权利人签订协议的形式所创设的公共领域。

3. 专利保护期限届满后可否寻求其他知识产权保护

（1）专利保护期限届满后其他制度后续保护的争议

如前所述，通常情况下专利保护期限届满后即进入公共领域，为公众所自由使用，但部分知识产品的特殊性质往往会引发后续保护问题。所谓后续保护即"由于不同的知识产权保护期限长短不一，在一种知识产权到期后，通过另一种知识产权继续保护同一客体"。[1]如专利保护期限较著作权保护期限短，在专利权保护客体与著作权保护客体的交叉地带则十分容易产生后续保护问题。不仅如此，反不正当竞争法历来与整个知识产权法存在密切关系，专利法以客体为核心，反不正当竞争法则以行为为核心，侧重角度不同而规制的领域又联系紧密，必然导致二者在规制内容上存在重叠之处，也容易产生后续保护问题。

就专利保护期限届满后，是否允许后续保护的问题，学界历来存在较大争

---

[1] 何炼红："知识产权的重叠保护问题"，载《法学研究》2007 年第 3 期。

议。肯定观点认为，专利保护期限届满之后可以寻求其他知识产权的保护。从法律的运行来看，各法律之间泾渭分明更多地存在于理想状态中，实践中市场经济的复杂性导致各法律之间多有重叠。尤其反不正当竞争法历来有市场经济"兜底法"之称，其与其他法律之间调整对象的重叠在所难免。反不正当竞争法为知识产品提供补充保护，其与专利法的交叉保护也具备正当性。[1] 从法理角度看，若发明创造的创造者所贡献的知识产品本就具有复合性，同时满足专利法、著作权法等知识产权法的保护条件，则其本就为社会提供了多维度的知识产品，理应获得充足的保护，除非法律明文禁止，否则其权利的重叠具有正当性。因某一专利保护期限届满而禁止权利人就该客体寻求其他知识产权保护，实际上是变相地缩短了该客体的应然保护期限。部分学者在肯定后续保护的前提下主张应该对后续保护进行一定限制，例如外观设计专利在进入后续保护制度后，由于建立在外观设计上的专利权已经失效，则针对任何专利法意义上对该外观设计的使用，权利人均不可诉诸著作权制度寻求保护。[2]

否定观点则认为，专利保护期限届满之后不可寻求其他知识产权的保护。原因在于，允许后续保护实际上是对公共利益的损害。[3] 专利保护期限届满之后，知识产品进入公共领域，成为公众可任意、自由使用的公共资源，允许后续保护实际上是变相延迟了相关知识产品进入公共领域的时间，使相应的公共领域范围遭到压缩，而公众将继续支付相应使用费。除此之外，允许后续保护也不利于专利法激励功能的发挥。专利法上对发明、实用新型以及外观设计专利设置了不同的保护期限，实质上是对不同专利给予不同的价值，其宗旨在于通过梯度化的保护时间的设定，激励创造者创造出创造性更高、更具价值的知识产品。允许后续保护则打破了专利保护的梯度化时间设定，令原本创造性较低的外观设计获得额外保护，无益于专利制度对创造行为的激励。

法律制度是对社会关系进行调整的人为设计的制度，而社会关系复杂多变的特性导致各法律制度的调整对象难免产生重叠。尤其知识产权法所辖具体法律之间，其客体本就具有诸多共同特征，因而重叠保护的概率更高。若强行在各部法律之间划出清晰的界限，如规定某一满足多部法律保护条件的知识产品

---

〔1〕 郑成思教授曾指出，已享有其他知识产权保护的不影响其受到反不正当竞争法的保护。参见郑成思："民法典（专家意见稿）知识产权篇第一章逐条论述"，载《环球法律评论》2002年第3期。

〔2〕 参见徐晓雁、张鹏："外观设计专利权的扩张与限缩——以外观设计专利权与其他知识产权的边界为视角"，载《科技与法律》2014年第4期。

〔3〕 参见应振芳："意匠多重保护评析"，载《西南政法大学学报》2006年第6期。

仅可由专利法进行保护，则又可能产生保护不足的问题。因此，确有必要承认专利保护期限届满后的后续保护，专利权保护的终止并不当然意味其他知识产权保护的终止。但公共领域的保护也不可忽视，专利保护期限届满至少意味着对知识产品的专利法意义上的使用行为应该划归公共领域。因此，为保持私人利益与公共利益的平衡，应对专利保护期限届满而处于后续保护之中的知识产品进行一定限制。专利保护期限一旦届满，则必须确保专利法意义上的使用行为进入公共领域的范畴，公众若对该知识产品进行专利法意义上的使用，则属于正当使用，不再落入侵权范围之内。

（2）外观设计专利失效后的其他知识产权保护

外观设计是实用性与艺术性兼备的以工业应用为载体的知识产品。由于法律特征的高度复合性，外观设计专利是最为典型的涉及后续保护问题的专利，主要涉及著作权法及反不正当竞争法。

根据我国《专利法》第 2 条第 4 款的定义，外观设计的主要构成要素包括色彩、形状及图案，且需"富有美感"和"适于工业应用"。单从外观设计的定义中即可窥见其与美术作品存在重叠可能。因此，实践中权利人在专利保护期限届满后通常也会寻求著作权法的保护。从我国司法实践来看，法院均认同当外观设计满足著作权法对作品的要求时亦可受到著作权法的保护，但法院尚未就外观设计专利失效后如何受到著作权法保护、是否有别于普通作品的保护等问题达成一致。"'莫奈'壁纸"案与"老谢榨菜"案即反映了法院的不同态度。

在"'莫奈'壁纸"案中，特某公司所享有的"莫奈"壁纸的外观设计专利已失效，但其以淘某公司销售的壁纸图案侵犯其著作权为由提起诉讼。一审法院支持了特某公司的诉求，并指出同一客体可承载多项知识产权，外观设计专利失效并不必然导致该客体上著作权的终止。二审法院亦维持了这一判决。[1] 本案中，法院对于外观设计专利失效后权利人寻求著作权的保护持支持态度，认为权利竞合状态下著作权的保护并不受专利失效的限制。

"老谢榨菜"案所涉外观设计为榨菜包装袋外观设计，在外观设计专利失效后，原权利人谢某以明扬公司、叶某侵犯其就包装袋图案所享有的著作权为由提起侵权诉讼。本案中一审法院肯定了包装袋图案可受著作权保护的事实，但以被告对图案的使用是外观设计意义上的使用，不构成对著作权的侵犯为由不

---

〔1〕 参见江苏省常州市中级人民法院（2014）常知民初字第 85 号民事判决书；江苏省高级人民法院（2015）苏知民终字第 00037 号民事判决书。

支持谢某的诉求，此后的二审及再审法院也维持了这一判决。[1]本案体现了法院对于公共利益的重视。外观设计毕竟是先经由专利权保护的知识产品，其与自诞生之初即完全落入著作权领域而仅受著作权保护的美术作品有所不同，在专利权失效后外观设计已进入公共领域范畴，为尊重已形成的公共领域，保护公共利益，该外观设计后续的著作权保护理应受到一定限制。

一般在知识产权保护范围之外，反不正当竞争法也对知识产品提供额外的、附加的保护。因此，实践中在外观设计专利保护期限届满后，权利人还会寻求反不正当竞争法的保护。一般来说，在专利失效后，寻求反不正当竞争法的保护存在一定前提条件：使用该外观设计的商品具有较高知名度，其商业外观为广大公众所知悉，而在外观设计专利保护期限届满后，其他市场主体使用了相似或相同的商业外观，造成了消费者的混淆或误认。其他市场主体的行为实际上是借用了权利人商品知名度的搭便车行为，以消费者的混淆或误认为前提，以符合不正当竞争行为的构成要件为要求，因而可通过反不正当竞争法予以规制。2010 年所发生的微某公司案正是利用反不正当竞争法进行后续保护的典型案例。本案中晨光公司认为微某公司生产的 681 型水笔仿冒了其生产的 K-35 型中性笔的外观，构成不正当竞争，一审法院支持了晨光公司的诉求，双方最终于最高人民法院再审阶段达成和解。最高人民法院指出，在外观设计专利保护期限届满后，所涉外观设计并不当然地、完全地进入公共领域，当满足一定条件时，反不正当竞争法仍可给予一定附加性的保护。[2]

外观设计专利保护期限届满后，无论是寻求著作权法还是反不正当竞争法保护，都存在其合理性，但应设置一定条件限制，以确保进入公共领域中的外观设计不因后续保护而被侵蚀，保护公众进行专利法意义上自由使用的权利。就著作权法来说，其保护应排除专利法意义上的使用行为，而就反不正当竞争法而言，应以原商品具有较高知名度、其他市场主体的行为造成了消费者的混淆或误认、满足反不正当竞争法所规定的不正当竞争行为的构成要件为前提。

三、公共领域保留视角下我国专利制度的完善对策

专利制度诞生前，由于知识产品的无形性等特征，社会对知识的使用长期

---

［1］ 参见浙江省海宁市人民法院（2013）嘉海知初字第 10 号民事判决书；浙江省嘉兴市中级人民法院（2013）浙嘉知终字第 5 号民事判决书；浙江省高级人民法院（2014）浙民申字第 660 号民事裁定书。

［2］ 参见最高人民法院（2010）民提字第 16 号民事裁定书。

处于知识共享状态，知识流通与传播不受任何限制。专利制度诞生后，在知识产品上建立起垄断性的权利，激励了知识的创新，但同时也对知识流通、使用、传播造成了一定阻碍。以公共领域保留为视角，对我国专利立法理念进行更新，对具体专利制度进行完善，是克服专利制度天然弊端、保障知识可持续发展的必然选择。

（一）公共领域保留视角下我国专利立法理念的更新

1. 公共利益保护的优先性

一切法律无疑都是在维护社会整体利益这个前提，同时使社会成员的个别利益也得到满足。[1]知识产权制度亦是如此，如前所述，专利法的最终目的是实现社会整体发展、社会福利增长。专利法对专利权人私人利益的保护仅是其实现社会整体进步的手段。首先，专利法通过赋予专利权人具有垄断性质的权利来激励创新，增加社会总体知识资源。其次，专利法要求专利权人通过充分公开其专利来换取垄断，披露的技术信息将为后续创新提供参考，避免了重复性创造，节省了社会整体创造成本。最后，专利法赋予专利权人专有权并鼓励专利的实施，将所涉专利商业化，通过量产的方式满足社会需要。以上三方面均是专利法通过保护私人利益最终促进公共利益的表现，由此可见，专利法的制度构建本就蕴含维护公共利益的最终目的。

具言之，从我国社会现状来看，专利制度以激励创新、鼓励更多知识产品产出的方式提高我国综合实力，提升我国科技水平。但我国科技水平的影响因素除了由私人垄断的专利成果，还包括处于公共领域的基础科学研究成果。不仅如此，基础科学研究成果可谓具备可专利性的发明创造的诞生前提，是大部分应用科学研究成果的理论基础。[2]除了科技发展问题，我国还存在大量与专利制度相关的、关系国计民生的现实问题，诸如公共健康问题、农业生产问题等。每次公共健康危机的爆发均是一次提醒：在一定情况下，药品专利权人的私人利益与公众健康的公共利益之间，公共利益的优先保护具有必然性。我国作为发展中国家，优先保护公共利益，解决相关民生问题是必然选择。在专利制度进行构建、完善的过程中，应明确公共利益保护的优先性，防止公共领域

---

〔1〕 梅夏英：“当代财产权的公法与私法定位分析”，载《人大法律评论》2001 年第 1 期。

〔2〕 基础科学研究又称基础研究，指为获得关于现象和观察事实的基本原理及新知识而进行的实验性和理论性工作，其目的是通过科学实验和理论研究揭示事物的结构、运动及相互作用规律，发现新现象，提出新概念、新原理，深化人们对自然界的认识，不断完善科学知识体系。参见邵立勤、刘佩华编著：《基础研究——科学发展的前沿》，科学技术文献出版社 1994 年版，第 1 页。

资源遭到不正当压缩。

2. 保护专利权不得侵蚀公共领域

随着时代的发展，传统专利法所建立的私人利益与公共利益的平衡被打破，以美国为代表，世界范围内的专利权的不断扩张已成趋势。过度保护专利权实则是对私人利益的不正当偏向，专利权的扩张实则是对公共领域的变相侵占。

一方面，可专利的主体和专利权保护的领域不断扩张，一系列原本属于公共领域范畴的知识产品逐渐受到专利权保护。以美国为例，1980 年的拜杜法案和后来的相关立法都明确规定大学和政府实验室对政府资助的研究成果有申请专利的权利，而早期的规范是将这种创新成果纳入公有领域。[1]专利权所及领域还逐渐延伸至基础科学研究领域，出于不同的利益考量以及成果特性的不同，国家针对传统分类下应用科学研究领域与基础科学研究领域采取不同的激励制度，后者多采用国家奖励的形式对研究者进行激励。基础科学研究领域的科学成果一般不具备可专利性，而在专利权扩张驱使下，应用科学研究与基础科学研究领域的分界逐渐模糊，尤其在生物技术领域，基础科学研究成果逐渐进入了专利授权的范围。以前文所述的基因技术专利为例，原本属于生物学基础科学研究领域的基因技术被授予专利，尽管激励了基因研究者对基因技术的应用研究，有利于开发基因技术的巨大商业、社会价值，但从某种意义上来说，不仅存在伦理道德的争议，也侵占了公共领域的核心资源，阻碍了公众对其利用研究，故存在一定争议。另一方面，专利保护期限不断延长。自专利制度构建以来，专利保护期限基本呈现不断延长的趋势，且以发达国家为代表。以美国为例，其发明专利、植物专利的保护期限自乌拉圭回合协议生效之后，就由原本的 17 年延长至 20 年。

法律调整的是千姿百态的社会关系，社会的发展必然引起法律制度的变革。适应时代发展，允许专利权进行适当扩张是合理且有必要的。但在专利制度完善的过程中，必须警惕专利权的过分扩张，遏制"问题专利"的泛滥。发展中国家在发展过程中面临各类公共问题，更需要确保专利权不会侵蚀公共领域。

(二) 公共领域保留视角下我国专利制度的完善

1. 完善我国专利申请制度

(1) 细化专利权授予条件

随着科技的进步与时代的发展，专利"三性"判断难度也随之增加。总体

---

〔1〕 冯晓青："专利权的扩张及其缘由探析"，载《湖南大学学报（社会科学版）》2006 年第 5 期。

来说，专利的新颖性、实用性判断较为容易，重点是对专利创造性的解读。我国专利制度对创造性的规定仍然不够具体详尽，有必要细化相关规定，明确专利权的授予条件。判断技术方案是否具有创造性的主体是本领域技术人员。本领域技术人员是创造性标准的守门人，是为了尽可能降低创造性判断过程中的主观性而为法律所拟制的假设的"人"，具有十分重要的地位。围绕本领域技术人员细化相关规定，完善相关制度，是创造性标准明确的关键。

需要明确"普通技术知识"的范围。《专利审查指南》规定本领域技术人员应当具备发明所属技术领域所有的普通技术知识，并能够获知该领域中所有的现有技术，且具备应用申请日或优先权日之前常规实验手段的能力。[1]一般而言，将普通技术知识定义为本领域技术人员普遍知晓的相关技术知识，既包括公知常识，也包括该领域的一般技术知识，而针对一些发展较快的新兴技术领域，可参考相关科技文献等出版物进行认定。普通技术知识是一个随时代发展不断变化的概念，很难将其以列举形式进行正面展现。但在细化相关规定时，可以参考欧洲国家及美国的相关立法、司法经验，一方面对普通技术知识的特征进行归纳，列举出相关考量因素；另一方面从反面进行一些排除性的规定，如没有广泛传播的文件不能认定为普通技术知识等。

赋予本领域技术人员创造力。我国《专利审查指南》中并未规定本领域技术人员需具有创造力，原因在于我国专利制度制定之初，为鼓励专利申请，促进技术创新，采取了较为宽松的认定标准。随着我国专利制度的逐渐完善，专利申请数量大幅度提升，有关本领域技术人员是否应具有创造力的争论也越来越多。[2]本领域技术人员是否具备创造力的实质是专利授权标准高低的问题。如果认为专利授权标准应该提高，则会对本领域技术人员的创造力有所要求；反之，若是倾向于放宽专利授权条件，降低授权门槛，则会降低乃至于取消本领

---

〔1〕　参见中华人民共和国国家知识产权局：《专利审查指南 2010》，知识产权出版社 2010 年版，第 171 页。

〔2〕　如石必胜博士认为在我国专利审查和专利审判实践中，专利复审委员会和法院事实上隐含地认为本领域技术人员具备一定的创造性能力。参见石必胜："本领域技术人员的比较研究"，载《电子知识产权》2012 年第 3 期。马文霞："所属技术领域技术人员的知识和能力"，载《中国知识产权报》2013 年 12 月 25 日第 11 版。也有文献持否定意见，参见涂赤枫、刘文霞："本领域的技术人员能否具备创造能力——从中、欧、美、日专利局关于'本领域的技术人员'的定义说起"，载《中国发明与专利》2011 年第 12 期。

域技术人员创造力的要求。我国发明专利申请数量已连续 7 年位居世界首位，[1]应适当提升专利标准，这一方面有利于保证专利质量，塑造专利强国；另一方面可以避免低质量专利压缩公共领域，垄断公共领域资源，阻碍后续创新。

（2）完善实用新型专利审查制度

实用新型专利审查制度在我国建立已有 30 多年，申请数量始终保持稳定增长，但在承认我国实用新型专利审查制度取得不菲成就的同时，也应认清该制度目前存在的一些问题：一是，实用新型专利的质量不高，存在大量简单组合的申请，甚至出现重复授权现象；二是，实用新型专利的稳定性较弱。以上两方面的问题都影响着公共领域，原因在于：质量不高意味着某些可专利性不强的知识产品也被纳入了专利权的保护范围，是对公共领域的变相侵占；稳定性较弱则意味着专有领域与公共领域的边界不稳定，影响公众对公共领域资源的使用。

实用新型专利审查制度的不完善是影响实用新型专利质量及稳定性的重要原因。尽管我国对实用新型专利的授权标准依然包括新颖性、创造性和实用性，但缺乏对创造性的实质审查，而仅采用初步审查制，包括形式审查和明显实质性缺陷审查两部分内容。基于此，确有必要完善实用新型专利审查制度。

首先，引入实用新型登记制度。可借鉴德国与日本的实用新型登记制度：实用新型因设立登记而产生，自申请之日起任何人均可提出对实用新型进行检索或技术评价，而不对其进行新颖性、创造性、实用性的实质审查。[2]就我国而言，可构建如下实用新型登记制度：在对客体进行初步审查后并不授予专利权，登记后的实用新型即可进入流通环节进行正常交易、转让、许可等，但此类实用新型并未经过实质审查，未获得专利权，因而登记人不得提起侵权诉讼。不对此类实用新型授予专利权除了为了保证专利制度的严肃性，防止因实用新型专利失效过多而导致公众对专利制度丧失信任以外，也是公共领域保留的体现。未经实质审查即授予专利权，有可能将不符合"三性"、不具备可专利性的简单组合纳入专有领域的范围内。允许登记后的实用新型进入流通环节，进行使用、

---

[1] 余晓洁、张泉："我国发明专利申请量连续七年位居世界第一"，载 http://www. chinadaily. com. cn/interface/toutiaonew/1020961/2018-04-24/cd_ 36082527. html，最后访问时间：2022 年 6 月 25 日。

[2] 参见国家知识产权局条法司组织翻译：《外国专利法选译》，知识产权出版社 2014 年版，第 112、935 页。

买卖交易、质押融资，而不赋予登记人以禁止权，则是私人利益与公共利益在实用新型制度上平衡的体现。

其次，建立即时实质审查制度。提升实用新型专利质量、稳定专有领域与公共领域边界的根本途径还是对实用新型专利申请进行实质审查。但全面引入实质审查制度成本过高，不符合实用新型专利审查制度设立的初衷。基于此，可在登记制度之后建立即时实质审查制度，针对争议较大或隐含经济价值较高的实用新型专利申请进行实质审查。具言之，实用新型注册登记后，任何人均可申请对实用新型专利申请进行实质审查，经过实质审查满足专利"三性"条件的正式授予专利权，权利人可提起侵权诉讼。

2. 完善我国专利权限制制度

（1）完善先用权制度

我国专利法对先用权制度的规定较为粗糙，不但将使用方式限定于制造和使用，而且未能明确"原有范围"的内涵，影响了先用权制度在我国的实施，实际上不利于平衡先用权人和专利权人之间的利益。因此，有必要对先用权制度进行完善。

首先，应明确先用权人"原有范围"的内涵。先用权制度中争议最大的一点是"原有范围"的内涵。目前我国尚未对先用权人可继续使用、制造专利产品的"原有范围"作出明确规定，导致先用权人与专利权人对"原有范围"的定义产生理解偏差，进而引发纠纷。在"伟某公司案"中，被告伟某公司委托设计院为某商住楼基坑支护工程进行图纸设计，并委托工程公司进行施工，原告李某认为伟某公司的行为侵犯其专利"挡土墙的成形方法"。一审法院认为伟某公司此前委托设计院设计，委托工程公司施工的其他工程同样使用了涉案专利技术，且工程图纸设计、审批、开始施工的日期均在涉案专利申请日之前，伟某公司对涉案专利的使用属于先用权人的使用，不构成对专利权的侵犯。[1]原告败诉后提出上诉，其上诉理由之一是"原有范围"应理解为原工程规模范围内，而设计院的使用超出了"原有范围"。二审法院驳回了原告的上诉，并指出施工方法的"原有范围"相对于制造或使用产品来说是无形的、抽象的，故不能用量化的标准来衡量。[2]由此可见，在司法实践中，"原有范围"缺乏相应判断标准，有必要进一步明确、量化。2009 年出台的最高人民法院《关于审理侵

---

〔1〕　参见广东省广州市中级人民法院（2003）穗中法民三初字第 216 号民事判决书。

〔2〕　参见广东省高级人民法院（2004）粤高法民三终字第 300 号民事判决书。

犯专利权纠纷案件应用法律若干问题的解释》中对于"原有范围"以"规模"进行描述，即包括"专利申请日前已有的生产规模以及利用已有的生产设备或者根据已有的生产准备可以达到的生产规模"。[1]一般而言，生产规模可具体量化为数量，包括生产的产品、投入的设备、劳动力的数量等。但不同专利所涉及的领域不同，并非所有案件中"原有范围"均可以数量进行量化，也并非所有"原有范围"均可量化，如本案中所涉及的施工方法即不便进行量化。因此，笔者建议在此后的相关规定中将"原有范围"量化为相应数量，同时规定对无法量化的"原有范围"，由法官行使自由裁量权，根据个案而定。

其次，应适当增加先用权人的使用类型。专利权人所享有的独占实施权涵盖制造、使用、许诺销售、销售、进口行为，[2]而专利法允许的先用权人的实施行为仅包括制造、使用两类。在市场经济背景下，简单的制造、使用行为难以满足先用权人实现市场利益的需要，也无法与先用权人对相关技术方案所进行的投入相符合。应适当增加先用权人的使用类型，至少将许诺销售、销售行为囊括入内，而销售的地点等则可通过"原有范围"进行限制。

（2）完善博拉例外条款

我国虽已引入博拉例外条款多年，但该方面的规定较之他国仍略显不足，也影响了该条款在司法实践中的运用。因此，需对博拉例外条款进行改进。

首先，需要扩展博拉例外条款适用领域。我国目前博拉例外条款的适用领域限定于医药及医疗器械领域。但实际上，针对其他关系公共利益、需要进行烦琐行政审批程序的领域，博拉例外条款同样存在适用空间，从世界范围来看，已有国家将博拉例外条款的适用拓展至所有需要行政审批的领域。实际上，我国司法实践中已有案例突破了医药及医疗器械领域的限制。在2009年"华星公司案"中，拜尔农科公司以华星公司销售氟虫腈的行为侵犯了其所享有的发明专利权为由提起诉讼。最高人民法院在再审裁定中指出："华星公司为了向农药行政主管部门提供获批农药登记证书所必需的农药药效数据和信息，在针对落入本案专利权保护范围的农药产品的田间药效试验过程中制造并使用必要的本案专利农药产品，既没有对专利的正常利用产生不合理的冲突，也没有不合理地损害专利权人的正当利益，应不视为侵犯专利权。"[3]本案中虽然最

---

[1]　参见最高人民法院《关于审理侵犯专利权纠纷案件应用法律若干问题的解释》第15条。

[2]　参见《专利法》第11条。

[3]　最高人民法院（2009）民申字第1532号民事裁定书。

高人民院援引的是 2001 年《专利法》第 63 条中的实验使用例外条款，但其主要原因是其时我国尚未引入博拉例外条款，从本案中的华星公司出于行政审批目的而制造并使用专利产品的行为来看，无疑与博拉例外条款的理念更为契合。

其次，应适度增加使用行为的种类。目前我国博拉例外条款中的使用行为包括制造、使用、进口，主体包括为进行行政审批的生产者或研发者、为生产者或研发者提供帮助的第三方。美国等国家博拉例外条款所适用的行为则多达 17 种，我国可适度进行借鉴，增加使用行为的种类，扩张相关公共领域。尤其在 2020 年修改《专利法》后，我国已建立了药品专利保护期限延长制度，出于平衡私人利益与公共利益、保障公共领域不被侵犯之目的，此后可进一步拓展博拉例外条款所适用行为的范围。

（3）完善实验使用例外制度

如前所述，我国引入了实验使用例外制度作为专利侵权的例外，但规定十分粗糙，缺乏效力位阶较高的相关规定，未能明确制度的使用条件，缺乏对该制度中使用主体、使用方式、使用目的等的具体规定，影响了该制度在具体实践中的施行。基于此，应进一步完善实验使用例外制度。[1]具体建议如下。

首先，以使用方式为判断是否符合实验使用例外的标准。如前所述，德国等欧盟国家以及日本均以使用方式为判断是否符合实验使用例外的标准，此种区分标准较美国的"营利目的"判断标准而言相对宽松，有利于保护公共利益。以使用方式为判断标准，一方面尽可能地维护了专利权人的利益，即将使用行为限定为作为研究对象进行使用，限制在纯粹学术研究范围内，对专利权人利益的损害相对较小；另一方面，此种较为宽松的判断标准符合我国基础科学研究薄弱、原始性创新能力较低的基本国情。实际上，一味保护专利权人的权利并不一定利于我国创新能力的提高，实验使用例外制度为科研人员进行基础科学研究保留了相应的公共领域，同样有利于后续创新性技术的诞生，更有助于提升我国整体科技水平。将专利作为研究对象使用通常包括以下情形：①通过研究实验，判断专利权利要求书所记载的技术方案是否能够实现专利说明书中记

---

〔1〕 北京市高级人民法院于 2001 年出台的《专利权侵权判定若干问题的意见（试行）》第 98 条以使用方式为区分标准，排除了对专利工具性的使用行为，即"在科学研究和实验过程中制造、使用他人专利技术，其目的不是为研究、改进他人专利技术，其结果与专利技术没有直接关系，则构成侵犯专利权"。2013 年北京市高级人民法院出台的《专利侵权判定指南》第 123 条则进一步明确了对实验使用例外的适用。

载的发明目的和发明效果；②通过研究实验，确定实施专利技术的最佳方案；③通过研究实验，探讨如何对专利技术作出改进等。[1]

其次，细化使用行为，增强制度的确定性。专利法意义上的使用行为是指专利权人依照专利本身的性能而将专利方法或专利产品付诸应用的行为。很明显，此处的"使用"与实验使用例外制度中的"使用"并不完全相同，后者的含义应大于专利法意义上的使用行为。换言之，应明确实验使用例外制度中的使用行为包括为研究该专利而为的一切行为，包括制造、使用、进口、实施等行为。除此之外，第三方的提供、帮助行为也应在满足一定条件的情况下纳入实验使用例外制度的范围，包括研究者因缺乏制造专利产品的条件或能力而委托第三方进行专利产品的制造行为以及针对方法专利借用具备实验条件的第三方的相关场地、设施而实施的行为等。

3. 完善我国专利侵权认定制度

专利侵权的具体认定过程，也是私人利益与公共利益博弈的过程，因而也存在公共领域问题。如现有技术/设计抗辩过程中对比标准的选择、禁止反悔原则和捐献原则的适用等。侵权认定是一个动态的、个案认定的过程，所涉各类制度的具体适用尤为复杂，难以统一、抽象归纳进公共领域的基本形态之中。为维护公众对专利权保护范围确定性的信赖，保障专有领域与公共领域的公示公知，保护公众利用公共领域资源的自由，应完善专利侵权认定制度。

（1）完善专利权保护范围认定制度

专利权保护范围一般包括专利权人对专利的独占实施权以及禁止他人实施专利的权利，对专利权保护范围的认定过程是为专利权划定合理边界的过程，实际上也是对权利要求进行解释的过程。从专利侵权认定的角度来看，认定专利权保护范围是专利侵权认定的前提，也是专利侵权诉讼的起点。专利权保护范围不清晰，将影响专利侵权的认定。"成都某物品营销服务中心案"即是由于涉案专利权利要求书中的"高导磁率"概念不清，导致无法将被控侵权产品与涉案专利的专利权保护范围进行实质对比，最终不认定为专利侵权。[2]从公共领域保留的角度来看，专利权保护范围认定的另一重要意义在于划定专有领域与公共领域的界限，公众从专利权的范围可反向推知公共领域的范畴，明确不被认定为侵权行为的自由使用的范围，进而可预测自身行为的性质，以免侵权行为发生。

---

〔1〕　尹新天：《专利权的保护》（第 2 版），知识产权出版社 2005 年版，第 128 页。
〔2〕　参见最高人民法院（2012）民申字第 1544 号民事裁定书。

一方面，专利权的保护范围代表专有领域的范围，应依照完备的法律制度进行解释和严格限定，防止专利权的变相扩张；另一方面，专利权的保护范围一旦公示就应保持稳定，以维护法律的权威，防止权利要求范围认定不一致，妨碍公众的自由使用，变相压缩公共领域，损害创新能力及公共利益。专利的授权确权过程较为漫长，在此期间专利申请人均有机会对权利要求书进行必要的修改，此规定保证了申请人的利益。因此，一旦公示授权，专利权作为一项对世权，就应保持其权利边界的稳定性。基于此，公共领域保留视角下完善专利权保护范围认定制度，主要应从严格解释专利权保护范围以及保持认定范围在各阶段的一致性两方面入手。

首先，坚持折中原则，以权利要求书为中心。尽管已有了较为明确的认定原则，但司法实践中误读权利要求书，不当扩张专利权的情况仍时有发生。我国参照《欧洲专利公约》的规定，适用折中原则的解释方法，即以权利要求书解释为准，辅以说明书及附图帮助理解。[1]该原则历经多年，是世界各国实践经验的总结，较周边限定原则与发明概念限定原则而言，兼顾了私人利益与公共利益，更为客观且操作性更强，是最符合我国当前国情的选择，重申该原则的重要性实有必要。

其次，确立统一的专利权保护范围的认定标准。我国专利制度中涉及专利权保护范围认定的主要包括审查批准阶段与侵权诉讼阶段，涉及的主体通常包括国家知识产权局以及中级以上人民法院。在专利申请阶段，申请人必须对申请专利的权利要求进行解释。在专利侵权认定阶段，法院需要以专利权保护范围为前提展开侵权认定。以各方达成共识为前提，确定统一的认定标准，在审查批准及侵权诉讼阶段均尽量向该原则靠拢，以缩小在不同阶段认定范围的差距。

最后，细化专利权保护范围认定制度，完善相应配套规定。除《专利法》第 64 条以外，关于专利权保护范围认定的相关规定也散见于司法解释之中，但目前看来此类规定尚不够细致。目前尚不完善的法律规定留给行政审查人员、司法审判人员自由裁量的空间较大，不容易形成统一认定。因此，细化权利要求的解释规则，有必要制定配套规范以增强专利权保护范围的确定性。一方面，对于权利要求书撰写的规定进一步细化，可对常用语言含义进行明确，从源头处严格规范权利要求书的写作。另一方面，针对特殊的权利要求，如包含功能

〔1〕 参见《专利法》第 64 条；最高人民法院《关于审理侵犯专利权纠纷案件应用法律若干问题的解释》第 2、3、4 条。

性特征的产品，可进行特别规定。除此之外，对于一些常见的类型化专利，可梳理出相关认定规则或范式。目前《专利审查指南》中已存在关于化学领域发明专利审查的若干规定，可以此为参照拓展至其他领域。

（2）完善等同侵权认定制度

等同侵权原则是专利侵权判断的基本原则之一。实践中运用全面覆盖原则认定的字面侵权较为少见，更多情况下，侵权人为规避侵权风险，将专利技术中的技术特征进行简单替换、变换，最终达成与涉案专利基本相同的技术效果。为弥补全面覆盖原则的缺陷，等同侵权原则应运而生。等同侵权原则指，若被控侵权产品的技术特征与涉案专利的技术特征字面上并不相同，但可构成实质意义上的等同，则成立侵权。我国等同侵权原则尚未正式进入《专利法》中，而在最高人民法院《关于审理专利纠纷案件适用法律问题的若干规定》（2020年修正）和最高人民法院《关于审理侵犯专利权纠纷案件应用法律若干问题的解释（二）》（2020年修正）中有所涉及。[1]

等同侵权原则重点关注专利权人的保护，无疑对专利权利要求的解释具有一定的扩张作用，一定程度上扩大了专利权保护范围。加之等同侵权判断是司法人员自由裁量权的范围，弹性较大，若适用错误也会导致专利权不当扩张，对于自由模仿的公共领域产生威胁。[2]因此，应进一步完善等同侵权认定制度，细化相关规则，将具体操作落于实处，对司法自由裁量的范围进行一定限制。

一方面，适当降低等同侵权认定制度中的"联想容易性"标准。认定被控侵权产品与涉案专利产品等同，其中一个判断标准是被控侵权产品所替换的技术特征是"本领域普通技术人员在被诉侵权行为发生时无需经过创造性劳动就能够联想到的"特征。[3]其中的"无需经过创造性劳动就能联想到"又被简称为"联想容易性"标准，可理解为本领域普通技术人员联想的难易程度，标准越高意味着越难联想，乃至于需要付出一定创造性劳动才可联想到。若将等同侵权判断中的"联想容易性"标准设定过高，则意味着需要付出一定智力乃至于创造性劳动方可联想到的技术特征也会被认定为等同于涉案专利技术特征，对专利权

---

〔1〕 参见最高人民法院《关于审理专利纠纷案件适用法律问题的若干规定》（2020年修正）第13条；最高人民法院《关于审理侵犯专利权纠纷案件应用法律若干问题的解释（二）》（2020年修正）第8条第2款、第10条、第12条。

〔2〕 参见张书青："专利侵权等同判定的原则与规则"，载《电子知识产权》2016年第12期。

〔3〕 参见最高人民法院《关于审理侵犯专利权纠纷案件应用法律若干问题的解释（二）》（2020年修正）第8条第2款。

人的利益倾斜过度，可能导致原本属于公共领域的资源也划入专有领域的范围。

另一方面，引入反向等同原则。反向等同原则起源自美国，日本也引入了该原则。实践中部分专利的说明书与权利要求书无法对应，权利要求书所形成的保护范围超过了其说明书中公开的范围，反向等同原则正是对此种情形下不当扩张的专利权的纠正。反向等同的实质是一种针对字面侵权的抗辩，即尽管被控侵权产品落入涉案专利权利要求的字面范围，但若该产品实际采用了不同原理，最终实现与涉案专利基本相同的功能，则应认定不构成侵权。在专利权过度膨胀的时代背景下，反向等同原则的引入意味着对专利权的适当限制，相应地就为公共领域不被侵蚀提供了保障，为公众自由使用以及其他人进行发明创造留下空间。尤其在一些重视运行原理，即使作用相同或类似也具有研究意义的高新技术领域，如纳米领域，反向等同原则的适用有其必要性。

（3）完善现有技术/设计抗辩制度

2008 年《专利法》第三次修改引入的现有技术/设计抗辩制度，是专利无效宣告制度与专利侵权诉讼的中间制度，在一定程度上解决了我国现行职权分离模式下专利侵权诉讼效率低下的问题。现有技术/设计抗辩制度，即在侵权诉讼中被控侵权人主张其涉案产品所使用的技术/设计属于现有技术/设计而不构成专利侵权的制度。现有技术/设计抗辩制度与公共领域有着密切的联系，原因在于狭义的现有技术/设计即等同于公共领域的技术/设计，即公众可自由使用的技术/设计，而广义的现有技术/设计则指公众所能获知的所有在先技术/设计，包括在先的其他已公开的专利技术/设计。[1]

在保留公共领域视角下完善现有技术/设计抗辩制度主要可调整援引现有技术/设计的范围并细化其对比标准。首先，针对现有技术抗辩而言，应谨慎扩张最高人民法院《关于审理侵犯专利权纠纷案件应用法律若干问题的解释》（2020年修正）第 22 条，适度放宽援引现有技术的范围，允许实践中援引现有技术与公知常识的简单结合。为保障发明创造者的创造空间以及专利法激励创新功能的发挥，现有技术抗辩中不允许援引现有技术的结合，其原因在于依现有技术结合的方式的不同，可能包含不同程度的创造性思维，而非本领域普通技术人员所"显而易见"的或无须经过创造性劳动就能联想到的。现有技术的结合往往已跨入专利权保护范围，因此不宜将其纳入可援引的范围。但必须承认的是，我国存在权利要求书质量低下、将不具备创造性的现有技术与公众常识简单结

---

[1]　参见《专利法》第 22 条第 5 款、第 23 条第 4 款。

合写入技术方案的情形，此时公共领域被肆意侵占，原本属于公共领域的资源被纳入了专利权保护范围，专有领域范围被不适当地扩张，进而成为提起专利侵权诉讼的基础，这无疑有碍于公众对公共领域资源的自由利用。因此，对最高人民法院《关于审理侵犯专利权纠纷案件应用法律若干问题的解释》第14条作适度扩张，在援引现有技术时，允许援引现有技术与公知常识的简单结合，不仅为被控侵权人提供了较专利无效宣告程序更为便捷、成本相对较低的纠纷解决路径，也是保留公共领域、保护公共利益的应有之义。

司法实践中，各地法院对此也展开了积极探索。2009年"某通信公司案"中，江苏省高级人民法院在二审中撤销了一审判决，并指出："被控侵权人有充分证据证明其实施的技术方案属于一份对比文献中记载的一项现有技术方案与所属领域技术人员广为熟知的常识的简单组合，应当允许被控侵权人以该理由进行现有技术抗辩。"[1]鉴于专利技术对比对司法裁判人员的业务素养要求较高，而现有技术与公知常识结合的自由裁量空间较大，应允许法院在具体司法裁判中进行适度突破。

其次，现有技术/设计抗辩的对比标准应进一步细化，可借鉴前述等同侵权的判断思路。被控侵权技术/设计与现有技术/设计之间的对比标准应进行细化，提高其可操作性。就现有技术抗辩而言，实践中可借鉴等同侵权的判断标准，即"与所记载的技术特征以基本相同的手段，实现基本相同的功能，达到基本相同的效果，并且本领域普通技术人员在被诉侵权行为发生时无需经过创造性劳动就能够联想到的特征"。[2]现有技术抗辩制度与等同侵权认定中的比对对象均是所涉技术的技术特征，前提具有一致性，司法实践中前者的相关案例不胜枚举，审判人员可参考的素材繁多，有利于现有技术抗辩制度的落实与推进。等同侵权认定与现有技术抗辩分别强调专利权人与被控侵权人的利益，采取一致的判断标准，也符合私人利益与公共利益相平衡的专利制度精神。

（4）完善禁止反悔原则和捐献原则

禁止反悔原则来源于民法中的诚信原则，即专利申请人在申请过程中出于保障发明创造可专利性、压缩授权时间等考量而限缩权利要求书或说明书，对于为限缩权利要求书或说明书而放弃、最终未写进权利要求书中的技术特征，侵

---

〔1〕 参见江苏省高级人民法院（2007）苏民三终字第0139号民事判决书。

〔2〕 参见最高人民法院《关于审理专利纠纷案件适用法律问题的若干规定》（2020年修正）第13条第2款。

权诉讼中不得通过等同侵权原则将之纳入专利权保护范围。禁止反悔原则实质是专利申请人一旦放弃，专利制度基于公共利益等考量就不得允许其反悔。专利申请人在申请过程中放弃的技术特征将进入公共领域的范畴，公众出于对技术方案所确定的专利权保护范围的信赖，可自由使用进入公共领域的被放弃的技术特征。若权利人在侵权诉讼中将该技术特征再次纳入专利权保护范围内，一方面会破坏权利要求书所确定的专利权保护范围的稳定性，不当扩张专利权；另一方面其也会辜负公众的信赖，损害专利制度的权威，模糊专有领域与公共领域的界限。

捐献原则是与禁止反悔原则类似的另一项侵权认定原则。与禁止反悔原则涉及的是专利申请人对权利要求书或说明书进行限缩而主动放弃的技术特征不同，捐献原则所涉及的则是专利权人在说明书中予以披露而未写入权利要求书中的内容，捐献原则认为这一部分内容应被视为捐献给公众，进入公共领域的范畴，专利权人不得在侵权诉讼中利用等同侵权原则将之纳入专利权保护范围。禁止反悔原则和捐献原则既是对专利权保护范围的限制，也是对等同侵权原则的限制，是平衡私人利益及公共利益，保证公共领域与私人领域边界稳定性的重要手段。在适用以上两原则方面，笔者提出以下完善建议。

首先，禁止反悔原则和捐献原则作为联系紧密的侵权原则，就立法层面而言，均有必要将二者正式写入《专利法》中，提升其法律地位，进而推进相关制度的形成。禁止反悔原则的立法进程较为曲折，《专利法》第三次修改时就曾将其写入草案之中，但最终未能通过。禁止反悔原则最终以司法解释的形态呈现在了 2009 年最高人民法院《关于审理侵犯专利权纠纷案件应用法律若干问题的解释》之中，后又在 2016 年最高人民法院《关于审理侵犯专利权纠纷案件应用法律若干问题的解释（二）》中进行了进一步规定。[1]捐献原则相对于禁止反悔原则而言，讨论度相对较低，但也在前述 2009 年最高人民法院出台的司法解释中进行了规定。[2]在《专利法》第四次修改中，曾有人建议将禁止反悔原则和捐献原则正式写入《专利法》。唯有从基本立法的层面对两原则进行规定，方能确立禁止反悔原则和捐献原则对专利侵权认定的指导地位。除此之外，还应进一步出台规定，对禁止反悔原则及捐献原则进行细化，明确其适用情形、适用标准、举证责任分配等，以建立起规范的、系统的相关制度。

---

〔1〕　参见最高人民法院《关于审理侵犯专利权纠纷案件应用法律若干问题的解释》第 6 条；最高人民法院《关于审理侵犯专利权纠纷案件应用法律若干问题的解释（二）》（2020 年修正）第 12 条。

〔2〕　参见最高人民法院《关于审理侵犯专利权纠纷案件应用法律若干问题的解释》第 5 条。

其次，就禁止反悔原则而言，在司法实践中法院应主动适用。禁止反悔原则涉及专利权保护范围认定，是事实层面的问题，属于法院应主动查明的案件事实范畴。禁止反悔原则的独立价值也逐渐得到承认，不再以等同侵权认定为前提。在"某交通设施工程公司案"中，最高人民法院即明确指出，"不应对人民法院主动适用禁止反悔原则予以限制"。[1]

最后，就捐献原则而言，应明确其适用对象不仅包括发明专利，还包括实用新型专利。有观点认为专利申请人为通过实质审查而限缩了权利要求书，却又在说明书中留有余地，使用概括的上位概念对技术特征进行描述，试图后期通过等同侵权原则的适用扩大专利权保护范围，捐献原则的适用目的正是限缩此种"两头得利"的行为，因此不需要经过实质审查的实用新型不适用捐献原则。但捐献原则最初诞生的原因不应成为阻碍其扩展适用范围的理由，该原则本质是对专利权保护功能与公示功能的平衡，具有明确专有领域与公共领域的作用，在此意义上，将捐献原则适用于实用新型并无不妥。

（5）禁止适用多余指定原则

多余指定原则，又称"排除非必要技术特征原则"，即在确立专利权保护范围、解释专利独立权利要求时将权利要求中的技术特征划分为必要技术特征与非必要技术特征，在进行专利侵权认定时，排除非必要技术特征，仅使用独立权利要求中的必要技术特征来确认专利权的保护范围，判断被控侵权产品是否落入涉案专利权保护范围。2009 年出台的最高人民法院《关于审理侵犯专利权纠纷案件应用法律若干问题的解释》第 7 条指出侵权认定中应对比涉案专利权人所主张的"权利要求所记载的全部技术特征"，[2]从而正式否定了多余指定原则在我国的适用。但作为一项重要的侵权判定原则，有关该原则适用性的讨论至今仍然在继续。

支持多余指定原则适用的观点主要认为，首先，撰写权利要求书是一项技术性及法律性兼备的、难度较大的工作，语言文字往往难以准确概括专利的技术特征，难以将各种情况全面囊括，即使进行委托代理，技术方案从发明人到代理人再到文字的转化过程也容易产生偏差。我国专利制度起步较晚，部分专利代理人的文书撰写水平也相对不高，往往容易出现权利人将多余的非必要技术特征写进权利要求书中的情形，此时他人若排除此非必要技术特征实施专利

［1］　参见最高人民法院（2009）民申字第 239 号民事裁定书。
［2］　参见最高人民法院《关于审理侵犯专利权纠纷案件应用法律若干问题的解释》第 7 条。

技术方案，则不构成侵权，实际限缩了专利权人的权利范围，不利于专利制度的功能发挥。其次，多余指定原则是在具体侵权认定过程中的判断原则，通过对非必要技术特征的排除适当地扩张了专利权保护范围，弥补了权利要求书撰写过程中可能存在的疏漏，有利于个案公平的实现。

否定多余指定原则的观点则认为，首先，多余指定原则不再符合我国现今专利制度发展水平及专利代理行业的发展要求。多余指定原则曾于 20 世纪 90 年代在我国得到广泛适用，诞生了诸如"周林频谱仪案"等典型案例。[1]但我国司法实践对多余指定原则的适用态度早已发生转变，从最初的允许适用到在"某新型墙体建材厂案"中指出"不赞成轻率地借鉴适用"，到最后直接在司法解释中进行实质意义上的否定。[2]我国专利制度经过几十年的发展已然进入了新的发展阶段，专利法律体系几经修改，不断完善，专利代理机构数量、质量也持续提升。继续适用多余指定原则是对专利代理机构文书撰写要求的不当降低，不利于提升专利代理人职业素养，有碍于该行业的长期健康发展。其次，多余指定原则的适用导致专利权保护范围不确定。专利权保护范围无法从权利要求书中直接得出，而需在个案中进行具体判定，这导致了专利权保护范围的不确定，专有领域与公共领域的界限不明，不仅有损专利权的有效性，也侵犯了公共利益。最后，继续适用多余指定原则违背了世界范围内专利制度的发展趋势。多余指定原则正在逐渐被世界各国抛弃，如作为其基础理论之一的美国"整体等同"理论就在联邦最高法院所判决的华纳-詹金森公司诉希尔顿·戴维斯化学公司案（Warner-Jenkinson Co. v. Hilton Davis Chemical Co. 案）中被否认。继续适用多余指定原则与现代专利制度要求专利权保护范围清晰明朗的发展趋势相悖。

尤其从公共领域的保留视角来看，应继续禁止适用多余指定原则。适用多

---

〔1〕　参见北京市中级人民法院（1993）中经知初字第 704 号民事判决书；北京市高级人民法院（1995）高知终字第 22 号民事判决书。本案二审法院认为："技术特征（7）虽被写入了第二独立权利要求，并且在 85107113 号专利的无效审理中被认为具有实质性特点，但结合该专利说明书中的阐述，就该专利整体技术方案的实质来看，技术特征（7）确不产生实质性的必不可少的功能和作用，显系申请人理解上的错误及撰写申请文件缺乏经验误写所致，故应视其为附加技术特征。"本案是适用多余指定原则的典型案例。

〔2〕　参见辽宁省高级人民法院（2004）辽民四知终字第 67 号民事判决书；最高人民法院（2005）民三提字第 1 号民事判决书。最高人民法院在再审判决中指出："……凡是权利人写入独立权利要求的技术特征，都是必要的技术特征，都不应当被忽略，而均应纳入技术特征比较之列。本院不赞成轻率地借鉴适用所谓的'多余指定'原则。"最高人民法院通过该判决明确了对多余指定原则的适用态度。

余指定原则，则专利权保护范围无法直接从权利要求书中得知，公众无法判断权利要求书上的某一项技术特征是否将在法院的司法判断中被视为"多余"，专有领域与公共领域的边界会因此存在极大的不确定性。一方面，权利边界无法确定，权利人以外的公众无法预知自身行为结果，难以自由地利用公共领域的相关资源进行创造，有悖于专利法激励创新的宗旨。另一方面，司法实践中的个案中对权利保护范围进行判断，排除非必要技术特征，实际是放宽了专利权的保护范围，侵蚀了公共领域，侵犯了公共利益。

四、结论

在专利制度诞生之前的很长一段时间内，知识的使用规则是知识共享，而专利制度人为地将知识产品私有化，在其上建立起垄断性的权利，将原本统一的公共领域划分为专有领域及公共领域两部分。在专利权不断扩张的时代背景下，专有领域的范围不断拓展，相应地压缩了公共领域。目前对于专利权以及专有领域的研究成果众多，而专利法上公共领域问题的研究却基本属于空白，亟待弥补。[1]专利法上公共领域问题的研究价值不仅在于弥补该领域研究的空白，也在于为专利法研究引入新视角，在司法层面重视公共领域保护，在立法层面对专利制度进行完善。

技术创新不断深入的过程，也伴随着专利权的扩张，专利法上专有领域与公共领域的关系日趋紧张，在提升专利权保护力度、增加专利权保护客体、扩大专利权保护领域的呼声下，公共领域未得到应有的重视。全球化竞争的浪潮，绝非简单地扩张专利权就可应对，专有领域与公共领域的关系实质就是私人利益与公共利益之间的关系，二者是辩证统一的。不仅专有领域的知识产品可以进入公共领域，公共领域的资源也可能在一定条件下为专利法所保护。专有领域与公共领域之间在专利法的构建过程中并行不悖，缺一不可。综合把握公共领域的价值，正视公共领域作为创造之源的重要地位，重视私人利益与公共利益的平衡，方可实现知识代际公平与可持续发展。

基于此，应以保留公共领域为视角重新审视我国专利制度，更新立法理念，对专利制度进行完善，把握权利授予、权利行使、权利保护的基本脉络，对每一阶段所对应的制度进行细化、完善。在立法理念上，应明确公共利益保护的

---

〔1〕 相关研究成果，参见冯晓青、李薇："我国专利法中公共领域保留原则研究"，载《学海》2020年第4期。

优先性，防止专利权的不正当扩张侵蚀公共领域。在专利申请制度方面，应细化专利权授予条件，明确"普通技术知识"的范围，并赋予本领域技术人员以创造力；完善实用新型专利申请的审查制度，在构建符合我国国情的登记制度的同时辅以即时实质审查制度。在专利权限制制度方面，完善先用权制度，明确先用权人"原有范围"的内涵，并适当增加先用权人的实施类型；完善博拉例外条款，扩展博拉例外条款适用对象及适用行为的范围；完善实验使用例外制度，以使用方式为判断标准，并细化使用行为，以增强制度的确定性。在专利侵权认定制度方面，应完善专利权保护范围认定制度，坚持折中原则并确立统一的权利要求范围的认定标准，细化权利要求认定制度；完善等同侵权认定制度，适当降低等同侵权认定制度中的"联想容易性"标准，引入反向等同原则；完善现有技术/设计抗辩制度，适度放宽援引现有技术的范围，允许引用现有技术加公知常识的简单组合并进一步细化对比标准；完善禁止反悔原则和捐献原则，在《专利法》中正式确立，同时法院应主动适用禁止反悔原则，继续禁止适用多余指定原则。

专利制度是实现国家创新政策、提高创新能力的工具，我国在进一步完善专利制度时应以基本国情为前提，重视知识的可持续发展，防止专利权不当侵蚀公共领域。

公共领域视野下专利权边界研究

王 玥

专利法中的公共领域是专利权的效力所不及的知识领域，它是与专利法领域或私人领域相对的。公共领域存在的意义在于，它既是对抗专有权不被允许的扩张的利器，又是保障技术不断发展和革新的基础。公共领域的生命来自于随着技术的进步而被不断重塑的过程，这就意味着公共领域是一个动态的、公有化的领域。一项专利进入公共领域后就会成为私人主体无法主张权利的技术，被后来者正当、无理由地使用而不必承担专利侵权责任，并且不需要经过任何许可或支付任何费用。随着"专利丛林"时代的到来，专利的数量呈井喷式增长，在相关政策的鼓励下，国家的整体创新能力获得了一定提升。这也带来了一些问题，比如质量低劣的专利泛滥、"僵尸专利"横行，导致在高精尖技术行业后续发展中，创造者过于顾虑经济性与全面性，难以施展拳脚。于是，讨论公共领域视野下专利权的边界确定问题就显得尤为重要。

本文研究公共领域视野下专利权边界，主要研究专利法上公共领域的特征、空间上的维度、保护公共领域的必要性、专利等同侵权中对于等同原则的把握、立法亟待完善的问题、当前的司法政策。在实务中，任何专利权利要求书撰写不规范和专利权滥用行为都有可能会为专利权保护带来风险。因此，本文还在国家推进"放管服"改革的基础上分析了完善专利代理制度的重要性，探讨了司法政策如何提高专利权滥用行为的违法成本。最后，在分析实务中等同侵权判定标准问题、相关配套政策缺位的基础上，提出笔者的完善建议。

一、专利法上的公共领域

有观点认为，只要存在知识产权，就有公共领域。在没有知识产权保护意识的时代，公共领域这个词语就没有出现的必要，正如没有"夜晚"这样的概念，就不会出现"白天"这样与之相对的概念。当部分享有智力成果的个体垄断成果时，当权者为了鼓励其创造出更多的成果，便赋予了这部分人一定程度、一定时间的对该成果享有专有权的资格。同时，为促进技术发展，为创新留存发展空间，在这种专有权之外设置了公共领域。处于公共领域的技术通常包括超过保护期限、专利权丧失或放弃权利、不在专有权保护范围内的某些部分等，这些进入公共领域的技术属于人类共有的知识财富，可由全体公众自由使用，不会受到知识产权法的保护，并且原则上不能再次被私有化。本部分探讨专利法上的公共领域自由和开放程度、边界大小，及其公共性和原则上的不可逆性，并分析其合理性。

（一）公共领域的概念、特征及其意义

1. 从概念的演进说起

公共领域既是欧洲主流政治话语，也是一个法律术语，在中文中还表述为"公有领域"。但是，在英语语境中它们是不同的概念。前者的英文表述为"public sphere"，来源于哈贝马斯的公共领域理论，它指的是国家与社会之间的公共区域，市民们被假定在这个区域内有充分的言论自由而不受国家干涉；后者的英文表述则为"public domain"，是知识产权领域的概念，这个概念的提出最早是在 19 世纪末美国的一个知识产权司法判例中，它指的是公众对处于公共领域的知识共有共用，不受私有权利的限制。本文将在专利权法范围内研究公共领域，因此下文所提到的公共领域均为后者。如前文所述，专利法和公共领域是相对的概念，是一体两面的关系。因此，要探究公共领域的起源，就要追溯到专利法诞生之初。

普遍认为，英国是世界上最早实施专利法的国家。为了适应机械时代的发展，鼓励工厂革新技术，维护企业家利益，英国制定了《垄断法》。该法被视为现代专利法之始，[1]尽管它没有明确地提出公共领域的概念，但萌发了公共领域这一概念的初始形态。首先，它为专利权人提供不超过 14 年的独占性保护，14 年以后任何人都能够自由实施该项技术；其次，它规定了发明专利权的主体和客体条件、授予专利权的条件及无效事由，在申请被保护的权利客体之外进行的发明创造不受知识产权法的限制。这部法律把发明创造的垄断权赋予了发明人自己，极大地鼓励了工业革命时期的技术革新。

但是由于社会形态的限制，这部《垄断法》尚未认识到，专利权的保护价值不仅仅在于给予本国和外国工匠垄断利益，从而促进本国的经济发展，更重要的是要通过专利技术的公开和信息的传播，促进市场的良性竞争，刺激工匠

---

[1] 参见 ［澳］彼得·德霍斯："知识产权的合理性：一切从头说起"，载唐广良主编：《知识产权研究》（第九卷），中国方正出版社 2000 年版，第 19 页。

通过不断改良现有技术方案来适应社会环境的变化。[1]英国于1670年颁布了《私人财产法》，首次要求专利权人公开其申请保护的技术方案，该法标志着"用公开换保护"的专利权保护条件正式诞生。从公开的意义上来说，权利人公开的内容即是专利权所要保护的范围，即以公开的形式确定了专利权保护范围。这一时期出现的专利权保护范围可以说只是一个模糊的界限，它仅使专利权从秘密变成了公开，但是没有明确地告诉法官哪些受专利权保护、哪些不应该受到保护，即应当属于不受专利权保护的公共领域内的技术。18世纪至19世纪，大量的专利申请人开始自发地在权利要求书后附加一段文字来说明申请保护的权利范围，这在当时给予法官认定权利要求界限以辅助作用。1858年锡德诉希金斯案（Seed v. Higgins案）确定了"将权利人未声明的权利要求排除在保护范围之外"这一原则，首次将权利要求从确定专利权保护范围的辅助地位上升为专有领域与公共领域的界标。[2]

尽管有关公共领域的理念萌芽于17世纪初，"公共领域"这个名词真正出现却是在1886年《法国著作权法》中。1945年以后，美国法院多次在判例中交替使用"public domain""public property""common property""publici juris"的表述。与此同时，学者们也开始研究公共领域理论。1981年，杜克大学教授朗伊在《认识公共领域》一文[3]中系统地对公共领域进行了阐述，旨在为法院提出应对不断扩张的知识产权的方案。2003年，博伊尔教授在《第二次圈地运动和公共领域的构建》一文[4]中引用了朗伊教授所提出的"每一项知识产权的权利都应该明确标明公共领域"，进而向朗伊教授提出了"什么是公共领域""公共领域内的个人权利的性质""公共领域的权属"等问题。2003年，朗伊教授在《重新认识公共领域》一文[5]中向博伊尔教授做出了回应。他认为：

---

〔1〕　参见董涛："'专利权利要求'起源考"，载国家知识产权局条法司编：《专利法研究2008》，知识产权出版社2009年版，第137页。

〔2〕　参见董涛："'专利权利要求'起源考"，载国家知识产权局条法司编：《专利法研究2008》，知识产权出版社2009年版，第137页。

〔3〕　David Lange, "Recognizing the Public Domain", 44 *Law and Contemporary Problems* 147（Autumn 1981）.

〔4〕　James Boyle, "The second Enclosure Movement and the Construction of the Public Domain", 66 *Law and Contemporary Problems* 33（Winter/Spring 2003）.

〔5〕　David Lange, "Reimagining the Public Domain", 66 *Law and Contemporary Problems* 463（Winter/Spring 2003）.

"'公共领域'这个术语具有弹性和不精确性，它随着时代的变化被赋予不同的含义。但无论公共领域被如何定义，只要公众认识到它能够保护人类与生俱来的基本灵感——思考和想象，记忆和运用，运转与创造，就足够了。"[1]

2. 公共领域的特征

（1）公共性

知识是人类共同的财富，而且不具有消耗的性质，这决定了它不能被某一个人永久垄断。与此同时，知识是永久存在的，这就决定了知识的继承性，它能够被几代人甚至几十代人共享。正是知识的这种永续性、继承性，决定了智力成果——技术或技术成果——的永续性、继承性。本质上，永续性意味着某种成果不可能被某个人独占，专利权对于某种成果的垄断性保护是暂时的、人为的，一旦这种保护被破坏，这种成果便会进入公共领域而为社会公众所共有。

在空间上，专利权人对智力成果的垄断是人为的。国家通过法律的形式，赋予私人垄断权，旨在期待专利权人通过垄断性利益来改良现有技术方案并鼓励其他人为了获取垄断权而申请专利。许多企业也通过精细的专利布局，使自己在暂时丧失制造能力时，仍然能够盘活资本，以期日后卷土重来。例如，2013 年诺基亚退出手机制造行业，但诺基亚在移动通信领域仍然拥有上万件专利。诺基亚的专利覆盖面广，即便在 5G 时代，其他手机制造商也不能完全绕开诺基亚的专利。但是面对不断提高的科技水平，在先专利可能会过于陈旧而不再对科技发展作出贡献。假设诺基亚的专利通过各种方式进入公共领域，其技术方案就会具备公共性，即公众可以自由、免费地使用，企业也就不再具备专利优势。但是，从另一角度看，公共领域的公共性也能使公众尽情地施展拳脚，从而提升技术品质。

（2）永久性（不可逆性）

进入公共领域的技术是以稳定的形态存在的。创造者为其技术成果申请了专利，一旦技术成果进入公共领域，被其他公众利用，该创造者就无法再主张其专有权利，这是民法上的诚实信用原则所决定的。它也体现为专利制度中的"禁止反悔原则""捐献原则""可预测原则"，这一部分将在后面详述。

这种不可逆性并不是绝对的，许多国家都在法律中规定了专利权恢复制度，在少数情况下可以恢复专利权。我国《专利法实施细则》第 6 条规定了两种恢

---

[1]　David Lange，"Reimagining the Public Domain"，66 *Law and Contemporary Problems* 463（Winter/Spring 2003）.

复权利的事由：不可抗拒的事由和其他正当事由。不可抗拒的事由引用民事法律中有关不可抗力的免责事由相关规定，即由于不可抗力不能按时续展而造成权利丧失的，可以援引该条来恢复权利。比如，在2008年汶川大地震中，无论是专利局还是专利权人，都处于一种孤立状态，如果恰逢专利权缴费期间，无法顺利缴费造成权利丧失，则可引用不可抗力事由来恢复权利。在第三次修改《专利法》时，取消了因不可抗力恢复专利权引起的费用。其他正当事由的内涵没有在《专利法》中体现出来，其中最典型的，也是被大多数国家接受的，就是意外事件引起的权利恢复。比如，在专利权人昏迷不醒住院期间，无法按时缴纳年费，这种情况下不能认为是不可抗力，但专利权人主观上也并没有恶意。如果因此而不予以恢复，对专利权人来说是不公平的。因此，这种情况下允许当事人缴纳费用来恢复专利权是合理的。

3. 公共领域的意义

在公众的观念中，普遍认为发明创造是一种从无到有的智力创造。爱迪生发明了持续工作时间长达1200小时的灯泡，给漆黑的夜晚带来了光明；瓦特制造出蒸汽机，开辟了人类的能源新纪元，使人类社会迈进了"蒸汽时代"。然而，改变世界的智力创造从来都不是凭空而来。牛顿曾经说过，如果说我看得比别人更远些，那是因为我站在巨人的肩膀上。

事实上，任何一种科学进步都是在前人留下的智力成果的基础上加以总结、归纳、寻找规律、发现突破、再创造的结果。早在爱迪生发明碳化竹丝灯之前，英国人汉弗莱·戴维用2 000节电池和两根炭棒制成了弧光灯，在此基础上，英国人约瑟夫·斯旺制成了碳丝电灯。直到1878年，英国的真空技术发展趋于成熟，爱迪生才发明了能够在真空下长时间工作的灯泡。与此同时，加拿大的电气技师申请了一项填充氮气的玻璃泡电灯专利，并卖给了爱迪生，爱迪生在此基础上不断改良灯丝，制造出能持续亮1200个小时的碳化竹丝灯。瓦特在托马斯·塞维利和托马斯·纽科门制造的早期工业蒸汽机的基础上，发明了与蒸汽机汽缸壁分离的凝汽器，并把它运用在蒸汽机上。20年后，罗伯特·富尔顿运用了蒸汽机技术建造了世界上第一艘蒸汽机轮船。

换言之，任何一项技术的发明与变革都有赖于宏观的社会资源总量和科技发展水平。公共领域的作用是为社会公众留下可以自由使用的空间，确保新的智力创造高效、穷尽式地运行。公共领域应该是人类社会创造进步阶梯的基石，是丛林中宽敞的小路。

（二）专利法上公共领域的合理性及表现方式

专利法的根本目的在于保护专利权，鼓励发明创造，促进技术革新，专利法的意义也在于调动发明创造积极性，调整利益关系，促进市场公平竞争，培养大众尊重知识产权的意识，促进科学技术信息传播，推动基础科学领域的创新和现有技术的改良。如上文所述，公共领域的意义在于保证这种技术创新活动在社会范围内能够高效运行，它与专利法更像是一体两面的关系，虽然发挥着各不相同的作用，却承担着同样的社会使命。

1. 专利法上公共领域的正当性及合理性

公共领域和知识产权制度存在着相当紧密的联系，互为基础，互相维持。这首先可以从洛克的财产权劳动理论作出理解。一方面，洛克的财产权劳动理论认为公有物是财产权私有的前提。首先，公共领域为私人财产权的存在提供了合理性的基础；其次，公共领域能够保障私人财产权保持相对稳定的状态。另一方面，知识产权制度是对自由平等的市场竞争的一种符合市场需求的良性限制。当一定程度和范围的智力成果被私人垄断以后，整个社会保护专利权的成本就会大幅度上升，同时将会刺激大量的创造者创造出更为先进的技术，增加社会资源的总量，从而用来抵消它消耗的大量社会成本。关于专利法上公共领域的正当性、合理性，笔者认为还可以从以下两方面加以理解。[1]

（1）知识是人类共同的财富

父母要支付大量的学费把子女送进学校学习知识，这是否意味着知识是被垄断的，需要公众支付对价？答案显然是否定的。我们为获取知识而支付的对价来源于教育行为，而不是知识本身。书本和课堂都是教育的形式，是知识的载体。学习知识是一个循环的过程，而这其中的每一个环节实际上就是每一个社会主体对知识本身的能动反映，它是创造者智慧的结晶，而不是天生作为一种私人财产被私人主体垄断。人类通过学习知识了解客观世界，通过运用知识来适应客观世界，通过完善知识来改良客观世界，最后改良后的成果又回到起点，为公众所学习、运用和完善。

因此，公共性是知识得以存在的先天条件，是知识与生俱来的自然属性。正是由于知识的这种公共性，不仅创造者享有这种成果效益，普通公众也天然地享有知识带来的社会效益。既然法律赋予了创造者获得垄断利益和垄断保护的

---

〔1〕 鉴于公共领域在专利法之价值构造中的重要性，除本部分分析的其正当性和合理性之外，还将结合现实中的"专利丛林"现象，继续探讨保留公共领域的合理性。

权利，那么普通公众对公共领域内的其他智力成果的使用也应当受到法律的保护。

（2）从利益平衡角度出发

如上文所提到的，人类社会的任何一种社会科学的进步都是在社会资源累积到一定程度时才会被推动的，任何智力成果都不是被某个私人主体独立完成的。因此，公共领域作为一项创新技术的原材料的来源保障，必然存在着正当性和合理性。

从利益平衡角度分析公共领域的正当性和合理性实际上需要分析的是私人利益和公共利益之间的平衡问题。一方面，一项新技术申请专利的首要条件就是具备专利法要求的创造性，即创造者在创新过程中投入了大量的创造性智力劳动，并使其智力成果取得显著进步。出于对创造者创造行为的尊重，以及为鼓励创造者再创造，普通公众使用这些专利技术时需要支付给创造者费用，这是专利法赋予创造者的私人利益。另一方面，落入公共领域的技术具有公共性，它不专属于某一个人，每一个社会公众都可以自由使用，这对于推动社会发展和进步具有相当重要的意义。

要从利益平衡角度出发建立一个同时满足私人利益和公共利益的专利制度，需要考虑科技的发展前景。如前所述，每一项技术成果都是在前人留下的成果基础上再创造的结果。对两种技术的结合进行整体评价，并赋予其专利权，则会导致公共领域资源越来越少，可创作的空间仅剩下改良，不利于社会整体的科技发展。引入公共领域这个概念能够有效抑制专利权的过度扩张，将结合的新技术拆分开评价，从而打破垄断格局，使公共领域的现有技术被后来人免费再利用，而不必顾虑落入专利权保护范围。

2. 专利法上公共领域内的技术表现形式

一般认为，属于公共领域的智力成果分为几个方面：法律规定本就该属于公共领域的智力成果、超过保护期限的专利技术、专利权人主动放弃权利的技术以及一项技术中本属于公共领域的某些部分。

在我国，知识产品有一部分是基础理论研究的成果，而基础理论研究中的大部分的目的主要是观察客观现象和归纳总结基本原理，从而探索新知识，在研究的开始往往不带有特定的产业化目的。这类智力成果的产生虽然不能直接带来产业经济效益，但能够对整个社会科技水平的提高起到巨大的促进作用，并且这种社会效益要远高于其给创造者带来的个人经济效益，因此，要使用法律规范使它进入公共领域，由公众共享。例如，麦克斯韦提出了电磁理论，以此理论为基础发展出的无线电通信产业将整个人类带入了全新的电信时代。

虽然专利技术本身在实施的过程中没有损耗，但是一项符合授权条件的技术的专利权很容易走向消亡。一项技术的时效性并不取决于它本身，而是取决于整个社会的科技发展速度。现代技术发展日新月异，科技进步的速度加快，信息传播成本越来越低，一项技术被新技术取代的风险也越来越高，这就为专利制度中给专利权设定保护期限提供了正当性。

专利制度是用公开换垄断的一种制度，既然国家公权力赋予了创造者垄断某种技术的权利，自然要向垄断者收取高昂的"垄断费用"。一旦垄断这种技术的主体在生产经营的过程中发现实施该项技术所获收益呈负增长，而自己还需要面对逐年增加的专利费用，放弃该项技术的专利权对于企业来说则是一种"甩包袱"的选择。与此同时，有些承担着社会责任的大型企业在累积了巨额的社会资本后会选择放弃某些专利权，将相关技术留在公共领域。

几乎所有的技术都是站在巨人的肩膀上发明出来的。发明创造不可能从无到有，创造者必然要在前人的理论和经验的基础上进行改进、创造。在评价这样的技术时，不能将技术的整体评价为受专利权保护的对象，而要将创造者新的智力成果和这项技术中本属于公共领域的某些部分分开。

（三）专利法上公共领域的三维空间

公共领域和专利制度除了一体两面的关系，还存在着一种紧张的此消彼长的关系。毫无疑问，专利权的范围过于宽泛将会阻碍社会的创新和发展，公共领域的范围过度扩大则很容易导致政府公信力下降，企业家们不愿意公开专利技术方案，从而违背专利制度的初衷。由此可见，应当为公共领域和专利权制度探寻一个动态的平衡点，即在不同的社会时期，根据社会不同的经济形态和科学技术发展程度来划定不同的专利权边界，从而使公共领域和专利制度都能够在当前的社会中发挥最大的作用。要想寻找这样一个平衡点，首先要明确一个问题，即公共领域的空间维度是什么？在同一个时期，一项技术的某一个构成要素不可能同时落在专利权保护范围和公共领域范围中，因此，原本不受专利权保护或者不再受专利权保护的技术成果就会进入公共领域空间，并且这一过程是单向、不可逆的。这样，讨论公共领域的空间维度就需要讨论智力成果必然进入公共领域需超过的保护期限、公共领域所覆盖的技术种类、能够被授予专利权的技术的创造性高度。下文将探讨公共领域的时间边界和二维边界的尺度。

1. 公共领域的时间边界

专利技术失去专利权保护从而进入公共领域是一个不可逆的过程，也就是说，单纯讨论公共领域的时间边界没有意义。但是，专利权是公权力赋予创造者的独占实施权，在赋予这种垄断利益的同时就赋予了它一定的保护期限，超过这个期限就不再受到专利保护。就公共领域与专利权之间的关系来看，失去了专利法保护的技术成果就落入了公共领域。因此，在讨论公共领域的时间边界时，本文实际上是在讨论专利权的保护期限，即受到专利权保护的技术经过多久会进入公共领域。

专利权保护期限对于权利人独占性实施其专利技术所能够获取的收益具有很重要的影响。经济学家十分热衷于研究专利权保护期限与社会效益之间的关系，专利权保护期限越长，创造者就会越热衷于技术创新活动，因为在能够给创造者带来巨额收益的前提下，专利权持续的时间越长，其垄断市场的时间就越长，创造者获得的收益就越大。但同时，专利权保护期限过长，这种垄断所带来的社会成本也会逐年上涨，一旦超过创造者所预期的数额，维持专利权所能够给专利权人带来的预期利润便会下降。从宏观上看，专利权保护期限过长所引起的社会共享机会成本也会相应地增加，不利于新技术的开发。用经济学语言来讲，当保护专利权的社会成本大于保护专利权的私人利益时，就不宜再给予专利权保护。这个时间点，就是公共领域的时间边界。

根据我国《专利法》第42条第1款的规定，[1]不同类型专利权期限不同，同一类型专利权期限则相同。近乎"一刀切"式的保护方法事实上也是世界上绝大多数国家所采取的方法。虽然这种保护方法并不是最完美的保护方法，但是从市场的角度来看，其仍然是一种最优解。随着科技的发展，高新技术行业和传统行业之间技术创造的难度、成本和风险大相径庭，软件、互联网、计算机与电子产品、通信等行业的投入成本高，研发耗时长，被更新替代的风险更大。华为公司发布的2017年财报显示，2017年华为研发投入高达897亿元。[2]与此同时，宝洁公司发布的2017年财报显示，2017年宝洁公司研发投入约142.79亿元。[3]可见，高新技术行业和传统行业的研发成本相差如此巨大，给予不同行业的创新激励也应当不同。但是，自由市场中不同行业或者相同行业

---

〔1〕《专利法》第42条第1款："发明专利权的期限为二十年，实用新型专利权的期限为十年，外观设计专利权的期限为十五年，均自申请日起计算。"

〔2〕 数据来源：https://www-file.huaw com/-/media/corporate/pdf/annual-report/annual_ report2017_cn.pdf? la=zh&source=corp_ comm，最后访问时间：2022年6月25日。

〔3〕 数据来源：http://www.pg.com.cn/News/Detail.aspx? Id=6955，最后访问时间：2022年6月25日。

生产力不同的企业研发周期和研发效率千差万别，这也提高了获取这些信息的成本。同时，企业为了收回研发成本，实现利润最大化，可能会隐瞒自己的真实信息，从而尽可能地申请最长的保护期限。

除了赋予创造者最长年限的保护之外，各国专利法还规定了垄断者独占实施专利应该缴纳逐年递增的专利年费。2018 年世界知识产权日，华为官方微博对外宣布，截至 2017 年 12 月 31 日，华为累计专利授权 74 307 件，且 90% 以上均为发明专利。[1] 按照目前国内一件发明专利需缴纳 600 元至 8000 元年费的标准来看，华为每年需缴纳专利年费高达 0.44 亿元至 5.94 亿元。事实上，专利年费制度是政府提供给专利权人的一个可选择保护期限长度的菜单。我国《专利法》第 44 条第 1 款规定[2] 了因主动放弃而丧失专利权的情形。这实际上是在法律规定的最长年限之内赋予专利权人自主处分其专利权的选择权。一旦专利权人放弃了专利权或者专利权保护期限届满，相关技术就进入公共领域，公众可以自由使用该技术而不再受到原专利权人的限制。

2. 公共领域的高度

公共领域与专利权保护范围内的技术所应当达到的创造性高度是不同的。打个比方，水的密度是 $1g/cm^3$，在一杯水中投入一小块 $0.97g/cm^3$ 的密度均匀的金属钠，它就会漂浮在水的表面，而 $7.8g/cm^3$ 的密度均匀的金属铁就会沉到杯子底部。

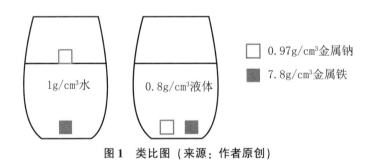

图 1　类比图（来源：作者原创）

这个例子中水的密度就是技术成果的创造性高度，金属钠就是超过创造性

---

〔1〕　数据来源：http://baijiahao.baidu.com/s? id = 1598826294931974442&wfr = spider&for = pc，最后访问时间：2022 年 6 月 25 日。

〔2〕《专利法》第 44 条第 1 款："有下列情形之一的，专利权在期限届满前终止：（一）没有按照规定缴纳年费的；（二）专利权人以书面声明放弃其专利权的。"

标准的专利技术，即超过创造性标准的专利技术被排除在公共领域之外，而没有超过创造性标准的技术则落入公共领域之内。同时，上述例子中的基础溶液（水）如果被置换成密度小于水的 $0.8g/cm^3$ 液体，金属钠就可能会沉入新的液体底部，即专利权保护范围的高度越高，在进行专利审查时对技术的创造性要求就越高，这样就会缩小专利保护的范围，也就越能防止其他企业对公共领域的技术作出较少改进就自行申报专利。可见，专利权保护范围的高度和公共领域的高度是此消彼长的关系，如果对于技术创造性设定的门槛过高，必然会导致公共领域的范围扩大；如果门槛过低，则会导致更多的本来应该属于公共领域的技术进入专利权保护范围内。笔者认为，公共领域的高度可以从专利技术的创造性高度来判断。在我国实施创新驱动发展战略的背景下，更应该避免刻板、割裂地进行技术特征的对比，要从技术整体出发去判断创造性，将部分和整体有机地联系在一起，充分理解其所解决的技术问题和实现的功能。

3. 公共领域的宽度

2017 年 5 月，"一带一路"国际合作高峰论坛在北京举办，北京外国语大学丝绸之路研究院面向留学生发起了一次问卷调查，来自"一带一路"沿线的 20 国青年票选出了他们心目中中国的"新四大发明"：高铁、支付宝、共享单车和网购。社会的迅速发展离不开科学技术的飞速进步，高铁可能被成千上万项专利技术覆盖，如此庞大的专利数量则会产生巨额的调查费用和专利实施费用。试想一下，如果过分扩张专利权的边界，限制公共领域的范围，高铁的研究将会侵犯上万件专利，而正如上文所说，这成千上万件专利中有相当一部分不符合法律规定的授权条件，即达不到创造性标准或创新高度。

然而，公共领域的边界并不是越扩张越对社会有益。根据"公地悲剧"理论，公地作为一项公有资源，任何人都享有使用权且无权排除他人使用。从实际情况看，没有付出成本的资源往往不会被公共主体珍惜。有人摘果，无人栽树，每一个人都倾向于过度使用，最终会造成资源枯竭。在知识产权领域，由于技术成果是一种无形资产，并且是一种非消耗品，似乎很难面临资源穷竭的窘境。但是，由于无形资产具有无形性、不稳定性等特性，或缺乏有效的行为监督和约束机制，进入公地的无形资产很容易面临流失的风险。我国许多老字号餐饮企业"被公有化"的过程便见证了这一点，比如南京冠生园事件，多家企业使用了同一品牌，最终当南京冠生园事件曝光后，包括上海冠生园、武汉冠生园在内的整个"冠生园"品牌都受到连累，这就是一种无形资产的"公地悲剧"。

因此，公共领域与专利权的边界划定应该有一个平衡值，任意一方都不宜过于宽泛或狭窄。假如公共领域过于宽泛，它的影子覆盖到了专利权的领地，就会造成发明者对公权力的信任感降低，公众更不愿通过缴纳昂贵的专利年费、牺牲产品的技术秘密来换取随时存在着风险的法律保护。一旦专利技术不能被公开，专利制度便形同虚设，国家的科技发展也会停滞不前。然而，如果专利权不计后果地扩张，则会导致大量质量低劣的专利涌现，由于资本的逐利性，一旦获得资本的门槛变得很低，创造者们便不会再付出时间和精力来研究高精尖技术，如此非但不能刺激技术的良性发展，反而会使创造者投机取巧，阻碍社会的发展进程。与公共领域的前两种维度相比，公共领域的宽度不仅取决于专利权保护范围的宽度，还取决于国家政策和法律规定。显然，扩大专利权保护范围能够给大批的新技术带来市场垄断力量，从而在全社会范围内强化对发明创造的激励，但同时垄断力量的增强也会导致大量社会成本的损失。因此，在定义公共领域的宽度时专利权保护范围的宽度是它的基础，同时，国家政策和法律规定也会成为影响公共领域宽度的关键因素。为了保护公共领域，防止市场失灵导致专利权过度扩张，需要法律在一定程度上介入，促使不同利益主体之间良性竞争，这有益于全社会的资源配置与公共利益的维护。

二、划定公共领域与专利权边界的必要性

前面主要研究了公共领域的特征、存在的合理性和表现形式，在探究公共领域和专利权的关系的基础上对专利权保护范围进行了划定，从而把专利权保护范围与公共领域的空间区分开来。在公共领域视野下研究专利权的边界，实际上就是在研究公共领域与专利权之间的界限，而事实上在实践应用时这种界限是非常模糊的。比如，发明专利和实用新型专利的权利要求书都是以语言文字描述为主，以图形和照片为辅，鉴于语言本身具有的局限性以及文字信息在传递过程中所产生的衰减，仅依靠权利要求书和说明书就很难在公共领域与专利权之间划出清晰的界限。公共领域与专利权边界的模糊性，使得法律在划定公共领域与专利权边界中起到决定性的作用。本部分将从专利制度与公共领域存在的必要性着手，研究专利权边界确定的必要性。

（一）从专利制度的必要性谈起

专利制度的设计有利于调动人们从事基础科学研究和产品改良的积极性，能够为企业带来巨大经济效益，有利于促进对外贸易，提高本国商品贸易的国际话语权。下文将从专利制度的两大功能入手，并探讨专利制度对公共领域的

保护作用。

1. 专利制度的保护功能

根据洛克的财产权劳动理论，一切的财富都是神赐予的，人类要将这些神赐的财富归私人所有，对个人有所用处，就要通过劳动的方法。普遍认为，财产权劳动理论为专利制度的合理性提供了支撑，但何种行为属于劳动行为并未界定，因而存在许多缺陷。专利制度一方面保护技术拥有者对技术的私有权利，另一方面要求其用公开换保护，以此提高技术发展的速度，提高新技术研发效率。可见，专利制度是在适应创造者和社会需求的条件下为了保护创造者的垄断利益和社会的科技进步而产生的。

2. 专利制度的激励功能

专利权属于发明创造者的无形财产。专利法对符合相关法律条件的智力成果予以保护，授予专利权人独占或许可他人实施发明创造并收取许可使用费的权利。通过专利制度，技术成果可以转化为法律所保护的垄断性权利，这种垄断性权利可以使发明人回收其在发明创造中所付出的成本并获取足够的市场回报。然而，其中的时间成本、实验成本、审批成本和推广成本是十分高昂的。创造者首先要组织研发团队花费或长或短的时间来获得新的技术方案，然后按照技术方案生产出初代试验品，经过多次小试、中试、孵化等过程最终生产出适应市场需要的新产品，进而进入市场推广环节。此外，某些由国家政策把控的产品还需要经历审批过程，其面临着审批不通过的风险。因此，专利制度给予创造者市场垄断权，专利权人除了可以自己使用技术方案，还可以高价转让或通过收取巨额专利授权费用的方式许可他人使用，因而能够从创新中获利来弥补研发成本并获取更高的经济利润。例如，因电影《我不是药神》而引起公众热议的靶向抗癌药物"格列卫"掀开了靶向治疗癌症的新篇章，让化疗不再是治疗癌症的唯一手段。然而，这种药物曾经在世界上几乎所有国家的价格都达到了每盒上万人民币，其中专利保护费用占了相当大的一部分。从费城染色体的发现到美国食品药品监督管理局的加速批准，"格列卫"投入市场花费了41年的时间，并且诺华公司为研发"格列卫"投入了几十亿美元。[1]在如此高昂的投入成本的压力下，如果没有为成果提供巨额回报的专利制度来激励药企的研发工作，恐怕这种"救命药物"也不会出现在社会公众的面前。

---

〔1〕 数据来源：https://www.sohu.com/a/239804885_ 611112，最后访问时间：2022 年 6 月 25日。

3. 专利制度对公共领域的保护作用

美国生物学家哈丁教授 1986 年发表在《科学》杂志上的一篇题为"公地悲剧"（The Tragedy of the Commons）的文章中用一个寓言故事说明私有制对公有领域的好处："政府把一片公共草场向牧民开放，这些牧民可以在草场上自由放牧而无须支付费用，因此每一个牧民放牧所获得的收益都是净利润。个别牧民所养的牛数量越多，所获得的利润就越大。然而，这片草场有一定的放牧容量，一旦牛的数量达到饱和，整个草场的自我修复能力和牛的数量就会成正相关。出于个人利益考量，每个牧民都想多养一头牛，但增加一头牛带来的草场损失是被平摊到这片草场的全部牧民身上的。在情形失控后，公共草场发生退化，从而不能满足牛的食量并导致所有的牛因饥饿而死，因此成为一个悲剧。"[1]这种利益独享、风险共担的心态导致了牧民目光短浅，看不到长远利益，从而引发了公共领域的悲剧。要避免公共领域的悲剧，要么"利益共享、风险共担"，要么"利益独享、风险自担"。在当前社会发展背景下，显然后者更具有可操作性。美国经济学史上还有一个著名案例：美国西部边疆的开拓史上曾经经历过大繁荣，但牧场不设栏，导致牧民常常越界放牧。哪里的牧草好，哪里就成为免费的公用牧场，最终公用牧场被采荒。无奈之下，牧民为自己的牧场装上围栏，各自为界，这块牧场的悲剧才宣告终结。这就是科斯教授提出的著名的"科斯定理"，即"明晰产权，才能降低交易成本，维持市场均衡"。

在专利法的语境下，公共领域脱胎于私人领域。与私人领域的垄断性相反，公共领域的公共性决定了它可以被普通大众自由、免费地使用。在专利法上的公共领域中，他人使用知识产品不用征得权利人的同意，也不需要向其支付报酬，因此它可以被看作无形资产的"公地"。防止专利法上的公共领域发生"公地悲剧"，需要公权力来使知识产权信息资源得到有效分配，促进市场"利益独享、风险自担"，以良性竞争促整体发展，这体现了专利制度对公共领域的保护作用。

（二）公共领域保留的必要性

专利权作为被公权力认可的独占性权利，其本身能够为专利权人带来巨大的经济利益。在有公权力保障的专利制度所带来的利益驱使下，发明创造会被不断地从公共领域中移除，转化为私有权利。专利权固然能够确保持续的生产活动，但一项发明创造本身就来自公共领域的大量技术成果和一部分付费使用

---

[1]   Garrett Hardin, "The Tragedy of the Commons", 162 *Science* 1243 (1968).

的专利技术成果，因此，为公共领域保留足够的空间是绝对必要的。下文拟从现实中的"专利丛林"时代入手，探讨保留公共领域的必要性。

1. "专利丛林"时代

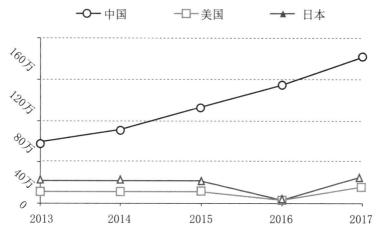

图 2　2013 年至 2017 年国内外有效发明专利数量（数据来源：国家知识产权局）

公共领域和专利权是相对立的两个范围，自专利制度出现，公共领域便在不断被削减。然而，随着科学教育的普及、科学技术的不断进步，公众的专利保护意识不断增长，全球的专利数量呈现出指数化增长的态势。根据国家知识产权局发布的《专利统计年报 2017》，1985 年至 2012 年，我国发明和实用新型专利总申请量共约 609 万件，仅 2017 年一年我国发明和实用新型专利总申请量就达到了约 292.6 万件。

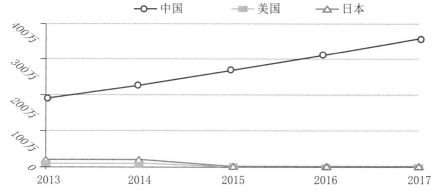

图 3　2013 年至 2017 年国内外有效实用新型专利数量（数据来源：国家知识产权局）

"丛林现象"始于美国，并蔓延到全球。最先提出"专利丛林"概念的是美国经济学者卡尔·夏皮罗，他把"专利丛林"描述为一个复杂交织的网络，穿越丛林才能取得新技术的突围。在使专利价值最大化的过程中，美国出现了"专利+运营"的经营模式，其中典型代表是著名的高智公司，这个模式采取一种非实体的运营方法，通过收购、囤积专利来获取巨额专利使用费，这无疑会使专利权泛滥，增加社会成本，使许多企业望"创新"而却步，并使政府监管出现漏洞。"专利丛林"时代的来临实质上挑战了公共领域内的技术成果。一方面，它降低了专利权的门槛，使公共领域的空间被挤占，不利于新技术的开发与现有技术的改良。另一方面，"专利流氓"的出现导致公共领域内的某些相关技术不能够被完全开发，阻碍了技术的更新与科技的进步。

2. 公共领域与专利制度的共生关系

公共领域与专利制度共生共长，任意一方肆意扩大范围都会导致另一方的紧缩。从远期效果来看，任一方的不当扩张最终会导致两败俱伤。公共领域与专利制度是一体两面的关系，严格的专利制度会刺激公众的创新激情，促进更多的公共领域成果加上个人的智力创造进入到专利制度所保护的范围内；宽松的专利制度则会鼓励专利权人在专利技术的基础上加以改良，同时使公共领域的范围缩小，整体上削弱其他公众的创造热情。在"专利丛林"的背景下，专利权泛滥不但无益于增强一国的科技竞争力及创新力，而且会阻碍一个国家的科技发展水平提升。原因在于：当国家对专利授权采取宽松的态度时，公共领域会被不断侵蚀，同时专利权泛滥。长此以往，公众对创造的热情就会逐步下降，并且也再难出现优秀的发明创造。

"公地悲剧"表明，对公共利益的放纵可能会导致资源的枯竭和人类创新能力的下降。同时，"专利丛林"现象也体现了过分保护个人利益会助长专利权滥用之风，侵蚀公共领域，不利于基础科学研究的进步。

（三）专利权边界天生的模糊性

1. 语言的模糊性和滞后性

专利权保护范围通常情况下以权利要求书为准，而权利要求书中所记载的内容是以语言架构起来的。与有形财产不同，专利权所保护的客体是一种智力成果。首先，专利权人通过语言文字、简单示意图将思维的表达刻画出来，思维的抽象性和变化性会使思维在外部化的过程中出现部分失真和扭曲，但专利法保护的是权利要求书所表达出来的权利要求，而不是思想。其次，文字被表达出来以后需要被阅读者理解，而每一个文字都有它不同的中心含义和外延含义。所谓"一千个人心中有一千个哈姆雷特"，不同的人观察问题的角度来源于他自己的人生阅历。比如，我们把"蓝色"定义为三原色中波长最短的颜色，但提到"蓝色"，生活在草原上的牧民反映出来的是天蓝色，生活在海边的渔民反映出来的就是海蓝色，所以语言的传递过程也是一个信息衰减的过程。最后，语言的理解具有强烈的主观性，在信息的接收过程中会出现本意的扭曲现象。比如，"南京市长江大桥欢迎您"，对于这句话，读者的阅历不同、朗读的环境不同、角度不同，可能会有以下两种读法：①南京市，长江大桥，欢迎您；②南京市长，江大桥，欢迎您。明明是同样的一句话，改变了断句方式和读音，意思就完全不同。

现实生活中，语言还会随着社会的发展不断更迭，同样的文字往往在不同时期被赋予不同的含义。比如"裸"，本意是指没有遮盖，但"裸考""裸婚"等词中的"裸"往往代表着"什么都不准备"。信息产业的发展速度极快，在申请发明专利时，仅仅使用传统物理学上的语言恐怕无法将新技术表达清楚。比如"区块链技术"，又叫"分布式账本技术"，它是一种互联网数据库技术，它可以公开透明的让分布在不同区域的每个个体均能参与数据库的记录，发明人就是通过描述这种技术的直观特点来为其命名的。

2. 权利要求的简洁性

从理论上讲，足够多的语言文字可以完整地表达我们想要表达的技术方案。但是过量的信息既增加了信息处理的负担，也增加了处理成本。并且，过量的信息是必要信息和无关紧要的信息的总和，这无异于增加了信息筛选的成本。比如，信息爆炸时代催生了大数据，数据分析师普遍反馈数据规模变得越来越大。但是，当分析师被问及有多少数据被用于真正的分析时，其答案与2007年的调查结果并无二致。[1]也就是说，事实上去除冗余的信息仍然可以被接收者理解。比如，提到"中国"，我们理解的是"中华人民共和国"，同样的，提到"5G技术"，我们理解的是"第五代移动通信技术"。基于上述原因，法律规定权利要求书的记载应当"简要"，不无道理。如我国《专利法》第26条第4款规定："权利要求书应当以说明书为依据，清楚、简要地限定要求专利保护的范围。"《德国专利法》第36条第2项规定："在申请中公开的发明内容的简短概要，即写明发明所属的技术领域，并清楚地反映所要解决的技术问题、解决该问题的技术方案以及发明的主要用途。"

---

〔1〕 数据来源：http://dev.yesky.com/264/35381264.shtml，最后访问时间：2022年6月25日。

因此，如何划定专利权边界，从而尽量避免语义的变化导致专利权保护范围出现偏差，十分重要。本文将在关于权利要求书的撰写部分提出相应的建议。

三、公共领域视野下专利权的边界划定

讨论专利权的边界离不开权利要求书和权利要求解释，权利要求解释离不开等同原则。本部分将深入分析等同原则的适用标准及其适用困境、等同原则的限制及现有技术抗辩原则、标准必要专利对公共领域的保留。同时，对实务中存在的一些滥用专利权的现象和专利权临时保护的困境进行思考。

（一）专利权保护范围的限定

研究专利权保护范围，首先要探讨的便是权利要求书和权利要求解释。下文将从语言的角度出发，讨论各国司法实践对权利要求书适当扩大，以及经过权利要求解释所能够扩大的范围。

1. 以权利要求书为准

语言虽然存在着先天不足，但是在研究公共领域与专利权的边界时，首先需要从语言入手，因为专利申请文件是用语言构架起来的。可以说，语言是初步划定专利权保护范围的基础。在世界范围内确定发明和实用新型专利权保护范围的原则上，存在着周边限定原则、中心限定原则以及折中原则三种原则。从以下对这几个原则的解释中可以发现，其在界定专利权保护范围方面有所不同。

（1）周边限定原则

周边限定原则发端于英国，它要求法院在理解和解释权利要求时要严格地以权利要求书的文本为准，排斥任何扩展解释。英国是世界上最早实施现代专利制度的国家，其权利要求书的发展过程极具代表性。起初权利要求仅为简单叙述，随后一些工匠富有创造性地为自己的说明书附上简要文字。1858 年锡德诉希金斯案确定了"将权利人未声明的权利要求排除在保护范围之外"这一原则，[1] 至此权利要求从确定专利权保护范围的辅助地位上升为专利权与公共领域的界标。1977 年，英国修改专利法，最终确立将权利要求作为确定专利权边界唯一依据的原则。

---

〔1〕 Seed v. Higgins（1858）8 El. &Bl. 755，转引自董涛："'专利权利要求'起源考"，载国家知识产权具条法司编：《专利法研究 2008》，知识产权出版社 2009 年版，第 139 页。

可见，采用周边限定原则不允许对权利要求进行任何扩大解释，这对专利权人撰写权利要求书的功底提出了极高的要求。权利要求书的优劣直接影响着专利权人的权利范围的大小、界限，因为权利要求书的文字经过审查被最终确定下来以后，专利权保护范围就会被公示，成为其后侵权案件的参照。但是，如前文所述，由于文字本身具有局限性，完全的文本主义很容易导致出现文字漏洞并且无法适应社会的迅速发展，尤其是在信息科技非常发达的现代，是很难适应社会新环境的。当然，采取该原则的优点也并非没有，如简洁、明了、清晰，同时也限制了法官的任意性推测。

（2）中心限定原则

中心限定原则起源于德国。与英国的专利制度不同的是，德国始终坚持的是专利制度的"分离主义"，即专利权效力的判定与专利权侵权的判定相分离。如果甲的专利被侵权，在进行民事诉讼的同时，被控侵权人乙没有其他抗辩理由，则乙还须启动专利无效宣告程序才可免责。在德国专利制度的变迁上，德国学者起到了非常重要的作用。德国曾经有学者提出权利要求书格式固定化，但很快被其他学者否定，理由是这会导致专利局和法院之间的工作负担严重不对等，并且很容易导致专利申请人的垄断权无法得到保护。中心限定原则认为，专利权利要求书只是用来满足授权条件的工具，一旦发生侵权纠纷，应当由法院依据发明的实质内容和现有技术状况进行判断，而不是拘泥于权利要求书的文字内容及其含义。因此，较之周边限定制原则，中心限定原则在文字基础上作出了扩大解释，它的优点是能够在纠纷中有效防止当事人通过文字游戏规避法律。同时，其缺点也显而易见——专利权保护范围的模糊导致法官的自由裁量权过大，很容易造成市场的不公平现象。

（3）折中原则

《欧洲专利公约》首先建立起了折中原则。[1]在专利权的边界问题上，德国经历过"以权利要求书文字内容划界""以总体发明构思划界""重新强调权利要求书作用""确立以权利要求书为划界依据"四个时期，最终确立了介于周边限定原则与中心限定原则两个极端之间的一种中心立场，以使其适合《欧洲专利公约》的内容。折中原则介于中心限定原则与周边限定原则之间，既不拘泥于周边限定原则生硬刻板的文字描述，又巧妙地避开了中心限定原则为专利权设定的边界模

---

〔1〕 1973 年《欧洲专利公约》第 69 条："一份欧洲专利或者欧洲专利申请的保护范围由权利要求书的内容来确定，说明书和附图可以用于解释权利要求"。

糊的缺陷，是在专利权和公共领域之间寻求平衡点的相对最优解。目前，世界上很多国家采用的都是折中原则。

我国采取的也是这种原则。《专利法》第 64 条第 1 款[1]明确了我国并非采取完全的周边限定原则，而是以权利要求为主，说明书及附图为辅。这是一种"民本位"向"社会本位"思想转移的体现，是在私人利益和公共利益之间寻求平衡点的较好方法。

2. 说明书对权利要求的解释

说明书所起到的作用是能够完整、清楚地描述发明或实用新型专利。根据《专利审查指南》第二部分第二章 2.1 的规定，说明书对发明、实用新型的说明应该清楚、完整，达到本领域技术人员能够实现的程度，即说明书应充分公开。我国《专利法》第 64 条规定了"说明书及附图可以用于解释权利要求的内容"，这说明权利要求的解释可以参考说明书和附图。我国已经出现了法院参考专利说明书来解释权利要求的多起案例。例如，在柏某诉成都某物品营销服务中心等侵害实用新型专利权纠纷案[2]中，法院认为："涉案专利权利要求 1 的技术特征 C 中的'导磁率高'的具体范围难以确定，磁导率有绝对磁导率与相对磁导率之分，但是在涉案专利说明书中，既没有记载导磁率在涉案专利技术方案中是指相对磁导率还是绝对磁导率或者其他概念，又没有记载导磁率高的具体范围，本领域技术人员根据涉案专利说明书，难以确定其中所称的导磁率高的具体含义，无法将其与被诉侵权技术方案进行有实质意义的侵权对比，从而不能认定被诉侵权技术方案构成侵权。"可以看出，说明书作为确定专利权保护范围的辅助工具，在实践中会被用来解释权利要求。当权利要求对专利权保护范围所做的限定不明确时，在专利确权和侵权纠纷中说明书可以起到解释说明的作用。当通过说明书文字或本领域技术人员的联想不能明显得到该技术特征时，将会导致专利侵权不成立。

3. 本领域技术人员的理解

由于语言的先天局限性，在研究专利权与公共领域的边界时除了以权利要求书和说明书上的文字记载为准，还应当允许作出适当的扩张。本领域技术人

---

[1]　《专利法》第 64 条第 1 款："发明或者实用新型专利权的保护范围以其权利要求的内容为准，说明书及附图可以用于解释权利要求的内容。"

[2]　参见最高人民法院指导案例第 55 号：柏某诉成都某物品营销服务中心等侵害实用新型专利权纠纷案。

员对权利要求书和说明书的理解对专利权边界具有重要的影响。[1]在实践中，将本领域技术人员在权利要求书和说明书的基础上能够理解的范围划入专利权保护范围，能够公平地保护权利人的专利权。将权利要求扩张到本领域技术人员所能够轻易联想的范围，会导致专利权保护范围难以把握，对公共领域产生威胁。但在许多案例中，该方法可能还会起到限缩权利要求范围的作用。例如，发布在国家知识产权战略网上的一个相关案例中，[2]法院认为，"本领域技术人员无法从说明书限定的'1秒'得到或概括出权利要求书公开的'2秒'的技术方案，因此权利要求不能得到说明书的支持"。

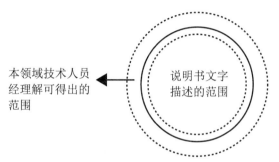

图4　专利权利要求的概括范围（来源：作者原创）

---

〔1〕《专利审查指南2021》第二部分第四章2.4规定："所属技术领域的技术人员，也可称为本领域的技术人员，是指一种假设的'人'，假定他知晓申请日或者优先权日之前发明所属技术领域所有的普通技术知识，能够获知该领域中所有的现有技术，并且具有应用该日期之前常规实验手段的能力，但他不具有创造能力。如果所要解决的技术问题能够促使本领域的技术人员在其他技术领域寻找技术手段，他也应具有从该其他技术领域中获知该申请日或优先权日之前的相关现有技术、普通技术知识和常规实验手段的能力。"

〔2〕"权利要求4包括的技术特征是'在连接开始时，以及在需要发送的信号停顿之后，在0.5秒到2秒时间内，在专用于业务帧的分组中传送所述业务帧，从而将停顿的结束发送给接收机'。""说明书中记载的是：'……根据经验可知，通过监听无法检测到缺少一个语音帧。将每个语音帧作为特定分组发送的最适合的时间约为1秒。较大时延会推迟必须置换缺少的语音帧的时刻，从而改进了语音可理解度。另一方面，较大的时延会降低系统的效率'。"法院认为："基于权利要求与说明书记载内容的比对可知，该专利说明书中只记载了'将每个语音帧作为特定分组发送的最适合的时间约为1秒'，而关于如何选取该发送时间以及不同时间段效果的差异在说明书中并无说明。但如本领域技术人员所知，通信领域的语音传输过程中对数据实时性的要求很高，较大时延无法保证该专利技术方案的良好实施。本专利权利要求4中包含的2秒时间的技术方案已然是该专利说明书中限定的1秒的2倍，因此根据该专利说明书，本领域技术人员难以预见2秒的技术方案是否也能达到说明书中记载的1秒方案相同的技术效果。"

当然，由于本领域技术人员所具备的普通技术知识和能力水平没有明确的标准，很容易导致在认定专利权保护范围时主观裁量空间过大，不利于公平保护权利人及其他主体的权利。本领域技术人员的知识范畴是影响创造性评述的重要因素之一。当启用三步法进行创造性论证的时候，对比文件实际上就限定了本领域技术人员的知识范畴。在实践中，如果审查员扩大对比文件的类别，实际上就是扩展了本领域技术人员的知识范畴，将本领域技术人员的知识范畴扩展到整个基本分类甚至跨越基本分类。在实践中，代理人与答辩人的观点矛盾大多数时候其实是对本领域技术人员知识范畴的划界不同导致的。法律也不能提供一个强行性规范对"本领域技术人员的知识范畴"进行规定，即对对比文件类别的总数进行规定，因为这很容易导致法律无法应对更为复杂的专利技术方案。

（二）等同原则对公共领域的限制

科技创新能力是科技发展的首要动力来源。在不同时期，国家为了实现不同的科技发展目标，会对专利侵权采取不同态度。例如，日本对专利侵权就采取了宽松的态度，宏观上的目的是促进现有技术的改良和进步。与之相反，如果一个国家对专利侵权采取严格的态度，相当于政策性地倾向于保护专利权人的垄断利益，大量的创造者就会致力于基础重大技术的研发。

在我国实施创新驱动发展战略的背景下，创新的大门正在打开，门槛正在降低，科技教育也越来越普及，尤其是共享经济的发展成果惠及大众。当前，我国提出并实施的"大众创业、万众创新"政策就是真实写照。在我国实施创新驱动发展战略的背景下，无论是司法政策还是实务操作，专利权保护范围都应当适当扩张，以此鼓励社会的创新发展。扩大专利权保护范围最主要的手段就是利用等同原则进行权利要求解释。

图 5　专利权边界的划定（来源：作者原创）

1. 等同侵权的判定方法

等同原则发端于美国。创设等同原则判定专利侵权的目的就是防止仅通过局部技术特征的细小变动而加以仿造的山寨型的技术和产品被授予专利。等同原则通过扩大专利权保护范围的方式来维护专利权人的利益。实务中存在许多利用等同原则裁判的案件，但对于等同原则的适用，仍然会因法官的专业素养、司法政策倾斜、地方差异等因素而难以统一标准。下文将论述等同侵权的判定方法以及我国等同原则适用的困境。

（1）方式、功能、结果"三一致"判定法

该判定方法是目前社会上饱受质疑却又被大多数国家采用的方法之一。它起源于机械技术时代，最初的含义为"即使机器的使用程序有所不同，只要结构相同、操作方式相同，功能效果也相同，必定理解为同样种类的结果"。

在1950年的格雷弗公司诉林德空气产品公司案（Graver Tank co. v. Linde Air products co. 案）[1]中，美国联邦最高法院首次明确提出等同原则的适用条件，即"以基本上相同的方式，实现基本相同的功能，达到基本相同的效果"。在1987年的潘瓦尔特公司诉杜兰德-威兰德公司案（Pennwalt Co. v. Durand-Wayland Inc. 案）中，才确立了"以实质相同的方式，实现实质相同的功能，达到实质相同的效果，等同侵权才成立"的表述，这也就是"三一致"判定法迄今为止最契合的表述。但是，在机械技术时代被广泛适用的"三一致"判定法，到了信息技术时代自然会水土不服，这就催生了其他辅助判定法，即非实质性差异判定法和显而易见性判定法。

（2）非实质性差异判定法

实际上，非实质性差异在"三一致"判定法出现以前就已经存在。美国联邦最高法院在司法实践中不断明确"非实质性差异"的内涵。判断被控侵权技术与涉案专利技术之间的细微差别是否属于非实质性差异，本身是一个客观问题，但在实务中要对其进行识别又存在无限的不确定性，法官自由裁量权的不当扩大容易导致同案不同判的现象出现。

有学者认为，判断被控侵权技术与涉案专利技术之间的差异可以用"可替代性"来考量。若具有可替代性，差异就属于非实质性的。司法实践中也发展出诸多考量因素：一是抄袭行为，在判定抄袭行为时必须引入客观因素来考量，如被控侵权人提供独立研究开发、技术方案、人才能力等证据；二是研发再投入，对被控侵权人而言，如果其有证据证明已经投入了大量资金开发周边产品，则可以推断其并不希望被控侵权技术落入他人的专利权保护范围，从而判定存

---

〔1〕　刘艳萍编译：《英美法经典判例选读——美国专利法》，中国民主法制出版社2006年版，第165页。

在实质性差异；三是发明人的陈述，即在判断差异的实质程度时可以把发明人的陈述纳入考量范围内。

（3）显而易见性判定法

显而易见性判定法和非实质性差异判定法存在某种微妙联系。在德国关于等同侵权的判断标准中，"显而易见"即指本领域技术人员根据专业知识和经验，能够轻易联想到被控侵权技术的替代手段的方法和效果。根据涉案专利技术和现有技术，结合技术领域的发展态势与专家证言，法官可以探知本领域技术人员联想出被控侵权技术是否显而易见。这种判定标准，更能够弥补"三一致"判定法的不足。

（4）我国在司法实践中所采用的判定方法

最高人民法院《关于审理专利纠纷案件适用法律问题的若干规定》（2020年修正）第 13 条第 2 款规定："等同特征，是指与所记载的技术特征以基本相同的手段，实现基本相同的功能，达到基本相同的效果，并且本领域普通技术人员在被诉侵权行为发生时无需经过创造性劳动就能够联想到的特征。"该规定反映出，我国的等同侵权判定采用的是美国的"三一致"判定法与显而易见性判定法并用的标准。

2. 等同原则适用的困境

由于等同原则自身的缺陷及缺少相应的法律制度，其存在一定的适用困境。

（1）等同原则自身的不足

"三一致"判定法要求法官对方式、功能、效果三个要件分别进行解释。其中，最难以把握的是功能这一要件，不同定义很可能导致判定结果大相径庭。例如，生物化学领域某些化合物的属性是明确的，但是当应用到具体场景中时，对化合物功能的解释范围不同，将直接影响到方式和效果的判定。因此，对三个要件进行解释要从整体出发，而不可将其割裂。

显而易见性判定法的主观因素是其最难把握的原因，也正因如此，该方法缺乏统一的标准。在实践中，通常会引入本领域技术人员这一概念，将其作为一个假定的"人"，来减少创造性判断过程中主观因素的影响。假定这个"人"知晓申请日或优先权日前某发明所属技术领域所有的普通技术知识，且无创造能力。显然，实际生活中并不存在这样的"人"。一方面，随着"互联网+"等技术的发展，本领域技术人员所知晓的发明所属技术领域存在争议。另一方面，本领域技术人员在发明专利和实用新型专利的创造性判断中的能力有所不同，即所使用的对比文件的数量不同。在评价实用新型专利创造性时所选择的现有技术领域更窄，所使用的对比文件的数量更少，更容易达到创造性高度，即选择对比文件的数量反而为等同原则的适用添加了主观因素的影响。

非实质性差异判定法虽然存在多重客观考量因素，但是由于认识的局限性，其本身难以把握。它对法官个人的专业素养提出了很高的要求，如：如何判定被控侵权人是否在刻意抄袭专利技术方案；如何从被控侵权人投入大量资源在专利周边进行二次研发来判定是否属于实质性差异；如何判定专利申请过程中被认定的实质性差异与等同侵权判断中的差异的同质性；如何对申请人在申请过程中的陈述进行合理判断。非实质性差异判定法虽然难以把握，但是它对于专利侵权的判定所起到的作用又往往是决定性的。

（2）我国相关制度缺位

笔者认为，我国《专利法》有关等同原则的相关规定还不够完善，主要体现在以下几点：

第一，等同原则缺少统一规范。我国并未将等同原则规定在法律条文中，而是通过司法解释方式加以确定。实务中，等同原则的适用标准因时间、空间的不同而不同，这是因为法官对司法解释的理解各不相同，且法官个人的专业素养存在一定的差异。尤其是就非实质性差异判定法和显而易见性判定法而言，缺乏统一的判定标准使得法官在适用等同原则时常出现"找法"的困境。例如，本领域技术人员的"智力"程度，如何判断被控侵权人主观的恶意抄袭行为等。与此同时，限制等同原则的配套制度也相应地欠缺。我国对捐献原则、禁止反悔原则等目前也仅通过司法解释加以确定，这也会导致法官在适用等同原则时可能出现宽严不一的情形。

第二，配套制度保障不到位。对于等同原则，我国仍缺乏制度性保障。司法实践中发展出许多判定等同侵权的考量因素，如恶意抄袭、周边产品、申请历史。缺乏相关程序性制度容易导致法官自由裁量权扩大，裁量标准难以统一的情况出现。尤其是我国对于本领域技术人员进行具体化而实行技术调查官制度，尚且缺少相应的选任、调配及参与庭前质证、庭审、案件评议工作的程序性制度，这反而会导致专利案件审判中的技术短板难以补齐。

第三，技术调查官的管理和使用模式有待探究。技术调查官的引入是为了构建多元化技术事实查明机制。以北京知识产权法院为例，在实际操作中采取定期派遣和轮换的方式则易使技术调查官队伍缺乏稳定性。实务中，一件案子往往要经过半年甚至更久的时间去调查，技术调查官队伍的不稳定性给工作的持续、稳定开展带来了挑战。同时，由于技术调查官队伍缺乏稳定性，技术调查官的廉洁性也成为未来的廉政风险之一。

鉴于上述在实践中出现的问题，如果合理地适用等同原则，给公共领域和专利权各自划定一个合理的范围，就应该从构建制度和在司法实务中统一考量因素着手。对此，下一部分将给出解决等同原则适用困境的一些具体思考。

（三）对公共领域的保留

专利权边界的确定与公共领域的保留成为专利法价值构造的重要内容，两者为共生共存的关系，这在专利制度及司法实践中无不得以体现。进一步对之加深研究可以认识在保留公共领域视野下如何合理确定专利权的边界。

1. 对等同原则的限制

（1）逆等同原则

一般而言，根据全部技术特征，权利要求的字面含义是判断侵权的参照。一旦被控侵权技术落入权利要求的字面含义范围内，即可能被判侵权。但这种字面含义不是绝对的，如前所述，文字具有一定的局限性、模糊性，在某些情况下，即使权利要求字面含义相同，也不能被判定为等同侵权。这就是逆等同原则或者说反向等同原因发挥作用之处，例如权利要求书撰写过于笼统、技术的进步使得字面含义发生变化等。

逆等同原则起源于美国博伊登公司诉西屋电气公司案（Boyden Power Brake Co. v. Westinghouse 案）。[1]在机械技术时代，一些机器虽然在功能表述上相同或极为近似，但是在发明原理上做出了革新，被控侵权技术就不在专利权保护范围之内，无法被判定侵权。可见，使用逆等同原则判断是否存在专利侵权主要有两点注意事项，一是被控侵权技术落入了专利权利要求的字面含义范围内，二是其原理上存在着较大区别。逆等同原则实际上也是为了鼓励社会对在先技术的改良而设计的，对于充分利用公共领域的资源激励社会再创造，推动技术革新和发展，具有重要意义。

（2）禁止反悔原则

实务中往往会出现专利权人为了使专利被授权而对权利要求加以限缩，但在侵权案件中又反言，通过权利要求解释将专利权保护范围加以扩张的现象。这种扩张实际上是专利权人"两头得利"的行为。专利权人为了垄断相关技术，在侵权案件中将保护范围扩张，甚至扩张到权利要求字面含义所不及的程度。禁止反悔原则要求专利权人在前期授权程序中一旦做出明示的承诺表示放弃，

---

〔1〕　170 U. S. 537（1898）.

该承诺即产生法律效力，不允许在其后的侵权案件中反悔。根据最高人民法院《关于审理侵犯专利权纠纷案件应用法律若干问题的解释》第6条，禁止反悔原则要求专利权人在专利授权确权程序中对部分权利要求明确否定或限缩，[1]如此不仅能够提高权利要求书的整体撰写水平，还能使公共领域更加丰富，推动其他人对该技术的改良。

事实上，禁止反悔原则是民法中诚实信用原则的体现。它保护善意第三人对权利人放弃行为的合理信赖，并确保公共领域范围内技术的安定性，通过技术方案流入公共领域这种不可逆的流转过程来维护社会公众的信赖利益。

（3）捐献原则和可预见性原则

捐献原则是为了应对本领域技术人员的显而易见性而产生的。面对权利要求的扩张，捐献原则认为没有被权利要求公开的技术特征，即便在说明书中提及，也认定专利权人带有"捐献"的意思，不得再对其主张权利。与之相同，可预见性原则要求专利权人不能将可预见却未纳入权利要求的技术特征纳入保护范围中。

禁止反悔原则、捐献原则、可预见性原则无疑为公共领域的不可逆性提供了原则性的支持。等同原则的适用使专利权保护范围变得宽泛，但是如果保护范围太过宽泛，又会掠夺公共领域的领地，影响正常的经济秩序。因此，应当在公共领域与专利权之间寻求一个平衡点，在适应时代变化的同时确保其他社会公众清楚知晓专利权保护范围，防止存在于公共领域的技术被囊括进私人的"口袋"中。

2. 现有技术抗辩原则

现有技术既包括进入公共领域或者一直处于公共领域的现有技术，也包括尚未进入公共领域的现有技术，它是一种事实上的状态，本文所称现有技术是指前者，即自由公知技术。

现有技术抗辩是对专利权保护范围的限缩。在《专利法》引入现有技术抗辩制度以前，我国采取二元审判模式，即专利有效性审查与侵权裁判分离的模式。某技术被控侵权，而被控侵权人认为涉案专利为现有技术所公开，则其必须启动专利无效宣告程序才可免责。为了降低侵权诉讼成本，缩短侵权纠纷的处

---

〔1〕 最高人民法院《关于审理侵犯专利权纠纷案件应用法律若干问题的解释》第6条："专利申请人、专利权人在专利授权或者无效宣告程序中，通过对权利要求、说明书的修改或者意见陈述而放弃的技术方案，权利人在侵犯专利权纠纷案件中又将其纳入专利权保护范围的，人民法院不予支持。"

理时间，2008 年修改《专利法》时，我国引入了现有技术抗辩制度，[1]但实务中对现有技术抗辩的理解不够深入，并且关于现有技术抗辩的认定，不同法律文件也体现出了不同的标准，因此出现了在不同案例中法院表现出不同态度的现象。

（1）新颖性标准

首先，从《专利法》第 22 条第 5 款[2]可以看出，可以采用新颖性标准进行现有技术抗辩认定。新颖性标准对于保护公众对现有技术的基本信赖利益有积极的效果。首先，对于一项专利的新颖性和创造性判断，我国已经形成了较为成熟的体系，适用该标准能够减轻司法人员的工作量，节约司法资源。但是，新颖性标准避开了本技术领域的惯用手段（属于能够从现有技术中直接或者毫无疑义得出的技术特征）这种判定标准，即如果被控侵权技术属于惯用手段，根据等同原则应当被认定为侵权，但因符合"无新颖性"标准，此时法院却应当认定被告不侵权。

其次，抵触申请能否用于现有技术抗辩，相关法律没有明确规定。根据北京市高级人民法院发布的《专利侵权判定指南》的规定，被控侵权人主张抵触申请抗辩的，可以参照关于现有技术抗辩的规定予以处理。这一规定虽不具有法律效力，却在司法实务中提供了参考借鉴。笔者认为，抵触申请完全可以用于现有技术抗辩。一方面，实践中已经出现允许将抵触申请用于现有技术抗辩的案例：在浙江某家居用品有限公司与何某侵害发明专利权纠纷案中，最高人民法院认为，"由于抵触申请能够破坏对比专利技术方案的新颖性，故在被诉侵权人以实施抵触申请中的技术方案主张其不构成专利侵权时，应该被允许，并可以参照现有技术抗辩的审查判断标准予以评判"。[3]另一方面，其意义在于保护进入公共领域的技术。知识是人类的共同财富，如果允许投机分子将一项公知技术通过申请专利的方式私有化，将不利于法律所追求的公平正义。同时，抵触申请技术方案公开以后，公众可以对其存在一个合理预期。因此，把抵触申请用于现有技术抗辩符合诚实信用原则。

（2）无实质性差异标准

使用新颖性标准判断被控侵权技术是否属于现有技术时，首先要单独比对，

---

[1]　现有技术抗辩是指，如果被控侵权技术使用的是公开的现有技术，即使其落入涉案专利权保护范围，也不构成专利侵权。

[2]　《专利法》第 22 条第 5 款："本法所称现有技术，是指申请日以前在国外为公众所知的技术。"

[3]　最高人民法院（2013）民提字第 225 号民事判决书。

两者存在的差异仅限于"惯用手段的直接置换"，才能得出被控侵权技术属于现有技术的结论。然而，最高人民法院《关于审理侵权专利权纠纷案件应用法律若干问题的解释》第 14 条第 1 款[1]采用了无实质性差异标准，这一标准显然宽于新颖性标准的"惯有手段的直接置换"，需要结合案件具体认定。

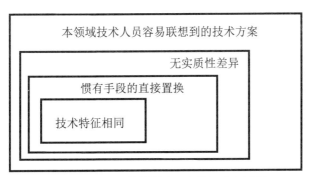

图 6　现有技术抗辩的判定（来源：作者原创）

　　首先，对于判断被控侵权技术与现有技术实质性差异的方法，学界存在不同看法。假设技术甲被指控侵犯专利乙，但是被控侵权人发现在专利乙的申请日前已经存在了现有技术丙，那么现在需要做的就是依照什么标准来判断技术甲与现有技术丙相同或无实质性差异。有的学者主张将被控侵权技术、专利技术和现有技术放在一个三角关系中，通过判断被控侵权技术更接近于专利技术还是现有技术来判断是否构成侵权，如果更接近专利技术则构成侵权，如果更接近现有技术则不构成侵权。

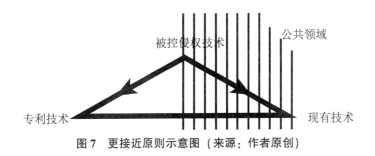

图 7　更接近原则示意图（来源：作者原创）

――――――――――

　　[1]　最高人民法院《关于审理侵犯专利权纠纷案件应用法律若干问题的解释》第 14 条第 1 款："被诉落入专利权保护范围的全部技术特征，与一项现有技术方案中的相应技术特征相同或者无实质性差异的，人民法院应当认定被诉侵权人实施的技术属于专利法第六十二条规定的现有技术。"

这个三角关系为公共领域和私有领域划定了界限。对于现有技术来说，其已经进入公共领域，公众有自由、无偿实施该技术的权利。从这个角度来说，除无效程序外，在侵权诉讼中对被诉侵权人有关现有技术抗辩的主张进行审查，能够避免二元审判模式的资源浪费，还能够保证公共领域不被越界，实现公平与效率的统一。

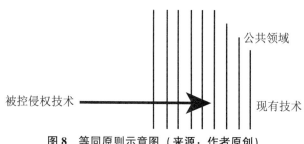

图 8　等同原则示意图 （来源：作者原创）

在盐城某田与盐城格某实用新型专利侵权纠纷案中，最高人民法院认为：“被诉侵权技术方案与专利技术方案是否相同或者等同，与现有技术抗辩能否成立亦无必然关联。在审查现有技术抗辩时，比较方法应是将被诉侵权技术方案与现有技术进行对比，而不是将现有技术与专利技术方案进行对比。因此，即使在被诉侵权技术方案与专利技术方案完全相同但与现有技术有所差异的情况下，亦有可能认定现有技术抗辩成立。”[1]可以看出，最高人民法院借鉴专利侵权判断中的等同原则，采用“三基本+容易联想”的方法来判断现有技术是否公开了“等同的技术特征”，即仅将被控侵权技术和现有技术相比较，如果近似或等同，则不构成侵权，反之则构成侵权。

其次，“现有技术和公知常识的简单组合”也可以适用于现有技术抗辩。司法实务中，有些投机分子将一些本属于公共领域的技术通过申请专利不合理地私有化，从而落入专利权保护范围，此时被控侵权人则可以主张现有技术抗辩。这是因为，“现有技术和公知常识的简单组合”本来是属于公共领域的成果，而公共领域内的技术具有原则上的不可逆性，如果允许“现有技术和公知常识的简单组合”私有化，则不仅违背了设立公共领域的初衷，还会违背诚实信用原则，不利于市场的稳定。

由于法律和司法解释缺乏相关规定，各法院在适用最高人民法院《关于审

---

[1]　最高人民法院 （2012） 民申字第 18 号民事裁定书。

理侵犯专利权纠纷案件应用法律若干问题的解释》第 14 条第 1 款时难以把握裁判尺度。例如，在江苏省高级人民法院审理的一起侵犯实用新型专利权纠纷案中，被控侵权人以简单组合主张现有技术抗辩。一审法院认为，判断现有技术抗辩是否成立，应以一份对比文件所揭示的技术与被控侵权物使用的技术进行单独比对，而不能以组合进行比对，从而判定现有技术抗辩不成立。二审法院则认为，根据该案现有证据，可以对最高人民法院《关于审理侵权专利权纠纷案件应用法律若干问题的解释》第 14 条第 1 款的适用作谨慎的扩张，即在一份对比文献记载的一项现有技术与公知常识简单组合的基础上，认定现有技术抗辩成立。[1]因此，在实务中，该条的突破条件是严格的，即当简单组合中的任意一部分均显而易见且广为人知时，才能够主张现有技术抗辩。

最后，本领域普通技术人员容易联想到的技术方案在实务中已有相关案例。在银川某建材科技有限公司等实用新型专利侵权纠纷再审案中，最高人民法院将现有技术抗辩扩展到了"本领域普通技术人员容易联想到的技术方案"。本案中，"对于有争议的特征 4，现有技术公开的是在多孔材料外涂刷水泥浆和纤维布，考虑到现有技术中设置隔离层主要是起到隔离作用，因此通常理解为在本体的周身涂刷，但如前所述，现有技术明确提到由水泥浆和纤维布组成的隔离层可起到加强、防止碰撞踩踏的效果，而实际施工中这些外力主要来自上表面，本领域普通技术人员容易想到只在主体上表面设置加强物的技术方案，因此被诉填充体的特征 4 与现有技术公开的相应技术特征无实质性差异"。据此，法院认定被诉落入专利权保护范围的全部技术特征为现有技术，现有技术抗辩成立。[2]

由此可见，实务中把握无实质性差异标准时允许对上述司法解释进行适当扩张。但是，由于其突破条件严格、把握难度很大，实务中对审判人员的业务素养、专业水平和审判经验提出了极高的要求。

3. 标准必要专利中的公共领域问题

标准必要专利同时具有公共领域和专利权的双重性质。在信息技术时代，许多企业布局专利网来拦截后来者，即一项技术突破专利网才能够申请成功，因此标准必要专利应运而生。关于标准必要专利的定义，欧洲电信标准化协会认为："考虑到通常的技术惯例和标准制定之时的已有技术状况，制造、销售、出租或使用符合某一标准的设备或方法，都不可能不侵犯该项知识产权。"有些学

---

[1]　江苏省高级人民法院（2007）苏民三终字第 0139 号民事判决书。

[2]　最高人民法院（2014）民提字第 87 号民事判决书。

者认为："当标准化组织制定某些标准时，无可避免地要涉及一些已经申请了专利的技术方案。当这样的标准草案成为正式标准后，实施该标准时必然要涉及其中含有的专利技术，这就是所谓的'标准必要专利'。"[1]

与公共领域的目的相同，制定标准能够提高生产效率，促进社会科技发展。与公共领域技术的无偿使用不同的是，他人使用纳入标准的技术需要向专利权人支付许可使用费，从而使专利权人公开技术方案后既不丧失专利权所带来的利益，又能够推动整个社会高速发展。以通信领域为例，各国通用的标准从 2G 手机所采用的 GSM 标准，到 3G 手机所采用的 W‒CDMA/CDMA2000/TD‒SCDMA 标准，再到 4G 手机所采用的 LTE 标准，通信标准随着技术的进步而不断演进。从数量上看，2G 的标准必要专利不过几十件，但 4G 的标准必要专利则超过 8000 件。如果标准必要专利仍然免费，势必会影响企业开发新技术的积极性。另外，随着手机不断模块化，制造门槛大幅降低，一旦标准制定完成，几乎所有的公司都可以根据该标准来制造智能手机，如标准必要专利不收费，早期研发的企业不能获得竞争优势。

（四）实务中划定专利权边界的常见问题

实务中常常会出现专利权滥用等人为破坏专利权边界的行为，以及专利权临时保护制度在我国适用上的困境。下文将提出常见的相关问题，并在后文解决。

1. 专利权滥用

我国《专利法》第 20 条明确规定了规制专利权滥用的内容。我国《民法典》第 132 条规定的禁止权利滥用原则同样适用于专利法[2]。根据禁止权利滥用原则，如果专利权人在行使其专利权时超出了法定范围，即构成专利权滥用。它与专利制度促进科学技术进步和创新的宗旨相悖，也是专利权对公共领域的扩张。

理论上，专利权滥用表现为：专利许可、专利池中的专利权滥用、专利网布局中的专利权滥用、"专利流氓"策略、"放水养鱼"策略、恶意诉讼策略等。本文从公共领域出发，对"专利流氓"策略和恶意诉讼策略展开分析。

（1）"专利流氓"

该策略的基本模型是专利运营公司从个人或企业购买专利，采用专利诉讼

---

[1]　参见姚玉凤："标准必要专利的产生流程及实践中的若干问题"，载《电信科学》2016 第 6 期。

[2]　《民法典》第 132 条："民事主体不得滥用民事权利损害国家利益、社会公共利益或者他人合法权益"。

的方式，赢得高风险的回报。其中最成功的就是美国高智发明公司，其通过
"点子实验室"、募集资本成立专利投资基金从市场上收购大量的专利、进行诉
讼或者诉讼威胁、结成专利同盟形成专利池向企业提供专利保险的方法获得高
额经济回报。"专利流氓"在专利诉讼中不存在新的发明创造，无非是利用已经
存在的专利"滚雪球"，不仅对其他发明人和企业造成了巨大的威胁，还加重了
当事人的诉累，造成司法资源的极大浪费，不合理地限制了技术创新和社会进步。

虽然"专利流氓"发源于美国，但如华为等一些本土企业受到"专利流
氓"侵扰的情况也早已不罕见。这对专利制度来说是一个极大的挑战，对公共
领域的损害也不言而喻。其专注于大量收购专利，伺机诉讼，以此来赚取巨额
许可费，这挫伤了许多创新型企业的积极性。许多企业面对"专利流氓"的虎
视眈眈，不得不采取保守的技术方案或花费巨额专利费主动求和。这既不利于
技术的革新，也消耗了大量的社会资本。因此，面对"专利流氓"行为，一方
面，法院应该提高其诉讼成本，即要求原告方承担双方诉讼成本和律师费用；
另一方面，在判定该行为时可以借助大数据或人工智能进行分析。

（2）恶意诉讼

恶意诉讼是实践中较常见的一种专利权滥用行为，即专利权人故意采取规
避法律或者不正当手段获得了专利权，在获得授权后，通过诉讼手段打击竞争
对手。北京市高级人民法院《专利侵权判定若干问题的意见（试行）》第90
条〔1〕规定了一种恶意取得专利权的情形。该文件不具有法律效力，但对于认定
专利权滥用的表现形式具有参考借鉴意义。

在司法实践中，已经存在这种专利权滥用案例。在美国某公司诉江苏某制
药公司专利侵权纠纷案中，"美国某公司就一项治疗精神病的药物及其制造方法
在中国申请专利，该中国专利和美国专利唯一的不同即药物晶型，美国某公司
声称其中国专利存在新的晶型Ⅱ，国家知识产权局专利局经过实质审查授予其
专利权。江苏某制药公司多次实验检测认为该中国专利不存在原告美国某公司
声称的新的晶型Ⅱ，美国某公司利用编造数据向中国申请新晶型专利"。〔2〕本
案中，美国某公司主观恶意较大，其明知不具备授权条件，通过编造实验数据

---

〔1〕 北京市高级人民法院《专利侵权判定若干问题的意见（试行）》第90条："被告以原告恶
意取得专利权，并滥用专利权进行专利侵权诉讼的，应当提供相关的证据。恶意取得专利权，是指将
明知不应当获得专利保护的发明创造，故意采取规避法律或者不正当手段获得了专利权，其目的在于
获得不正当利益或制止他人的正当实施行为。"

〔2〕 最高人民法院（2009）民三终字第6号民事判决书。

的方法获得专利权，并向他人提起恶意诉讼，排挤竞争对手。原告使用欺骗手段获得专利权，使专利权向公共领域泡沫式扩张，在被戳破前，挤占了公共领域的空间，给公共利益带来了极大的威胁。

2. 临时保护制度

《专利法》第 13 条是关于对发明专利的申请人给予"临时保护"的规定。[1] 专利权保护期限是从专利申请日开始计算的，专利权的取得却以专利权的授予为条件。由于发明专利申请审查制度的特殊性，在提出发明专利申请到被授予专利权之前的一段时间内，其权利主张者仅是申请人，而不具有专利权人的身份。在相对较长的一段时间内，申请人享有不完整的、不充分的"准专利权"。这就会产生如下矛盾：发明专利申请的内容在被授予专利权之前就已被公开，公众能够了解到该发明专利申请的内容；而此时申请人尚且无权行使禁止权，阻止他人实施其发明。

专利制度在保护发明人或专利权人的利益的同时，也强调鼓励创新，促进科技进步。因此，专利权和公共领域之间需要存在一个利益平衡点，临时保护制度可以被看作对专利权向公共领域越界的一个平衡制度。一方面，尚未取得专利权的申请人不能以牺牲公共利益为代价禁止公众使用；另一方面，申请人可以要求实施其发明的单位或者个人支付适当的费用，利用经济补偿来平衡专有权临时越界给双方带来的损失。一旦专利权被实际授予，申请人转变为专利权人，临时保护期也转变为专利权有效期，专利权的边界被确定下来，这种补偿式的费用请求权即转变为强制性的权利。

实践中，临时保护制度并没有缓解"早期公开、迟延审查"的审查制度所带来的尴尬。有学者认为，发明专利的临时保护制度在实践中形同虚设，原因有二：一是，根据民法基本原理中的"权利对价"，可以推知即便没有相关规定，实施他人的发明也应当付费；二是，发明专利的临时保护更像是一种回溯性保护，立法上并没有为"申请人可以要求使用人付费"提供切实的救济。[2] 下一部分将从如何平衡专利权和公共领域的利益角度出发，为改造临时保护制度提出几点建议。

---

[1] 《专利法》第 13 条："发明专利申请公布后，申请人可以要求实施其发明的单位或者个人支付适当的费用。"

[2] 参见杨明："从最高人民法院第 20 号指导案例看发明专利的临时保护制度"，载《北京仲裁》2013 年第 4 期。

四、公共领域保留视角下完善我国专利权边界的建议

专利权与公共领域的边界是动态的，并且能够实现专利权人和公共领域双边的利益最大化。公共领域为普通大众创造者提供了一个自由获取知识成果的平台，不仅降低了研发成本，还促进了现有技术的改良和重大基础科学研究。但是，关于公共领域的理论基础并不成熟，也没有相应的制度来保护，因此在实现公共领域功能的过程中，依靠专利制度来保护公共领域是当前环境下最适当的途径。同时，应当推进公共领域立法计划，用法律来保护公共领域，为公共领域提供司法保障。

从世界各国的专利制度现状来看，专利权保护范围大有泛滥之势，而公共领域的范围不断被压缩。如何在满足社会公众对公共领域内技术的自由获取需求的情况下实现专利制度的社会效益最大化，是与世界各国科学技术发展进程息息相关的。本部分将基于公共领域保留视角，探究我国的专利权划界系统，旨在通过合理界定专利权边界，构建专利权保留与权利限制的平衡机制，提高实务中专利权边界的稳定性，促进专利立法宗旨的实现。

（一）撰写专利权利要求书的建议

权利要求书为专利权和公共领域的划界提供了重要依据。权利要求书是专利申请文件的核心部分，一旦经过批准，就具有法律效力。权利要求书的撰写质量往往影响专利权人能否顺利维权，能否抵御竞争对手，同样也明确了发明创造者的专利权与公共领域的界限。专利实务中，常常出现权利要求书撰写不完整，导致专利权和公共领域界限十分模糊的情况。如前述盐城某田与盐城格某实用新型专利侵权纠纷案，再审申请人虽然主张专利技术方案中使用的电磁阀是特定的电磁阀，其内部结构以及出口都进行了改进，但这些都没有体现在权利要求书中。因此，尽管被控侵权技术方案使用的电磁阀结构与专利技术方案一致，亦不属于现有技术范围，但不能判定为专利侵权。如果权利人在从属权利要求中进一步限定了涉案专利技术方案的电磁阀的具体结构，则很可能会得到完全不同的判决结果。

本文从案例出发，分析权利要求书撰写实务中易出现的问题，并给出撰写建议。

1. 保护范围适当

（1）语义明确

《专利审查指南》明确了权利要求书内容的规范性：①类型清楚；②保护范

围清楚；③权利要求之间的引用关系清楚，避免前后矛盾。如前文所述，语言本身存在着一定的模糊性，因此在撰写权利要求书时，一定要考虑到语言的歧义、高度概括性、前后逻辑等，用尽可能明确的语句确定适当的保护范围。

在描述某个材料时，往往会使用大量的形容词来形容其外形。例如，"根据权利要求 1 所述的传统建筑弧形泥板条吊顶结构，其特征在于，所述木板条为'厚木板条'，表面刷有防腐剂和防火涂料"。该权利要求中的"厚木板条"是基于另一个参照物而言的，本身并不具有确切的含义，极易导致保护范围模糊的现象。然而，当此类词语必须要在权利要求中有所体现时，借助数字来描述就会使权利要求具体得多。例如，"外侧施工平台在顶面牛腿上满铺方木，施工平台上铺设'5 厘米厚木板或竹胶板'，供操作人员作业、行走，存放小型机具"。这样的权利要求表述就很难产生歧义。

如果这些词语具有本领域技术人员公认或可接受的含义，则应当认为其限定的保护范围是清楚的。例如，"根据权利要求 6 所述大棚温湿度监控系统，其特征在于：所述控制模块采用'高电平'触发继电器模块"。在数字电路中，大于 3.5 伏的电压被规定为逻辑"高电平"，即本领域技术人员不会产生多重理解，此权利要求是清楚的。

（2）符合逻辑

权利要求的保护范围是以技术方案为单位进行评价的，技术方案通常是由技术特征来体现的，而技术特征又是技术方案的组成要素。实践中，不乏申请人割裂地撰写技术特征的情况。例如，在"一种向应用程序输入艺术字/图形的方法及系统"技术方案中，权利要求 1 保护"一种向应用程序输入艺术字/图形的方法"，其特征包括：建立键盘消息编码与艺术字样式的映射关系，所述艺术字样式包括但不限于 ASCII 码艺术字、ASCII 码艺术图形、散光字、单行字符串、字符阵或者图形。[1]根据权利要求 6，权利要求 1 所述的方法的特征还包括"判断当前状态是否为艺术字状态，若是，则进行艺术字的匹配；否则，对应所述键盘消息编码与文字/文字串的映射关系，进行文字/文字串的匹配"。[2]在本专利的撰写中，权利要求 1 和权利要求 6 之间的先后关系不明确。另外，权

---

〔1〕　参见北京某网讯科技有限公司诉北京某科技发展有限公司发明专利权无效宣告请求案，ht-tp://www.sipo.gov.cn/ztzl/ndfswxsdaj/fswx2016/1123099.htm，最后访问时间：2022 年 6 月 25 日。

〔2〕　参见北京某网讯科技有限公司诉北京某科技发展有限公司发明专利权无效宣告请求案，ht-tp://www.sipo.gov.cn/ztzl/ndfswxsdaj/fswx2016/1123099.htm，最后访问时间：2022 年 6 月 25 日。

利要求 6 中的"文字/文字串"没有在权利要求 1 中出现，也导致权利要求 6 保护范围不清楚。

通常专利申请是由技术方案和一系列非实质性的变形共同构成的。当变形仅涉及一个简单特征的变化时，权利要求书极少会出现前后矛盾的情况，撰写比较简单。一旦该变形较复杂，从属权利要求的技术特征之间就会产生矛盾，从而导致权利要求的保护范围不清楚。

2. 考虑因素

权利要求书撰写与专利侵权诉讼之间关系密切，除了满足授权的要件之外，还必须考虑到如何便于专利权人日后进行专利侵权诉讼。

（1）从有利于侵权判定的角度考虑

权利要求包含的必要技术特征越简练，其保护范围越大。因此，从专利权人扩大专利权保护范围的角度出发，在撰写权利要求书时应尽量合理去除不必要的技术特征，用简练、简洁的语言概括权利要求。对于被去除的技术特征，如果有必要公开，则应另设新的从属权利要求。判断哪些技术特征属于非必要技术特征，最简单的就是去除法，即从解决技术问题的角度出发，去除某一项技术特征，如果仍然可以解决问题，该技术特征就是非必要技术特征。

（2）考虑商业效益

专利申请最大的优势在于它可以为未来的专利权人带来商业利益。从申请策略的角度来看，在权利要求书撰写之前的沟通阶段，通常可以通过对该专利技术合理的预期获得具有较高回报的技术方案。因此，在撰写之前应多次进行沟通和更改。从专利保护的角度考虑，要考虑举证难易、反向工程的难度、是否具有可能规避的情况等。如果举证不容易，则应考虑在性能参数方面对其进行保护，即便是应用在实用新型专利上，也可以考虑对能够带来相应技术效果的单纯性能参数变化进行保护。如果存在规避的可能性，则应将规避方案纳入保护范围，或者布局新专利来进行保护。

（二）关于等同原则尺度把握的建议

等同原则作为权利要求解释的基本原则，越过了权利要求文字内容的限定框架，使权利人能够获得超出最初申请范围的保护。这是基于社会的发展、特定语意、语境的变化作出的适度扩张。在当今实施创新驱动发展战略的中国，科技创新能力是科技发展的首要动力来源。知识产权保护不力既不利于鼓励创新，也不利于营造再创新的知识产权制度环境。因此，为了避免法官低估公共领域的价值，削弱对公共领域的保护，以牺牲公共领域为代价来保护专利权、鼓励创新的情况出现，在司法实务中应适当把握保护尺度。

1. "三一致"判定法的把握

作为等同原则适用过程中的主流标准，"三一致"判定法在百年的发展中趋于成熟，被世界上大多数国家普遍接受，其可操作性强，客观公正，并且符合世界上大多数审判人员的专业储备和思维逻辑。一项技术方案最重要的便是其实现的方法、实现的功能和收获的结果，因此从这三个方面进行比对，基本上可以使两个技术方案的差异更加明确。"三一致"判定法具备大量的司法案例支撑，在专利等同侵权判定时仍然应当是首选。针对三个判定元素"方法、功能、结果"的不同定义导致对标准认定结果的影响，实务中应认识到，任何一项科技的创新、任何一个技术方案都是一个不可分割的整体，脱离方法看待功能和结果会导致技术方案雷同，脱离结果看技术方案会导致专利技术比对僵化和刻板。因此，在适用该方法判定专利侵权行为时，既要考虑部分差异，也要考虑整体差异，最终从整体上把握，即比对两种技术方案的思想内核。

2. 显而易见性标准的把握

在专利侵权案件中，法官常常会结合技术领域的发展态势与专家证言来探知本领域技术人员能否联想出被控侵权技术，即被控侵权技术相对于专利技术是否显而易见。其中，技术发展趋势要求法官不断学习热点知识，紧跟时代浪潮，但有关专家证言的问题仍需要专门制度来规范。为了提高专家证言的稳定性和权威性，我国北京、上海、广州知识产权法院率先引入了技术调查官作为审判辅助人员。技术调查官制度与专家证人制度有着相似之处——法庭可以借助技术调查官的专门知识解决超出法官知识范围的技术问题，提升技术事实认定的客观性和专业性。为此，最高人民法院还专门发布了《关于技术调查官参与知识产权案件诉讼活动的若干规定》[1]（以下简称《技术调查官参与知识产权诉讼规定》），明确技术调查官参与知识产权案件诉讼活动的规范程序、技术调查官职责、责任追究。为使技术调查官制度更加规范化，笔者认为应从以下两方面入手：一方面，为了保持专家证人的廉洁性，改进技术调查官选任模式。受限于编制原因，目前北京知识产权法院技术调查官采用交流和兼职的选任模式，如何强化其中立性，值得探讨。另一方面，在技术调查官人数不足且大多采用兼职聘用方式的现状下，增加参与单个案件的技术调查官人数，综合多个专家意见，比较容易对其形成约束，提高技术调查官意见的中立性。

---

[1]　自 2019 年 5 月 1 日起施行。

3. 非实质性差异判定法的把握

我国对非实质性差异判定法的适用出现在庭前调查阶段，而非庭审阶段，这是由前述非实质性差异判定法考量因素的多元化且无法穷尽列举所导致的。但是，非实质性差异判定法在案件调查期间又是完全不可避免的，这对法官的个人专业素养和专家证人的选择提出了很高的要求。这一部分前文已述，在此不再赘述。

4. 平衡制度设计

等同侵权原则的适用不仅在专利权人权利保护范围上发挥着重要作用，也是国家创新驱动发展战略的调节器。一个合理的专利制度只有满足公共领域与专利权之间的动态平衡，才能成为科技发展的助推器。因此，在设计等同原则适用的制度时要以平衡专利权人、公共领域的利益为主。

首先，在适用范围上可以区分基础科学研究发明和改良型发明，并给予不同的保护待遇。针对基础科学研究发明，应当适当放宽保护范围以激励创新；针对改良型发明，保护范围应当适当缩窄以激励再创新。

其次，完善等同侵权实体制度和程序性制度，将等同原则及其限制原则体现在法律条文中。非实质性差异判定法和显而易见性判定法对等同原则的适用往往起着十分重要的参考作用，统一的判定标准能够使法官在适用等同原则时不必费心"找法"，而是把精力放到案件事实的审查中来。同时，需要完善限制等同原则的配套制度，对捐献原则、禁止反悔原则等也通过法律加以确定，防止法官在适用等同原则时自由裁量权过大。

最后，提高技术调查官的廉洁性和权威性。《技术调查官参与知识产权诉讼规定》第 2 条明确了"人民法院可以设置技术调查室，负责技术调查官的日常管理，指派技术调查官参与知识产权案件诉讼活动、提供技术咨询"。可见，我国技术调查官队伍的建设正处于起步阶段，仍需积极探索如何提高技术调查官队伍的使命感、责任感。根据《北京知识产权法院技术调查官管理办法》，法院设置一定数量的在编技术调查官，其余为聘用技术调查官、交流技术调查官、兼职技术调查官，实务中又以交流及兼职技术调查官为主。笔者认为，可以扩大在编技术调查官的规模，按照行政编制的公务员考核办法对其进行考评，以提高技术调查官的廉洁性。同时，向技术调查官队伍着重普及专利法及知识产权领域其他法律知识，组织法院内部的业务培训，并通过参与案件积累经验来提高其专业水平。

（三）司法政策的完善

中国正处于从"中国制造"向"中国智造"的转型阶段，国家政策对于激励创新发展十分重要。但是，近些年来我国专利政策倾向于"以数量取胜"，实务中常常出现山寨产品泛滥、专利权保护力度不足、专利申请文件撰写不规范、专利侵权案件中法官自由裁量权较大等问题。为了提高专利权边界的稳定性，保护专利权人的专有权和普通公众的合理预期，促进基础科学与改良型技术的创新及再创新，本部分提出以下几点完善司法政策的建议。

1. 制定适当的激励和惩罚政策

在我国的专利政策激励下，"专利丛林"时代所带来的弊端也显而易见。应对"专利丛林"时代，维护专利权边界的稳定，防止公共领域被过分挤占，阻碍社会的技术再创新，需要制定适当的激励和惩罚政策，加大执法力度，打击仿冒型产品。首先，在进一步打开市场的基础上，提高市场准入门槛，严格执行市场准入制度。工商行政部门对于申请注册的企业法定代表人加强审核，如自然人或法人需达到一定的技术、设备水平才给予注册或严格审查其是否具有"前科"。其次，应要求企业自行设立相应的定期检查制度，并将检查结果定期向质检部门报告。工商部门与质检部门协同执法，对违法行为人依法处以高额罚款并责令限期整改，对严重违法行为人取缔相应的营业资格。最后，我国正处于企业转型升级关键期，对仿冒现象也应理性对待，要给相关企业一定的时间和耐心，并且给予一定的政策扶持。例如，对于主动引进设备、加大科研力度、取得科研成果的企业，可以给予一定的税收优惠和费用减免。

2. 推进知识产权代理放管服改革

合理确定专利权保护范围能够激励中国企业勇于创新。权利要求书的撰写是专利权人取得专利权并合理确定专利权保护范围的关键一步，因此，权利要求书应该交由专业的人起草，增加其专业性并抵御未来风险。专利代理师则是具有国家授予的资格，代理申请专利及处理其他专利事务的专业人士。在国外，专利代理师号称金领职业，收入不菲，但国内专利代理师尚未得到重视，专利审查的沉重负担也导致专利代理行业让人望而生畏。推进知识产权代理放管服改革本质上也是国家简政放权的一个重要环节，有助于破解知识产权管理多头分散、效率低下的难题，提高管理效能。不仅如此，该政策也能够促进专利权利申请的规范化、专业化，从而使专利权保护范围更加明晰，进而防止公共领域被侵蚀。

新修改的《专利代理条例》对专利代理准入制度的修改引起关注。如前文所述，权利要求书的撰写对专利代理师提出了专业性的要求。对专利代理行业而言，应具备专利代理行业所要求的信誉、技能等资格、资质要求，满足专利权人利益、公共利益和秩序的要求。因此，在深化放管服改革、优化营商环境的大背景下，为了规范权利要求书的撰写标准，提高实质性审查的效率，预防语义不明导致的专利侵权案件的发生，维护创新主体和社会公众的合法权益，要建立适当的专利代理准入制度。同时，积极顺应传统知识产权代理行业向"互联网+"方向转型的大趋势，将"互联网+"融入专利代理中，进一步推进我国专利代理放管服改革。

3. 完善专利临时保护制度，弥补审查制度的不足

我国《专利法》对于专利临时保护制度的规定尚不完整。专利临时保护使得被保护的技术方案处于一种同时具备专利权和公共领域属性的状态，因此，完善专利临时保护制度既需要保护申请人的利益，又要平衡公共利益。笔者认为，应重视以下三点：首先，对他人使用申请人的技术方案应当从实质上进行审查判断，排除现有技术和申请日以前自行研发的技术成果，必要时可以引入技术调查官对技术事实的调查提出建议，提出技术审查意见，参与庭前审查、庭审过程。其次，要审查申请人预保护的必要性。为防止申请人利用临时保护制度滥用专有权，过度"开采"公共领域，面对临时保护申请，应该一方面考虑他人持续使用被公开的技术方案的行为，另一方面考虑这种持续使用行为是否给申请人的期待利益带来实质上的损害。最后，参考诉讼保全制度，允许申请人主张使用人在临时保护期内付使用费。同时，要求申请人提供与受损害的期待利益相当的保证金，以防申请人滥用临时保护制度。

4. 增加指导性判例在专利案件中的合理适用

与法律和司法解释相同，指导性案例在我国司法裁判中也有重要的指导作用；不同的是，它在我国不属于正式法律渊源，主要发挥对未来案件的指导和参考作用。最高人民法院《关于案例指导工作的规定》[1]为各级法院参考指导性案例进行裁判提供了正当性依据。指导性案例是在理论与实践结合的基础上，促进未来司法实践的重要参考。

第一，指导性案例在专利案件中的合理适用有助于司法机关统一法律适用标准。如前文所述，由于语言的模糊性、等同原则下专利权边界的不确定性、

----

〔1〕　最高人民法院《关于案例指导工作的规定》第 7 条："最高人民法院发布的指导性案例，各级人民法院审判类似案例时应当参照。"

法官审判素养的差异等原因，各级法院在专利侵权、专利无效宣告等案件中对专利的权利要求没有一个统一的判断标准。适用案例指导制度完善某一不够具体的法律规范，可以增强成文法的指引作用。

第二，指导性案例在专利案件中的合理适用有助于完善法律制度。法律的滞后性决定了法律适用的滞后性，指导案例则是现实技术发展的一个重要考量。将指导性案例和法律适用相结合能够中和法律的滞后性，丰富立法资源，促进新领域的立法。

第三，增加指导性案例有助于促进法学理论研究和丰富法学课堂教学案例。学者可以通过研究指导性案例来丰富法学理论，从而促进法律制度的进一步完善。专利律师、专利代理师能够通过指导性案例提高自己的认知水平、专业水平，实现与司法审判实务的对接。

第四，增加指导性案例有助于加强人民群众的司法监督作用，促进司法公开。人民群众能够在这些案例中看到审判机关的论证过程，并通过这种方法简单了解案件的进展。同时，指导性案例的适用对司法审判人员的审判工作起到监督作用，有助于司法公正，提高审判人员的廉洁性。

5. 特定领域建立公共领域计划

在相当一段时间内，公共领域与专利制度的相互依赖决定了公共领域内资源丰富的必要性。以公共领域内的资源为创新提供温床，再通过公权力加以确认，使其进入专利法的保护范围。在当前公众的产权意识尚不成熟的背景下，通过政府部门牵头，各行业响应，来明确、具体地公开不同专业领域内的公共领域内容是非常有必要的。例如，印度通过立法、签署国内外协议建立了一个"传统知识数字图书馆（TKDL）"，旨在保护阿育吠陀医药、药用植物、瑜伽体式等传统知识，使其不落入专利权保护范围。它是 1999 年由印度科学技术部科学与工业研究理事会（NISCSIR）构建起来的，拥有 1000 万页的数据库，[1]是世界上第一个传统知识数字图书馆。为了保护传统知识在全球范围内不被私人占有，该数据库提供 5 个不同语言版本，与 6 个国家的专利局实现资源共享。无独有偶，南亚区域合作联盟和联合国教科文组织均着手组建自己的传统知识博物馆，以国家或地区利益为出发点，为传统文化提供有效的保护措施。

可见，建立公共领域计划可以先从特定领域入手。在特定领域实行公共领

---

〔1〕 参见张澎、黄小川："传统知识的现时化组构——从印度《传统知识数字图书馆》谈起"，载《图书馆理论与实践》2008 年第 1 期。

域计划不仅能够培养公众的公共领域意识，也能够有效防止技术方案被其他个人申请专利。从现阶段来看，由政府来建立公共领域计划最为有效和权威。

五、结论

知识产权作为知识的成果，归根到底是全人类的财产，唯有站在人们智慧和财富共享的基础之上，才能创造出更进步的成果。在公共领域视野下划定专利权的边界实际上能确保专利权和公共领域都能够促使社会整体利益最大化。目前世界范围内对于公共领域的保护意识普遍不强，大多数国家对于专利的保护都远远超过了对公共领域的保护，导致公共领域失守。从长远的角度出发，公共领域的限缩必定不利于科学技术的进步。事实上，公共领域范围的不断限缩是专利权边界缺乏严格把控的结果。我国已经有学者提出了公共领域理论以及对公共领域立法的建议。但是，立法是一项漫长而又复杂的工作，在这以前，就我国专利制度而言，对于公共领域最好的保护就是通过完善现有的专利制度，严格控制专利权边界，运用指导性案例来统一司法裁判活动中关于专利权保护范围的认定标准。

专利权和公共领域之间没有一个绝对的边界，在不同时期讨论该问题都应当考虑社会现状和国家政策。因此，专利权边界应当是动态的、适合社会现状的，并且能够实现专利权人和公共领域双边的利益最大化。